Wer baute das siebentorige Theben?
Band III: Das 20. Jahrhundert

LAIKA Verlag

Chris Harman

Wer baute das siebentorige Theben?
Wie Menschen ihre Geschichte machen

Band III: Das 20. Jahrhundert

Aus dem Englischen von Rosemarie Nünning

Band I: Frühzeit bis 17. Jahrhundert
Band II: Das 18. und 19. Jahrhundert

Bearbeiter der Übersetzung: David Paenson
Die Übersetzerin dankt Einde O'Callaghan und Thomas Weiß für ihre Hilfe bei Detailfragen, Karsten Schmitz für einige Vorarbeiten und Annette Westphal für ihre Geduld.

Impressum

© LAIKA-Verlag Hamburg 2016 // Chris Harman: *Wer baute das siebentorige Theben – Wie Menschen ihre Geschichte machen*. Band III: Das 20. Jahrhundert // 1. Auflage // Aus dem Englischen von Rosemarie Nünning // Erschienen unter dem Originaltitel *A People's History of the World* bei Verso, London/New York 2008 // Satz: Peter Bisping // Cover: Hans Stützer // Druck: CPI – Ebner & Spiegel, Ulm // www.laika-verlag.de // ISBN: 978-3-944233-66-6

Inhalt

Teil sieben: Das Jahrhundert der Hoffnung und des Schreckens   7

1 Die Welt des Kapitals   15
2 Weltkrieg und Weltrevolution   49
3 Europa in Aufruhr   83
4 Aufstand in der kolonialen Welt   109
5 Die »Goldenen Zwanziger«   129
6 Die große Krise   137
7 Erstickte Hoffnung: 1934 bis 1936   167
8 Die Mitternacht des Jahrhunderts   193
9 Der Kalte Krieg   235
10 Die neue Weltunordnung   279

Schlussfolgerungen: Die Illusion einer Epoche   313

Abkürzungsverzeichnis   333
Glossar   335
Literaturverzeichnis   353
Index   363

Teil sieben
Das Jahrhundert der Hoffnung und des Schreckens

Chronologie

1880er Jahre: Großbritannien besetzt Ägypten, Aufteilung Afrikas. Marktreife Entwicklung von Telefon, Phonograph, Stromerzeugung und Leuchtmitteln.

1890 bis 1900: Japan greift China an und besetzt Taiwan. Spanisch-amerikanischer Krieg. Erfindung des Automobils und des Kinofilms.

1899 bis 1902: Burenkrieg – die Briten errichten die ersten Konzentrationslager.

1900: Gregor Mendels Vererbungstheorie findet sechzehn Jahre nach seinem Tod breite öffentliche Resonanz.

1903: Erstes Flugzeug.

1904: Russland verliert Krieg gegen Japan.

1905: Revolution in Russland. Gründung der Industrial Workers of the World. Einstein entwickelt seine Relativitätstheorie.

1910 bis 1914: »Große Unruhe« in Großbritannien, Oranier in Irland bewaffnen sich.

1911: Ausrufung der Republik China. Mexikanische Revolution.

1912 bis 1913: Balkankriege.

1913: Erste Fabrik von Henry Ford zur Massenherstellung von Automobilen.

1914: Ausbruch des Ersten Weltkriegs, Zusammenbruch der Zweiten Internationale.

1916: Osteraufstand in Dublin.

1917: Russische Revolution im Februar und Oktober, Meutereien in der französischen Armee und der deutschen Kriegsmarine, USA treten in den Krieg ein.

1918: Revolution in Deutschland und Österreich-Ungarn.

1919: Gründung der Kommunistischen Internationale (Komintern), Ermordung Rosa Luxemburgs, Bürgerkrieg in Deutschland, bayerische und ungarische Räterepublik, Guerillakrieg in Irland, Massaker von Amritsar in Indien, Bewegung 4. Mai in China, Versailler Vertrag.

1920: Kapp-Putsch in Deutschland wird durch Generalstreik geschlagen. Fabrikbesetzungen in Italien.
1921: Großbritannien teilt Irland. Aufstand von Kronstadt in Russland.
1922: Italienischen Faschisten wird die Macht übergeben.
1923: Frankreich besetzt das Ruhrgebiet, Hyperinflation, Kommunisten blasen geplanten Aufstand ab, Putschversuch der Nazis.
1925: Heisenberg entwickelt Quantentheorie.
1926: Niederlage des Generalstreiks in Großbritannien.
1927: Massaker an Arbeitern in Schanghai. Trotzki wird ausgebürgert.
1928 bis 1929: Stalin reißt endgültig die Macht an sich, erster Fünfjahresplan, »Kollektivierung« der Landwirtschaft, Massenverhaftungen.
1929: Börsenzusammenbruch an der Wall Street.
1931: Revolution in Spanien.
1933: In Deutschland ergreift Hitler die Macht. Hungersnot in der Ukraine und in Kasachstan.
1934: Antifaschistischer Aufstand in Wien, antifaschistische Proteste in Frankreich, Erhebung im spanischen Asturien, Streiks in den USA.
1936: Wahlsieg der Volksfront in Frankreich und in Spanien, Fabrikbesetzungen in Frankreich, Militärputsch und revolutionäre Erhebung in Spanien, Gründung der CIO in den USA, Besetzungsstreik bei General Motors.
1938: Hitler besetzt Österreich, Münchener Abkommen.
1939: Sieg der spanischen Faschisten. Deutschland marschiert in Polen ein, Zweiter Weltkrieg beginnt.
1940: Frankreich fällt, Italien tritt dem Krieg bei.
1941: Hitler greift Russland an. Japan greift Kriegsflotte der USA an.
1942: Nazis entwerfen Plan für den Holocaust, deutsche Armee vor Stalingrad geschlagen. Hungersnot in Bengalen, Bewegung »Raus aus Indien« entsteht.
1943: Streiks in Turin, Alliierte landen in Süditalien. Aufstand im Warschauer Ghetto.
1944: Alliierte landen in der Normandie, Paris durch Aufstand befreit, griechische Widerstandsbewegung von den Briten angegriffen.
1945: Die Widerstandsbewegung befreit norditalienische Städte, USA und Großbritannien besetzen Westdeutschland, Russland besetzt den Osten.

Atombombenabwurf über Hiroschima und Nagasaki. Großbritannien händigt Vietnam wieder Frankreich aus. In Osteuropa entstehen kommunistische Regierungen.

1947: Großbritannien verlässt Indien. Teilung des Lands führt zu großem Blutvergießen. Vereinte Nationen unterstützen israelischen Staat in Palästina. Der erste Computer wird entwickelt.

1947 bis 1949: Beginn des Kalten Kriegs. Marshallplan, Staatsstreich in Prag, Berliner Luftbrücke, Jugoslawien bricht mit der Sowjetunion, McCarthys Hexenjagd in den USA. Chinesische Volksbefreiungsarmee marschiert in Beijing ein.

1950: Koreakrieg. Unabhängigkeit Indonesiens von den Niederlanden.

1952 bis 1957: Mau-Mau-Aufstand gegen die Briten in Kenia.

1953: Nasser stürzt die ägyptische Monarchie. Tod Stalins. USA zünden Wasserstoffbombe.

1954: Genfer Abkommen über Kriegsende in Korea und Teilung Vietnams. CIA stürzen guatemaltekische Regierung. Aufstand gegen französische Herrschaft in Algerien.

1955 bis 1956: Busboykott von Montgomery und Beginn der Bürgerrechtsbewegung in den USA.

1956: Ägypten verstaatlicht den Suezkanal, wird von Großbritannien, Frankreich und Israel angegriffen. Chruschtschow kritisiert Stalin. Ungarische Revolution.

1957: Ghana erkämpft Unabhängigkeit.

1958: Nationalistische Revolution in Irak. »Großer Sprung nach vorn« in China. De Gaulle übernimmt in Frankreich die Macht.

1959: Castros Rebellen nehmen Havanna ein.

1960: Unabhängigkeit Nigerias.

1961: Gescheiterter Invasionsversuch der CIA auf Kuba. Erste Spaltung zwischen Russland und China. US-amerikanische »Berater« in Vietnam.

1962: Kubanische Raketenkrise.

1964: Unabhängigkeit für Algerien.

1965: USA landen in der Dominikanischen Republik. Militärputsch in Indonesien, eine halbe Million Einwohner werden getötet.

1966: Gründung der Black Panther Party.

1967: Israel besetzt das Westjordanland nach dem Sechstagekrieg. Schwarze erheben sich in Detroit. Putsch rechtsgerichteter Generale in Griechenland.

1968: Tetoffensive in Vietnam, Studentenrevolte in Europa. Französischer Mai. Prager Frühling.

1969: Heißer Herbst in Italien. Unruhen in Córdoba, Argentinien. Nordirlandkonflikt.

1970: Władysław Gomułka in Polen durch Streik gestürzt. Wahl Salvador Allendes in Chile. USA marschieren in Kambodscha ein, Erschießung von Studenten an der Kent State University.

1973: Putsch in Chile, Krieg im Nahen Osten, Aufstand am Polytechnikum in Griechenland.

1974: Beginn des weltweiten Wirtschaftsabschwungs, zweiter Bergarbeiterstreik und Sturz der Regierung Heath in Großbritannien. Revolution in Portugal, Sturz der griechischen Obristen.

1975: Historischer Kompromiss in Italien. Unabhängigkeit für portugiesische Kolonien. Niederlage der revolutionären Linken in Portugal. Guerillakampf in Rhodesien.

1976: Opposition in Spanien legalisiert. Schüleraufstand in Südafrika. CIA mischt im angolanischen Bürgerkrieg mit.

1976 bis 1977: Unruhen in China nach dem Tod Maos, erste Marktreformen.

1979: Revolution im Iran, Islamische Republik. Sandinisten übernehmen die Macht in Nicaragua. Regierung Thatcher in Großbritannien. Russland marschiert in Afghanistan ein.

1980: Besetzung polnischer Werften, Gründung der Arbeiterbewegung Solidarność. Militärputsch in der Türkei. Krieg Irak gegen Iran mit Unterstützung der USA. Ende der Herrschaft der Weißen in Simbabwe. Erste Kleincomputer mit Siliziumchip.

1981: Stationierung von Cruise-Missiles in Europa. Zweiter Kalter Krieg. Bürgerkrieg in El Salvador, USA bauen Contras in Nicaragua auf. Polnische Armee schlägt Solidarność nieder.

1982: Falklandkrieg.

1983: Invasion der USA auf Grenada.

1984 bis 1985: Britischer Bergarbeiterstreik.

1987: »Glasnost « in der Sowjetunion ermöglicht zum ersten Mal seit sechzig Jahren freie Diskussionen.
1988: Demonstrationen nicht russischer Republiken der UdSSR. Bergarbeiterstreiks in Polen. Streikwelle in Jugoslawien und Südkorea. Unruhen in Algerien.
1989: Nicht kommunistische Regierung in Polen, Proteste auf dem Tiananmenplatz in Beijing, Bergarbeiterstreik in Russland, politische Revolutionen in ganz Osteuropa. Aufstieg Miloševićs in Serbien. Einmarsch der USA in Panama. Wissenschaftler warnen zum ersten Mal vor »Treibhauseffekt«.
1991: Krieg gegen Irak unter Führung der USA. Missglückter Putschversuch in Russland, Auflösung der UdSSR. Bürgerkrieg in Jugoslawien und in Algerien.
1992: Hungersnot und Bürgerkrieg in Somalia. Bürgerkrieg in Tadschikistan. Krise der russischen Volkswirtschaft.
1994: Schwarze Herrschaft in Südafrika.
1995: Streiks erschüttern französische Regierung.
1998: Wirtschaftskrise in Asien, Zusammenbruch des Regimes von Suharto in Indonesien.
1999: Krieg gegen Serbien unter Führung der USA.

1
Die Welt des Kapitals

Um 1900 hatte das Kapital der Welt überall seinen Stempel aufgedrückt. Es gab kaum noch Menschen, deren Leben nicht umgewälzt worden war. Nur die Eiswüste der Antarktis, die entlegensten Wälder des Amazonas und das Hochland von Neuguinea warteten noch auf die Ankunft der Apostel des Kapitalismus, der europäischen Eroberer mit ihren Billigwaren, Bibeln, Krankheitskeimen und ihrer Hoffnung auf unverdienten Reichtum.

Der Kapitalismus wirkte sich auf das Alltagsleben durchaus unterschiedlich aus. In vielen Gegenden der Welt stützte er sich nach wie vor auf die uralte schweißtreibende Arbeit, jetzt aber zum Wohle des Profits für weit entfernt lebende Kapitalisten statt für den lokalen Bedarf. In Westeuropa und Nordamerika sprang die Mechanisierung dagegen auf immer breitere Bereiche der Industrie, des Transports und sogar der Landwirtschaft über.

Die industrielle Revolution in Großbritannien ein Jahrhundert zuvor hatte sich im Wesentlichen auf eine Sparte des Textilgewerbes beschränkt, nämlich die Baumwollspinnerei. Jetzt wurde jede denkbare Fertigung revolutioniert und dann erneut revolutioniert – Seifensieden, Drucken, Färben, Schiffsbau, Stiefel- und Schuhherstellung und Papierverarbeitung. Mit der Entwicklung der Stromerzeugung und der Glühbirne wurde der Einsatz künstlichen Lichts möglich und die tägliche Arbeitszeit konnte ausgedehnt werden (das war auch der Grund für den ersten Streik in der Textilindustrie von Mumbai). Die Einführung des elektrisch betriebenen Motors eröffnete die Möglichkeit, Maschinen entfernt von einer unmittelbaren Energiequelle wie einer Dampfmaschine zu betreiben. Die Schreibmaschine revolutionierte die Geschäftsführung und Korrespondenz und brach das Monopol männlicher Angestellter mit langjähriger Büroerfahrung. Die Erfindung des Telegrafen und Ende der 1880er Jahre des Telefons ermöglichte die einfachere Koordinierung von Produktion und

Kriegsführung über weite Entfernungen hinweg – und die Menschen konnten leichter in Kontakt bleiben (Engels verfügte in seiner Londoner Wohnung kurz vor seinem Tod im Jahr 1895 über ein Telefon). Die Entstehung des Fabrikwesens ging Hand in Hand mit der Ausweitung des Schienennetzes und brachte entlegene Gegenden in engen Kontakt mit Städten. Mehr und mehr Kohlenbergwerke wurden eröffnet, um den wachsenden Bedarf an Brennstoff für Eisenbahnen, Fabriken und Dampfschiffe zu decken. Eisen- und Stahlwerke so groß wie Kleinstädte schossen wie Pilze aus dem Boden und daneben die Wohnstädte für die Arbeiter.

Das Wachstum der einen Industrie förderte die Entstehung weiterer Industrien. Die Menschen in den Städten, Bergwerks- und Stahlindustriesiedlungen brauchten Lebensmittel und Kleidung. Die erste Agrarindustrie entstand mit der Verschiffung von Getreide aus den zuvor »unerschlossenen« Prärien des amerikanischen Mittelwestens, Rindfleisch aus den argentinischen Pampas und Wolle aus Australien über Tausende Meilen hinweg. Das wiederum regte zur Entwicklung neuer Lagerhaltungs- und Haltbarmachungsmethoden an. Wachsende Städte benötigten Transportmittel, um die Menschen von ihrem Wohn- zu ihrem Arbeitsort zu bringen. An einigen Orten betrieben Kapitalisten von Pferden gezogene Omnibusse, ließen Straßenbahnsysteme oder sogar Untergrundbahnen bauen, weil sie sich einen Gewinn davon versprachen – an anderen Orten übernahmen die Kommunen diese Aufgabe. Der Mittelstand des 19. Jahrhunderts hatte kein Problem damit, dass die Armen in beengten Behausungen und in Elend und Schmutz lebten, wo sie an Krankheiten oder hungers starben. Ende des 19. Jahrhunderts hatten sie schließlich begriffen, wie Seuchen von den armen auf die reichen Stadtviertel übergreifen konnten, und sie drängten auf den Bau von Abwassersystemen, die Ausdünnung überbevölkerter Stadtzentren, Versorgung mit sauberem Wasser und mit Gas für die Straßenbeleuchtung und zum Beheizen der Wohnungen. Einige Kapitalisten erkannten darin ein Geschäft und stellten Arbeiter zur Erbringung dieser Dienste ein.

Der Prozess der Verstädterung beschleunigte sich. In den 1880er Jahren war über ein Drittel der Londoner Bevölkerung neu zugezogen.[1] Im Jahr 1900 lebten drei Viertel der britischen Bevölkerung in kleineren oder größeren

---

1 Zahlen nach: Jones, Gareth Stedman, *Outcast London*, Harmondsworth 1976, S. 132.

Städten und nur eine von zehn Personen arbeitete auf dem Land.² Großbritannien war ein extremes Beispiel. In Deutschland arbeitete Anfang des Jahrhunderts immer noch ein Drittel der Bevölkerung auf dem Land und viele Industriearbeiter lebten in Kleinstädten oder Industriesiedlungen statt in Großstädten. In Frankreich waren noch im Jahr 1950 30 Prozent der Bevölkerung Bauern oder Landarbeiter, in Japan sogar 38 Prozent.³ Selbst in den USA gab es noch eine große Landarbeiterschaft (obwohl mit der Mechanisierung auch die Prärien Veränderungen unterworfen wurden) und bis in die 1940er Jahre lebten mehr Menschen in Kleinstädten als in Ballungszentren. Dennoch folgten all diese Länder insgesamt dem britischen Beispiel. Das Dorf – mit seiner Kirche, dem Priester, dem Gutsbesitzer und vielleicht noch dem Schullehrer – geriet zu einer Sache der Vergangenheit. Die gesamte Lebensweise der Menschen wurde umgewälzt.

Das verschaffte dem Kapital neue Profitmöglichkeiten, verursachte aber auch Probleme. Einerseits eröffnete sich die Möglichkeit der Versorgung mit immateriellen Gütern. Die Menschen mussten sich entspannen, Kontakte pflegen und sich von der körperlichen Erschöpfung und abstumpfenden Eintönigkeit der Arbeit erholen. Angesichts einer fabrikmäßigen Produktion und des Stadtlebens war es kaum noch möglich, diese Bedürfnisse auf alte Weise, ausgehend vom Dorf mit seinem an den Jahreszeiten orientierten Rhythmus und den zwanglosen Zusammenkünften zu befriedigen. Das Kapital bot neue gemeinschaftliche Aktivitäten an und konnte daraus Gewinn ziehen. Die Brauereien schufen ein lukratives Netz aus Kneipen. Die ersten Zeitungsmagnaten eroberten sich ein riesiges Publikum für Spannung und Vergnügen (der britische Zeitungsmillionär Alfred Harmsworth hatte seinen ersten Erfolg mit einer Wochenzeitung namens *Tit-Bits*). Das Vergnügungsgeschäft unternahm einen ersten Schritt mit der Einrichtung von Musikhallen und in den 1890er Jahren einen nächsten mit der Einführung des Phonographen (des Vorläufers des Schallplattenspielers) und der Vorführung »bewegter Bilder«.

Auch der organisierte Sport hatte seinen Ursprung in der neuen Welt der kapitalistischen Industrie. Ballspiele gab es seit Jahrtausenden. Neu jedoch

---

2 Siehe Grafik 13 und 3 in: Hobsbawm Eric, *Industrie und Empire II. Britische Wirtschaftsgeschichte seit 1750*, Frankfurt am Main 1974.
3 Nach OECD.

war die Aufstellung von Teams, die nach bestimmten Regeln spielten und das Ethos der Konkurrenz der kapitalistischen Industrie im Großbritannien des 19. Jahrhunderts widerspiegelten. Diese Einrichtung sollte sich schon bald über die ganze Welt verbreiten. Fabrikstädte und sogar Fabriken selbst waren die Geburtsstätte vieler Mannschaften (von daher Namen wie »Arsenal« oder »Dynamo Moskau«), und lokale Geschäftsleute übernahmen den Vorstand. Sie erkannten die Vorteile einer klassenübergreifenden Identifikation mit der eigenen Stadt oder Fabrik.

Der Kapitalismus hatte seinen Anfang genommen, indem er sich einen Teil des Lebens der Menschen einer Vorgängergesellschaft aneignete – den Teil, der zwölf, vierzehn oder sechzehn Stunden Schufterei in einer Werkstatt oder Fabrik hieß. Jetzt konnte er Gewinn daraus schlagen, ihr gesamtes Leben zu gestalten – von den Betten, in denen sie schliefen, und den Dächern, die sie vor Regen schützten, bis zu den von ihnen verzehrten Lebensmitteln, ihren Arbeitswegen und den Ablenkungen, bei denen sie die Arbeitswelt vergessen konnten. Er wurde zu einem alles durchdringenden System.

Andererseits brachte das aber auch ein Problem mit sich. Der Kapitalismus konnte nicht mehr auf frische Arbeitskräfte von außerhalb des Systems zurückgreifen. Er musste den Nachschub sichern und das bedeutete, für eine nachwachsende Generation zu sorgen. Zu Beginn der industriellen Revolution in Großbritannien hatten die Kapitalisten sich hier wie in anderen Ländern kaum mit dieser Frage beschäftigt. Frauen und Kinder stellten die billigsten und anpassungsfähigsten Arbeitskräfte in den Spinnereien dar, und sie wurden ohne große Rücksicht auf gesundheitliche Schäden oder die Folgen für die Betreuung der Kleinkinder in den Fabriken zusammengepfercht. Wenn die kapitalistische Akkumulation die Zerstörung der Arbeiterfamilie erforderte, dann war es eben so.

In den 1850er Jahren begannen die weitsichtigeren Kapitalisten sich über die Erschöpfung der Reserven an künftigen Arbeitskräften Sorgen zu machen. Im Jahr 1871 berichteten in Großbritannien Regierungsinspektoren zur Überwachung des Armengesetzes: »Allgemein ist bekannt, dass kein Stadtjunge aus den ärmeren Klassen, insbesondere so sie in London aufwuchsen, im Alter von fünfzehn Jahren […] eine Größe von vier Fuß zehn oder einen Brustumfang von 29 Inches erreicht. Für diese Rasse ist eine Wachstumshemmung typisch.«⁴ Das Mansion-House-Komitee (benannt nach dem Amtssitz des Londoner Bürgermeisters) kam im Jahr 1893 zu dem Ergebnis, dass durch »Stärkung der körperlichen wie moralischen Widerstandskraft der Londoner Arbeiterklasse offensichtlich Abhilfe« geschaffen werden könne.⁵

Mit einer Reihe von Gesetzen wurde die Arbeitszeit für Kinder beschränkt und in bestimmten Industriezweigen Frauenarbeit verboten, da sie die Schwangerschaft gefährdete. Ein paar Kapitalisten ließen »Modelldörfer« bauen – so die Seifensieder Lever den Ort Port Sunlight am Mersey und der Schokoladenhersteller Cadbury Bourneville nahe Birmingham –, wo sie ihren Arbeitskräften Wohnverhältnisse boten, die eine langfristige Produktivität sicherten (verbunden mit striktem Alkoholverbot). Bemühungen der Regierung, die »körperliche Widerstandskraft« der Arbeiterinnen und Arbeiter zu stärken, ließen aber noch bis Anfang des 20. Jahrhunderts auf sich warten. Das Physical Deterioration Committee, das zur Untersuchung körperlicher Schädigungen eingesetzt worden war, äußerte sich in einer Studie besorgt über die schlechte gesundheitliche Verfassung der Männer, die für den in den Jahren 1899 bis 1902 tobenden Burenkrieg rekrutiert wurden, und sah die Fähigkeit Großbritanniens zur Kriegsführung gefährdet. Daraufhin führte eine liberale Regierung ein freies Schulessen ein. Das war der erste kleine Schritt hin zu einem Wohlfahrtsstaat, wie er später genannt wurde. Daneben aber wurde vor allem die Stärkung der »moralischen Widerstandskraft« der Arbeiterklasse betont, verbunden mit der Einleitung einer Moraloffensive gegen »Leichtsinn«, »Zügellosigkeit«, »Trunkenheit« und den durch »wahllos gestreute Wohlfahrtsleistungen« hervorgerufenen »Sittenverfall«.⁶

Zur Bekämpfung all dieser angeblichen Übel organisierten »Menschenfreunde«, Kirchen und Parlamentarier Feldzüge zur Preisung eines Familienideals, das den Vorstellungen der Mittelschicht entsprach: die stabile, monogame Kleinfamilie bestehend aus dem arbeitenden Ehemann, einer treuen Ehefrau und disziplinierten Kindern. Nur solch eine Familie, wurde behauptet, könne pflichtbewusste und gehorsame Kinder großziehen. Der Platz der

---

4   George Blundell Longstaff im September 1893, zitiert nach: Jones, *Outcast London*, S. 128. (Umgerechnet 125 Zentimeter und 75 Zentimeter.)
5   Zitiert nach: Jones, *Outcast London*, S. 129.
6   Bericht der Charity Organising Society von 1870/1871, zitiert nach: Jones, *Outcast London*, S. 266.

Frau war im Heim, entsprechend der »menschlichen Natur«. Vorehelicher und außerehelicher Sex, Scheidung, Verhütung und Diskussionen über Sexualhygiene und sexuelles Vergnügen wurden in diesem Klima eines offiziellen Puritanismus gegeißelt. Männliche Homosexualität wurde in Großbritannien zum ersten Mal zur strafbaren Handlung erklärt.

Mit diesem Familienmodell verbunden war die Idee von einem »Familienlohn«: Das Einkommen des Mannes sollte so hoch sein, dass die Ehefrau zu Hause bleiben und die Kinder aufziehen konnte. Nur für eine sehr kleine Minderheit von Arbeitern wurde das jemals zur Wirklichkeit. Unternehmer, die den männlichen Beschäftigten in Zeiten des Wirtschaftsaufschwungs, wenn Streiks und Arbeitskräftemangel ihnen schaden konnten, Lohnerhöhungen gewährten, nahmen sie in Zeiten des Abschwungs ebenso schnell wieder zurück. Viele Frauen, die ihre Arbeit für ein Leben als Hausfrau und Mutter aufgaben, mussten weiterhin Lohnarbeit verrichten (als Heimarbeiterinnen oder Putzfrauen). Ein Idealbild war geschaffen worden, in dem Frauenarbeit als weniger wichtig galt als die eines männlichen »Brotverdieners«, und das erleichterte den Unternehmern die Zahlung von Niedriglöhnen.

Hand in Hand mit der Sorge über die »sittlichen Werte« der Arbeiter ging das manische Bestreben nach Effizienz. Für die Kapitalisten der frühindustriellen Revolution verlief der Weg zum Profit über möglichst lange tägliche Arbeitszeiten, um, wie Marx sagte, mehr »absoluten Mehrwert« aus den Beschäftigten zu pressen. Mit der Möglichkeit, die Produktion fast ununterbrochen in Zwei- oder Dreischichtsystemen zu betreiben, begann sich das Interesse auf die Intensivierung der Arbeit und die Beseitigung jeglicher Pausen im Arbeitsprozess zu richten. Der Amerikaner Frederick Taylor führte die »wissenschaftliche Betriebsführung« ein – den Einsatz von Inspektoren mit Stoppuhren, die die Tätigkeit von Arbeitern in Teilschritte aufgliederten, um die größtmögliche Zahl von Arbeitsschritten herauszufinden, die ein Arbeiter an einem Arbeitstag verrichten konnte, und dann den Lohn an die Erfüllung dieser Norm zu binden. Die Maschine hörte auf, ein Hilfsmittel für die Arbeiter zu sein, stattdessen wurden die Arbeiter zum Anhängsel der Maschine.

Schließlich erforderte eine erhöhte Produktivität auch die Notwendigkeit der Ausbildung und Alphabetisierung. Ob die Bauern und Landarbeiter der vorindustriellen Gesellschaften lesen, schreiben und rechnen lernten, blieb ihnen überlassen. Deshalb dreht sich jede Diskussion über Literatur in vorkapitalistischen oder frühkapitalistischen Gesellschaften um die Ober- und Mittelschicht. Der komplexe, miteinander verschränkte Prozess der kapitalistischen Produktion erforderte jetzt eine Arbeiterschaft, die zumindest die Betriebsanleitungen und Kennzeichnungen auf Packkisten lesen konnte, über Grundkenntnisse in Rechnen verfügte und, was ebenso wichtig war, Zeitdisziplin und Gehorsam verinnerlicht hatte. Selbst der britische Kapitalismus, der während seiner industriellen Revolution zunächst ohne all das ausgekommen war, sah sich in den 1870er Jahren genötigt, die Schulpflicht bis zum Alter von zehn Jahren für seine künftigen Arbeiter einzuführen – auch wenn er die Ausbildung seiner Mittel- und Oberschicht in den Händen von Gymnasien und Stiftungsschulen beließ. Jüngere kapitalistische Staaten, die zur Brechung der britischen Marktmacht eine ausreichend geschulte Arbeiterklasse brauchten, führten meist von Anfang an öffentliche Bildungseinrichtungen nicht nur zur Schulung der künftigen Arbeiter ein, sondern auch, um einem Teil der Mittelschicht technisches Wissen zu vermitteln.

Der frühe Kapitalismus der spätfeudalen und absolutistischen Zeit blühte Ende des 18. und Anfang des 19. Jahrhunderts auf und war Anfang des 20. Jahrhunderts in Westeuropa und Nordamerika zur Reife gelangt. Er wies jetzt viele Merkmale auf, die auch wir kennen, weshalb die meisten diese Merkmale heute für gegeben halten. Zu Beginn der industriellen Revolution hingegen waren viele erschüttert über die Industriearbeit im Vergleich zu dem ländlichen Leben, das sie hinter sich gelassen hatten. Sie hatten oft in der Vergangenheit nach Heilmitteln für die erfahrenen Missstände gesucht – so wie die Chartisten Pläne zur Gründung kleiner Höfe entwarfen. Anfang des 20. Jahrhunderts war die Erschütterung gewichen. Es gab immer noch Erstaunen über Neuerungen wie das Automobil oder elektrisches Licht, aber nicht mehr das Erschrecken angesichts einer Gesellschaft, die auf Wettbewerb, Zeiterfassung und Habgier beruhte. Die Menschen kannten nur noch die kapitalistische Gesellschaft, deren Merkmale und die von ihr geprägten Verhaltensweisen Teil der »menschlichen Natur« zu sein schienen. Sie konnten nicht mehr erkennen, wie befremdlich ihr Verhalten ihren Vorfahren erschienen wäre.

Die Ideologie vom Fortschritt

Anhänger der neuen Welt des Industriekapitalismus glaubten, sie stünden vor der Lösung aller Menschheitsprobleme. Derselbe Optimismus ergriff das intellektuelle Leben. Jahr für Jahr brachte der menschliche Erfindergeist neue Wunder hervor. Das Dasein war für die Bourgeoisie und die Mittelschicht bequemer denn je, und selbst Flügel der Arbeiterschaft kamen in den Genuss gehobener Arbeits- und Lebensbedingungen. Entwickelte sich alles auf diese Weise weiter, würden die Träume vergangener Generationen endlich wahr, so schien es jedenfalls.

Dieser Glaube wurde noch bestärkt durch Entwicklungen in Wissenschaft und Technik. Der Physiker William Thomson (Lord Kelvin) entwarf auf Grundlage von Newtons Mechanik ein mechanistisches Modell des Universums, vom kleinsten Atom bis zur größten Galaxie, und James Clerk Maxwell versuchte in dieses Modell die experimentell gewonnenen Erkenntnisse Michael Faradays über Elektrizität und Magnetismus zu integrieren.[7] Gleichzeitig hatten die Naturforscher Darwin und Wallace eine Theorie von der Entwicklung der Arten durch natürliche Auslese ausgearbeitet, und Darwin hatte zudem aufgezeigt, dass die Menschheit selbst von affenähnlichen Säugetieren abstammte. Chemikern war es gelungen, einige organische Substanzen aus nicht organischem Material herzustellen.

Die alten Kräfte der Religion und des Aberglaubens versuchten sich gegen den Wissensfortschritt zu stemmen, aber gegen die Verbindung aus Wissenschaft und gewinnorientierter Industrie konnten sie nur ein Rückzugsgefecht austragen. Der anglikanische Bischof von Oxford griff Darwins Jünger Huxley an, so wie einst das Papsttum Galileo. Die Geistlichkeit war jedoch nicht mehr in der Lage, die Ideen der Menschen zu kontrollieren. Es schien, als ginge die Aufklärung endgültig siegreich aus der Schlacht mit der Unvernunft hervor.

---

7   In der Praxis widersprach der mathematische Ansatz Maxwells diesem Modell, womit er den Grundstein für völlig andere Modelle legte, die im 20. Jahrhundert gebräuchlich wurden. Es war jedoch sein ursprüngliches Modell, das das wissenschaftliche Denken fast einer ganzen Generation beherrschte. Siehe: Berkson, William, *Fields of Force,* London 1974, Kapitel 5, 6 und 7, insbesondere S. 150–155.

Der neue Glaube an den unaufhaltsamen Fortschritt wurde als »Positivismus« (eine Bezeichnung des französischen Philosophen Auguste Comte für diese Vorstellungen) oder »Szientismus« bekannt. Er lag Émile Zolas Romanen zugrunde, in denen er menschliches Verhalten als blindes Zusammenspiel von materiellen Bedingungen und angeborenen Leidenschaften zeichnete, oder Theodore Dreisers Romanen über Großunternehmer, deren Verhalten er als eine Variante des »Überlebens des Tüchtigsten« darstellte. Dieser Glaube stand auch hinter dem Optimismus der frühen Science-Fiction-Romane von H. G. Wells, der das Bild einer triumphierenden Menschheit entwarf, die auf dem Mond landet, oder hinter den Schauspielen George Bernard Shaws wie *Mensch und Übermensch* oder *Major Barbara*. Auch Sigmund Freud war davon beeinflusst, als er versuchte, irrationale Gefühle und irrationales Verhalten mit Kräften des menschlichen Geistes zu erklären: dem Ich, dem Über-Ich und dem Es, die ähnlich wie die Elemente von Kelvins Universum zusammenspielen.[8] Dies war auch der Hintergrund der Philosophie Bertrand Russells und das Leitprinzip für Leute wie Sidney und Beatrice Webb und ihre Gesellschaft der Fabier in Großbritannien, die glaubten, die Gesellschaft könne von wohltätigen Staatsbeamten schrittweise reformiert und zum Besseren verändert werden.

Selbst reaktionäre Kräfte, die sich ursprünglich eines religiösen Obskurantismus bedient hatten, behaupteten jetzt, einen wissenschaftlichen Ansatz zu verfolgen. Aus Darwins wissenschaftlichen Einsichten in die Natur wurde das Zerrbild der Theorie vom »Sozialdarwinismus«, nach der Klassen, Nationen oder Rassen, die andere beherrschten, aufgrund ihrer »angeborenen Überlegenheit« den Kampf um das Überleben gewonnen hatten. Alte Vorurteile über das »bessere Blut« oder »bessere Zuchtauswahl« wurden übersetzt in moderne, scheinwissenschaftliche Begrifflichkeiten. Ähnlich wurden jetzt die alten Argumente des heiligen Augustinus (und Luthers und Calvins)

---

8   Wie bei Maxwells Modell vom Universum gab es Elemente in Freuds Theorie, die einem völlig anderen Ansatz dienstbar gemacht wurden: In den 1920er Jahren galt Psychoanalyse oft als Rechtfertigung irrationaler Angriffe auf den mechanisch-deterministischen Ansatz. Freuds eigener Ansatz beruhte aber zweifellos auf einem mechanischen Determinismus. Siehe zum Beispiel die Darstellung seiner frühen chirurgischen Versuche, Symptome von Hysterie zu heilen, in: Masson, Jeffrey, *Was hat man dir, du armes Kind, getan? Sigmund Freuds Unterdrückung der Verführungstheorie*, Reinbek bei Hamburg 1984.

über die Notwendigkeit einer starken Staatsmacht zur Beseitigung allen Übels, das mit »Adams Fluch« – der »Ursünde« – begann, abgewandelt in die Notwendigkeit, die »tierischen Instinkte« der Menschen in den Griff zu bekommen. Die Kirche hatte für sich das Recht beansprucht, das Verhalten der Menschen zu beaufsichtigen, die Vertreter der »Eugenik« forderten jetzt, der Staat solle angeblich wissenschaftliche Messungen »angeborener« Intelligenz und »Verbrechertums« vornehmen und die Fortpflanzung bestimmter Personengruppen beschränken. Das Ganze wurde mit düsteren Prophezeiungen über das Schicksal der »Rasse« verknüpft, weil die Armen meistens größere Familien hatten als die Reichen – diese Sorge trieb Reformer aus der Mittelschicht wie den jungen John Maynard Keynes ebenso um wie Reaktionäre aus der Oberschicht.

Im Großen und Ganzen jedoch waren »Szientismus« und »Positivismus« mit dem Glauben an eine unvermeidlich bessere Zukunft verbunden, die Moderne selbst wurde gleichgesetzt mit menschlichem Fortschritt. Im Jahr 1914 hatte der Glaube an die Zukunft den Glauben an Gott schon fast verdrängt – auch wenn es weiterhin viele Hüter der Wohlanständigkeit gab, die beides miteinander zu vereinbaren suchten.

Die Entstehung der kapitalistischen Demokratie

Das Wort Demokratie war den herrschenden Klassen Mitte des 19. Jahrhunderts ein Gräuel. Sie verdammten sie als »Herrschaft des Mobs«, der »unflätigen Menge« nach Burke. Thomas Macaulay, Historiker aus der Schule der englischen Whigs, konnte ebenso unerbittlich sein wie jeder Tory. »Allgemeines Wahlrecht«, meinte er, sei »für jeden Aspekt der Regierungsführung schädlich« und »keinesfalls vereinbar mit dem Bestand der Zivilisation«.[9] Selbst wenn die herrschenden Klassen auf Druck von unten das Wahlrecht einführen mussten, versuchten sie es auf ein Zensuswahlrecht zu beschränken, von dem die niederen Schichten ausgeschlossen waren. Großbritanniens Reformgesetz von 1832 weitete das Wahlrecht von bisher 200.000 auf eine Million Männer aus – also nicht mehr als ein Fünftel der männlichen

---

9   Zitiert nach: Miliband, Ralph, *Capitalist Democracy in Britain*, Oxford 1982, Fußnote 2, S. 22.

Erwachsenen. Angesichts einer großen Wahlbewegung wurde im Jahr 1867 ein Gesetz zur Erweiterung des Kreises der Wahlberechtigten erlassen,[10] immer noch aber war die Hälfte der männlichen Bevölkerung ausgeschlossen, und »weder die liberalen noch die konservativen führenden Köpfe sahen darin einen Schritt zur demokratischen Verfassung«.[11] In Preußen und einer Reihe anderer deutscher Staaten wurde mittels eines Dreiklassenwahlsystems die Mehrheit der Parlamentssitze an die Minderheit mit dem größten Vermögen vergeben. Außerdem schufen fast alle herrschenden Klassen eine nicht gewählte zweite Kammer, ein Oberhaus oder einen Senat von Notabeln, ausgestattet mit einem Vetorecht, und setzten Monarchen ein, die befugt waren, das Regierungsoberhaupt zu ernennen. Kein Wunder, dass Marx zur Zeit der Pariser Kommune meinte, die Diktatur Louis Bonapartes sei mehr im Einklang mit den Bestrebungen der kapitalistischen herrschenden Klasse als eine demokratische Republik: »Die usurpatorische Diktatur [...] ist in Wirklichkeit – wenigstens auf dem europäischen Kontinent – die einzig mögliche Staatsform geworden [...].«[12]

Im weiteren Verlauf des Jahrhunderts erkannten einige Köpfe der herrschenden Klasse, dass Demokratie keine Bedrohung für sie bedeuten musste, vorausgesetzt, sie selbst bestimmten die Spielregeln. Als Louis Bonaparte im Jahr 1851 seine Machtergreifung bestätigen ließ, hatte er bereits gelernt, die auf einem allgemeinen (männlichen) Wahlrecht fußenden Wahlen zu manipulieren. Die Mehrheit der französischen Wähler waren Bauern und auf Dorfpriester und Schulmeister angewiesen, wenn sie etwas über politische Ereignisse erfahren wollten. Bonaparte gelang es, den Informationsfluss so zu steuern, dass sie nur Schreckensgeschichten über die Ereignisse in den Städten zu hören bekamen. Auf diese Weise konnte er ihre Stimmen gewinnen und sich »demokratischer« als die Republikaner darstellen. Diesem Beispiel folgte Otto von Bismarck nur zu gerne, als er den König von Preußen zum Kaiser Deutschlands erklärte – das kaiserliche Parlament mit sehr eingeschränkten Befugnissen wurde anhand eines allgemeinen Männerwahlrechts gewählt,

---

10 Siehe: Harrison, Royden, *Before the Socialists*, London 1965, S. 69–78.
11 Cowling, Maurice, »1867. Disraeli, Gladstone and Revolution«, zitiert nach: Miliband, *Capitalist Democracy*, S. 25.
12 Marx, Karl, »Zweiter Entwurf zum ›Bürgerkrieg in Frankreich‹«, *MEW*, Band 17, Berlin 1983, S. 591.

während bei den Wahlen in den deutschen Ländern weiterhin ein Zensuswahlrecht nach Eigentum in Kraft blieb.

Großbritanniens herrschende Klasse entdeckte, dass die schrittweise Ausweitung des Wahlrechts ihre Entscheidungsgewalt über die Staatsgeschäfte nicht wirklich berührte, da die Staatsmacht überwiegend der parlamentarischen Kontrolle entzogen war. Sie hauste in den nicht gewählten oberen Rängen des Militärs, der Polizei, der Richterschaft und des Staatsdiensts. Hier wurde der Rahmen für die Arbeit des Parlaments abgesteckt und missliebige Entscheidungen wurden einfach als »nicht verfassungsgemäß« zurückgewiesen (so das Votum des britischen Unterhauses für das Recht der Iren auf Selbstverwaltung, »Home Rule«, im Jahr 1912). Auf diese Weise verwandelte sich das Parlament in einen Mechanismus zur Zähmung der Volksvertreter, statt ein Instrument der Massen zur Ausübung von Druck auf die herrschende Klasse zu sein, und die Parlamentarier waren gezwungen, ihre Forderungen auf den von der herrschenden Klasse vorgegebenen engen Rahmen zu beschränken. William Gladstone, Chef der Liberalen, der wichtigsten kapitalistischen Partei Großbritanniens, begriff schon im Jahr 1867, dass es »wünschenswert« sei, »wenn ein größerer Anteil der Bevölkerung angeregt würde, im Mittelpunkt seiner politischen Interessen das Parlament zu sehen«.[13]

Ralph Miliband schrieb dazu:

> Die Inbesitznahme der »Demokratie« war kein Zeichen eines Gesinnungswandels bei den Politikern; es handelte sich vielmehr um den Versuch, ihr die Wirkung auszutreiben [...]. Ein sorgfältig begrenztes und angemessen kontrolliertes Maß an Demokratie war hinnehmbar und gewissermaßen auch wünschenswert. Alles, was darüber hinausging, aber nicht. Das gesamte politische System war nach dieser Geisteshaltung ausgerichtet.[14]

Die Ausweitung des Wahlrechts war überall von dem bewussten Versuch der politischen herrschenden Klasse begleitet, Einfluss auf die Herzen und Köpfe der niederen Klassen zu nehmen. In Großbritannien versuchte sich die

---

13 Cowling, »Disraeli«, S. 49.
14 Miliband, *Capitalist Democracy*, S. 28.

Konservative Partei im Jahr 1867 anlässlich der Reformgesetzgebung zum ersten Mal an dem Aufbau einer National Union mit einer Mitgliedschaft außerhalb des Parlaments, um »vor allem konservative Werktätige«[15] in Lokalvereinen und Trinkklubs zusammenzubringen: »Die Eindringlichkeit des unmittelbaren Appells an die Arbeiterklasse gehört zu den auffälligsten Erscheinungen der Tätigkeit der National Union in ihrer Frühzeit.«[16] Ihre Anziehungskraft bezog sie auch aus der in Teilen der Arbeiterschaft vorhandenen Ehrerbietung für ihre Herren, den religiösen oder anderen Spannungen zwischen Arbeitern (so bedeutete in bestimmten Städten Nordenglands und Schottlands ein Konservativer zu sein, auch ein protestantischer Oranier und Gegner irischer Zuwanderer zu sein), aus der Glorifizierung der imperialen Ausdehnung Großbritanniens und aus den Wohltätigkeiten, die sie den Armen zu Wahlzeiten zukommen ließ.[17] Ähnlich wie die Konservativen bemühten sich auch die Liberalen darum, die untere Mittelschicht und die Arbeiterklasse anzusprechen. Sie gründeten ihr eigenes Netz lokaler Vereinigungen. Erst nach 1905 konnten ein paar »unabhängige« Labourkandidaten kleine Erfolge gegen zwei kapitalistische Parteien verbuchen, die vierzig Jahre lang die Politik in der Arbeiterklasse dominiert hatten. Allerdings waren die Labourpolitiker ebenso auf die bestehende Ordnung eingeschworen wie ihre etablierten Konkurrenten.

Ähnlich sah es auch in anderen Ländern aus. In den USA war die Arbeiterklasse zwischen Republikanern und Demokraten gespalten, im Wesentlichen entlang der Entgegensetzung von im Land geborenen Amerikanern und Einwanderern (mit der zusätzlichen Komplikation, dass die Demokraten mit dem Süden sympathisierten). In Frankreich heizten konservative Katholiken eine antisemitische Stimmung an, als sie mit antiklerikalen Republikanern der Mittelschicht um Einfluss rangen. In Deutschland gelang es den preußischen Junkern verhältnismäßig leicht, dafür zu sorgen, dass die Arbeiter nach ihren Wünschen wählten; die nationalliberalen Industriellen, Anhänger Bismarcks, hatten eine eigene Partei; und im Süden beherrschte die katholische Kirche die politischen Ansichten der Menschen selbst in vielen Bergbaugegenden.

---

15 Harold John Hanham, zitiert nach: Miliband, *Capitalist Democracy*, S. 27.
16 McKenzie, Robert Trelford, *Britische Parteien in England*, Köln und Opladen, 1961, S. 102.
17 Siehe: Jones, *Outcast London*, S. 344, 348.

Die Entstehung einer Massenpresse half den Parteien der Oberschicht bei ihren Bemühungen. In den 1820er und 1830er Jahren hatte die britische herrschende Klasse die Verbreitung aufrührerischer Ideen in der noch jungen Arbeiterklasse zu verhindern versucht, indem sie hohe Steuern auf Zeitungen erhob, was sie für Arbeiter unerschwinglich machte. Ab den 1850er Jahren erkannte eine neue Generation kapitalistischer Unternehmer die Möglichkeit, mit Massenzeitungen Gewinn zu erzielen. Zu Beginn des 20. Jahrhunderts sahen Leute wie Alfred Harmsworth (der kurz darauf zu Lord Northcliffe wurde) und Max Aitken (später Lord Beaverbrook) in Zeitungen politische Waffen. Solchen Männern gelang es, ein kleineres Ereignis im Burenkrieg, die Belagerung von Mafeking (heute Mahikeng), als ein klassenübergreifendes Medienereignis zu gestalten. Ähnlich heizte die französische Presse eine antisemitische Hysterie an, als der Hauptmann Alfred Dreyfus fälschlicherweise der Spionage für Deutschland bezichtigt wurde und ins Gefängnis kam, und die deutsche Presse peitschte die Kriegsstimmung auf, um die Sozialisten bei den Wahlen des Jahres 1907 zu schlagen.

Das Schüren einer neuen Art von Nationalismus war Bestandteil der Anstrengungen zur Kontrolle der kapitalistischen Demokratie. Mitte des 19. Jahrhunderts war Nationalismus meistens nur bei den Völkern zu finden, die durch die Restauration der alten Ordnung 1814/1815 und das ihnen aufgezwungene europäische Staatensystem gespalten oder unterdrückt worden waren. Nationalismus war der Schlachtruf derer, die für Befreiung kämpften, und er stand im Zusammenhang mit der Forderung nach Demokratie und Republikanismus. Dieser Nationalismus von unten war unter Völkern, die von Russland, Österreich-Ungarn und dem Osmanischen Reich unterdrückt wurden, noch Ende des Jahrhunderts gegenwärtig und wurde durch die Ausbreitung von Marktbeziehungen gefördert. Die aus der Bauernschaft hervorgehenden Mittelschichten mit ihren Lokalsprachen begannen für eigenständige Nationalstaaten zu kämpfen oder zumindest für autonome nationale Strukturen innerhalb bestehender Staaten zur Förderung der eigenen Interessen.

Eine andere Form von Nationalismus entstand parallel und im Gegensatz zu dieser alten Art. Er wurde von oben verkündet, sowohl von den alten Monarchien als auch den neueren kapitalistischen Herrschern. Bismarck machte sich einen deutschen Nationalismus zu eigen; die russischen Zaren versuchten ihre finnischen, ukrainischen, polnischen und türkisch sprechenden Untertanen zu »russifizieren«; die französische Oberschicht bemühte sich, die Energien der Bevölkerung auf »Rache« an Deutschland und Begeisterung für die Eroberung Nordafrikas und Indochinas abzulenken; und die britischen Herrscher verkündeten als ihre Mission, »die Beherrschung der Meere« und »die Zivilisierung der Eingeborenen«.[18] Regierungen, Zeitungen, Industrielle und Bankiers nutzten ihren Einfluss zur Propagierung solcher Nationalismen und verkündeten die Einheit von herrschenden und ausgebeuteten Klassen in den jeweiligen Ländern, alle säßen in einem Boot, selbst wenn die einen in Luxus lebten und die anderen schufteten oder gar hungerten. Die Aufstiegsmöglichkeiten, die die Verwaltung der imperialen Reiche Teilen der Mittelschicht bot, banden sie materiell an den neuen Nationalismus und spornten sie an, dessen Einfluss in der Arbeiterschaft zu stärken. Deshalb riefen sie beispielsweise halb militaristische Massenorganisationen wie die Pfadfinder ins Leben, die der Jugend der Mittelschicht und der Arbeiterklasse gleichermaßen offenstanden. Diese Organisationen waren angeblich unpolitisch, aber ihr Einsatz für die Ideologie der herrschenden Klasse, für die Monarchie, für »Vaterland« und »Reich« stand außer Zweifel.

In der Folge wurde das allgemeine Wahlrecht, das die herrschenden Klassen in den 1840er Jahren als tödliche Bedrohung angesehen hatten, in den 1900er Jahren durch solche Maßnahmen in ein Instrument zur Domestizierung einer Schicht von Arbeitervertretern verwandelt. Dieser Wandel kam nicht über Nacht und ging nicht reibungslos vonstatten. Oft leistete die Oberschicht Widerstand. In Großbritannien dauerte es 95 Jahre, bis die herrschende Klasse das allgemeine Erwachsenenwahlrecht einführte, nachdem sie 1832 der Mittelschicht das Stimmrecht eingeräumt hatte. In Belgien bedurfte

---

18 In Großbritannien als ältestem Industriekapitalismus gab es auch den ältesten Nationalismus »von oben«. E. P. Thompson beschrieb, wie die Regierung volkstümliche nationalistische Organisationen förderte, um dem britischen Jakobinismus der 1790er Jahre etwas entgegenzusetzen. Siehe: Thompson, Edward Palmer, *Die Entstehung der englischen Arbeiterklasse*, Frankfurt am Main 1987, insbesondere das Kapitel »Der Freiheitsbaum wird gepflanzt«. In neuerer Zeit hat Linda Colleydas Ausmaß des entstehenden Nationalgefühls ab Mitte der 1750er Jahre betont. Siehe: Colley, Linda, *Britons*, London 1994. Leider ist ihr Ansatz etwas eindimensional, weshalb sie im Gegensatz zu Thompson die immer auch vorhandenen Gegenströmungen zum Nationalismus nicht sieht.

es zweier Generalstreiks zur Ausweitung des Wahlrechts. In Deutschland kam es in den 1900er Jahren zu erbitterten Straßenkämpfen, und erst im Jahr 1918 sah sich die herrschende Klasse angesichts der revolutionären Bewegung genötigt, das allgemeine Wahlrecht einzuführen.

Der Widerstand gegen das Wahlrecht für Arbeiter ging einher mit dem Widerstand gegen das Frauenwahlrecht. Mit der Ausbreitung der Marktwirtschaft traten Frauen der Mittelschicht wie Frauen der Arbeiterklasse vermehrt in den Arbeitsmarkt ein. Aber in der Vorbildfamilie der Moralisten zur »anständigen« Erziehung der nächsten Generation beschränkten sich die Aufgaben der Frau auf das Heim. Gerechtfertigt wurde dies mit der Behauptung, es gebe besondere weibliche Fähigkeiten und Werte. Solche Ideen wären für eine Bäuerin im Mittelalter, die sich abrackern musste, der blanke Unsinn gewesen, sie ergaben auch wenig Sinn für die Arbeiterinnen in den Spinnereien von Lancashire. Im ersten Jahrzehnt des 20. Jahrhunderts erschien den Männern der Mittelschicht – und den Arbeitern, die von den Zeitungen beeinflusst waren – die Forderung nach einem Frauenwahlrecht dagegen als Irrwitz.

Paradoxerweise förderte selbst die Verweigerung des Wahlrechts die Bindung an das System der kapitalistischen Demokratie. Bei der Wahlrechtskampagne ging es im Wesentlichen darum, Teil des Systems zu werden, nicht darüber hinauszugehen. Vor dem Jahr 1914 waren Frauen der Ober- und Mittelschicht bereit, direkt gegen Eigentum und Staat vorzugehen, um das Frauenwahlrecht zu erkämpfen. Als der Krieg jedoch ausbrach, stürzten sich die bekanntesten Anführerinnen der Suffragettenbewegung[19] in Großbritannien – Emmeline und Christabel Pankhurst – in die Anwerbung von Soldaten, die zu den Schlachtfeldern der Westfront geschickt wurden. Sylvia Pankhurst dagegen verabscheute das Gemetzel und erkannte jetzt, dass das Parlament ein Hindernis für den Fortschritt war.

Die Sozialdemokratie

Mit der schnellen Ausdehnung der Industrie und der Industriearbeiterklasse fand sich auch ein neues Publikum für die Ideen der sozialistischen Organi-

---

19 Nach dem englischen/französischen Wort *suffrage*, Wahlrecht; d. Übers.

sationen, die durch die Niederlagen der Jahre 1848 und 1871 schwer gebeutelt waren. Nirgendwo fühlten sich diese Organisationen jedoch stark genug, um dem Staat eine offene revolutionäre Kampfansage zu machen. Stattdessen folgten sie einer Strategie, die deutsche Sozialisten entwickelt hatten. Sie nutzten die Möglichkeiten des neuen Wahlsystems, wie eingeschränkt und einseitig zugunsten der Oberschicht es auch war, und bauten legale Arbeiterorganisationen wie Gewerkschaften, Wohlfahrtseinrichtungen, Sport- und sogar Gesangsvereine auf.

Die Sozialdemokratische Partei Deutschlands (SPD) war in gewisser Hinsicht sogar sehr erfolgreich. Ihr Stimmanteil vergrößerte sich mit jeder Wahl und lag über dem der Partei der Großgrundbesitzer und der Industriellenpartei. Sie überstand zwölf Jahre Illegalität unter den »Sozialistengesetzen«, gewann eine Million Mitglieder und gab neunzig lokale Tageszeitungen heraus. Ihr Netz aus Hilfsorganisationen (Gewerkschaften, Wohlfahrtsgesellschaften und so weiter) wurde in vielen Industriegegenden ein Bestandteil des Lebensgefüges der Arbeiterklasse. All das gelang der SPD trotz der wiederholten Verhaftungen ihrer Zeitungsherausgeber, Organisatoren und Parlamentsabgeordneten und schien der Beweis dafür zu sein, dass sich die kapitalistische Demokratie gegen den Kapitalismus selbst richten ließ – eine Lehre, die Friedrich Engels in unzähligen Artikeln mit Nachdruck vertrat.

Dem deutschen Beispiel folgten schon bald andere Parteien. Engels drängte die Arbeiterpartei Frankreichs von Jules Guesde und Paul Lafargue, diesen Weg zu beschreiten. In Spanien begann der Madrider Arbeiter Pablo Iglesias mit dem Aufbau einer sozialistischen Partei, der Partido Socialista Obrero Español (PSOE), nach diesem Muster. Aktivisten in Italien taten es ihnen nach. Selbst in Großbritannien, wo nach zwanzig Jahren steigenden Lebensstandards die Facharbeiterschaft empfänglich für die Botschaft der Liberal Party von Gladstone war, rückte eine Gruppe Radikaldemokraten im Jahr 1883 nach links und begann eine Miniaturversion der deutschen Partei, die Social Democratic Federation, aufzubauen. Als im Jahr 1889 eine internationale Vereinigung von Arbeiterorganisationen, bekannt als Zweite Internationale, gegründet wurde, galt die deutsche Partei allen als Leitstern.

Es gab jedoch einen Widerspruch zwischen der Theorie dieser Parteien, die für den revolutionären Sturz des Kapitalismus eintraten, und ihrer Alltagspraxis, die darin bestand, mit Umsicht Druck zur Einführung von Reformen innerhalb des Kapitalismus auszuüben. Dieser Widerspruch trat Mitte der 1890er Jahre offen zutage.

Einer der führenden Intellektuellen in der deutschen Partei war Eduard Bernstein. Er war ein Freund Engels' gewesen und hatte aus dem Exil entscheidend mit dafür gesorgt, dass die Partei während ihres Verbots ihre Arbeit fortsetzte. Mitte der 1890er Jahre erklärte er, dass die theoretischen Grundannahmen von Marx und Engels falsch seien. Er behauptete, allgemeine Wirtschaftskrisen seien kein fester Bestandteil des Kapitalismus mehr und sie hätten sich mit ihrer Vorhersage wachsender Spannungen zwischen den Klassen ebenfalls geirrt:

> Politisch sehen wir das Privilegium der kapitalistischen Bourgeoisie in allen vorgeschrittenen Ländern Schritt für Schritt demokratischen Einrichtungen weichen. [...][20]
>
> Indes gewinnt auch hier das Allgemeininteresse in wachsendem Maße an Macht gegenüber dem Privatinteresse, und in dem Grade, wie dies der Fall, und auf allen Gebieten, wo dies der Fall, hört das elementarische Walten der ökonomischen Mächte auf.[21]

Bernstein vertrat die Auffassung, dieser Prozess werde auch ohne »Auflösung der modernen Staatswesen«[22] wie Marx es in seinen Schriften über die Pariser Kommune forderte, Früchte tragen. Nötig sei die weitere Verbreitung des Parlamentarismus, Sozialisten sollten den wahren »Liberalismus«[23] durchsetzen und eine Politik der schrittweisen Reform innerhalb des Systems verfolgen.

Karl Kautsky, der Cheftheoretiker der SPD, kritisierte Bernsteins Position. Er betonte, der Kapitalismus könne nicht wegreformiert werden, es werde

---

20 Bernstein, Eduard, *Die Voraussetzungen des Sozialismus und die Aufgaben der Sozialdemokratie*, Stuttgart 1899, S. VI. Bernstein zitiert hier aus seiner eigenen »Zuschrift« an den Stuttgarter Parteitag der SPD im Oktober 1898; d. Übers.
21 Bernstein, *Voraussetzungen des Sozialismus*, S. 10.
22 Bernstein, *Voraussetzungen des Sozialismus*, S. 136.
23 Bernstein, *Voraussetzungen des Sozialismus*, S. 129–132.

schließlich einen »Kampf um die Macht« und eine »soziale Revolution« geben müssen. Seine praktischen Schlussfolgerungen unterschieden sich allerdings kaum von denen Bernsteins. Kautsky meinte, die sozialistische Revolution käme mit den unvermeidlichen Wahlerfolgen der Sozialisten, bis sie die Mehrheit und die Regierungsgewalt gewonnen und so das Recht erworben hätten, Umsturzversuche der kapitalistischen Kräfte niederzuschlagen. Bis dahin mussten Schritte vermieden werden, die Vergeltungsmaßnahmen nach sich ziehen könnten. Im Gegensatz zu Bernstein hatte Kautsky das Ziel der sozialen Transformation vor Augen, die aber noch in weiter Ferne läge. Seine Rezepte für die sozialistische Tagespolitik unterschieden sich hingegen kaum von denen Bernsteins.

Beide teilten den optimistischen »Szientismus« oder »Positivismus« der Intellektuellen der Mittelschicht und sie glaubten an eine mechanische Unvermeidlichkeit des Fortschritts. Für Bernstein verwandelten Wissenschaft, Technik und die um sich greifende Demokratie den Kapitalismus in Sozialismus. Kautsky siedelte diese Entwicklung in der ferneren Zukunft an, nicht der Gegenwart, dennoch hielt er sie für ebenso zwangsläufig. In der gesamten Geschichte der Menschheit hatte die Entwicklung der Produktivkräfte auch Veränderungen in den Produktionsverhältnissen mit sich gebracht, auch jetzt noch, sagte er, es gelte einfach abzuwarten. Die 27 Jahre alte polnisch-deutsche Revolutionärin Rosa Luxemburg war die Einzige, die diese Selbstzufriedenheit scharf angriff.

Die Parteiorganisatoren der SPD, die all ihre Energien auf den Wahlkampf und den Erhalt der Hilfsorganisationen verwandten, stellten sich hinter die formelle Verurteilung der Bernstein'schen Position, verfolgten aber weiterhin den Weg des gemäßigten Handelns innerhalb des Systems. Nicht anders die Gewerkschaftsführungen, deren Hauptsorge darin bestand, die Unternehmer an den Verhandlungstisch zu bekommen. Bernstein verlor in der Partei zwar die Abstimmung, setzte sich faktisch jedoch mit seiner Position durch.

Die Fähigkeit der sozialistischen Parteien, ihren Einfluss im Kapitalismus geltend zu machen, beruhte aber letztendlich auf der Stabilität des Kapitalismus. Bernstein erkannte das an, als er in den Mittelpunkt seiner Argumentation den angeblich krisenfreien Charakter des Systems stellte. Angesichts der wirtschaftlichen Stabilität, die der deutsche Kapitalismus in den 1890er Jahren tatsächlich erfuhr, schien die Krisentendenz für immer aufgehoben, und Bernstein verlängerte diese Situation einfach in die Zukunft hinein.

Rosa Luxemburg hielt dagegen, dass eben dieser Prozess, der in den 1890er Jahren den Kapitalismus zu stabilisieren schien, später zu noch größerer Instabilität führen werde.[24] Sie begriff auch etwas, das von dem englischen liberalen Ökonomen John Atkinson Hobson bereits in Grundzügen erkannt und von den russischen Revolutionären Nikolai Bucharin und Wladimir Lenin im Jahr 1916 ausformuliert wurde: Die Phase des schnellen kapitalistischen Wachstums war eng verbunden mit der imperialen Ausdehnung der Großmächte.

Imperialismus

Im Jahr 1876 befanden sich zehn Prozent des afrikanischen Kontinents unter europäischer Herrschaft, im Jahr 1900 war über neunzig Prozent des Lands kolonisiert. Großbritannien, Frankreich und Belgien hatten den Kontinent unter sich aufgeteilt und für Deutschland und Italien nur kleine Landstriche übrig gelassen. In derselben Zeit schufen sich Großbritannien, Frankreich, Russland und Deutschland ausgehend von ihren kolonialen Enklaven in China weite Einflusssphären; Japan nahm sich Korea und Taiwan; Frankreich eroberte ganz Indochina; die USA entrissen Spanien Puerto Rico und die Philippinen; und Großbritannien und Russland einigten sich auf die informelle Teilung Irans. Selbst die kleineren Inseln des Pazifischen und Indischen Ozeans waren dem Diktat Londons oder Paris' unterworfen. Die echten unabhängigen Staaten außerhalb Europas und Amerikas konnten an einer Hand abgezählt werden: die Reste des Osmanischen Reichs, Thailand, Äthiopien und Afghanistan.

In Kindergeschichten und Romanen für Erwachsene wurde das Bild von weißen Forschungsreisenden heraufbeschworen, die ungebildete aber am Ende dankbare »Eingeborene« unterwarfen – Menschen, die nach einem Gedicht Rudyard Kiplings, in dem er die Amerikaner drängt, dem glorreichen britischen Kolonialismus nachzufolgen, »halb Teufel noch, halb Kind« sind.[25]

---

24 Luxemburg, Rosa, »Sozialreform oder Revolution?«, *Gesammelte Werke*, Band 1, Berlin 1987.
25 In dem Gedicht »Des Weißen Mannes Bürde«, 1899; d. Übers.

Nach diesem Mythos waren die Völker Afrikas und der Inseln im Indischen und Pazifischen Ozean unterschiedslos »primitiv«, Kannibalen und Hexer. Die europäischen »Forschungsreisenden« wie Mungo Park in den 1790er und 1800er Jahren und David Livingstone und Henry Morton Stanley in den 1850er und 1860er Jahren konnten ihre berühmten Reisen durch Afrika nur deshalb unternehmen, weil dort bereits strukturierte Gesellschaften und Staaten existierten. Diese Staaten konnten die ersten europäischen Eroberungsversuche mit Leichtigkeit abwehren. Zur Erinnerung: Westeuropäer hatten bereits vierhundert Jahre lang in regelmäßigem Kontakt mit der afrikanischen Küste gestanden – und Inder, Araber und Türken unterhielten noch sehr viel länger Beziehungen zu weiten Teilen des afrikanischen Inlands. Die Europäer kontrollierten nur einige wenige isolierte Regionen vor allem an der Küste. Bruce Vandervort schrieb darüber: »In der frühen Neuzeit war Europas technologischer Vorsprung weder groß noch von Bedeutung, außer vielleicht auf See. Die Einheimischen konnten leicht mit den europäischen Erfindungen mithalten.«[26]

Als Europäer erste Versuche zur Errichtung von Kolonien in Afrika unternahmen, wurden sie in blutige Schlachten verwickelt, die sie häufig verloren. Die Franzosen mussten lange und erbitterte Kriege ausfechten, um Algerien und den Senegal zu erobern. Die Briten verloren Anfang der 1860er Jahre gegen eine Armee der Aschanti, gegen die sudanesische Armee des Mahdis von Khartum im Jahr 1884 (wobei derselbe Charles George Gordon, der seinen Anteil zur Niederschlagung des Taipingaufstands in China geleistet hatte, seinen verdienten Tod fand) und gegen die Zulus bei Isandhlwana im Jahr 1879. Die äthiopische Armee brachte im Jahr 1896 bei Adwa den Italienern eine verheerende Niederlage bei, was »den Großmannsethos der weißen Eroberer schwer erschütterte«.[27]

Ende der 1880er Jahre verschob die beschleunigte Industrialisierung Westeuropas das Kräfteverhältnis deutlich zugunsten der künftigen Kolonisierer. Mit neuen Waffen – Hinterladern, Dampfschiffen mit Stahlrumpf, die weit flussaufwärts verkehren konnten, und vor allem dem Gatling-Repetierge-

---

26 Vandervort, Bruce, *Wars of Imperial Conquest in Africa 1830–1914*, London 1998, S. 27.
27 Nicola Labanda, zitiert nach: Vandervort, *Wars*, S. 164.

schütz – errangen die Europäer in den Schlachten zum ersten Mal einen entscheidenden Vorteil. Zudem gab ihnen der endlose Strom industriell hergestellter Güter ein nützliches Bestechungsmittel an die Hand, mit dem sie Afrikaner auf ihre Seite ziehen konnten. Die Hälfte der »italienischen« Soldaten bei Adwa waren Eritreer oder Tigray, und viele »britische« Soldaten im Sudan waren Ägypter oder Sudanesen. Die Strategie des Teilens und Herrschens, die für die Machthaber Großbritanniens schon in Indien so gut funktioniert hatte, wurde jetzt auch in Afrika in großem Stil angewandt.

Die Europäer behaupteten, gegen die »Wilden« zu kämpfen, ihre Methoden waren allerdings barbarisch. Als die britische Armee unter Lord Kitchener in der Schlacht von Omdurman im Jahr 1898 den Sudan endgültig eroberte, töteten seine Maschinengewehrschützen 10.000 sudanesische Soldaten und verloren selbst nur 48 Männer. »Die vielen Tausend Mahdisten, die verwundet und sterbend auf dem Schlachtfeld lagen, erhielten keinerlei Beistand von den Briten, die sich einfach umdrehten und davonmarschierten.«[28] »Sie bettelten um Wasser und sie riefen nach Hilfe, aber unsere Offiziere schmähten sie«, schrieb ein britischer Soldat in sein Tagebuch. Kitchener benutzte den Schädel des Mahdis, ihres Anführers, als Tintenfass.[29] Ebenso brutal war Lord Lugards Expedition gegen das aufständische Dorf Satiru in Nigeria. Er schätzte, dass seine Männer zweitausend Rebellen ohne eigene Verluste töteten. Gefangene wurden hingerichtet und ihre Köpfe auf Pfähle gespießt.[30] Der belgische König Leopold drängte besonders nachdrücklich auf einen Feldzug des Westens gegen Afrika, um das Land zu »zivilisieren« und die Sklaverei für immer aufzuheben. Er riss ein riesiges Gebiet des Kongos als persönliches Reich an sich und setzte auf Methoden, die sogar anderen Kolonialmächten anrüchig erschienen. In einem offiziellen Bericht an das britische Außenministerium erzählte Roger Casement von einer Untersuchungsreise in eine Kautschukregion: »Ganze Dörfer und Bezirke, die ich als blühende Gemeinschaften kennen gelernt hatte, [...] sind heute menschenleer.« Er erfuhr von belgischen Soldaten, die Dörfer geplündert und niedergebrannt, dann den Opfern die

---

28 Vandervort, Wars, S. 177. Siehe auch: Pakenham, Thomas, The Scramble for Africa, London 1992, S. 539–548.
29 Pakenham, The Scramble, S. 546.
30 Pakenham, The Scramble, S. 652.

Hände abgehackt und in Körben gesammelt hatten als Beweis für ihren sparsamen Umgang mit Munition.[31]

Ganz sicher vergeudeten die kapitalistischen Mächte nicht aus reiner Menschenfreundlichkeit Geld und Energie zur Eroberung der Welt. Auch Rassismus war nicht der entscheidende Grund, selbst wenn sie in ihm eine nützliche Rechtfertigung für ihre »Mission« sahen. Ihr Motiv war der Profit.

Es hat viele Debatten unter Historikern gegeben, ob die Kolonialmächte recht hatten mit ihrer Annahme, sie könnten sich an den Kolonien bereichern. Das ist wie die Diskussion über die Ökonomie des Sklavenhandels im 18. Jahrhunderts ein falscher Ansatz. Die Großmächte glaubten, dass Kolonien sie reicher machen würden. Die Männer, die vornehmlich die imperiale Ausdehnung betrieben, waren hartgesotten und gewieft, sie begriffen nur zu gut, dass Geld die Welt regierte. Leute wie König Leopold oder der britische Abenteurer Cecil Rhodes mögen sich selbst als Idealisten gesehen haben, aber sie wollten sich vor allem bereichern. Leopold schrieb dem belgischen Botschafter in London: »Ich möchte die Gelegenheit nicht versäumen, auch uns ein Stück dieses ausgezeichneten afrikanischen Kuchens zu sichern.«[32]

Wir können die Aufteilung der Welt nicht begreifen, ohne uns die Entwicklung des Kapitalismus im Westen anzuschauen. Die 1870er und 1880er Jahre waren gekennzeichnet von schwachen Märkten, sinkenden Preisen, niedrigen Profiten und Dividenden, insbesondere in Großbritannien, bekannt wurde diese Zeit auch als Lange Depression oder Gründerkrise. Zur Stabilisierung ihrer Einnahmen sahen britische Investoren nur einen Weg: Investitionen im Ausland. Die Gesamtinvestitionen im Ausland stiegen von 95 Millionen Pfund im Jahr 1883 auf 393 Millionen Pfund im Jahr 1889. Sie betrugen schon bald acht Prozent des britischen Bruttonationalprodukts und absorbierten fünfzig Prozent des Sparvermögens.[33] Das Geld floss hauptsächlich in Aktien – festver-

---

31 Pakenham, *The Scramble*, S. 600. Über Leopolds Behauptung, die Sklaverei abschaffen zu wollen, siehe S. 11–23. Das Verbrechen im Kongo hat auch Hochschild, Adam, aufgearbeitet: *Schatten über dem Kongo*, Stuttgart 2000. Hier finden sich auch längere Abschnitte über Roger Casement. Über Leopold und die Sklaverei S. 63–68; d. Übers.
32 Pakenham, *The Scramble*, S. 22.
33 Zahlen nach: Feis, Herbert, *Europe: The World's Banker, 1879–1914*, zitiert nach: Kidron, Michael, »Imperialism – Highest Stage but One«, in: *International Socialism* 9 (erste Serie), London, Sommer 1962, S. 18.

zinste Investitionen für den Bau von Eisenbahnen, Brücken, Häfen, Hafenanlagen und Wasserwege – oder in die Finanzierung von Regierungseinrichtungen. Diese Art Investitionen schienen in jedem Fall gewinnträchtiger zu sein als Anlagen im eigenen Land. Sie schufen auch einen Markt für die heimische Industrie (Stahl für Schienen und Lokomotiven, Brückenträger) und brachten einen wachsenden Strom billiger Rohstoffe ins Land. Auf diese Weise trugen sie zu einer neuen Expansionsphase des britischen Kapitalismus bei.[34] Um diese Investitionen zu sichern, musste dafür gesorgt werden, dass ausländische Kreditnehmer ihren Verpflichtungen nachkamen. Das System des Kolonialismus machte eben dies vermittelst der staatlichen Streitkräfte möglich.

Entsprechend übernahmen Großbritannien und Frankreich gemeinsam die Kontrolle über Ägyptens Finanzen, als seine Machthaber im Jahr 1876 ihre Schulden nicht mehr begleichen konnten, und Anfang der 1880er Jahre schuf sich die britische Regierung mit Waffengewalt ein »Protektorat« – was faktisch die Eingliederung Ägyptens in das britische Kolonialreich bedeutete. So war die Dividendenzahlung der Suezkanal-Gesellschaft gesichert und gleichzeitig der Wasserweg zu Großbritanniens noch größeren Investitionen in Indien geschützt.

Auf ähnliche Weise versuchten britische Kräfte das von Holländisch sprechenden Buren regierte Transvaal im südlichen Afrika unter ihre Kontrolle zu bringen, nachdem dort Gold- und Diamantenvorkommen entdeckt worden waren. Nach einem erbitterten Krieg wurde Südafrika zu einem ehernen Hüter britischer Geschäftsinteressen.

Nicht alle Geldanlagen flossen in Kolonien. Ein großer Teil britischer Investitionen landete in den USA und ein nicht unbedeutender Teil in lateinamerikanischen Staaten wie Argentinien. Das hat einige zu der Behauptung verleitet, dass es keine Verbindung zwischen Überseeinvestitionen und dem Imperialismus gegeben habe. Tatsache ist jedoch, dass die Kolonien den Kapitalisten der Kolonialmächte geschützte Absatzgebiete boten. Britischer Besitz wie Malta, Zypern, Ägypten, Südjemen und das Kap der Guten Hoffnung

---

34 Eine längere Auseinandersetzung mit der Ökonomie des Imperialismus findet sich in meinem Buch *Explaining the Crisis*, London 1999, S. 35 f., und als Antwort auf Gegenargumente hinsichtlich der empirischen Datenlage Fußnote 50, S. 159.

waren nicht nur als Profitquelle wichtig, sondern auch als Zwischenstationen auf dem Weg nach Indien – und Indien, das »Juwel in der Krone«, war wiederum eine Zwischenstation auf dem Weg nach Singapur, zu dem Zinn und Kautschuk der Malaiischen Halbinsel, den soeben zwangsgeöffneten Märkten in China und den reichen Herrschaftsgebieten Australien und Neuseeland. Das Reich war wie ein Wolltuch, das den britischen Kapitalismus vor einem Schnupfen schützte: Ein loser Faden wäre nicht von Bedeutung, wenn er jedoch riss, würde sich das ganze Gewebe aufribbeln. So jedenfalls stellte sich jenen, die an der Spitze des Empires standen, ihren Kollegen in der City of London und ihren Freunden in der britischen Industrie die Sache dar.

Großbritannien war nicht die einzige Imperialmacht. Frankreich kontrollierte einen fast ebenso großen Teil der Welt, Holland gehörte ein riesiges Archipel, das wir heute als Indonesien kennen, Belgien verfügte über einen wichtigen Teil Zentralafrikas und der Zar herrschte über ein riesiges Gebiet im Osten, Westen und Süden des eigentlichen Russlands, das sich bis zur indischen Grenze und zum Pazifikhafen Wladiwostok erstreckte.

Deutschland, die europäische Macht mit dem schnellsten Industriewachstum, verfügte über so gut wie keine Kolonien. Seine Schwerindustrie war in wachsendem Maße durch Trusts organisiert, den Zusammenschluss von Unternehmen, die die Produktion von der Hebung der Rohstoffe bis zum Vertrieb der fertigen Güter überwachten. Sie hatten sich parallel zum Staat entwickelt und hegten nicht das alte Misstrauen der Kleinkapitalisten gegenüber der Staatsmacht, wie es in Großbritannien immer noch vorzufinden war. Sie erwarteten vom Staat den Schutz ihrer heimischen Märkte über Zölle (Importsteuern) und Unterstützung bei der Eroberung fremder Märkte.

Sie blickten in vier Richtungen: nach China, wo Deutschland seinen eigenen Pachthafen ergattert hatte; nach Afrika, wo es Tanganjika, Ruanda-Burundi und Südwestafrika an sich reißen konnte; zum Maghreb, wo Deutschland Frankreichs und Spaniens Vorherrschaft über Marokko angriff; und sie wollten einen Korridor entlang der geplanten Berlin–Bagdad-Bahn durch Südosteuropa und die Türkei nach Mesopotamien und an den Persischen Golf schaffen. In welche Richtung Deutschlands Kapitalisten und Kolonialreichbegründer sich jedoch auch drehten, stießen sie gegen ein Netz aus Kolonien, Stützpunkten und Satellitenstaaten, die von schon vorhandenen

Kolonialreichen beherrscht wurden – gegen die Russen auf dem Balkan, die Franzosen in Nordafrika, die Briten im Nahen Osten und Ostafrika und gegen all diese Mächte in China.

Um es einfach auszudrücken: Die steigende Rentabilität, die die Erholung von der Gründerkrise nach sich zog und dem Kapitalismus einige Zugeständnisse an den Lebensstandard seiner Arbeiterschaft ermöglichte, stützte sich auf die Ausdehnung der Reiche. Mit der Ausbreitung der Reiche stieg aber auch das Risiko des Zusammenstoßes der Kolonialmächte.

Die Beherrscher der Kolonialreiche waren sich bewusst, dass das Ergebnis eines solchen Zusammenpralls von der Stärke ihrer Streitkräfte abhing. Deshalb begann Deutschland mit dem Bau von Schlachtschiffen, um Großbritanniens Seemacht anzugreifen, und Großbritannien setzte den Bau eigener Schlachtschiffe dagegen. Frankreich verlängerte die Dienstzeit für die Wehrpflichtigen von zwei auf drei Jahre, um mit dem deutschen Militär mitzuhalten. Das Russland des Zaren errichtete staatliche Waffenfabriken und baute sein Eisenbahnnetz mit Blick auf einen möglichen Krieg gegen Deutschland, Österreich-Ungarn und das Osmanische Reich aus. Die militärische Vorbereitung auf den Krieg war die Kehrseite der Illusion von Stabilität, die der Imperialismus dem Kapitalismus gebracht hatte – und die reformistische Sozialisten wie Bernstein so beeindruckte.

Syndikalisten und Revolutionäre

Der Kampf zwischen den Klassen ruhte in dieser Zeit nicht. Manchmal und an manchen Orten schien er stumpf oder auf das Feld der Wahlpolitik umgelenkt zu sein. Das galt insbesondere für Deutschland, wo die sozialistischen Parteien am stärksten waren. Anderswo jedoch kam es zu schweren Zusammenstößen. In den USA waren Mitte der 1880er Jahre große Bewegungen für einen kürzeren Arbeitstag ausgebrochen. Erbitterte Arbeitskämpfe hatten in Stahlwerken stattgefunden (der Homestead-Streik und die Aussperrung von 1892), bei der Eisenbahn (der Pullman-Streik von 1894) und in Bergwerken (der »Anthrazitstreik« in Pennsylvania 1902). Die US-amerikanischen Unternehmer setzten bewaffnete Polizei und die Privatdetektive von Pinkerton ein, ließen auf die Streikenden schießen und schlugen den Streik nieder.

In Großbritannien war die Wirtschaftserholung Ende der 1880er Jahre von mehreren Streiks und dem Aufbau von Gewerkschaften unter ungelernten Arbeitern begleitet, beginnend mit dem berühmten Streik der »Streichholzmädchen« in Ostlondon und dem Hafenarbeiterstreik von 1889. Die Unternehmer nutzten die Gelegenheit eines erneuten wirtschaftlichen Rückgangs Anfang der 1890er Jahre, um etliche der neuen Gewerkschaften zu zerschlagen. Sie setzten Streikbrecher ein (zum Beispiel Berufsstreikbrecher in Hull), hungerten die Arbeiter aus, bis sie aus Not wieder ins Werk gingen (wie bei dem langen Streik der Spinnerinnen in Bradford). Sie sperrten aus und strengten Gerichtsverfahren an, um sich die Gewerkschaftskassen anzueignen (wie bei dem Streik der Eisenbahner der Taff-Vale-Gesellschaft). In Frankreich wurden in den 1880er und 1890er Jahren ebenfalls mehrere erbitterte Streiks geführt. Ein monatelanger Streik von zweitausend Bergarbeitern in Decazeville Anfang des Jahres 1886 wurde schließlich durch den Einsatz von Soldaten und nach unzähligen Verhaftungen beendet, und in Fourmies in Nordfrankreich schossen Soldaten am 1. Mai 1891 auf streikende Textilarbeiter, wobei zehn getötet und über dreißig verletzt wurden, darunter auch Kinder.[35]

Es gibt die Behauptung, die Arbeiterklasse Westeuropas und Nordeuropas sei durch den Imperialismus und die Gewinne aus der »Extraausbeutung« der Kolonien »bestochen« worden – oder zumindest die privilegierte »Arbeiteraristokratie« der Facharbeiter –, was den Einfluss des reformistischen Sozialismus eines Bernsteins erkläre. Viele Arbeitergruppen erlitten jedoch gerade zur Hochblüte der Kolonialisierung Verluste, als der Investitionsstrom von Westeuropa ins Ausland am stärksten war. Das galt keinesfalls nur für ungelernte Arbeiter. In Großbritannien, der größten Imperialmacht der Zeit, nahmen viele Techniker, Drucker, Schuster an Streiks gegen Lohnsenkung und die Verschlechterung der Arbeitsbedingungen teil. Der klassische Arbeiterroman über die frühen 1900er Jahre, Robert Tressells »Die Menschenfreunde in zerlumpten Hosen«, handelt von gelernten Malern und Dekorateuren. Die Stabilität, der sich der Kapitalismus in Westeuropa und Nordamerika erfreuen konnte, resultierte nicht aus der Bestechung von Arbeitern, sondern

---

35 Einzelheiten in: Derfler, Leslie, *Paul Lafargue and the Flowering of French Socialism,* Harvard 1998, S. 48 und 90.

aus der vom Imperialismus erzeugten verringerten Krisentendenz des Systems, die eine Atmosphäre schuf, in der Reformen möglich und »praktikabel« erschienen.

In jedem Fall neigte sich die Zeit des relativen Klassenfriedens zu Beginn des neuen Jahrhunderts dem Ende zu. Mit der Ausbreitung kapitalistischer Verhältnisse vergrößerte und veränderte sich die Arbeiterklasse. Alte Handwerksindustrien wie Schusterei, Druckerei, Schriftsatz, Schiffsbau und Maschinenbau wurden entsprechend der neuesten kapitalistischen Methoden umstrukturiert. Bergbau, Stahl- und Eisenherstellung expandierten; neue Zweige wie die Chemie- und Elektroindustrie entstanden. Neben den Textilarbeitern in den Spinnereien, dem Symbol der industriellen Revolution Großbritanniens, schufteten jetzt Millionen Arbeiter weltweit in der Schwerindustrie. Die ersten Schritte zur Massenfertigung wurden gemacht, gestützt auf eine riesige Anzahl angelernter Arbeiter, die dem Rhythmus des Fließbands unterworfen wurden. Im Jahr 1909 entwickelte Henry Ford das erste Automobil für einen Massenmarkt, das berühmte Model T (oder »Tin Lizzy«, die Blechliesel). Im Jahr 1913 eröffnete er seine Fabrik in Highland Park, Detroit, mit Zehntausenden Arbeitern. Innerhalb von zwei Jahrzehnten sollten Millionen Arbeiter in einem Dutzend Länder in ähnlichen Stätten arbeiten. Inzwischen machten sich im System als Ganzes Zeichen neuer wirtschaftlicher Instabilität bemerkbar. Die Reallöhne begannen Anfang der 1900er Jahre in den meisten Industrieländern zu sinken. Die Wirtschaftskrise, von der Bernstein behauptet hatte, sie gehöre der Vergangenheit an, kehrte mit umso größerer Wucht zurück.

Das löste in den meisten Ländern eine erneute internationale Woge von Arbeitskämpfen und erbitterten Streiks aus. Eine neue Generation Aktivisten trat auf den Plan, die eine andere Art des Organisierens verfolgte als die bestehenden sozialistischen Parteien mit ihrer auf das Parlament ausgerichteten Politik und die alten Gewerkschaftsführungen mit ihrer Fixierung auf Verhandlungen mit den Unternehmern.

Die Industrial Workers of the World (IWW), die im Jahr 1905 in den USA gegründet worden waren, führten kämpferische Streiks im Bergbau, bei den Holzfällern, in den Häfen und im Textilgewerbe und organisierten Schwarze, Frauen und ungelernte Arbeiter, die von der alten »gemäßigten« American

Federation of Labor (AFL) ignoriert wurden. In Frankreich verfolgte der Gewerkschaftsbund CGT einen ähnlich kämpferischen Ansatz. Die CGT betonte, die Arbeiterrevolution könne durch gewerkschaftliche Kampfmethoden zustande kommen, und lehnte jede Beteiligung an der parlamentarischen Politik ab. Ihr Ansatz wurde international als »Syndikalismus« bekannt, nach dem französischen Wort für Gewerkschaft, *syndicat*. Die Gewerkschaft CNT in Spanien wurde von Anarchisten als revolutionäre Alternative zur sozialdemokratischen Führung des Gewerkschaftsbunds UGT gegründet. In Irland führte ein militanter Organisator der britischen Hafenarbeitergewerkschaft, James Larkin, im Jahr 1907 in Belfast einen großen, Katholiken wie Protestanten vereinigenden Streik an, der sogar Unruhen im Polizeiapparat auslöste. Larkin gründete anschließend eine neue Gewerkschaft, die Irische Transportarbeitergewerkschaft ITGWU. In Großbritannien gab es den Versuch, Ableger der IWW zu gründen, und Tom Mann, ein Techniker, der eine führende Rolle im Hafenarbeiterstreik von 1889 gespielt hatte, kehrte aus Australien und später Südafrika zurück, um seine eigene Vorstellung von Syndikalismus beruhend auf der selbstständigen Organisierung der Basis innerhalb bestehender Gewerkschaften zu predigen.

Das Gefühl, dass es eine Alternative zum Parlamentarismus gab, wurde genährt durch Ereignisse in Russland – durch die Revolution von 1905. Die russische Zarenherrschaft war ein Zentrum der Gegenrevolution, seit sie in Westeuropa zur Restauration der alten Regime in den Jahren 1814/15 beigetragen hatte. Selbst gemäßigten Liberalen war sie ein Gräuel. Im Jahr 1905 jedoch geriet der Zarismus an den Rand des Zusammenbruchs. Russland wurde von mehreren Streikwellen erfasst, nachdem in der Hauptstadt Sankt Petersburg Truppen das Feuer auf eine Arbeiterdemonstration eröffnet hatten. Die Demonstration war von dem Priester Vater Gapon angeführt worden, der eine mit dem Geheimdienst verbundene Staatsgewerkschaft anführte. Die Arbeiter hatten lediglich ihren »kleinen Vater« (den Zaren) bitten wollen, nicht mehr auf »schlechte Berater« zu hören. Nach der Schießerei wurde die Stimmung der Streikenden immer revolutionärer. Sozialisten stellten offen revolutionäre Zeitungen her. Auf der Schwarzmeerflotte brach eine Meuterei aus, angeführt von den Matrosen des Schlachtschiffs »Potemkin«. In Moskau gab es im Dezember einen Aufstandsversuch unter Führung der militanten »bolschewistischen« Fraktion der Sozialdemokratischen Partei, an deren Spitze Lenin stand. Eine neue Art Organisation wurde ausgehend von gewählten Delegierten der großen Fabriken geschaffen. Als ihr Vorsitzender wurde der 26 Jahre alte Leo Trotzki gewählt. Der Name der Organisation lautete »Sowjet«, das russische Wort für »Rat«. Er wurde zum Zentrum der revolutionären Kräfte Sankt Petersburgs, seine wirkliche Bedeutung wurde damals jedoch nicht erfasst. Er repräsentierte eine neue Weise, die revolutionären Kräfte zu bündeln, anders als die Straßenaufstände in der Französischen Revolution, die Journées, und sogar anders als die Pariser Kommune. Die Kommune gründete sich auf Delegierte der Arbeiterviertel, sie war eine Organisationsform, die einer Stadt mit überwiegend kleinen Werkstätten entsprach. Der Sowjet war zugeschnitten auf eine Stadt, die von dreißig Jahren Industrialisierung und dem Bau riesiger Fabriken geprägt war.

Sankt Petersburg war eine solche Stadt, auch wenn Russland insgesamt noch sehr rückständig war. Die große Masse der Bevölkerung bestand aus Bauern, die den Boden mit Methoden bearbeiteten, die sich seit dem Mittelalter kaum verändert hatten. Der Zarismus stützte sich auf die Aristokratie, nicht die Klasse russischer Kapitalisten, weshalb viele Ziele der Revolution von 1905 noch dieselben waren wie die der englischen Revolution des 17. Jahrhunderts und der Französischen Revolution im ausgehenden 18. Jahrhundert. Das Zarenregime war jedoch gezwungen gewesen, Inseln kapitalistischer Großindustrie zu schaffen, um Waffen und Eisenbahnen herzustellen, und es hatte einige Millionen Menschen zu Industriearbeitern gemacht. Sie veränderten den Charakter einer Revolution, die sonst einfach eine bürgerliche nach französischem Vorbild gewesen wäre. Die meisten Sozialisten in Russland begriffen das nicht. Viele glaubten, Russland könne die Etappe des Kapitalismus überspringen und ausgehend vom bäuerlichen Dorf gleich zu einer Form von Sozialismus übergehen. Erforderlich sei lediglich ein bewaffnetes Vorgehen, um die Macht des Staats zu brechen. Diese Sozialisten waren als Narodniki (Volksfreunde oder Volkstümler) bekannt und sie gründeten die Sozialrevolutionäre Partei. Daneben gab es Marxisten, die erkannten, wie der Kapitalismus sich entwickelte, aber viele gehörten zur »menschewistischen« Tendenz der Sozialdemokratischen Partei und glaubten, Arbeiter sollten lediglich der Bourgeoisie bei ihren revolutionären Bestrebungen helfen.

Selbst Lenins Bolschewiki sprachen von einer »bürgerlich-demokratischen Revolution«. Leo Trotzki ging weiter: Er sagte, mit dem Auftreten des Proletariats könne die Revolution »permanent« werden – diese Formulierung hatte zum ersten Mal Marx nach 1848 verwendet. Die Arbeiterklasse musste als revolutionäre Bewegung notwendigerweise über die Erhebung demokratischer Forderungen hinausgehen und eine sozialistische Politik verfolgen.[36]

In Westeuropa erfasste Rosa Luxemburg die Bedeutung der Ereignisse von 1905, die sie im von Russland besetzten Warschau aus erster Hand erlebt hatte, am klarsten. In ihrer Broschüre über den »Massenstreik«[37] erklärte sie, das Jahr 1905 habe gezeigt, wie eine Streikbewegung spontan politische Fragen aufwerfen und eine nicht auf das Parlament orientierte Strategie der Veränderung eröffnen könne. In der deutschen sozialistischen Bewegung stieß sie damit auf wenig Gehör und die Niederschlagung der Revolution durch das Regime des Zaren schien ihrer Position einiges an Gewicht zu nehmen.

In den Jahren nach 1910 sollte es in Nordamerika und Westeuropa zu einer Neubelebung mit noch größeren und noch erbitterteren Streiks kommen. In den USA fand der berühmte Textilarbeiterinnenstreik in Lawrence, Massachusetts, statt, wo 20.000 Frauen eines Dutzends Nationalitäten der Führung der IWW-Agitatoren Elizabeth Gurley Flynn und Big Bill Haywood folgten. Großbritannien wurde von der »Großen Unruhe« (Great Unrest) ereilt, in deren Mittelpunkt Massenstreiks bei der Eisenbahn, in den Häfen und in Bergwerken standen, die jedoch auf Dutzende Industrien häufig mit ungelernten, nicht gewerkschaftlich organisierten Arbeitern übersprangen. Im irischen Dublin wurden im Jahr 1913 Straßenbahnführer und andere Arbeiter fünf Monate lang ausgesperrt, was als Dublin Lockout in die Geschichte einging. In Italien lieferten sich im Juni 1914 in der Roten Woche von Ancona Arbeiter und die Polizei blutige Barrikadenkämpfe. Dem vorausgegangen waren eine antimilitaristische Demonstration (bei der zwei Arbeiter von Soldaten getötet wurden), ein Streik von 50.000 Metallarbeitern in Turin und eine Welle von Protesten und Arbeitskämpfen in ganz Norditalien, zu deren Unterdrückung

---

36 Siehe: Trotzki, Leo, *Die permanente Revolution. Ergebnisse und Perspektiven*, Essen 1993. Seine umfassende Darstellung der Revolution in: Trotzki, Leo, *Die Russische Revolution 1905*, Berlin 1972 (Nachdruck von 1923).

37 Luxemburg, Rosa, »Massenstreik, Partei und Gewerkschaften«, *Gesammelte Werke*, Band 2, Berlin 1990.

100.000 Soldaten eingesetzt werden mussten.[38] Selbst in Deutschland, wo das Niveau der Klassenkämpfe verhältnismäßig niedrig war, führten Bergarbeiter im Ruhrgebiet erbitterte Streiks. Und in Russland folgte einem Massaker an streikenden Arbeitern in den Goldminen an der Lena im Jahr 1912 ein erneuter Aufschwung der Arbeitskämpfe, die es den beiden konkurrierenden Fraktionen der Sozialdemokratischen Partei ermöglichte, halblegale Zeitungen herauszugeben, und im Sommer 1914 wurden in Sankt Petersburg sogar Barrikaden errichtet.

Die Zeit, als die blutigen Abenteuer des Imperialismus in den Kolonien das System im Zentrum stabilisieren konnten, ging dem Ende zu. Aber noch ehe jemand wirklich begreifen konnte, wohin das führen sollte, wurde in ganz Europa Blut in unvorstellbarem Ausmaß vergossen.

Auf Kriegskurs

Imperialismus bedeutete Krieg zwischen Kolonialmächten ebenso wie die Versklavung kolonisierter Völker, das hatte sich bereits im Jahr 1904 gezeigt, als Russlands Drang nach Osten Richtung Pazifischer Ozean in einen direkten Konflikt mit Japan mündete, das über Korea nach Westen vorrückte. Die Schlacht wurde in Nordchina ausgetragen, die Niederlage Russlands in diesem Krieg wurde ein Auslöser für die Revolution von 1905. In den Jahren 1906 und 1911 sah alles danach aus, als sollte eine ähnliche Interessenkollision in Marokko zu einem Krieg zwischen Frankreich und Deutschland führen.

Aber das wirklich gefährliche Gebiet war Südosteuropa, der Balkan, wo alle Großmächte bestimmte lokale Staaten als ihre Satelliten betrachteten. Zwischen diesen Staaten gab es Kriege im Jahr 1912 und 1913. Erst fielen Serbien, Griechenland, Montenegro und Bulgarien in die übrig gebliebenen türkischen Territorien Mazedonien und Thrakien ein, bis die Türkei in dieser Region nur noch über Istanbul und einen kleinen Streifen in Ostthrakien verfügte. Dann fielen Griechenland, Serbien und Rumänien ermutigt von den Großmächten über Bulgarien her. In diesen Kriegen wurden von allen Seiten Grausamkeiten begangen. Flügel der städtischen Mittelschicht wollten »moderne« Nationalstaaten

---

38 Nach: Sayers, Andrew, »The Failure of Italian Socialism«, in: *International Socialism* 37 (erste Serie), London, Juni/Juli 1969.

mit einer einheitlichen Sprache schaffen und ausdehnen. Aber die Landbevölkerung bestand fast überall aus verschiedensten Volksgruppen mit unterschiedlichen Dialekten und Sprachen. Um sichere, »ethnisch reine« Nationalstaaten zu gründen, mussten Einwohner, die nicht den Kriterien entsprachen, durch Krieg vertrieben oder gleich ganz ausgelöscht werden. Der erste Krieg endete mit dem Londoner Frieden, der zweite mit dem Bukarester Frieden. Aber all das reichte nicht, die Kriegsursachen aufzuheben, die auch in einem Großteil des österreichisch-ungarischen Osteuropas und in den ehemaligen osmanischen Gebieten vorhanden waren. Die ganze Region war ein riesiges Pulverfass.

Wie explosiv die Lage war, zeigte sich im Juli 1914, als der österreichische Erzherzog Franz Ferdinand Sarajevo, der Hauptstadt des von Österreich beherrschten Bosniens, einen offiziellen Besuch abstattete. Er wurde von einem Nationalisten ermordet, der die Österreicher vertreiben und die Provinz dem benachbarten Serbien angliedern wollte.

Was dann folgte, ist bestens bekannt: Die österreichische Regierung erklärte Serbien den Krieg; die russische Regierung fürchtete um ihre eigene Position und erklärte Österreich den Krieg; Deutschland identifizierte seine Interessen mit denen Österreichs und zog gegen Russland; Frankreich wollte verhindern, dass Deutschland Russland besiegte und zur beherrschenden europäischen Macht aufstieg; Großbritannien benutzte Truppenbewegungen Deutschlands durch Belgien als Vorwand, sein ganzes Gewicht hinter Frankreich zu werfen, und erklärte Deutschland den Krieg. Innerhalb einer Woche waren 44 Jahre Frieden in Westeuropa – die längste Friedenszeit seit Menschengedenken – einem Krieg aller relevanten Staaten gewichen.

Kriege scheinen wie Revolutionen häufig von geringfügigen Ereignissen ausgelöst zu werden. Deshalb erscheinen sie vielen als ein Zufall, als Ergebnis einer Kette von Fehleinschätzungen und Missverständnissen. Tatsächlich sind die kleinen Ereignisse deshalb von Bedeutung, weil sie als Zeichen für das Machtverhältnis zwischen großen sozialen oder politischen Kräften gelesen werden können. Eine Zündkerze ist eins der billigsten Teile in einem Auto und kann aus sich heraus nichts bewegen. Sie kann jedoch die explosive Kraft der Benzindämpfe freisetzen. Auf dieselbe Weise kann eine Ermordung oder eine Steuererhöhung an sich etwas Unbedeutendes sein und dennoch den Zusammenprall zwischen Staaten oder großen gesellschaftlichen Kräften herbeiführen.

Den vielen diplomatischen Aktivitäten des Sommers 1914 lag eine sehr simple Tatsache zugrunde: Die konkurrierenden Imperialismen, die aus dem Versuch der jeweiligen Kapitalismen entstanden waren, ihre Probleme durch Expansion über die Staatsgrenzen hinweg zu lösen, gerieten jetzt weltweit aneinander. Wirtschaftlicher Wettbewerb war in die Konkurrenz um Territorien umgeschlagen, und das Ergebnis hing von der militärischen Stärke ab. Kein Staat konnte es sich leisten, einfach nachzugeben, als die Zusammenstöße mit dem Mord in Sarajevo erst einmal begonnen hatten, denn kein Staat konnte seine eigene Schwächung auf dem Weltmarkt riskieren. Derselbe Imperialismus, der hinter dem Wirtschaftswachstum stand und den Glauben an die Unvermeidlichkeit des Fortschritts gefördert hatte, begann jetzt das Herz Europas zu zerreißen.

2
Weltkrieg und Weltrevolution

4. August 1914

Fast alle Beteiligten am Krieg glaubten, er werde schnell vorbei sein. Der deutsche Kronprinz Wilhelm von Preußen sprach von einem »glänzenden und vergnüglichen Krieg«. Er erwartete eine Wiederholung des deutsch-französischen Kriegs von 1870, als die französische Armee innerhalb weniger Wochen geschlagen wurde. Französische Soldaten schrieben »à Berlin« (auf nach Berlin) an die Eisenbahnwaggons, mit denen sie an die Front gebracht wurden. Und in Großbritannien ging der Spruch um: »Zu Weihnachten ist alles vorbei.«

Anfangs war der Krieg sehr populär. Rosa Luxemburg beobachtete in Berlin »den Rausch«, den »patriotischen Lärm in den Straßen«, »das wogende Menschengedränge in den Konditoreien, wo ohrenbetäubende Musik und patriotische Gesänge die höchsten Wellen schlugen; ganze Stadtbevölkerungen in Pöbel verwandelt, bereit [...] sich selbst durch wilde Gerüchte ins Delirium zu steigern«, »Reservistenzüge [...] vom lauten Jubel der nachstürzenden Jungfrauen begleitet«.[39] Leo Trotzki schrieb: »Besonders unerwartet kam die patriotische Erhebung der Massen in Österreich-Ungarn. [...] Ich wanderte durch die Hauptstraßen des mir so gut bekannten Wien und beob-

---

39 Luxemburg, Rosa, »Die Krise der Sozialdemokratie«, *Gesammelte Werke,* Band 4, Berlin 1990, S. 51 f. Die Schrift wurde als »Juniusbroschüre« bekannt, weil Luxemburg sie unter dem Pseudonym Junius verfasste.

achtete die für den prunkvollen Ring so ungewöhnliche Menschenmenge«, »die Gepäckträger, Waschfrauen, Schuhmacher, Gehilfen und die Halbwüchsigen der Vorstadt«.[40] In London »versammelte sich eine riesige und ungemein begeisterte Menge« am 4. August vor dem Buckinghampalast.[41] Victor Serge, der in einem französischen Gefängnis einsaß, erzählte: »Von den Massen gesungen, die die frisch Eingezogenen zu den Zügen begleiteten, drangen leidenschaftliche ›Marseillaisen‹ bis in unser Gefängnis. Wir hörten auch Rufe: ›Nach Berlin! Nach Berlin!‹«[42] Selbst in Sankt Petersburg schienen die Streiks und Barrikaden der vergangenen Tage vergessen. Der britische Botschafter Buchanan sprach später von den »ersten wundervollen Augusttagen«, als »Russland wie völlig verwandelt erschien«.[43]

Die Beliebtheit des Kriegs saß bei der Bevölkerung möglicherweise nicht so tief, wie die enthusiastischen Aufzüge und das Absingen patriotischer Lieder vermuten ließen. Der Historiker David Blackbourn schrieb über Deutschland: »An den patriotischen Demonstrationen der letzten Julitage nahmen eher kleine Gruppen teil, überwiegend Studenten und junge Verkaufsangestellte. Arbeiterbezirke wie das Ruhrgebiet blieben ruhig [...]. Ältere Beobachter bemerkten einen deutlichen Kontrast zu der Begeisterung von 1870.«[44] Alexander Schljapnikow, ein revolutionärer Arbeiter in Sankt Petersburg, verglich die Begeisterung für den Krieg in der Mittel- und Oberschicht mit der eher gedrückten Stimmung in den Fabriken:

> Die Sankt Petersburger Presse bemühte sich nach Kräften, den allgemeinen Chauvinismus zu schüren. Sie blähte geschickt die »deutschen« Gewalttaten an russischen Frauen und alten Männern auf, die in Deutschland verblieben waren. Doch selbst diese feindselige Atmosphäre stachelte die Arbeiter nicht zu übermäßigem Nationalismus an.[45]

---

40 Trotzki, Leo, *Mein Leben*, Frankfurt am Main 1990, S. 206.
41 Canning, John (Hg.), *Living History: 1914*, London 1967, S. 240.
42 Serge, Victor, *Erinnerungen eines Revolutionärs 1901–1941*, Hamburg 1977, S. 59.
43 Zitiert nach: Trotzki, *Mein Leben*, S. 205.
44 Blackbourn, David, *The Fontana History of Germany 1780–1918*, London 1997, S. 461 f.
45 Shlyapnikov, Alexander, *On the Eve of 1917*, London 1982, S. 18.

Ralph Fox erzählte, wie er als junger Arbeiter in London wöchentliche Antikriegsversammlungen in Finsbury Park organisierte.[46]
Trotzki erklärte die Stimmung eher mit dem Stumpfsinn des Alltagslebens der Menschen als mit einem tiefsitzenden Nationalismus:

> Solcher Menschen, deren ganzes Leben, tagaus, tagein, in monotoner Hoffnungslosigkeit verläuft, gibt es viele auf der Welt. Auf ihnen beruht die heutige Gesellschaft. Die Alarmglocke der Mobilisierung dringt in ihr Leben ein wie eine Verheißung. Alles Gewohnte, das man tausendmal zum Teufel gewünscht hat, wird umgeworfen, es tritt etwas Neues, Ungewöhnliches auf. Und in der Ferne müssen noch unübersehbarere Veränderungen geschehen. Zum Besseren? Oder zum Schlimmeren? Selbstverständlich zum Besseren: kann es den Pospischil schlimmer ergehen als zu »normalen« Zeiten? […] Der Krieg erfasst alle, und folglich fühlen sich die Unterdrückten, vom Leben Betrogenen mit den Reichen und Mächtigen auf gleichem Fuße.[47]

Die verschiedenen gesellschaftlichen Klassen sind niemals vollständig voneinander getrennt. Die Stimmung an der Spitze der Gesellschaft beeinflusst die Menschen unmittelbar unter ihr und die Stimmung der »Mitte« beeinflusst die ganz unten. Die Entschlossenheit der europäischen herrschenden Klassen, gegeneinander in den Krieg zu ziehen, übertrug sich über Tausende Wege auf die Mittelschicht und auf Teile der Arbeiterklasse – durch patriotische Reden und Zeitungsgeschichten über »feindliche Gewalttaten«, durch Blaskapellen und Volkslieder und durch Erklärungen von Romanciers, Poeten und Philosophen. Der deutsche Historiker Friedrich Meinecke beschrieb, wie ihm der Kriegsausbruch »höchste Freude in die Seele goss«. Der radikale französische Romanschriftsteller Anatole France erinnerte sich (mit gewisser Scham), wie er »kleine Reden an die Soldaten« hielt. Der Philosoph Henri Bergson nannte den Krieg den Kampf der »Zivilisation gegen die Barbarei«. Der englische Dichter Rupert Brooke schrieb, »Edelmut kreuzt

---

46 Fox, Ralph, *Smoky Crusade*, London 1938, S. 192.
47 Trotzki, *Mein Leben*, S. 206.

wieder unsere Wege«,[48] und der Schriftsteller H. G. Wells schwärmte von dem »Krieg zur Beendigung aller Kriege«. Lehrer wiederholten solche Äußerungen vor halberwachsenen Jungen und drängten sie, in den Kampf zu ziehen. Wer nicht einverstanden war, machte sich schuldig, »unseren Jungs in den Rücken zu fallen«.

Nach wie vor gab es viele Arbeitergruppen, von denen erwartet werden konnte, diesem Druck standzuhalten. Sozialistische Bewegungen und radikale Gewerkschafter waren vertraut mit den Lügen der Presse und den Angriffen auf ihre Prinzipien. Tausende waren am Vorabend des Kriegs zu Kundgebungen in London, Paris und Berlin geströmt, um die Friedensappelle ihrer politischen Führung zu hören. Als der Krieg jedoch ausgebrochen war, beeilten sich dieselben Führer, ihre Unterstützung für den Krieg zu erklären. Die deutschen und österreichischen Sozialdemokraten, die britische Labour Party und der Gewerkschaftsbund TUC, der französische Sozialist Guesde und der Syndikalist Jouhaux, der altgediente russische Marxist Georgi Plechanow und der ebenso altgediente russische Anarchist Kropotkin – alle waren sie vereint in ihrer Bereitschaft, ihre Herrscher gegen die anderen zu unterstützen. Die Zweifler – wie Kautsky und Hugo Haase in Deutschland oder Keir Hardie in Großbritannien – schwiegen, um die »Parteieinheit« zu bewahren und nicht als Verräter an der »Nation« zu gelten. »Im Krieg muss eine Nation vereint sein«, schrieb Hardie. »Die Burschen, die hinauszogen, um für ihr Land zu kämpfen, dürfen nicht durch Missklänge in ihrer Heimat entmutigt werden.«[49]

Jahrzehnte der Unterwerfung unter die Spielregeln der kapitalistischen Demokratie hatten ihre Spuren hinterlassen. Aus dem Bemühen, Reformen innerhalb der Strukturen des kapitalistischen Staats durchzusetzen, folgte die Identifikation mit dem Staat, wenn er in militärische Auseinandersetzungen geriet. In den kriegführenden Ländern blieben nur die serbischen Sozialisten und die russischen Bolschewiki unversöhnliche Kriegsgegner. Auch die italienischen Sozialisten protestierten gegen den Krieg, als Italien sich schließlich mit Großbritannien, Frankreich und Russland verbündete. Ihre Haltung ver-

---

48 Alle Zitate aus: Joll, James, *Europe Since 1870,* London 1990, S. 194. Meinecke, Friedrich, *Straßburg–Freiburg–Berlin 1901–1919,* Stuttgart 1949, S. 137.
49 Keir Hardie, zitiert nach: Miliband, Ralph, *Parliamentary Socialism,* London 1975, S. 44. Zu Kautskys Position siehe: Salvadori, Massimo L., *Sozialismus und Demokratie: Karl Kautsky 1880–1938,* Stuttgart 1982, S. 261–264.

dankte sich aber vor allem einer Spaltung in der italienischen herrschenden Klasse über die Frage, welche Seite unterstützt werden sollte – und der linke Chefredakteur der Parteizeitung, ein gewisser Benito Mussolini, brach mit der Parteiposition und betrieb scharfe Kriegspropaganda.

Der Glaube an einen schnellen Sieg erwies sich als völlig verfehlt. In den ersten Kriegsmonaten überrannte die deutsche Armee Belgien und Nordfrankreich und stand achtzig Kilometer vor Paris, und die russische Armee rückte weit vor in das deutsche Ostpreußen. Beide Streitkräfte wurden zurückgedrängt. Die Deutschen zogen sich vor den französischen und britischen Armeen in der Schlacht an der Marne zurück, um eine Verteidigungslinie aus Schützengräben etwa fünfzig Kilometer weiter entfernt zu errichten. Die Russen erlitten schwere Verluste in der Schlacht von Tannenberg und wurden von deutschem Gebiet wieder vertrieben. Der Manöverkrieg mit schnell vordringenden Heeren ging über in einen Stellungskrieg, bei dem alle Seiten schwere Verluste erlitten, als sie die stark befestigten Stellungen der anderen Seite zu durchbrechen suchten. Die erwarteten vier Monate erstreckten sich über vier Jahre, und der Krieg sprang von den Ost- und Westfronten auf die Türkei, Mesopotamien, die italienisch-österreichische Grenze und Nordgriechenland über.

Dieser Krieg war mit zehn Millionen Toten der bis dahin blutigste der Geschichte – 1,8 Millionen Deutsche, 1,7 Millionen Russen, 1,4 Millionen Franzosen, 1,3 Millionen Bewohner Österreich-Ungarns, 740.000 Briten und 615.000 Italiener fanden den Tod. Frankreich verlor einen von fünf Männern im kampffähigen Alter, Deutschland einen von acht. Über 23 Millionen Artilleriegranaten wurden in der fünf Monate dauernden Schlacht von Verdun abgefeuert – zwei Millionen Männer waren daran beteiligt und die Hälfte wurde getötet. Und doch machte keine Seite Fortschritte. Eine Million Menschen starben in der vier Monate langen Schlacht an der Somme im Jahr 1916, bei der Großbritannien bereits am ersten Tag 20.000 Männer verlor.

Der Krieg erzeugte auch große Verwerfungen in den Gesellschaften insgesamt. Im Jahr 1915 und 1916 hatten alle beteiligten Mächte begriffen, dass sie sich in einem totalen Krieg befanden. Der Ausgang hing davon ab, sämtliche nationalen Ressourcen an die Front zu dirigieren, ohne große Rücksicht auf den Lebensstandard der Bevölkerung. Industrien, die Konsumgüter herstellten, mussten zur Herstellung von Munition übergehen. Für Lebensmittel und Rohstoffe, die bisher aus gegnerischen Ländern importiert worden waren oder jetzt der Seeblockade unterlagen, musste Ersatz gefunden werden. Arbeiter mussten zwischen den Industrien verschoben und neue Arbeitskräfte als Ersatz für die Eingezogenen gefunden werden. Landarbeiter wurden ausgehoben, auch wenn das zu akutem Nahrungsmangel führte – in Deutschland wurde der Winter 1916/1917 als Kohlrübenwinter bekannt, weil dieses Gemüse zum Ersatz fast aller anderen Lebensmittel wurde. Der durchschnittliche deutsche Arbeiter nahm täglich nur noch 1.313 Kalorien zu sich, ein Drittel weniger als notwendig, um längerfristig überleben zu können, und 750.000 starben an Unterernährung.[50] Die Regierungen konnten ihre militärischen Abenteuer nur noch durch das Drucken von Geld finanzieren. Knappheit an Lebensmitteln und Grundgütern trieben die Preise in die Höhe und verstärkten die Unzufriedenheit in der Bevölkerung.

Generale und Politiker begriffen, dass sie zur Erzielung militärischer Erfolge die Volkswirtschaft staatlicher Lenkung unterstellen mussten, ohne Rücksicht auf die Lehre von der »freien Marktwirtschaft«. Die Tendenz zur Verschmelzung von monopolisierter Industrie und Staat, die sich in einigen Ländern schon vor dem Krieg abzeichnete, erhielt einen großen Schub. Im Jahr 1917 wurde in einem Bericht an das britische Kriegskabinett die Ausweitung der Staatskontrolle festgestellt, »bis sie nicht nur nationale Aktivitäten umfasste, die unmittelbar im Zusammenhang mit den Kriegsanstrengungen standen, sondern jeden Industriezweig«.[51] Bei Kriegsende war die Regierung Käufer von über neunzig Prozent aller Importe, vermarktete über achtzig Prozent der im Land verzehrten Lebensmittel und hatte für einen Großteil der Güter Preiskontrollen verhängt.[52] In Deutschland übten die Generale Hindenburg und Ludendorff in der späteren Phase des Kriegs mithilfe der Unternehmensleitungen großer monopolistischer Trusts faktisch eine Diktatur über weite Teile der Volkswirtschaft aus.[53]

Den Generalen wie den Industriellen war bewusst, dass sie durch Aneignung neuer Territorien ihre wirtschaftlichen Ressourcen erweitern könnten.

---

50 Nach: Blackbourn, *The Fontana History of Germany*, S. 475.
51 Zitiert nach: MacIntyre, Duncan, *The Great War. Causes and Consequences*, Glasgow 1979, S. 63.
52 MacIntyre, *The Great War*, S. 64.
53 Blackbourn, *The Fontana History of Germany*, S. 488 f.

Die Kriegsziele wurden neu definiert und beinhalteten jetzt nicht nur die Eroberung oder Verteidigung von Kolonien, sondern auch die Aneignung von Gebieten in Europa, insbesondere industrialisierte oder halbindustrialisierte Gegenden. Für Deutschland hieß das, die Region Lorraine in Frankreich, in der Eisenerz gefördert wurde, Belgien, Mitteleuropa und Rumänien in die Hand zu bekommen, und Einflusssphären in der Türkei und im Nahen Osten entlang der Bagdadbahn zu schaffen.[54] Aus der Perspektive Frankreichs hieß das die Eroberung Elsass-Lothringens und Zugriff auf das Rheinland in Deutschland. Russland wollte Istanbul annektieren, das ihm in einem Geheimvertrag mit Großbritannien bereits zugesprochen worden war. So wie die Einzelkapitalisten ihr Kapital durch ökonomische Konkurrenz zu vergrößern suchten, versuchten die über den Nationalstaat miteinander verflochtenen Kapitalgruppen ihr Kapital durch militärische Konkurrenz und Krieg zu vergrößern. Imperialismus war nicht länger nur eine Frage von Kolonien, auch wenn sie wichtig blieben, sondern jetzt handelte es sich um ein allumfassendes System, in dem kein Kapitalismus überleben konnte, ohne auf Kosten der anderen zu expandieren. Die Logik dieses Systems hieß totale Militarisierung und totaler Krieg, ohne Rücksicht auf gesellschaftliche Verwerfungen.

Die Arbeiterklasse, das traditionelle Kleinbürgertum und die Bauernschaft mussten infolgedessen einen plötzlichen und manchmal verheerenden Absturz ihres Lebensstandards erleiden. In Deutschland war der Reallohn der Arbeiter in den Kriegsindustrien um über ein Fünftel und in der Zivilindustrie um fast die Hälfte gesunken.[55] Die alten Methoden der Verteidigung von Lohn- und Arbeitsbedingungen verschwanden, nachdem die Gewerkschaftsführungen sich hinter die Kriegsanstrengungen gestellt und Streiks verurteilt hatten, zudem gab es harte Strafen für jeden, der den »Burgfrieden« brach. In Großbritannien mussten Streikführer nach dem Kriegsnotstandsgesetz mit Haftstrafen rechnen; in Deutschland wurden vermeintliche Aufrührer in Massen an die Front geschickt.

---

54 Einzelheiten siehe in: Blackbourn, *The Fontana History of Germany*, S. 480, 482.
55 Zahlen nach: Kocka, Jürgen, *Klassengesellschaft im Krieg. Deutsche Sozialgeschichte 1914–1918*, Frankfurt am Main 1988, S. 34.

Auch das Arbeitsleben veränderte sich auf dramatische Weise. Die halbe Arbeiterschaft wurde aus ihrer alten Arbeit und ihrer sozialen Umgebung gerissen und an die Front geschickt, während Frauen ihre Plätze in den Fabriken einnahmen. In Deutschland stieg die Zahl der Frauen in Industrieunternehmen mit zehn und mehr Beschäftigten um eine halbe Million auf knapp über zwei Millionen an.[56] In Großbritannien waren schließlich allein in den Munitionsfabriken 800.000 Arbeiterinnen beschäftigt.[57] Der Kriegsdrang des Kapitalismus zerbrach die Familie, die das System mit großer Mühe den Menschen aufzuzwingen versucht hatte. Längerfristig mussten die vorher für Beschäftigtengruppen wie Textilarbeiterinnen typischen Einstellungen auf eine viel größere Schicht Arbeiterinnen übergreifen und ihnen das Gefühl geben, Männern gleich zu sein. Die unmittelbare Wirkung bestand jedoch in der doppelten Last, die sie zu tragen hatten. Sie mussten ganz alleine einen langen Fabrikarbeitstag und zusätzlich das Großziehen der Kinder bewältigen. Das war meist zum Leben zu wenig und zum Sterben zu viel.

Not, Verwirrung und die Unfähigkeit, die traditionellen Arbeits- und Lebensweisen zu verteidigen – das war das Bild, das sich in den ersten Kriegsjahren in den Arbeiterbezirken ergab. Der Lebensstandard sank, der Arbeitstag wurde verlängert, die Unfallgefahr in den Fabriken nahm zu und Streiks wurden immer seltener. Im zweiten Kriegsjahr begann sich angesichts der verzweifelten Lage erneut Widerstand zu regen. In notleidenden Arbeitervierteln brachen spontane Proteste vor allem der Frauen aus. Der große Mietenstreik in Glasgow im Jahr 1915 oder die lokalen Unruhen im Hungerwinter 1916 und 1917 in deutschen Städten waren ein typisches Beispiel dafür. Auch Arbeiter, die am wenigsten befürchten mussten, an die Front geschickt zu werden, traten vermehrt in den Streik: die Metallfacharbeiter, die unverzichtbar für den Fortgang des Kriegs waren. Ihre Aktivistennetze in den Gewerkschaften – die Vertrauensleute in Städten wie Glasgow, Sheffield, Berlin, Budapest und Wien – blieben intakt. Mit wachsender Not begannen sich die beiden Protestformen zu verbinden und der Krieg wurde immer stärker hinterfragt. Die Streikführer waren nicht selten Sozialisten und Kriegsgegner, auch wenn viele der Streikenden immer noch meinten, sie müssten »ihre Seite« unterstützen.

---

56 Kocka, *Klassengesellschaft im Krieg*, S. 27.
57 MacIntyre, *The Great War*, S. 61.

An der Front machten Millionen Männer Erfahrungen, auf die sie niemand vorbereitet hatte. Sie entdeckten schon bald, dass der Krieg kein vergnüglicher Ausflug nach Berlin oder Paris oder ein großes Abenteuer war. Krieg hieß Schlamm, Langeweile, schlechtes Essen, und überall lauerte der Schrecken des Todes. Der einberufene Arbeiter und Bauer, das arme »Frontschwein«, machte auch die Erfahrung, dass sein Leben sich von Grund auf von dem der Generale und Stabsoffiziere mit ihrem guten Essen und dem Wein, dem komfortablen Quartier und Wehrpflichtigen, die ihnen aufwarteten, unterschied. Das führte nicht automatisch zum Aufstand. Viele Wehrpflichtige hatten sich noch nie den Befehlen Vorgesetzter widersetzt. Ehrerbietung und Gehorsam waren ihnen von Kindheit an eingeimpft worden, weshalb sie oft ihr Schicksal ergeben trugen und den Kriegsdienst wie eine andere langweilige und unangenehme Arbeit behandelten, erst recht, wenn bei Widerstand das Kriegsgericht drohte. »Der seltsame Gesichtsausdruck auf den Gesichtern« der Männer, die darauf warteten, an die Front zurückgeschickt zu werden, schrieb der britische Offizier und Kriegspoet Wilfred Owen, »drückte nicht Verzweiflung oder Grauen aus, nein, das war schrecklicher als der Schrecken, es war ein blinder Blick, ausdruckslos, gleich dem eines toten Kaninchens«.[58]

Und doch kam es immer wieder zu Revolten. Die Generale sahen mit Entsetzen, was Weihnachten 1914 geschah, als britische und deutsche Soldaten aus den Schützengräben kletterten und sich verbrüderten. Britische Offiziere erhielten für Weihnachten 1916 den Befehl, jeden deutschen Soldaten, der aus dem Graben hervorkam, um sich mit dem Gegner zu verbrüdern, auf der Stelle zu erschießen.[59] Solche Vorsichtsmaßnahmen konnten dennoch den plötzlichen Ausbruch großer Meutereien nicht verhindern. Die erste große Erschütterung an der Westfront ereignete sich im April 1917 in Frankreich. Etwa 68 Divisionen, die halbe französische Armee, weigerten sich nach einer Offensive, die 250.000 Menschen das Leben gekostet hatte, an die Front zurückzugehen. Eine Mischung aus Zugeständnissen und Unterdrückung –

---

58 Zitiert nach: Allison, William, und John Fairley, *The Monocled Mutineer*, London 1986, S. 68.
59 Zu den Ereignissen der Weihnachtsfeiertage von 1914 siehe Auszüge aus dem Tagebuch von Lieutenant William St. Leger in: Moynihan, Michael (Hg.), *People at War 1914–1918*, London 1988, S. 52.

die Verhängung von 500 Todesurteilen, von denen 49 vollstreckt wurden – stellte die Disziplin wieder her, aber erst nachdem einige Einheiten die rote Fahne gehisst und die Revolutionshymne, die Internationale, gesungen hatten. Es gab weitere Meutereien im Westen, die aber nicht dasselbe Ausmaß annahmen wie in Frankreich. Im Jahr 1917 meuterten rund 50.000 Soldaten in Italien und etwa 100.000 Soldaten traten im britischen Basislager bei Étaples nahe Boulogne in den Aufstand. Die britischen Generale beendeten die Rebellion mit Zugeständnissen und ließen anschließend die Anführer hinrichten – die ganze Angelegenheit wurde als Geheimsache behandelt.[60]

Die Meutereien waren Ausdruck der wachsenden Verwirrung und Unzufriedenheit überall in Europa, was sich keineswegs auf Industriearbeiter beschränkte. Auch viele Angehörige der Mittelschicht, die als Unteroffiziere in den Heeren dienten, wurden davon erfasst. Diese Stimmung drückte sich aus in den Werken der britischen Kriegspoeten und in Romanen wie Erich Maria Remarques *Im Westen nichts Neues*, Ernest Hemingways *In einem andern Land*, Henri Barbusses *Das Feuer* oder Stratis Myrvilis' *Das Leben im Grabe*, die alle von der Ernüchterung nach dem Krieg zeugten. Dieses Gefühl konnte Leute der revolutionären Linken näher bringen, so wie den deutschen Dramatiker Ernst Toller. Es konnte aber auch einen rechten Nationalismus befördern, der nach den im Krieg zerstörten Hoffnungen überall Korruption, Verrat und den Einfluss von »Fremdmächten« witterte.

Und nicht zuletzt wurden Massen von Bauern aus ihren isolierten Dörfern herausgerissen, zur französischen, italienischen, österreichisch-ungarischen und russischen Armee eingezogen und in die Wirren und Gräuel der mechanisierten Kriegsführung geworfen. In einer Zeit, als die moderne Massenkommunikation die ländlichen Gegenden Europas noch nicht erreicht hatte, waren die wehrpflichtigen Bauern völlig neuen Erfahrungen und Ideen ausgesetzt. Viele fanden sich mit ihren lokalen Dialekten in multinationalen Armeen wieder und sahen sich zum ersten Mal in ihrem Leben genötigt, sich zu einer nationalen Identität zu bekennen. Bei dem Versuch, die sie umgebende Welt zu begreifen, konnten sie in verschiedene Richtungen gezogen werden – beeinflusst von Priestern mit ihren traditionellen Riten, von Nati-

---

60 Ein umfassender Bericht gestützt auf Interviews mit Beteiligten findet sich in: Allison und Fairley, *The Monocled Mutineer*, S. 81–111.

onalisten der Mittelschicht, die ähnliche Dialekte wie sie sprachen, oder von Arbeitern, mit denen sie in den Schützengräben lagen, die sozialistische Argumente vorbrachten und die bäuerliche Abneigung gegen die Reichen in einen allgemeineren Zusammenhang stellten.

Das war also die Stimmung unter der gewaltigen Masse bewaffneter Männer in den Gräben und Kasernen, als die europäischen Staaten sich gegenseitig zerfleischten.

Februar 1917

»Wir, die Alten, werden vielleicht die entscheidenden Kämpfe dieser kommenden Revolution nicht erleben«, sagte der ausgebürgerte Lenin vor einer Versammlung Deutsch sprechender Arbeiterjugendlicher in Zürich im Januar 1917, nachdem er von der Unvermeidlichkeit der Revolution gesprochen hatte. »Europa ist schwanger mit der Revolution« und »kommende Jahre [werden] eben im Zusammenhange mit diesem Raubkriege die Volkserhebungen in Europa unter der Führung des Proletariats [...] erstehen lassen«, erklärte er.[61]

Die erste Erhebung fand genau sechs Wochen später in Petrograd[62] statt, der Hauptstadt des russischen Reichs. Der Zar, dessen Macht am Morgen des 23. Februar[63] noch unerschütterlich schien, dankte am Morgen des 2. März ab. Im November regierte bereits eine revolutionäre Regierung mit Lenin an der Spitze das Land.

Niemand erwartete eine Revolution am 23. Februar. Der Tag wurde von Sozialisten als Internationaler Frauentag gefeiert. Diese Tradition war im Jahr 1910 nach einem Aufruf Clara Zetkins, der führenden sozialistischen Frauenpolitikerin Deutschlands, begründet worden. Die sozialistischen Gruppen im Petrograder Untergrund begingen diesen Tag mit Flugblättern, Reden und Versammlungen, aber nirgendwo wurde zu Streiks aufgerufen, weil die Zeit für

---

61 Lenin, Wladimir Iljitsch, »Ein Vortrag über die Revolution von 1905«, *Werke*, Band 23, Berlin 1987, S. 261.
62 Bis zum August 1914 Sankt Petersburg.
63 Nach dem julianischen Kalender, der seinerzeit in Russland noch gebräuchlich war; nach dem im Westen üblichen gregorianischen Kalender ereignete sich dies am 8. März.

Kampfhandlungen noch nicht gekommen schien.[64] Aus Wut über den Brotmangel traten die Textilarbeiterinnen, deren Ehemänner häufig in der Armee dienten, dennoch in den Streik und marschierten durch die Fabrikbezirke. Ein Arbeiter der Maschinenfabrik »Ludwig Nobel« erinnerte sich später:

> Wir konnten Frauenstimmen hören: »Nieder mit den hohen Preisen!« »Schluss mit dem Hunger!« »Brot für die Arbeiter!« [...] Eine unübersehbare Menge kämpferisch gestimmter Arbeiterinnen füllte den Weg. Diejenigen, die unserer ansichtig wurden, begannen mit den Armen zu wedeln und riefen: »Kommt raus!« »Legt die Arbeit nieder!« Schneebälle flogen durch die Fenster. Daraufhin schlossen wir uns der Revolution an.[65]

Am folgenden Tag hatte die Bewegung schon die Hälfte der 400.000 städtischen Arbeiter erfasst, sie formierten sich zu Demonstrationszügen und marschierten in das Stadtzentrum. Die Parole »Brot!« wurde verdrängt von den Losungen »Nieder mit der Selbstherrschaft!« und »Nieder mit dem Krieg!«. Bewaffnete Polizeieinheiten griffen die Demonstranten an und die Regierung versuchte durch Mobilisierung der Tausenden kasernierten Soldaten, die auf ihren Fronteinsatz warteten, die Arbeiteraufzüge zu zerstreuen. Aber am vierten Streik- und Demonstrationstag verweigerten die Soldaten in den Kasernen den Befehl. Die Arbeiter- und Soldatenmassen mischten sich, strömten mit ihren Gewehren und roten Fahnen auf die Straßen und nahmen Polizisten und Regierungsbeamte fest. Regimenter, die eiligst per Eisenbahn zurückgeholt wurden, um die Ordnung wieder herzustellen, gingen auf die Seite der Revolution über, als sie in Petrograd ankamen. Ein verzweifelter Versuch des Zaren, in die Stadt zurückzukehren, wurde von Eisenbahnarbeitern verhindert. Moskau und andere russische Städte wurden von ähnlichen Bewegungen erfasst. Die Generale erklärten dem Zaren, ihm bleibe keine andere Wahl als abzudanken, wenn die Ordnung gewahrt bleiben solle.

---

64 Nach dem Zeugnis von W. N. Kajurow, den Trotzki in seiner *Geschichte der russischen Revolution* erwähnt, Berlin 1960, S. 96.
65 Smith, Steve A., »Petrograd in 1917: the View from Below«, in: Kaiser, Daniel H. (Hg.), *The Workers' Revolution in Russia of 1917*, Cambridge 1987, S. 61.

Wer oder was sollte an die Stelle des Zaren treten? Zwei Einrichtungen begannen die Regierungsaufgaben zu übernehmen, sie nahmen ihre Arbeit in zwei getrennten Flügeln des Taurischen Palais in Petrograd auf. Auf der einen Seite standen die offiziellen Gegner des Zarismus, die bürgerlichen Politiker der alten Reichsduma, die durch ein Klassenwahlrecht in das Parlament gekommen waren, das den besitzenden Schichten von vornherein eine erdrückende Mehrheit sicherte. Auf der anderen Seite standen die Arbeiterdelegierten, die sich in einem Arbeiterrat, oder Sowjet, nach dem Vorbild von 1905 versammelten. Die entscheidende Frage lautete, welche dieser konkurrierenden Körperschaften die Macht übernehmen würde. Im Februar gelang den Dumamitgliedern die Bildung einer provisorischen Regierung mit Zustimmung der Sowjets. Im Oktober sollte die Sowjetmehrheit bereits eine eigene Regierung aufstellen.

Die führenden Personen in der Duma hatten nach Ausbruch des Kriegs zwar mit dem Regime des Zaren zusammengearbeitet, die Kriegsindustrien organisiert und entsprechend Gewinne gemacht, waren aber ungehalten über die korrupte Hofclique um die Zarin und ihren erst kürzlich ermordeten Günstling Rasputin. Sie hofften auf kleinere Reformen im zaristischen System, aber keinesfalls auf seinen Sturz. Einer ihrer führenden Leute, Michail Rodsjanko, erzählte später:

> Die gemäßigten Parteien haben die Revolution nicht nur nicht gewollt, [...] sie haben sich vor ihr einfach gefürchtet. Insbesondere war die Partei der Volksfreiheit (»Kadetten«), die auf dem linken Flügel der gemäßigten Gruppen stand und die meisten Berührungspunkte mit den revolutionären Parteien des Landes hatte, durch die heranrückende Katastrophe mehr als alle anderen beunruhigt.[66]

In der englischen, amerikanischen und Französischen Revolution und erneut im Jahr 1848 hatten sich weite Kreise der besitzenden Klassen gegen die Erhebungen gestellt, als sie eine radikale Wendung nahmen. Aber sie hatten bis zu einem gewissen Grad die Bewegung entfacht. Im Russland des

---

66 Trotzki, *Geschichte der russischen Revolution*, S. 147.

Jahres 1917 taten sie nicht einmal das aus Angst vor den Industriearbeitern. Der menschewistische Historiker der Revolution, Nikolaj Suchanow, schrieb: »Unsere Bourgeoisie verriet im Gegensatz zu den anderen die Menschen nicht erst am Tag nach dem Umsturz, sondern noch davor.«[67]

Führende Duma-Vertreter wie Michail Rodsjanko und Pawel Miljukow verhandelten noch bis zum letzten Tag, bis zur Abdankung des Zaren, über die Reformierung der Monarchie. Und doch ernannten sie die Regierung, die an ihre Stelle treten sollte – eine Regierung unter dem Fürsten Lwow und beherrscht von Großgrundbesitzern und Industriellen. Nur eine einzige Person in dieser Regierung konnte auf eine gewisse revolutionäre Reputation verweisen: Kerenski, ein Rechtsanwalt, der sich einen Namen mit der Verteidigung politischer Gefangener gemacht hatte.

Die Arbeiterdelegierten des Sowjets trafen sich anfangs nur, um die Aktivitäten der verschiedenen Arbeitergruppen aufeinander abzustimmen. Als aber auch die aufständischen Regimenter ihre Delegierten in die Arbeiterversammlung schickten, wurde sie zum Brennpunkt der gesamten revolutionären Bewegung. Ihre gewählte Exekutive übernahm fortan die Verwaltung der Stadt: Die meuternden Soldaten mussten mit Lebensmitteln versorgt und zaristische Polizisten und Beamte verhaftet werden. Es musste dafür gesorgt werden, dass jeder zehnte Arbeiter in den Fabriken zur Miliz abgeordnet wurde, um die revolutionäre Ordnung aufrechtzuerhalten. Eine Zeitung wurde gegründet, um die Bevölkerung angesichts der bestreikten Presse informieren zu können. Arbeiter und Soldaten wandten sich an den Sowjet, um sich Anweisungen zu holen – und ständig schlossen sich die überall im Land entstehenden Sowjets dem Petrograder Arbeiterrat an. Faktisch wurde er zur Regierung der Revolution. Diese Regierung war jedoch nicht bereit, die formelle Macht zu übernehmen, sondern wartete auf die Dumapolitiker.

Die Arbeiterdelegierten in den Sowjets waren mehr oder weniger von den Untergrundparteien der Sozialisten beeinflusst. Während des Kriegs waren ihre Organisationsstrukturen vom zaristischen Apparat so gut wie zerstört worden, aber ihre Ideen und das Ansehen ihrer gefangenen, ins Exil oder in

---

67 Sukhanov, Nikolai N., *The Russian Revolution 1917*, Princeton 1984, S. 77. Diese Textstelle findet sich nicht in der gekürzten deutschen Fassung: Suchanow, Nikolaj N., *1917. Tagebuch der russischen Revolution*, München 1967.

den Untergrund getriebenen Führer wirkten nach. In den ersten Tagen der Revolution machten diese Parteien ihren Einfluss in den Sowjets jedoch nicht geltend, um gegen die Anerkennung der von der Duma eingesetzten Regierung zu argumentieren. Die marxistischen Parteien, die Bolschewiki und Menschewiki, hatten sich in der Vergangenheit wiederholt über die Taktik gestritten. Im Jahr 1905 hatte die Politik der Menschewiki Abwarten geheißen, bis die Bourgeoisie die Initiative ergriff, während die Bolschewiki betont hatten, dass die Arbeiter die bürgerliche Revolution vorantreiben müssten. Während des Kriegs waren die Menschewiki für die Verteidigung Russlands vor Deutschland und Österreich eingetreten, während Bolschewiki und »internationalistische« Menschewiki jede Unterstützung für den Krieg verweigert hatten. Sie waren sich jedoch einig hinsichtlich des Charakters der künftigen Revolution: sie würde eine bürgerliche Revolution sein.

Die führenden Bolschewiki, die in Petrograd ankamen, Stalin und Molotow, erkannten deshalb die von der Duma eingesetzte bürgerliche provisorische Regierung an. Aus diesem Grund konnten sie auch nicht mehr die sofortige Beendigung des Kriegs fordern, denn dieser Krieg wurde nicht mehr für den Zarismus geführt, sondern jetzt war er ein Krieg der »revolutionären Verteidigung«. Der einzige bekannte Revolutionär, der diese Revolution anders charakterisiert und betont hatte, sie könne in eine proletarische Revolution übergehen, war Leo Trotzki gewesen. Aber er befand sich im Februar 1917 im Exil in Amerika und verfügte über keine eigene Partei, sondern gehörte einer lockeren Gruppierung von Sozialisten an, die zwischen den Menschewiki und den Bolschewiki stand.

Die Arbeiterdelegierten im Sowjet waren nicht glücklich über die Zusammensetzung der Regierung. Sie misstrauten Fürst Lwow und den Grundbesitzern und Industriellen, die sich um ihn geschart hatten. Ihnen mangelte es jedoch an Selbstbewusstsein, den erfahrenen politischen Führern mit ihrem ganzen marxistischen Wissen zu sagen, dass sie einen Fehler begingen.

Die Soldatendelegierten ließen sich noch leichter für die Unterstützung der Regierung gewinnen als die Arbeiterdelegierten. Viele waren noch nie zuvor politisch aktiv gewesen. Sie waren damit groß geworden, sich den »Hochgestellten« zu beugen, und selbst wenn sie jetzt aus bitterer Erfahrung gegen den Zaren und seine Beamtenschaft aufbegehrten, ordneten sie sich weiterhin denen unter, die an ihrer Seite zu stehen schienen – den vielen Unteroffizieren des Regiments und der provisorischen Regierung, die sich in nur wenigen Tagen die Sprache der Revolution angeeignet hatten.

Das Scheitern der provisorischen Regierung

Die provisorische Regierung überdauerte in der ein oder anderen Form nur acht Monate, bis sie durch eine zweite Revolution gestürzt wurde. Im Nachhinein wurde ihr Scheitern von ihren Anhängern den Machenschaften Lenins zugeschrieben. Sie behaupteten, Russland hätte eine parlamentarische Demokratie werden und schmerzlos seine Industrie aufbauen können, wenn es die Gelegenheit dazu bekommen hätte. Ihre Version der Ereignisse fand in den 1990er Jahren nach dem Zusammenbruch der Sowjetunion neue Verbreitung. Mit den wahren Geschehnissen des Jahres 1917 hatte das aber nichts zu tun.

Als der Zar stürzte, drängten die hinter der provisorischen Regierung stehenden Kräfte in die eine Richtung, während die revolutionären Massen in die andere Richtung zogen. Die Kluft zwischen ihnen vergrößerte sich mit jeder weiteren Woche.

Russlands Kapitalisten waren entschlossen, mit eben der Politik fortzufahren, die die Arbeiter Petrograds zur Revolte getrieben und die Soldaten an ihre Seite gebracht hatte. Der Zarismus hatte das rückständige, halbfeudale Russland in den Krieg mit Deutschland gestürzt, das unter den hochentwickelten kapitalistischen Ländern gleich an zweiter Stelle stand. Das konnte nur zu schweren wirtschaftlichen Verwerfungen führen, zu großen Verlusten an der Front, dem Zusammenbruch der Lebensmittelversorgung in den Städten und zur Verelendung der städtischen Arbeiterschaft. Die neue Regierung war dennoch entschlossen, wie die alte den Krieg fortzuführen, da Russlands Kapitalisten ebenso wie jeder zaristische General mit allen Mitteln ihr Reich über das Schwarze Meer hinaus bis nach Istanbul und das Mittelmeer ausdehnen wollten. Ihre Großindustrien waren in Abstimmung mit dem Staat gelenkte Monopole, ihre nationalen Märkte fanden ihre Grenzen an der Rückständigkeit der Landwirtschaft und die Bauernarmut. Was konnte es unter diesen Umständen Besseres geben, als die Märkte durch Verschiebung der Grenzen auszudehnen? Für sie gab es nur eine Logik: die des imperialistischen

Kriegs, unabhängig von den Erschütterungen, die er hervorrief. Die provisorische Regierung stellte diese Prämissen nicht infrage, auch dann nicht, als sie den »gemäßigten« sozialistischen Parteien mit Kerenski als Ministerpräsident Regierungsposten einräumen musste. »Sogar viele linksgerichtete Mitglieder der provisorischen Regierung waren insgeheim einverstanden mit [...] dem Ziel« der Schaffung eines neuen Reichs, das die Dardanellen und »Satellitenstaaten« in Osteuropa umfassen sollte.[68]

Der Fortsetzung der militärischen Politik entsprach die Fortsetzung der Politik gegenüber den nicht Russisch sprechenden Völkern, die über die Hälfte der Gesamtbevölkerung ausmachten. Es hatte schon immer Aufstände in Polen und Finnland, in Gegenden des Kaukasus und in geringerem Ausmaß in der Ukraine gegen die russische Herrschaft gegeben. Die Zaren antworteten mit Repression und erzwungener Russifizierung, um Unabhängigkeitsbewegungen in ihrem Reich für immer auszurotten. Die neue Regierung folgte dieser Politik aus Angst vor dem Verlust von Märkten und Rohstoffen.

Unter der Zarenherrschaft war den Großgrundbesitzern die Hälfte des Lands übereignet worden, und jeder versuchten Aufteilung der großen Ländereien wurde mit geballter Staatsmacht begegnet. In der neuen Regierung waren ebenso eindeutige Kapitalinteressen vertreten. Minister mochten Reden über künftige Reformen schwingen, verlangten aber von der Bauernschaft, sich bis dahin zu gedulden.

Diese Politik schürte die Unzufriedenheit, mit oder ohne Bolschewiki. Niemand hatte den Befehl für die Februarerhebung gegeben. Und niemand hatte die Bauern angewiesen, den ganzen Sommer über die Häuser der Großgrundbesitzer zu bestürmen und das Land unter sich zu verteilen. Niemand befahl den Finnen, Ukrainern oder den Völkern des Kaukasus und des Baltikums, das Recht auf einen eigenen Staat einzufordern. Und niemand verlangte von den Millionen Bauern in Uniform, sich von der Front abzusetzen. Wer miterlebt hatte, wie eine fünfhundert Jahre alte Monarchie durch eine Empörung gestürzt wurde, der sah jetzt auch eine Antwort auf die anderen Bedrückungen, insbesondere da viele über ein Gewehr verfügten und es zu bedienen gelernt hatten.

---

68 Stone, Norman, *The Eastern Front 1914–1917*, London 1975, S. 218.

Die provisorische Regierung fachte selbst das Feuer an. Ihre wahren Absichten bewies sie im Juni 1917, als sie einen militärischen Angriff auf den österreichischen Teil Schlesiens vorbereitete. In den Streitkräften stieg die Unruhe, erst recht, als Kerenski die alte zaristische Disziplin mitsamt der Todesstrafe wieder einführen wollte. Die Kriegsoffensive verschärfte auch das wirtschaftliche Durcheinander. Die Preise waren von 1914 bis 1917 bereits um ein Vierfaches gestiegen. Bis Oktober verdoppelten sie sich erneut. Die Versorgung der Städte mit Lebensmitteln verschlechterte sich weiter und der Hunger griff um sich. Der rechte Historiker Norman Stone schrieb:

> Russland wurde bolschewistisch, nicht weil die Massen schon am Anfang der Revolution bolschewistisch gewesen wären, oder wegen Machenschaften der sowjetischen oder bolschewistischen Führung. Russland wurde bolschewistisch, weil die alte Ordnung, wie Lenin es als Einziger vorhergesagt hatte, im Grunde zusammenbrach. Im Herbst hungerten die Städte und Seuchen breiteten sich aus; eine schwindelerregende Inflation machte jede Lohnerhöhung zunichte und ruinierte faktisch das gesamte Wirtschaftsleben des Landes; die Rüstungsindustrie schrumpfte, weshalb die Armee nicht kämpfen konnte, selbst wenn sie gewollt hätte. Bergwerke, Eisenbahnen, Fabriken standen still [...]. Das Wirtschaftschaos trieb Russland in die Arme des Bolschewismus.
>
> Der Bolschewismus wäre vielleicht vermeidbar gewesen, wenn es eine Alternative gegeben hätte; aber der Zusammenbruch des Kapitalismus stand jedem vor Augen.[69]

Die Parteien und die Revolution

Die Oktoberrevolution war dennoch nicht nur das Ergebnis einer mechanischen Entwicklung seelenloser Kräfte. Zuwege gebracht wurde sie durch das Handeln der Bevölkerungsmassen – der Arbeiter, Bauern und Soldaten – und ihre Reaktion auf jene Kräfte. An dieser Stelle kommen Lenin und die Bol-

---

69 Stone, *The Eastern Front*, S. 283 f., 291.

schewiki ins Spiel. Ohne sie hätte es weiterhin Streiks, Proteste, Fabrikbesetzungen, den Bauernsturm auf Grundeigentum, Meutereien und Revolten der nicht russischen Nationalitäten gegeben. All diese Aktivitäten wären aber nicht zwangsläufig zu einer einzigen Bewegung zusammengeflossen, die den Versuch unternahm, die Gesellschaft bewusst umzugestalten.

Die arbeitslosen Arbeiter, verzweifelten Soldaten und verwirrten Bauern hätten einer antisemitischen und russisch-nationalistischen Propaganda der Vertreter der alten Ordnung aufsitzen und leicht übereinander herfallen können. Ein General Kornilow, der im August auf Petrograd marschieren wollte, hätte unter diesen Umständen erfolgreich eine Militärdiktatur errichten können. Die kapitalistische Demokratie konnte im Russland des Jahres 1917 nicht überleben, aber das schloss nicht aus, dass eine verhungernde, verzweifelnde Bevölkerung einer rechten Diktatur den Boden bereitete. Trotzki stellte fest, dass der im Jahr 1922 aufgekommene italienische Faschismus unter einem anderen Namen auch in Russland Ende 1917 oder 1918 denkbar gewesen wäre.

Es kam anders, und das war der Existenz einer revolutionär-sozialistischen Partei zu verdanken, die in den anderthalb Jahrzehnten vor der Revolution das Vertrauen einer bedeutenden Minderheit unter den russischen Arbeitern gewonnen hatte. Bei aller Rückständigkeit des Lands waren in Petrograd und einigen anderen Städten riesige Fabriken eröffnet worden. Im Jahr 1914 war die Hälfte der 250.000 Industriearbeiter Petrograds in Unternehmen mit mehr als 500 Arbeitern beschäftigt, das war ein höherer Anteil als in den fortgeschrittenen kapitalistischen Ländern des Westens.[70] In diesen Betrieben fiel ab den 1890er Jahren die sozialistische Propaganda und Agitation auf fruchtbaren Boden.

Lenin unterschied sich von den meisten anderen sozialistischen Führern seiner Generation (er war zum Zeitpunkt der Revolution 47 Jahre alt), weil er betonte, das Ziel der Agitation bestünde nicht darin, passive Unterstützung für linke Intellektuelle oder gewerkschaftsähnliche Organisationen zu gewinnen, sondern ein Netz von Aktivisten in der Arbeiterklasse aufzubauen, das zum Aufstand gegen die Zarenherrschaft bereit war. Aus diesem Grund brach er mit ehemaligen Genossen wie Juri Martow, Fjodor Dan und Pawel Axelrod,

---

70 Zahlen und weitere Einzelheiten in: Smith, Steve A., *Red Petrograd*, Cambridge 1983, S. 10 ff.

obwohl sie sich anscheinend über den Charakter der erwarteten Revolution als einer bürgerlichen einig waren. Die Bolschewiki wurden als die »härtere« der beiden marxistischen Parteien angesehen – sie grenzten sich schärfer von den Intellektuellen aus der Mittelschicht oder den Gewerkschaftsfunktionären ab und betonten die Notwendigkeit theoretischer Klarheit. Im Sommer 1914 waren die Bolschewiki die größere Partei unter den Petrograder Arbeitern, sie gaben eine legale Zeitung heraus, die Prawda, und erhielten die meisten Stimmen bei der Wahl der Arbeiterdelegierten für die Duma.[71] Der Krieg ließ die Unterschiede zwischen den Parteien noch deutlicher hervortreten. Die Bolschewiki sprachen sich ohne Wenn und Aber gegen den Krieg aus (auch wenn viele nicht so weit gingen wie Lenin mit seiner Position des »revolutionären Defätismus«), und ihre Dumavertreter landeten im Gefängnis. Viele Menschewiki befürworteten den Krieg, nur eine mit Martow verbundene Minderheit, die Menschewiki-Internationalisten, sprachen sich dagegen aus, brachen jedoch nicht mit der Mehrheit.[72]

Es gab noch eine dritte Partei, die in den ersten Monaten des Jahres 1917 über mehr Einfluss bei den Petrograder Arbeitern und Soldaten verfügte als die Bolschewiki oder die Menschewiki: die Sozialrevolutionäre. Sie waren keine marxistische Partei, sondern standen in der russischen Tradition der »Volkstümler«, die sich einerseits für die Forderungen der Bauern einsetzten und andererseits die Aufgabe einer heldenhaften bewaffneten Minderheit betonten, revolutionäre Unruhen durch das Beispiel der Tat anzustiften (zum Beispiel durch Ermordung verhasster Polizeichefs). Ihre bekanntesten Führer stammten überwiegend aus der Mittelschicht, und im Jahr 1917 unterstützten sie den Krieg und die provisorische Regierung, sie setzten nicht einmal ihr Bodenreformprogramm durch. Im Herbst hatten sich weniger bekannte Führungspersonen, die Linken Sozialrevolutionäre, unter dem Eindruck der wachsenden Unzufriedenheit mit der Regierung abgespalten.

---

71 Die Bolschewiki erhielten sechs Sitze, die Menschewiki sieben, aber die Abgeordneten der Menschewiki kamen eher aus gehobenen Wahlbezirken. Siehe: Cliff, Tony, *Lenin 1893–1914. Building the Party,* London 1975, S. 325.
72 Dies ist eine sehr kurze Zusammenfassung einer langen Geschichte von Aktivitäten und theoretischen Auseinandersetzungen. Eine umfassendere Darstellung bietet: Cliff, *Lenin 1893–1914.* Getzler, Israel, *Martov,* Melbourne 1967, hat eine sympathisierende Darstellung des führenden Menschewiki verfasst.

Die Sozialrevolutionäre waren im Februar sehr viel stärker im Petrograder Sowjet vertreten als die Bolschewiki. Die Bolschewiki hatten übermäßig unter der zaristischen Verfolgung zu leiden gehabt und viele Arbeiter und Soldaten konnten die Relevanz der alten Unterschiede zwischen den Parteien angesichts der neuen Lage nicht erkennen. Viele einzelne bolschewistische Arbeiter spielten dennoch im Februaraufstand eine sichtbare Rolle, und die Partei verfügte über einen soliden Kern an Mitgliedern in den Fabriken und Arbeiterbezirken – einhundert Mitglieder in den riesigen Putilowwerken, fünfhundert im Industriebezirk Wyborg und Anfang März zweitausend in der Stadt insgesamt. Die Partei wuchs mit der Ausweitung der Revolution, Ende April hatte sie bereits 16.000 Mitglieder.[73] Einer von dreißig Arbeitern war Mitglied der Bolschewiki, sodass die bolschewistische Agitation und Propaganda in die meisten Abteilungen fast aller Fabriken der Stadt hineinreichte. Ende Mai gewannen sie bei den Petrograder Stadtdumawahlen 20 Prozent der Stimmen (die Menschewiki erhielten 3,4 Prozent, die Sozialrevolutionäre rund 50 Prozent).[74]

Die Parteimitglieder waren verwirrt, weil die Bolschewiki sich im Februar und März hinter die provisorische Regierung gestellt hatten. Die Lage klärte sich erst, als Lenin im April aus dem Exil zurückkehrte. Er begriff, dass der russische Kapitalismus keines der Probleme des Landes lösen und die Arbeits- und Lebensbedingungen der Arbeiter, Bauern und Soldaten nur verschlechtern konnte. Seine Antwort darauf war der Trotzkis sehr ähnlich, aber die »orthodoxen« Bolschewiki hatten sie bisher abgelehnt. Er verwies auf die entscheidende Rolle der Arbeiterklasse bei dem Sturz des Zarismus, die sich mit den Sowjets ein viel demokratischeres Instrument zur Entscheidungsfindung geschaffen hatte als jede bürgerliche Herrschaft. Die Arbeiterklasse sei imstande, noch weiter zu gehen und eine Politik im eigenen und im Interesse der ärmeren Bauern zu verfolgen. Dafür mussten die Sowjets allerdings die Macht ganz ergreifen, an die Stelle der alten Armee und des Polizeiapparats Arbeitermilizen setzen, die Banken verstaatlichen und den ärmeren Bauern Land geben.

---

73 Zahlen nach: Cliff, *Lenin 1914–1917. All Power to the Soviets,* London 1976, S. 148, 150.

74 Zahlen und Quellenangabe in: Haynes, Mike, »Was there a Parliamentary Alternative in 1917?«, in: *International Socialism* 76, London, Herbst 1997, S. 46.

Die bolschewistische Partei war keine diktatorische Einrichtung und Lenins Argumente wurden zunächst aufs Heftigste von vielen älteren Bolschewiki der Stadt angegriffen. Dafür fanden sie sofort Anklang bei Mitgliedern in den Industriebezirken wie Wyborg. Lenin sprach aus, was sie bereits gespürt hatten. Er tat für die militanten Sektionen der russischen Arbeiter das, was Thomas Paine mit seiner Schrift *Gesunder Menschenverstand* für die Bewohner der amerikanischen Kolonien Anfang des Jahres 1776 oder Marat mit *L'Ami du Peuple* für viele Pariser Sansculotten in den Jahren 1792/93 getan hatten: Er vermittelte ihnen einen Blick auf die Welt, der ihnen ihre Lage, die allen alten Ideen und Glaubenssätzen zuwiderlief, erklärte. Er half den Massen, den Schritt von empörten Opfern der Umstände zu handelnden Subjekten der Geschichte zu tun.

Nach nur zwei Wochen hatte Lenin die meisten Mitglieder der Partei hinter sich. Es dauerte jedoch sehr viel länger, die Mehrheit der Arbeiter, ganz zu schweigen von den Soldaten und Bauern, zu gewinnen. Als Erstes, sagte er den Parteimitgliedern, müssten sie die Notwendigkeit für den Sturz der provisorischen Regierung und die Beendigung des Kriegs »geduldig erklären«. Die Bolschewiki konnten dieses Ziel nicht erreichen, solange sie nicht die Mehrheit der Arbeiter dafür gewonnen hatten. Das Verhalten der provisorischen Regierung und die spontanen Kämpfe der Arbeiter, Bauern und Soldaten sorgten dafür, dass das »Erklären« Wirkung zeigen musste. Der Stimmenanteil der Bolschewiki bei den Bezirks- und Stadtdumawahlen stieg in Petrograd von 20 Prozent im Mai auf 33 Prozent im August und 45 Prozent im November. In Moskau stieg er von 11,5 Prozent im Juni auf 51 Prozent Ende September. Auf dem ersten Allrussischen Sowjetkongress Anfang Juni stellten die Bolschewiki 13 Prozent der Delegierten. Auf dem zweiten Kongress am 25. Oktober waren es 53 Prozent – und weitere 21 Prozent gingen an die mit ihnen verbündeten Linken Sozialrevolutionäre.[75]

Aber es ging um mehr, als Leute davon zu überzeugen, die eine statt der anderen Namensliste auf einem Wahlzettel anzukreuzen. Die Bolschewiki beteiligten sich an jedem Arbeitskampf, sei es ein Streik für die Anpassung der Löhne an die Inflationsrate, gegen die sich verschlechternden Lebensbe-

---

75 Zahlen und Quellenangabe in: Haynes, »Was there a Parliamentary Alternative in 1917?«, S. 46.

dingungen oder Kämpfe, um Unternehmer an Fabrikschließungen und der Erzeugung wirtschaftlichen Chaos zu hindern.[76] Sie ermutigten Soldaten, sich ihren Offizieren zu widersetzen, und die Bauern, das Land unter sich zu verteilen. Die Bolschewiki machten es sich zur Aufgabe, den Ausgebeuteten und Unterdrückten zu beweisen, dass diese selbst die Macht und die Fähigkeit hatten, die Gesellschaft nach eigenen Interessen durch die Sowjets zu lenken.

Jede große Revolution erlebt ihre Höhen und Tiefen, erfährt Rückschläge, bei denen die Menschen leicht den Überblick über den Gesamtprozess verlieren. Russland war im Jahr 1917 in dieser Hinsicht keine Ausnahme. Das Verhalten der provisorischen Regierung und der Generale brachte die Stimmung der Petrograder Arbeiter und Soldaten im Juli zum Sieden und es gab spontane Versuche, die provisorische Regierung zu stürzen. Die bolschewistische Führung (einschließlich Trotzki, der soeben erst der Partei beigetreten war) schätzte jedoch richtigerweise die Lage so ein, dass eine Machtergreifung kaum Unterstützung über Petrograd hinaus finden würde und die Kräfte der Reaktion dies zum Vorwand nehmen würden, die revolutionäre Bewegung in der Stadt zu isolieren und dann zu vernichten. Sie mussten einen Weg finden, die Bewegung zu zügeln und sich gleichzeitig mit ihr solidarisch zu zeigen.

Das Ergebnis schien zunächst nicht sehr positiv zu sein. Revolutionäre Arbeiter und Soldaten waren entmutigt, weil die Bolschewiki die Bewegung zurückhielten, während auf der anderen Seite die provisorische Regierung viele führende Bolschewiki wegen ihrer Solidarität mit der Bewegung verhaftete und andere, wie Lenin, zwang, sich zu verstecken. Indem die provisorische Regierung gegen die Bewegung vorging, öffnete sie Kräften die Tür, die jedes Symbol der Revolution zerstören wollten und mit ihnen die provisorische Regierung selbst. General Kornilow unternahm den Versuch, auf die Stadt zu marschieren. Der endgültige Schritt der Sowjets zur Eroberung der Macht bestand paradoxerweise darin, die revolutionäre Verteidigung der Stadt an der Seite der Anhänger der provisorischen Regierung gegen den Umsturzversuch zu organisieren – allerdings auf eine Weise, bei der diese Regierung ihr letztes Ansehen verlor.

---

76 Siehe hierzu: Smith, *Red Petrograd*; Cliff, *Lenin 1914–1917*, S. 168–189.

Selbst jetzt war die Errichtung der Sowjetmacht am 25. Oktober noch keine ausgemachte Sache. Es war klar, dass eine Mehrheit des Allrussischen Kongresses der Sowjets, der an dem Tag zusammentrat, für die Machtergreifung stimmen würde. Aber führende Bolschewiki wie Sinowjew und Kamenew stellten sich dagegen und verlangten stattdessen Verhandlungen mit der Parteispitze von Menschewiki und Sozialrevolutionären. Im Gegensatz dazu sahen Lenin und Trotzki darin eine fatale Verzögerung. Die Massen hatten die ihnen in Tausenden Jahren Klassenherrschaft eingeimpfte Ehrerbietung und den Gehorsam abgelegt und begriffen, dass sie selbst etwas verändern konnten. Wartete die Partei noch länger ab, würde sie damit bekunden, dass sie dieses Selbstbewusstsein nicht teilte, und dazu beitragen, es im weiteren Verlauf zu zerstören. Die Wirtschaftskrise verschärfte sich mit jedem Tag und die Hoffnung drohte in Demoralisierung und Verzweiflung umzuschlagen. Dann könnte es passieren, dass die Bauern, Soldaten und einige Arbeiter zu den Fahnen eines militärischen Abenteurers eilten.

Oktober 1917

Die Oktoberrevolution in Petrograd unterschied sich in einer wesentlichen Hinsicht von der Februarrevolution in derselben Stadt: Sie ging sehr viel friedlicher vonstatten. Es gab weniger Schießereien und weniger Durcheinander. Aus diesem Grund haben rechte Historiker sie als einen »Putsch« beschrieben, die Aktion einer Minderheit unter Führung der Bolschewiki über die Köpfe der Mehrheit hinweg. Tatsächlich verlief sie ordentlich und friedlich, eben weil sie kein Putsch war. Diese Aktion wurde nicht von ein paar Figuren von oben durchgeführt, sondern von der Masse, organisiert in Strukturen, die Ausdruck ihrer eigenen tiefsten Bestrebungen waren. Das revolutionäre Komitee des Petrograder Sowjets, in dem die Bolschewiki über die Mehrheit verfügten, konnte Entscheidungen treffen, denen die Arbeiter- und Soldatenmassen folgten, weil es Teil eines Sowjets war, den sie gewählt hatten und dessen Mitglieder sie jederzeit absetzen konnten. Damit verfügte es über eine Autorität, die der provisorischen Regierung fehlte. Deshalb folgten auch bis auf eine Handvoll Soldaten alle in der Stadt seinem Kommando, und Kerenski und seinen Ministern blieb nur noch übrig, sich abzusetzen.

»Die Provisorische Regierung existiert nicht mehr«, berichtete Trotzki dem Petrograder Sowjet am 25. Oktober:

> Man sagte uns, der Aufstand werde einen Pogrom auslösen und die Revolution in Strömen von Blut ertränken. Bis jetzt ist alles unblutig verlaufen. Uns ist kein einziges Opfer gemeldet worden. Mir ist aus der Geschichte kein Beispiel einer revolutionären Bewegung bekannt, an der derart gewaltige Massen beteiligt gewesen wären und die solchermaßen unblutig verlaufen wäre.[77]

Lenin, der nach drei Monaten sein Versteck verlassen konnte, erklärte:

> Von heute an beginnt eine neue Seite in der Geschichte Russlands. [...] Eine unserer nächsten Aufgaben wird die Notwendigkeit sein, unverzüglich den Krieg zu beenden. Aber es ist allen klar, dass, um diesen Krieg [...] zu beenden, das Kapital selbst niedergeworfen werden muss. Und dabei wird uns die internationale Arbeiterbewegung helfen, die sich bereits in Italien, Deutschland und England entfaltet. [...] Wir sind im Besitz jener einer Massenorganisation innewohnenden Kraft, die alles besiegen und das Proletariat zur Weltrevolution führen wird. In Russland müssen wir jetzt an den Aufbau eines proletarischen sozialistischen Staates herangehen. Es lebe die sozialistische Weltrevolution![78]

Dies war ein folgenschwerer Moment in der Geschichte. In den Jahren 1792/93 hatten die arbeitenden Massen von Paris die radikalsten Flügel der Mittelschicht an die Macht gespült, nur um zu erleben, dass diese Macht sich gegen sie selbst wandte und ihre Inhaber am Ende von eigennützigen Konservativen verdrängt wurden. Im Februar 1848 hatten die Kinder dieser Massen einige ihrer eigenen Vertreter in die Regierung gehoben, nur um im Juni an den Barrikaden niedergemetzelt zu werden. Im Jahr 1871 waren sie noch weiter gegangen und hatten für kurze Zeit die Macht übernommen –

---

77 Suchanow, *1917*, S. 656.
78 Suchanow, *1917*, S. 657 f.

aber nur in einer Stadt und nur für zwei Monate. Jetzt hatte ein Kongress der Arbeiter, Soldaten und Bauern in einem Land mit 160 Millionen Einwohnern, das sich von der pazifischen Küste bis zur Ostsee erstreckte, die Staatsmacht übernommen. Der Weltsozialismus schien in der Tat auf der Tagesordnung zu stehen.

Die bedrängte Revolution

Die Führer der Revolution waren sich nur zu bewusst, dass sie vor enormen Problemen standen, solange die Revolution sich auf das alte russische Reich beschränkte. Die Revolution war erfolgreich gewesen, weil die Arbeiterklasse Petrograds und ein paar anderer Städte in einigen der weltweit größten Fabriken konzentriert war, im Herzen des Regierungssitzes und des Kommunikationswesens. Dennoch handelte es sich um eine kleine Minderheit der Bevölkerung. Die Masse der Bauern hatte sich nicht deshalb der Revolution angeschlossen, weil sie Sozialisten gewesen wären, sondern weil sie ihnen das Versprechen einer klassischen bürgerlichen Revolution bot: die Umverteilung von Grund und Boden. Die vom Krieg verursachte Wirtschaftskrise begann bereits die Industrie zu lähmen und brachte den Hunger in die Städte. Die Brotrationen waren auf dreihundert Gramm täglich gesunken, und die aufgenommene Energiemenge lag im Durchschnitt bei nur noch 1.500 Kalorien.[79] Die Neuorganisation der Industrieproduktion zur Erzeugung von Gütern für die Bauernschaft im Gegenzug für die Versorgung der Städte mit Lebensmitteln war eine Herkulesaufgabe für die Arbeiterkomitees, die jetzt die Werksleitungen beaufsichtigten. Dazu waren sie auf weitere Revolutionen in den industriell fortgeschrittenen Ländern angewiesen.

Lenin begriff, dass der Krieg Anstoß für solche Revolutionen sein konnte, und hatte schließlich seinen alten Standpunkt aufgegeben, wonach die Russische Revolution nur eine bürgerliche sein könne. Im Jahr 1905 hatte er noch »die unsinnigen, halbanarchistischen Ideen [...] von der Eroberung der Macht zum Zweck der sozialen Umwälzung« kritisiert.

---

79 Smith, *Red Petrograd*, S. 87.

Der Grad der ökonomischen Entwicklung Russlands [...] und der Organisiertheit der breiten Massen des Proletariats [...] machen eine sofortige vollständige Befreiung der Arbeiterklasse unmöglich. [...] Wer auf einem anderen Weg als dem des politischen Demokratismus zum Sozialismus kommen will, der gelangt unvermeidlich zu Schlussfolgerungen, die sowohl im ökonomischen als auch im politischen Sinne absurd und reaktionär sind.[80]

Er hatte seine Meinung geändert, weil der Krieg, der ganz Russland in den Aufstand getrieben hatte, in anderen Ländern Europas dieselben Auswirkungen nach sich zog. Lenin betonte jedoch im Januar 1918, ohne die deutsche Revolution werde die sozialistische Revolution in Russland zugrunde gehen.[81] Der Glaube an die internationale Revolution war kein Hirngespinst. Der Krieg hatte bereits zu ähnlichen Revolten wie in Russland geführt, wenn auch in erheblich kleinerem Ausmaß: da waren die Meutereien des Jahres 1917 in der französischen und britischen Armee und in der deutschen Kriegsmarine, der Streik von 200.000 deutschen Rüstungsarbeitern gegen die Senkung der Brotration, fünf Tage andauernde Kämpfe zwischen Arbeitern und Soldaten in Turin im August 1917,[82] illegale Metall- und Bergarbeiterstreiks in Großbritannien und im Jahr 1916 der republikanische Osteraufstand in Dublin.

Überall in Europa formierte sich jetzt der Widerstand gegen den Krieg. In Deutschland hatte die SPD eine große Gruppe Abgeordneter ausgeschlossen, die für Frieden eintraten – diese gründeten die Unabhängige Sozialdemokratische Partei Deutschlands (USPD). In Großbritannien saß der künftige Führer der Labour Party, Ramsay MacDonald, einer Versammlung von Arbeiterdelegierten in Leeds vor, die nach Frieden riefen.

Revolutionen vollziehen sich jedoch nicht nach synchronisierten Zeitplänen. Der Druck und die Verbitterung, die ein System in der Krise erzeugt, können sich an unterschiedlichen Orten entladen. Die genaue Form und der

---

80 Lenin, Wladimir Iljitsch, »Zwei Taktiken der Sozialdemokratie in der demokratischen Revolution«, *Werke,* Band 9, Berlin 1982, S. 15 f.
81 Lenin, Wladimir Iljitsch, »Zur Geschichte der Frage eines unglückseligen Friedens«, *Werke,* Band 26, Berlin 1980, S. 448.
82 Über diesen Aufstand siehe: Cammett, John McKay, *Antonio Gramsci and the Origins of Italian Communism,* Stanford 1967, S. 52 f.

Zeitpunkt hängen jedoch von den örtlichen Umständen und Traditionen ab. Russlands rückständige Bauernwirtschaft und seine archaische Staatsstruktur ließen sein riesiges Reich im Jahr 1917 zerbrechen, noch vor den west- und mitteleuropäischen Staaten. Letztere waren aber nach einer Kette von Revolutionen beginnend im Jahr 1649 und wiederkehrend bis 1848 zumindest teilweise modernisiert und industrialisiert worden. Sie alle besaßen im Gegensatz zu Russland mehr oder weniger etablierte parlamentarische sozialistische Parteien und Gewerkschaftsbürokratien, die mit den Strukturen der Gesellschaft verwoben waren, aber immer noch Ansehen bei einer großen Schicht von Arbeitern genossen.

Im Januar 1918 wurde Österreich-Ungarn von Massenstreiks erfasst, die auch nach Deutschland überschwappten und an der sich Hunderttausende Rüstungsarbeiter in Wien und Berlin beteiligten. Die Streikenden waren von der Russischen Revolution beflügelt, und in Berlin kam es zu schweren Zusammenstößen mit der Polizei. Die Berliner Arbeiter setzten aber immer noch genügend Hoffnung in die SPD-Führer Friedrich Ebert und Philipp Scheidemann, um ihnen einen Sitz im Streikkomitee einzuräumen, obwohl sie den Krieg befürworteten. Ebert und Scheidemann nutzten ihren Einfluss, um den Streik zu beenden und in die Niederlage zu führen, viele Arbeiter wurden zu Gefängnis verurteilt und Tausende zum Kriegsdienst eingezogen.[83]

Rosa Luxemburg, die in Breslau im Gefängnis einsaß, hatte die Gefahren für die Russische Revolution in einem Brief vom 24. November 1917 an Luise Kautsky bereits benannt:

> Freust Du Dich über die Russen? Natürlich werden sie sich in diesem Hexensabbath nicht halten können – nicht weil die Statistik eine so rückständige ökonomische Entwicklung in Russland aufweist, wie Dein gescheiter Gatte ausgerechnet hat, sondern weil die Sozialdemokratie in dem hochentwickelten Westen aus hundsjämmerlichen Feiglingen besteht und die Russen, ruhig zusehend, sich werden verbluten lassen.[84]

---

83 Siehe hierzu: Müller, Richard, *Eine Geschichte der Novemberrevolution*, Berlin 2011, S. 112–122; d. Übers.
84 Luxemburg, Rosa, *Gesammelte Briefe*, Band 5, Berlin 1984, S. 329. Siehe auch:

Das Verhalten der SPD im Januar 1918 bestätigte ihre Warnungen. Die deutsche Oberste Heeresleitung hatte der revolutionären Regierung bei den Verhandlungen in der polnischen Grenzstadt Brest-Litowsk ein Ultimatum gestellt. Weigerte Russland sich, weite Gebiete der russischen Ukraine abzutreten, dann würde die deutsche Armee in Russland einmarschieren. Die revolutionäre Regierung appellierte über die Köpfe der Generale hinweg an die deutschen Arbeiter und Soldaten und verteilte Hunderttausende Flugblätter an der deutschen Front. Nach der Niederlage der Streikbewegung war aber vorläufig die Chance eines revolutionären Zusammenbruchs der deutschen Armee verpasst und sie rückte stattdessen Hunderte Kilometer weiter vor. In der bolschewistischen Partei und in den Sowjets tobte eine heftige Auseinandersetzung über die nächsten Schritte. Bucharin und die Linken Sozialrevolutionäre traten für einen revolutionären Krieg gegen Deutschland ein. Lenin setzte sich dafür ein, das Ultimatum zu akzeptieren, weil die Bolschewiki keine Kräfte hatten, um einen revolutionären Krieg zu führen. Trotzki argumentierte gegen den revolutionären Krieg und auch gegen die Annahme des Ultimatums in der Hoffnung, dass die Ereignisse in Deutschland eine Lösung bringen würden. Am Ende überzeugte Lenin die meisten anderen Bolschewiki von der Annahme der Bedingungen als einzig realistische Alternative. Die Linken Sozialrevolutionäre traten aus der Regierung aus und die Bolschewiki mussten alleine weiterregieren.

Die von Deutschland im Gegenzug für Frieden geforderten Reparationen rundeten den Schaden ab, den die russische Volkswirtschaft schon durch den Krieg erlitten hatte. Die Ukraine beherbergte die größten Kohlevorkommen und war die Kornkammer Russlands. Die Industrieproduktion brach wegen Treibstoffmangels zusammen, und die Lebensmittelknappheit in den Städten verschärfte sich noch. In Petrograd wurde am 27. Januar 1918 die Brotration auf 150 Gramm gesenkt und am 28. Februar auf 50 Gramm. Die Auswirkungen auf die Arbeiterklasse Petrograds, die die Revolution gemacht hatte, waren verheerend. Im April 1918 war die Zahl der Fabrikarbeiter der Stadt im Vergleich zu Januar 1917 auf vierzig Prozent gesunken. Die großen Metallfabriken, seit 1905 das Rückgrat der Arbeiterbewegung, waren am stärksten in

---

Nettl, Peter, *Rosa Luxemburg*, Band 2, Köln, Berlin 1968, S. 656 f.

Mitleidenschaft gezogen. In den ersten sechs Monaten des Jahres 1918 flüchteten über eine Million Menschen auf der Suche nach Lebensmitteln aus der Stadt. »Innerhalb nur weniger Monate war das Proletariat des Roten Petrograds, das in ganz Russland für seine herausragende Rolle in der Revolution berühmt war, buchstäblich dezimiert worden.«[85]

Die Arbeiter, die das übrige Russland aufgrund ihrer strategischen Funktion im kapitalistischen Produktionsprozess in die Revolution hatten führen können, konnten diese Aufgabe nicht mehr erfüllen. Die Institutionen, die sie geschaffen hatten – die Sowjets –, gab es zwar noch, aber sie hatten ihre organische Verbindung mit den Betrieben verloren.

Die Begeisterung für die Revolution blieb bestehen und brachte der bolschewistischen Partei, wo die Ideale eines Sozialismus der Arbeiterklasse zu heldenhaften Taten anregten, einen Zustrom an Arbeitern, Soldaten und Bauern, die handeln wollten. Diese Begeisterung ermöglichte es Trotzki, eine neue, nach Millionen zählende Rote Armee herbeizuzaubern, aufgebaut um den soliden und hingebungsvollen Kern der im Jahr 1917 entstandenen Arbeitermilizen. Die Sowjets, die Partei und die Rote Armee waren aber kein Teil einer lebendigen, in Lohn und Brot stehenden Arbeiterklasse mehr. Stattdessen stellten sie eher eine Art modernen Jakobinismus dar, mit dem Unterschied, dass die Jakobiner der 1790er Jahre von den Idealen des radikalen Flügels der Bourgeoisie beseelt waren, und die neuen Jakobiner von den Idealen eines Sozialismus der Arbeiterklasse und der Weltrevolution.

Für diese Ideale zu kämpfen, wurde im Verlauf des Jahres 1918 immer schwieriger. Der Besetzung der Ukraine durch Deutschland folgten im Juni und Juli von Großbritannien und Frankreich koordinierte Angriffe. Rund 30.000 tschechische Soldaten (Gefangene der österreich-ungarischen Armee, die von den tschechischen Nationalisten aufgestellt worden war, um auf der Seite der britisch-französisch-russischen Achse zu kämpfen) besetzten die Städte entlang der Transsibirischen Eisenbahn und zerschnitten Russland in zwei Hälften. Unter ihrem Schutz bildeten Rechte Sozialrevolutionäre und Menschewiki eine Regierung in Saratow, die auf der Straße jeden umbringen ließ, der für einen Bolschewiki gehalten wurde.[86] Japanische Streitkräfte

---

85 Smith, *Red Petrograd*, S. 243.
86 Einzelheiten siehe in: Serge, Victor, *Year One of the Russian Revolution*, Lon-

eroberten Wladiwostok an der pazifischen Küste. Britische Truppen landeten in Murmansk im Norden und besetzten Baku im Süden. In denselben Monaten ermordeten Linke Sozialrevolutionäre den deutschen Botschafter in Petrograd, um den Frieden von Brest-Litowsk gewaltsam zu beenden und die Macht an sich zu reißen, während die Rechten Sozialrevolutionäre den begnadeten bolschewistischen Redner Moisei Goldstein, bekannt unter dem Decknamen W. Wolodarski, ermordeten und Lenin verwundeten.

Die Einkreisung von außen und die terroristischen wie konterrevolutionären Bestrebungen im Inneren veränderten den Charakter des revolutionären Regimes. Victor Serge, ein zum Bolschewismus konvertierter Anarchist, beschrieb das in seinem Buch *Year One of the Russian Revolution* aus dem Jahr 1928. Bis zum Juni 1918 sei die Lage wie folgt gewesen:

> In dieser Republik besteht ein umfassendes System innerer Demokratie. Die Diktatur des Proletariats ist noch keine Diktatur einer Partei oder eines Zentralkomitees oder von bestimmten Einzelpersonen. Ihre Mechanismen sind vielschichtig. Jeder Sowjet, jedes revolutionäre Komitee, jedes Komitee der bolschewistischen Partei oder der Linken Sozialrevolutionären Partei verfügt über einen Baustein dieses Mechanismus und arbeitet nach eigenen Vorgaben [...] Alle Erlasse werden auf Sitzungen [der allrussischen sowjetischen Exekutive] debattiert, die in der Regel auf größtes Interesse stoßen. Hier genießen die Feinde des Regimes eine Redefreiheit, die mehr ist als nur parlamentarische Freiheit.[87]

All das begann sich zu ändern:

> Das Eingreifen der Alliierten, die parallel zu dem Aufstand der Kulaken [reichen Bauern] zuschlugen, und der Zusammenbruch des Sowjetbündnisses [mit den Linken Sozialrevolutionären] stellen eine unmissverständliche Drohung für das Überleben der Republik dar. Die proletarische Diktatur ist genötigt, ihren demokratischen Mantel abzu-

---

don 1992, S. 282.
87 Serge, *Year One*, S. 245.

legen. Hunger und Anarchie an vielen Orten erzwingen eine rigorose Konzentration der Macht in der Hand des geeigneten Kommissariats [...]. Verschwörungen erzwingen die Einführung eines mächtigen Apparats zur inneren Verteidigung. Ermordungen, Bauernaufstände und die tödliche Gefahr erzwingen die Ausübung des Terrors. Das Verbot der konterrevolutionären sozialistischen Organisationen und die Spaltung mit den Anarchisten und Linken Sozialrevolutionären ziehen das politische Monopol der Kommunistischen Partei nach sich. [...] Sowjetische Institutionen, angefangen mit den lokalen Sowjets bis zum We-Zik [Allrussisches Zentrales Exekutivkomitee, WZIK] und der Rat der Volkskommissare arbeiten jetzt in einem luftleeren Raum.[88]

Dies war der Moment, da die revolutionäre Regierung das erste Mal zu dem Mittel systematischen Terrors griff. Die »weißen« Konterrevolutionäre hatten schon bewiesen, dass sie als Revolutionäre verdächtigte Personen umstandslos zu erschießen bereit waren. So waren sie im Oktober vorgegangen, als sie darum kämpften, Moskau in ihrer Hand zu behalten, und Weiße in Finnland hatten nach der Niederschlagung einer sozialdemokratischen Erhebung im Januar 23.000 »Rote« getötet.[89] Jetzt sahen die Revolutionäre, dass sie mit gleichen Mitteln vorgehen mussten. Die Erschießung mutmaßlicher Konterrevolutionäre, die Geiselnahme von Bürgern, die Übernahme von Methoden zur Verbreitung von Angst und Schrecken im Herzen jedes Revolutionsgegners – all das wurde jetzt gebilligter Bestandteil der revolutionären Aktivitäten. Doch trotz des Eindrucks, den Werke wie Alexander Solschenizyns *Der Archipel Gulag* hervorrufen, unterschied sich dieser Terror grundlegend von dem Stalins ab dem Jahr 1929. Damals handelte es sich um eine Reaktion auf reale, nicht fantasierte konterrevolutionäre Handlungen und er hörte im Jahr 1921 mit dem Ende des Bürgerkriegs auf.

Das revolutionäre Regime hielt gegen die widrigsten Umstände durch, weil es sich trotz der fürchterlichen Not auf die armen Klassen des alten rus-

---

88 Serge, *Year One*, S. 265.
89 Upton, Anthony F., *The Finnish Revolution 1917–18,* Minnesota 1980, S. 522, zitiert nach: Rees, John, »In Defence of October«, in: *International Socialism* 52, London 1991, S. 33.

sischen Reichs stützen konnte. Nur dieses Regime gab Arbeitern Hoffnung, garantierte den ärmeren Bauern eigenes Land, widerstand den antisemitischen Banden, die mit den Weißen Armeen zusammenarbeiteten, und fürchtete nicht die Selbstbestimmung der nicht russischen Nationalitäten.

Die ganze Zeit jedoch blickten die Führer des revolutionären Regimes – und die Hunderttausenden Freiwilligen, die ihr Leben aufs Spiel setzten, um seine Botschaft zu verbreiten – nach Westen, auf die industrialisierten Länder Europas, in der Hoffnung auf die so verzweifelt benötigte Hilfe.

3
Europa in Aufruhr

Die deutsche Novemberrevolution

Der revolutionäre Aufschwung im Westen ließ geschichtlich gesehen nicht lange auf sich warten. Er folgte nur zwölf Monate nach dem russischen Oktober. Für das hungernde und vom Krieg geplagte Russland waren das jedoch sehr lange Monate.

Die erpresserischen Bedingungen, die das Deutsche Reich in Brest-Litowsk diktiert hatte, verschafften seinen Machthabern eine Atempause, aber nur eine kurze. Seine Heere stießen in einer großangelegten und blutigen Offensive im März 1918 noch weiter als in den gesamten Kriegsjahren seit 1914 in Frankreich vor, kamen dann jedoch zum Stehen. Ein zweiter Vorstoß im August scheiterte und jetzt musste die deutsche Armee den Rückzug antreten. Ihr gingen die Reserven aus, während der Eintritt der USA in den Krieg ein Jahr zuvor die anglo-französische Achse mit noch unverbrauchten Soldaten und Zugriff auf riesige Materialvorräte ausstattete. Das deutsche Oberste Heereskommando geriet in Panik und General Erich Ludendorff erlitt eine Art Nervenzusammenbruch.[90] Ende September sprach er sich für einen sofortigen Waffenstillstand aus und er versuchte die Verantwortung dafür auf eine neue Regierung abzuwälzen, die der Kaiser auf sein Drängen hin bildete und an der auch eine Handvoll sozialdemokratischer Minister beteiligt war. Der Krieg, der ganz Europa vier Jahre lang erschüttert hatte, konnte indes nicht einfach abgestellt werden. Die konkurrierenden Imperialismen, insbesondere Frankreich, forderten Entschädigungsleistungen von

---

90 Siehe: Joll, *Europe Since 1870*, S. 237.

Deutschland ähnlich wie der deutsche Imperialismus noch Anfang des Jahres von Russland. Einen Monat lang bemühte sich die deutsche Regierung verzweifelt darum, diesen Schritt abzuwenden, und der Krieg ging so blutig weiter wie gehabt. Britische, französische und US-amerikanische Truppen drängten auf von Deutschland besetztes Gebiet in Frankreich und Belgien vor. Auf dem Balkan fügten britische, französische, serbische, griechische und italienische Streitkräfte gemeinsam der österreichischen Armee eine vernichtende Niederlage bei.

Der Druck war zu hoch für die zerbrechliche multinationale österreichisch-ungarische Monarchie, Erbe des Heiligen Römischen Reichs, das 1.200 Jahre vorher gegründet worden war. Ihr Heer brach zusammen und die aus der Mittelschicht stammende Führung der nationalen Minderheiten übernahm in den Hauptstädten die Regierungsgewalt: Tschechen und Slowaken über Prag, Brno und Bratislava, Unterstützer eines vereinten südslawischen »jugoslawischen« Staats über Zagreb und Sarajevo; Ungarn unter dem liberalen Aristokraten Michael Karolyi über Budapest; und Polen über Krakau. Während gewaltige Menschenmengen die Straßen Wiens erstürmten, eine Republik verlangten und die kaiserlichen Embleme von Gebäuden und Uniformen rissen,[91] ging die Macht im deutschsprachigen Teil Österreichs an ein Bündnis bürgerlicher Parteien unter Führung der Sozialdemokraten über.

Deutschlands Oberste Heeresleitung, die verzweifelt noch etwas aus dem Debakel zu retten versuchte, gab ihrer Kriegsflotte in der Hoffnung auf einen plötzlichen, erlösenden Sieg auf See den Befehl, gegen Großbritannien zu segeln. Die Matrosen waren nicht bereit, in den sicheren Tod zu gehen. Ihre Meuterei im Jahr zuvor war niedergeschlagen und ihre Anführer waren exekutiert worden, weil sie zu vorsichtig gewesen waren – damals waren sie einfach in den Streik getreten und ihre Offiziere und die Feldjäger hatten freie Hand gehabt, gegen sie vorzugehen. Diesen Fehler begingen sie kein zweites Mal. Die Matrosen in Kiel bewaffneten sich, marschierten zusammen mit streikenden Hafenarbeitern durch die Stadt, entwaffneten ihre Gegner und

---

91 Hierzu und zu weiteren Details der Revolution im deutschsprachigen Österreich siehe: Carsten, Francis Ludwig, *Revolution in Mitteleuropa: 1918–1919*, München 1973, S. 19–45.

gründeten einen Soldatenrat. Damit legten sie die Lunte an das Pulverfass Deutschland.

Massen von Arbeitern und Soldaten übernahmen in Bremen, Hamburg, Hannover, Köln, Leipzig, Dresden und einer Vielzahl anderer Städte die Stadtverwaltung. In München stürmten sie die königliche Residenz und erklärten den reformsozialistischen Kriegsgegner Kurt Eisner zum Ministerpräsidenten des Freistaats Bayern. Am 9. November war die Reihe an Berlin. Während endlose Prozessionen von Arbeitern und Soldaten mit Gewehren und roten Fahnen durch die Hauptstadt schwärmten, rief der soeben erst aus dem Gefängnis entlassene Kriegsgegner und Revolutionär Karl Liebknecht die sozialistische Republik und die Weltrevolution vom Balkon des Berliner Kaiserschlosses aus. Eiligst rief daraufhin Scheidemann, SPD-Minister in der letzten kaiserlichen Regierung und Kriegsbefürworter, vom Balkon des Reichstags die deutsche Republik aus. Der Kaiser floh nach Holland und die zwei sozialdemokratischen Parteien ließen am 10. November von einer Versammlung aus 1.500 Arbeiter- und Soldatendelegierten eine »revolutionäre Regierung« der »Volksbeauftragten« bestätigen. Dies war ein Ausdruck der neu gewonnenen politischen Macht der Soldaten- und Arbeiterräte in ganz Deutschland und im von Deutschland besetzten Belgien. Die Kräfte der Revolution, verkörpert in solchen Räten oder auch Sowjets, schienen über ganz Nordeurasien, von der Nordsee bis zum Nordpazifik, hinwegzufegen.

Die deutschen Räte hatten allerdings die revolutionäre Macht in die Hand von Männern gelegt, die sie unter keinen Umständen für revolutionäre Zwecke einzusetzen gedachten. Friedrich Ebert, der neue Reichskanzler, rief noch am Abend des 10. November General Wilhelm Groener von der Obersten Heeresleitung an. Sie vereinbarten, gemeinsam und mit Unterstützung des »Kriegsdiktators« Hindenburg die Ordnung im Heer wiederherzustellen als Voraussetzung für die Wiederherstellung der Ordnung in der Gesamtgesellschaft.[92]

Die sozialdemokratischen Politiker, die nach Reformen mithilfe des kapitalistischen Staats strebten, hatten sich folgerichtig hinter diesen Staat gestellt, als es im Jahr 1914 zum Krieg kam. Jetzt versuchten sie ebenso konsequent,

---

92 Einzelheiten und die Quellen hierzu in: Harman, Chris, *Die verlorene Revolution, Deutschland 1918–1923*, Frankfurt am Main 1998.

den bürgerlichen Staat vor der Revolution zu retten. Ihnen galten die alten Strukturen von Klassenherrschaft und Unterdrückung als »Ordnung«. Der Angriff der Ausgebeuteten und Besitzlosen auf diesen Staat bedeutete »Anarchie« und »Chaos«.

Die lebendige Verkörperung dieses Angriffs waren die bekanntesten Kriegsgegner: Rosa Luxemburg und Karl Liebknecht. Insbesondere Liebknecht erfreute sich großer Beliebtheit bei den Soldaten und Arbeitern Berlins. Die sozialdemokratischen Führer leiteten gemeinsam mit der Obersten Heeresleitung Schritte ein, diese Basis zu vernichten. Sie provozierten einen Aufstand in Berlin und zerschlugen ihn mit herbeigeholten Truppen, wobei sie Liebknecht und Luxemburg für das Blutvergießen verantwortlich machten. Die beiden wurden von Heeresoffizieren ergriffen, Liebknecht wurde bewusstlos geschlagen und erschossen. Auf Luxemburgs Kopf wurde erst mit einem Gewehrkolben eingeschlagen, dann erhielt sie einen Kopfschuss und ihre Leiche wurde in einen Kanal geworfen. Die sozialdemokratische Presse berichtete, Liebknecht sei »bei einem Fluchtversuch« erschossen und Luxemburg von einer »wütenden Menge« getötet worden. Als die wohlanständigen Kleinbürger die Nachricht aus den Extrablättern erfuhren, »schrie und tanzte [alles] vor Freude«.[93] Nichts hatte sich seit den Tagen der Brüder Gracchus und seit Spartakus an der Einstellung der »zivilisierten« Reichen gegenüber denen geändert, die sich ihrer Herrschaft widersetzten.

Die revolutionäre Gärung in den Griff zu bekommen, erwies sich jedoch als nicht so einfach für das Bündnis aus Sozialdemokraten und Militär. Geschichtswissenschaftler haben oft den Eindruck erweckt, als sei die deutsche Revolution ein eher unbedeutendes Ereignis gewesen, das schnell und einfach beendet werden konnte. Selbst Eric Hobsbawm vermittelt diese Botschaft in seiner meist sehr anregenden Geschichte des 20. Jahrhunderts, *Das Zeitalter der Extreme*. Er schreibt: »Nach wenigen Tagen saß das republikanisierte alte Regime wieder im Sattel und konnte von den Sozialisten [...] nie mehr ernsthaft gefährdet werden.« Noch weniger »von der erst jüngst aus dem

---

93 Laut Rosa Meyer-Leviné, die sich zu der Zeit in einem Berliner Krankenhaus befand. Siehe ihr Buch: *Leviné, Leben und Tod eines Revolutionärs*, München 1972, S. 114.

Stegreif gegründeten Kommunistischen Partei«.[94] Tatsächlich endete das erste revolutionäre Aufbegehren erst im Sommer 1920, und im Jahr 1923 brachen neue revolutionäre Unruhen aus.

Wie bei jeder anderen großen Revolution in der Geschichte entdeckten die Massen zum ersten Mal in ihrem Leben ihr Interesse an Politik. Diskussionen über Revolution und Sozialismus fanden nicht mehr nur unter einem Kern von Arbeitern statt, die schon vor 1914 ihre Stimme den Sozialisten geschenkt hatten. Auch Millionen von Arbeitern und Angehörigen der unteren Mittelschicht, die bis dahin die katholische Zentrumspartei, die liberale Fortschrittspartei, die überhaupt nicht liberalen Nationalliberalen oder sogar die Deutschkonservative Partei der preußischen Grundbesitzer gewählt hatten, traten in die Debatte ein. Im Verlauf des Kriegs hatten viele alte sozialdemokratische Arbeiter ihrer kriegsfreundlichen Führung den Rücken gekehrt und sich der linken Opposition angeschlossen – rund die Hälfte der Mitglieder der alten SPD trat der linkeren Unabhängigen Sozialdemokratischen Partei Deutschlands (USPD) bei. Sehr viel mehr noch waren von den bürgerlichen Parteien abgerückt und hatten sich den Linken zugewandt. Sie hielten die sozialdemokratischen Führungspersonen immer noch für Sozialisten, die sie in der Vergangenheit eben deshalb abgelehnt hatten, jetzt wurden sie ihre Anhänger.

Die sozialdemokratische Führung nutzte diese Stimmung aus, hielt weiterhin links klingende Reden, betonte jedoch, dass linke Politik nur Schritt für Schritt durchgesetzt werden könne, wenn die Ordnung aufrechterhalten bliebe und revolutionäre »Exzesse« verhindert würden. Sie behaupteten, Luxemburg und Liebknecht gefährdeten die Revolution, während sie mit den Generalen im Geheimen dafür sorgten, dass alle, die nicht ihrer Meinung waren, erschossen wurden.

Die Führung der USPD half ihnen bei der Verkündung dieser Botschaft. Sie war nicht glücklich über den Krieg, aber die meisten blieben der Reformierung des Kapitalismus verpflichtet. Zu ihnen gehörten Karl Kautsky, Eduard Bernstein und Rudolf Hilferding. Letzterer sollte im folgenden Jahrzehnt Wirtschaftsminister in zwei Koalitionsregierungen mit den bürgerlichen Par-

---

94 Hobsbawm, Eric, *Das Zeitalter der Extreme,* München, Wien 1995, S. 94.

teien werden. In den entscheidenden ersten beiden Monaten der Revolution diente die Partei loyal in einer sozialdemokratischen Mehrheitsregierung und half der SPD, den Arbeitern und Soldaten ihre Politik zu verkaufen.

Als die Wochen verstrichen, begannen ursprünglich begeisterte Anhänger der sozialdemokratischen Führung sich in Gegner zu verwandeln. Truppen, die erst im November 1918 zur Stabilisierung der Regierung nach Berlin entsandt worden waren, erhoben sich bereits in der ersten Januarwoche des Jahres 1919 gegen sie, und viele Arbeiter und Soldaten, die die Januarerhebung niederzuschlagen halfen, traten ihrerseits im März in den Aufstand. Bei den Wahlen Mitte Januar erhielt die SPD 11,5 Millionen Stimmen und die USPD 2,3 Millionen. In den folgenden Wochen traten Arbeiter im Ruhrgebiet, in Mitteldeutschland, Bremen, Hamburg, Berlin und München, die bisher unverbrüchlich für die SPD gestimmt hatten, in den Generalstreik und erhoben die Waffen gegen die Regierung. Im Juni 1920 erhielt die SPD nur 600.000 Stimmen mehr als die USPD.

Die sozialdemokratische Führung begriff sehr schnell, dass sie sich nicht nur auf die eigene Popularität verlassen konnte, um »die Ordnung« wiederherzustellen. Ende Dezember 1918 hatte der sozialdemokratische Innenminister Gustav Noske stolz erklärt: »Einer muss den Bluthund machen!« Er kam mit den Generalen überein, eine Söldnertruppe, die Freikorps, aufzustellen. Diese Freikorps, die sich aus den Offizieren und »Sturmbataillonen« der alten Armee rekrutierten, waren durch und durch reaktionär. »Es war, als kehre die alte Ordnung zurück«, beobachtete der konservative Historiker Friedrich Meinecke. Die Sprache der Freikorps war höchst nationalistisch und häufig antisemitisch geprägt. Ihre Fahnen wurden nicht selten mit einem alten hinduistischen Symbol für »gut Glück«, dem Hakenkreuz, versehen, und viele ihrer Mitglieder wurden später Kader der Nazipartei.

Die Geschichte Deutschlands in der ersten Hälfte des Jahres 1919 ist gekennzeichnet von marodierenden Freikorps. Sie griffen die Beteiligten an der Novemberrevolution an und jene, die bei den Januarwahlen sozialdemokratisch gewählt hatten. Sie stießen allerdings immer wieder auf bewaffneten Widerstand, der Höhepunkt war die Ausrufung einer kurzlebigen Bayerischen Räterepublik im April mit einer eigenen, 15.000 Mann starken Roten Armee.

Der Geist der Revolution

Während des Bürgerkriegs in Deutschland brachen auch im übrigen Europa Unruhen aus. Der britische Ministerpräsident David Lloyd George schrieb seinem französischen Amtskollegen Georges Clemenceau im März:

> Ganz Europa ist vom Geist der Revolution erfüllt. [...] Die gesamte alte Ordnung wird in jedem ihrer Aspekte, politisch, sozial und wirtschaftlich, von einem bis zum anderen Ende Europas von den Massen infrage gestellt.[95]

Der Vertreter der USA in Paris, Edward House, äußerte sich ähnlich besorgt in seinem Tagebuch: »Der Bolschewismus gewinnt überall an Boden. [...] Wir sitzen auf einem offenen Pulverfass und eines Tages könnte es durch einen Funken entflammt werden.«[96]

Der unmittelbare Anlass für ihre Befürchtungen war die Machtübernahme in Ungarn durch ein Sowjetregime unter der Führung Bela Kuns, der als Kriegsgefangener in Russland gewesen war. Die erst Ende des Jahres 1918 gebildete liberal-nationalistische Regierung hatte nicht verhindern können, dass die Tschechoslowakei und Rumänien Gebiete des Lands an sich rissen, und war zusammengebrochen. An ihrer Stelle hatte eine kommunistisch-sozialdemokratische Regierung friedlich die Macht ergriffen. Sie begann Reformen einzuleiten, verstaatlichte Unternehmen und versuchte einen revolutionären Krieg gegen die Tschechoslowakei und Rumänien zu führen, wobei sie auf die Hilfe der Roten Armee im Osten und einen Aufstand österreichischer Arbeiter im Westen hoffte.

Nirgendwo sonst kamen revolutionäre Regierungen an die Macht, die Lage war deshalb keineswegs stabil zu nennen. In all den neu gegründeten nationalistischen Republiken Mittel- und Osteuropas lebten Minderheiten, die sich der neuen Ordnung widersetzten. In weiten Gebieten der Tschechoslowakei

---

95 Zitiert nach: Carr, Edward Hallett, *The Bolshevik Revolution*, Band 3, Harmondsworth 1966, S. 135 f. Eine kurze Geschichte der Revolution ist von Carr auf Deutsch erschienen: *Die Russische Revolution. Lenin und Stalin 1917–1929*, Stuttgart 1980.
96 Carr, *Bolshevik Revolution*, S. 135 f.

gab es eine große deutschsprachige Mehrheit, in anderen eine ungarischsprachige. In Rumänien und Jugoslawien lebten große ungarische Minderheiten. Jugoslawien und Österreich verstrickten sich in erbitterte Grenzstreitigkeiten mit Italien, und Bulgarien zankte sich mit Rumänien. Zwischen polnischen und deutschen Kräften in Schlesien brachen immer wieder Kämpfe aus und ein regelrechter Krieg entwickelte sich zwischen der Türkei und Griechenland, wobei es auf beiden Seiten zu ethnischen Säuberungen kam. In der Tschechoslowakei und Bulgarien gab es eine große Anzahl revolutionär gesinnter Arbeiter, die den Nationalismus ihrer aus der Mittelschicht gebildeten Regierungen ablehnten.

Revolutionäre führten im April 1919 arbeitslose Arbeiter zum Sturm auf das österreichische Parlament. Einen Moment lang erschien der Gedanke an eine Revolution in Ungarn, die sich mit der in Russland im Osten und über Österreich mit der Bayerischen Räterepublik im Westen verband, kein Hirngespinst mehr zu sein, womit der gesamte Aufbau des einstigen deutschen und des österreich-ungarischen Reichs ins Wanken geraten wäre.

Dazu kam es nicht. Die österreichischen Sozialdemokraten gebärdeten sich etwas linker als die deutschen, stemmten sich aber ebenso eisern gegen jede weitere Revolution. Sie überzeugten die Wiener Arbeiterräte davon, nichts gegen die Niederschlagung der Proteste zu unternehmen, und retteten so den österreichischen Kapitalismus. Unterdessen stellte die kommunistisch-sozialdemokratische Regierung in Budapest keine wirklichen Arbeiterräte auf. Sie beließ die alten Offiziere in der Armeeführung und beging den grundlegenden Fehler, die Bauernschaft gegen sich aufzubringen, weil sie nicht bereit war, den auf dem Land dominierenden Großgrundbesitz zu verteilen. Das Regime brach nach 133 Tagen zusammen, als die Sozialdemokraten die Regierung verließen und den Weg frei machten für eine rechte Diktatur unter Admiral Miklós Horthy.

Die gesellschaftliche Gärung des Jahres 1919 beschränkte sich nicht auf die besiegten Reiche. Auch die Sieger waren davon betroffen, wenn auch meistens nicht in demselben Maße. Die britischen und französischen Heere wurden von Meutereien erschüttert, als die Soldaten nicht gleich nach Hause zurückkehren durften. Die Armeen, die zur Zerschlagung der Russischen Revolution ausgeschickt wurden, waren ebenfalls nicht gegen innere Unruhen gefeit: britische, französische und US-amerikanische Truppen in Archangelsk verweigerten den Kampfeinsatz und französische Streitkräfte mussten nach einer Meuterei von Odessa und anderen Häfen des Schwarzen Meers abgezogen werden.[97]

In Großbritannien gab es ausgedehnte Arbeitsniederlegungen. Anfang des Jahres 1919 brachen in Glasgow heftige Kämpfe zwischen streikenden Metallarbeitern und der Polizei aus, und in Belfast kam es fast zu einem gemeinsamen Generalstreik von Katholiken und Protestanten. In Liverpool und London traten Polizisten in den Ausstand. Die Regierung konnte in letzter Sekunde einen Arbeitskampf von Bergarbeitern abwenden, indem sie ihnen Versprechungen machte, die sie dann nicht hielt. Einen neuntägigen Eisenbahnerstreik, der das gesamte Eisenbahnnetz stilllegte, konnte sie dagegen nicht verhindern. Die Bildung eines »Dreierbündnisses« zwischen der Bergbau-, Verkehrs- und Eisenbahnergewerkschaft im Januar 1920 versetzte die Regierung in helle Aufregung. »Die Minister [...] scheinen eine Heidenangst bekommen zu haben«, schrieb der Kabinettssekretär.[98]

Spanien hatte an dem Krieg nicht teilgenommen, weil seine Herrscher zwischen der Deutschlandfreundlichkeit des Hofs und der anglo-französisch gesinnten Bourgeoisie (und der Sozialistischen Partei von Pablo Iglesias) gespalten waren. Wegen des Preisanstiegs war jedoch der Lebensstandard seiner Industrie- und Landarbeiterschaft dramatisch gesunken. Im Sommer 1917 hatte ein breit befolgter, aber vergeblicher Generalstreik stattgefunden, und im Verlauf des Jahres 1918 brachen neue kämpferische Bewegungen aus.

Die Jahre 1918 bis 1920 wurden in Südspanien mit seinen riesigen, von Saisonarbeitern bewirtschafteten Ländereien als Trienio Bolchevista (die drei bolschewistischen Jahre) bekannt. Es gab »erhöhte Organisationsaktivitäten, Streiks, Zusammenstöße und Versammlungen«,[99] gefördert noch durch Nachrichten aus Russland, dass die Bolschewiki den Grundbesitz unter den ärmeren Bauern verteilten. »Hier wie überall auch«, schrieb der amerikanische

---

97 Siehe Einzelheiten in: Carr, *Bolshevik Revolution*, Band 3, S. 134.
98 Zitiert nach: Wigham, Eric, *Strikes and the Government 1893–1981*, London 1982, S. 53.
99 Meaker, Gerald H., *The Revolutionary Left in Spain 1914–1923*, Stanford 1974, S. 134.

Schriftsteller John Dos Passos, »war Russland das Leuchtfeuer.«[100] Drei große Streiks überrollten das Gebiet, Arbeiter besetzten das Land, brannten die Häuser abwesender Gutsbesitzer nieder und legten hier und da auch Feuer an die Felder. In einigen Städten wurden »bolschewistische Republiken« ausgerufen und 20.000 Soldaten mussten eingesetzt werden, bis der Bewegung die Spitze gebrochen war.[101] Die Unruhen beschränkten sich nicht auf den Süden. Bei einem einwöchigen Streik in Valencia benannten Arbeiter Straßen in »Leninstraße«, »Sowjetstraße« und »Straße der Oktoberrevolution« um. In Madrid kam es zu Brotaufständen, bei denen zweihundert Geschäfte geplündert wurden.[102] Der ernsthafteste Kampf ereignete sich Anfang 1919 in Katalonien. Arbeiter streikten und besetzten die Fabrik La Canadiense, die einen Großteil Barcelonas mit Elektrizität versorgte. Der öffentliche Verkehr war lahmgelegt und die Stadt in Dunkelheit gehüllt. Rund siebzig Prozent der Textilfabriken der Stadt wurden bestreikt, ebenso Gas- und Wasserwerke, und die Druckergewerkschaft übte ihre »rote Zensur« aus. Die Regierung verhängte den Ausnahmezustand und internierte dreitausend streikende Arbeiter. Dennoch schienen die Unternehmer schließlich nachzugeben. Für kurze Zeit wurde die Arbeit wieder aufgenommen, bis die Regierung einen neuen Streik provozierte, als sie sich weigerte, einige verhaftete Streikende freizulassen. Sie schickte Soldaten mit Maschinengewehren in die Stadt, stellte eine bewaffnete Bürgerwehr aus achttausend Freiwilligen zusammen, verbot Gewerkschaften und zerschlug innerhalb von zwei Wochen einen Generalstreik. Das Schicksal der Arbeiterbewegung in Katalonien war schließlich besiegelt, als von den Unternehmern bezahlte Schützen Gewerkschaftsaktivisten niederschossen. Mitglieder der anarchistischen Gewerkschaft Confederación Nacional del Trabajo (CNT) wie Garcia Oliver, Francisco Ascaso und Buenaventura Durruti ermordeten im Gegenzug Personen der herrschenden Klasse. Wegen dieser Aktivitäten zersplitterte sich die Arbeiterschaft weiter. Dennoch erhielt sich die katalanische Arbeiterklasse einen tief sitzenden Hass auf die herrschende Klasse, der in den folgenden siebzehn Jahren immer wieder zum Ausbruch kam.[103]

---

100 Zitiert nach: Meaker, *The Revolutionary Left*, S. 141.
101 Meaker, *The Revolutionary Left*, S. 142.
102 Meaker, *The Revolutionary Left*, S. 143.
103 Berichte über den Streik in: Meaker, *The Revolutionary Left*, S. 158–161 und 165–168. Siehe auch: Brenan, Gerald, *Spanische Revolution*, Berlin 1978,

Der Aufschwung an Arbeitskämpfen im Jahr 1919 beschränkte sich nicht auf Europa. In den USA wurde die größte Kampagne der Geschichte zur gewerkschaftlichen Organisierung bislang gewerkschaftsfreier Industrien mit einem erbitterten Streik von 250.000 Stahlarbeitern eingeleitet. In Australien brach die »kostspieligste Streikserie der Geschichte [...] im Jahr 1919 aus, rund 6,3 Millionen Tage gingen durch Arbeitskämpfe verloren.«[104] Winnipeg, Kanada, wurde im Rahmen einer Agitationsbewegung in ganz Westkanada und an der Nordwestküste der USA von einem Generalstreik erfasst.

Die revolutionären Unruhen in Westeuropa erreichten im Jahr 1920 mit entscheidenden Schlachten in Deutschland und Italien einen neuen Höhepunkt.

Die regionalen Bürgerkriege in Deutschland verlangten den Arbeitern hohe Opfer ab, als sie ihre parlamentarischen Vorstellungen gegen eine revolutionäre Perspektive tauschten. Die Zahl der Toten wird allgemein auf 20.000 geschätzt. Die alten Herrscher des Lands waren aber noch nicht zufrieden und viele fühlten sich jetzt stark genug, die Sozialdemokraten wieder loszuwerden und die Zügel in die eigene Hand zu nehmen. Am 13. März marschierten Truppen in Berlin ein, erklärten die Regierung für gestürzt und ernannten an ihrer Stelle einen gehobenen Beamten, Wolfgang Kapp, zum Reichskanzler.

Die Führer der Sozialdemokratie hatten die Schläger bewaffnet und diese auf die Linken gehetzt, nun wurden sie selbst zu ihren Opfern. Damit waren sie zu weit gegangen. Die einfachen Arbeiter, die die Ausreden der Sozialdemokraten für ihre Zusammenarbeit mit den Generalen geglaubt hatten, waren in Aufruhr. Carl Legien, der Vorsitzende des wichtigsten Gewerkschaftsdachverbands, rief einen Generalstreik aus, der in ganz Deutschland befolgt wurde.

In wichtigen Regionen wurde nicht nur die Arbeit eingestellt, sondern auch neue Arbeiterräte wurden gebildet, Arbeiter bewaffneten sich und griffen Soldatenkolonnen an, die sich auf die Seite der Putschisten geschlagen hatten. Im Ruhrgebiet strömten Tausende, oft kriegserfahrene Arbeiter in die neu geschaffene Rote Ruhrarmee, die die Reichswehr aus der größten Industriere-

---

S. 85 ff., 206 ff. Meaker schätzt das Streikergebnis als Niederlage der Arbeiter ein, Brenan als »bescheiden«, Pages dagegen beschreibt es als »günstiges Ergebnis« für die Arbeiter. Siehe: Pages, Pelai, *Andreu Nin, Su Evolución Política*, Madrid 1975.

104 Turner, Ian, *Industrial Labour and Politics*, London 1965, S. 194.

gion des Lands vertrieb. Innerhalb weniger Tage brach der Umsturzversuch in sich zusammen. Die sozialdemokratischen Minister kehrten nach Berlin zurück und gaben sich links, ehe sie sich wieder mit der Reichswehr verbündeten, die mit den alten blutigen Methoden an der Ruhr wieder »Ordnung« schaffte.[105]

In Italien wurden die Jahre 1919 und 1920 als Biennio rosso, die »zwei roten Jahre« bekannt. Arbeiter traten in den Ausstand und strömten in die Gewerkschaften und in die Sozialistische Partei, deren Mitgliedschaft von 50.000 auf 200.000 anschwoll. Eine Streikwelle nach der anderen überzog das Land. Im Sommer 1919 fand ein dreitägiger Generalstreik aus Solidarität mit dem revolutionären Russland statt. Im Frühjahr 1920 führten die Turiner Metallarbeiter einen erbitterten, aber erfolglosen Arbeitskampf, mit dem sie die Arbeitgeber zwingen wollten, ihre Fabrikräte anzuerkennen. Revolutionäre um Antonio Gramscis Magazin *Ordine Nuovo* erkannten in den Fabrikräten eine Vorform von Sowjets.

Die kämpferische Stimmung erreichte im August ihren Höhepunkt. In Mailand besetzten Metallarbeiter wegen drohender Aussperrung die Fabriken. Innerhalb von vier Tagen hatte sich die Bewegung über die ganze metallverarbeitende Industrie ausgedehnt, 400.000 Arbeiter beteiligten sich an den Besetzungen. »Wo es eine Fabrik gab, einen Hafen, ein Stahlwerk, eine Esse, eine Gießerei, in der *metallos* arbeiteten, gab es eine neue Besetzung.«[106] Etwa 100.000 Arbeiter anderer Industrien schlossen sich dem Beispiel der Metallarbeiter an. Die Beteiligten sahen darin nicht mehr nur einen ökonomischen Kampf. Sie begannen in den Fabriken Waffen herzustellen und zu lagern. Sie hielten die Produktion in Gang, weil sie glaubten, dass sie auf bestem Wege waren, eine neue, auf Arbeiterkontrolle gründende Gesellschaft zu schaffen: »Diese Hunderttausenden bewaffneter und unbewaffneter Arbeiter, die in den Fabriken arbeiteten und schliefen und Wache hielten, erlebten in diesen außergewöhnlichen Tagen ›die Revolution in Aktion‹.«[107]

---

105 Diese Geschichte hat Erhard Lucas brillant erzählt in: *Märzrevolution 1920*, 3 Bände, Frankfurt am Mai 1974. Ein Abriss der Ereignisse findet sich auch in meinem Buch: *Die verlorene Revolution*, Kapitel 9.
106 Spriano, Paolo, *The Occupation of the Factories: Italy 1920*, London 1975, S. 60.
107 Spriano, *The Occupation of the Factories*, S. 56.

Die Regierung war handlungsunfähig. Im Süden hatten aus dem Krieg zurückgekehrte Bauern spontan das Land unter sich verteilt. Soldaten in Ancona hatten gemeutert, um nicht in Albanien kämpfen zu müssen. Der Ministerpräsident Giovanni Giolitti fürchtete, das Land könne in einen Bürgerkrieg abgleiten, den er nicht gewinnen konnte. Er erklärte vor dem Senat:

> Zur Verhinderung der Werksbesetzungen hätte ich in jede der [...] sechshundert Fabriken der metallverarbeitenden Industrie eine ganze Garnison schicken müssen [...], hundert Männer in kleine, mehrere Tausend in die großen. Sämtliche mir zur Verfügung stehenden Kräfte hätte ich dafür benötigt! Wer aber hätte dann die 500.000 Arbeiter außerhalb der Fabriken im Zaum gehalten? Das konnte nur Bürgerkrieg heißen.[108]

Stattdessen ging er davon aus, dass die Gewerkschaft der Metallarbeiter sich für ein friedliches Ende der Arbeitskämpfe einsetzen und die Führung der Sozialistischen Partei gegen die Entscheidung der Gewerkschaftsführung keine Einwände erheben werde. Somit bekämen die Unternehmer eine Atempause, um später zuzuschlagen. Er sollte Recht behalten. Die Sozialistische Partei beschloss formell, die Fabrikbesetzungen lägen in der Verantwortung der Gewerkschaftsführung, und auf einer eigens einberufenen Versammlung des wichtigsten Gewerkschaftsverbands wurde mit drei zu zwei Stimmen entschieden, den Aufruf zur Revolution abzulehnen und sich mit den Arbeitgebern zu verständigen. Die Metallarbeiter in den Großfabriken, dem Herzen der Bewegung, waren entmutigt und fühlten sich besiegt. Sie hatten für eine Revolution gekämpft, aber alles, was sie bekamen, waren ein paar geringfügige und vorübergehende Lohnerhöhungen und verbesserte Arbeitsbedingungen.

Revolution im Westen?

Die Rote Ruhrarmee und die italienischen Fabrikbesetzungen strafen die Behauptung Lügen, dass es in Westeuropa keine Möglichkeit für eine Revo-

---

108 Zitiert nach: Spriano, *The Occupation of the Factories*, S. 56.

lution gegeben habe – dass all das eine Fantasie der russischen Bolschewiki gewesen sei. Im Frühjahr und im Sommer des Jahres 1920 hatten Arbeiterinnen und Arbeiter, die in der kapitalistischen Gesellschaft aufgewachsen waren und diese als gegeben hinnahmen, den Kampf aufgenommen und dabei eine revolutionär-sozialistische Vorstellung davon entwickelt, wie die Gesellschaft gelenkt werden könnte. Die Weltrevolution war im August 1920, als die russische Rote Armee nach Warschau vordrang, die Erinnerung an die Niederschlagung des Kapp-Putsches bei jedem Arbeiter noch frisch war und in Italien die Fabrikbesetzungen kurz bevorstanden, kein Hirngespinst.

Die Revolution fand nicht statt, und Sozialismushistoriker haben seitdem diskutiert, warum sich die Russische Revolution nirgendwo wiederholte. Zum Teil lag das ohne Zweifel an objektiv bestehenden Unterschieden zwischen Russland und dem Westen. In den meisten westlichen Ländern hatte sich der Kapitalismus über einen längeren Zeitraum entwickeln können als in Russland und Gelegenheit erhalten, gesellschaftliche Strukturen zur Integration der Bevölkerung in seine Herrschaft aufzubauen. In den meisten westlichen Ländern war der Bauernschaft im Gegensatz zu Russland entweder Land zugeteilt (wie in Süddeutschland oder in Frankreich) oder sie war als Klasse ausgelöscht worden (wie in Großbritannien) und war deshalb keine Kraft, die gegen die alte Ordnung hätte antreten können. Die meisten westlichen Staaten besaßen zudem sehr viel leistungsfähigere Verwaltungsstrukturen als der überalterte und marode Staatsapparat des Zarismus, weshalb sie das Trauma des Kriegs besser überstanden hatten.

Mit diesen objektiven Faktoren lässt sich jedoch nicht alles erklären. Wie wir gesehen haben, begannen Millionen Arbeiter im Westen revolutionär zu handeln und entsprechende Ideen aufzugreifen, auch wenn das einige Jahre nach der Russischen Revolution geschah. Die Entwicklung revolutionärer Einstellungen und selbst revolutionäres Handeln sind jedoch nicht dasselbe wie die Durchführung einer Revolution. Das erfordert mehr als das Streben nach einer anderen Gesellschaft. Dazu bedarf es eines Zusammenschlusses der Menschen, die diese Bestrebungen Wirklichkeit werden lassen wollen und eine Vorstellung von dem Weg dahin haben – dieser Wille und dieses Verständnis verkörperten in den großen bürgerlichen Revolutionen Oliver Cromwells New Model Army oder Robespierres Jakobiner. Diese Art

Zusammenschluss fehlte in den entscheidenden Momenten des Jahres 1920 in Deutschland wie Italien.

Die sozialistischen Bewegungen Europas waren mehr oder weniger in der Zeit von 1871 bis Anfang des 20. Jahrhunderts entstanden und gewachsen, also in Jahren relativen sozialen Friedens. Der Groll über die tiefgehende Klassenspaltung in der Gesellschaft hatte ihnen Mitglieder eingebracht, die jedoch meist passiv blieben. Sie hatten einen ganzen Apparat geschaffen: Gewerkschaften, Wohlfahrtsverbände, Genossenschaften, Arbeitervereine. Im Grundsatz waren sie Gegner der bestehenden Gesellschaftsordnung, in der Praxis jedoch führten sie eine Koexistenz mit ihr. Als Betreiber dieser Einrichtungen verfügten sie über ein sicheres Einkommen und als gewählte Vertreter genossen sie sogar gewisses Ansehen bei den liberaleren Mitgliedern der herrschenden Klasse. Sie waren in einer Position etwa vergleichbar der des spätmittelalterlichen Kaufmanns oder Bürgers, der Abneigung gegen den Feudalherrn empfand, gleichzeitig aber sein Verhalten nachahmte und bedingt seine Ideen übernahm. Die niederen Schichten im Feudalismus hatten dieses Verhalten hingenommen, weil sie die bestehende Rangordnung für selbstverständlich hielten. Ebenso war die Basis der Arbeiterbewegung oft bereit, das Verhalten ihrer Führung in Kauf zu nehmen.

Aus den Massenstreiks kurz vor dem Krieg waren militante und revolutionäre Strömungen hervorgegangen, die solche Einstellungen aufbrechen wollten, und während des Kriegs hatte es weitere Spaltungen gegeben. In der Regel ging die Feindschaft gegen den vorherrschenden Reformismus mit der Ablehnung des Kriegs einher, allerdings waren auch Reformisten wie Bernstein und Kurt Eisner Kriegsgegner. Zum Ende des Kriegs hatten sich drei verschiedene Strömungen herausgeschält.

Als Erstes gab es die Sozialdemokraten der Sorte Ebert-Scheidemann-Noske, für die Unterstützung des Kriegs und des Kapitalismus zusammengehörten. Zweitens gab es Revolutionäre, die den Krieg als höchsten barbarischen Ausdruck des Kapitalismus ablehnten und in der Revolution die einzige Möglichkeit sahen, ihm ein für alle Mal den Todesstoß zu versetzen. Drittens gab es eine sehr große und gestaltlose Gruppierung, die als »Zentrum« oder »Zentristen« bekannt wurde, deren Inbegriff die Unabhängige Sozialdemokratische Partei Deutschlands war. Die meisten ihrer Führer vertraten die

Theorie und Praxis des Vorkriegssozialismus und sahen für sich eine Zukunft als Parlamentarier oder Gewerkschaftsfunktionäre im Kapitalismus voraus.

Während des Kriegs forderten die Zentristen ihre Regierungen auf, in Friedensverhandlungen einzutreten. Massenaktionen lehnten sie ab, da sie die Kriegsanstrengungen behindern würden. Nach dem Krieg bedienten sie sich manchmal linker Rhetorik, betonten vorbeugend aber immer, dass sozialistische Ziele nur auf »geordnete« Weise erreicht werden könnten. Ein typisches Beispiel dafür war Rudolf Hilferding von der USPD, der Verfassungsentwürfe schrieb, in denen er Sowjets und Parlament miteinander zu vereinbaren suchte. Die Zentristen legten wiederholt Pläne für einen friedlichen Kompromiss vor und bremsten damit die Aktivitäten der Arbeiterschaft. Der revolutionäre Sozialist Eugen Leviné erklärte vor dem Gericht, das ihn als Anführer der bayerischen Räte zum Tode verurteilte: »Die Mehrheitssozialisten fangen an, laufen und verraten uns; die Unabhängigen gehen auf den Leim, machen mit, fallen später um, und uns Kommunisten stellt man an die Wand. Wir Kommunisten sind alle Tote auf Urlaub.«[109]

Die Organisationen des Zentrums erhielten nach dem Krieg meist großen Zulauf. Sie verfügten über bekannte Parlamentarier und einen großen Presseapparat und zogen viele verbitterte und kämpferische Arbeiter und Arbeiterinnen an. Die USPD hatte im November 1918 etwa zehnmal mehr Mitglieder als Rosa Luxemburgs Spartakusbund.

Die Sozialistische Partei Italiens war ähnlich gestrickt wie die USPD. Der Ansatz ihrer Parteiführer war im Kern ein parlamentarischer, auch wenn sie sich revolutionärer Rede bedienten und zumindest einige die Gesellschaft wirklich umwälzen wollten. Es gab auch offen reformistische Elemente, namentlich der führende Parlamentarier Filippo Turati. Die Sozialistische Partei gewann mit der anwachsenden Bewegung viele neue Mitglieder hinzu, war aber nicht bereit, der Arbeiterklasse Führung anzubieten, um ihre Wut und Kampfbereitschaft in einen revolutionären Angriff auf den Staat zu lenken. Der bekannteste Parteiführer, Giacinto Serrati, musste acht Monate nach den Fabrikbesetzungen eingestehen: »Alle sprachen von der Revolution, aber

---

109 Meyer-Leviné, *Leviné*, S. 272. Hier findet sich auch die ganze Rede, S. 263–273.

niemand bereitete sich darauf vor.«[110] Pietro Nenni, der in der Sozialistischen Partei weitere sechzig Jahre lang eine beherrschende Rolle spielen sollte, gab zu: »Die Partei war nicht mehr als eine große Wahlmaschine, ausgerüstet nur für den [parlamentarischen] Kampf, den sie der Theorie nach ablehnte.«[111] Angelo Tasca, ein Aktivist aus Turin, erinnert sich: »Die Führer von Partei und Gewerkschaften [...] traktieren die Überempfindlichkeit der Massen mit einer Art Wechselbädern, indem sie bald Ruhe empfehlen, bald die Revolution verheißen.«[112] »In der Erwartung des schon sicheren Erbes verwandelt sich das politische Leben Italiens in ein ständiges Bankett, bei dem das Kapital der ›unmittelbar bevorstehenden‹ Revolution in verbalen Orgien vertan wird.«[113]

Die Führung der Russischen Revolution hatte die Schwächen des »Zentrums« und die Rolle der rechten Parlamentssozialisten erkannt und deshalb zur Gründung kommunistischer Parteien aufgerufen, die sich der neuen Kommunistischen Internationale (Komintern) anschließen sollten. Aufgrund der Kriegswirren und der Repressalien gegen Sozialisten konnte die erste Konferenz der Internationale aber erst im März 1919 stattfinden, und selbst jetzt nahmen nur wenige Vertreter aus Europa, ganz zu schweigen von der übrigen Welt, daran teil. Der zweite Kongress im Juli und August 1920 stellte die erste echte repräsentative Versammlung dar.

Wie weit die revolutionäre Stimmung bei den Arbeitern Europas verbreitet war, zeigte sich an den Parteien, die Abgeordnete zu dem Kongress schickten. Es kamen Vertreter der Mehrheitssozialisten aus Italien, Frankreich und Norwegen. Die Unabhängigen Sozialdemokraten aus Deutschland, die CNT aus Spanien und sogar die Independent Labour Party aus Großbritannien und die Sozialistische Partei aus den USA waren anwesend. Eine der Hauptbotschaften des Kongresses, wie sie in den »21 Mitgliedsbedingungen« der Internationale festgeschrieben wurden, lautete, dass diese Parteien nur dann wahrhaft revolutionär werden könnten, wenn sie ihr Vorgehen änderten und ihre Führung mit bewährten Kommunisten besetzten. Unter anderem wur-

---

110 Brief an Jacques Mesnil von April 1921, zitiert nach: Spriano, *The Occupation of the Factories*, S. 132.
111 Zitiert nach: Spriano, *The Occupation of the Factories*, S. 129 f.
112 Tasca, Angelo, *Glauben, gehorchen, kämpfen. Aufstieg des Faschismus in Italien*, Wien o. J. (1986), S. 95.
113 Tasca, *Glauben, gehorchen, kämpfen*, S. 101.

den Kautsky in Deutschland, Turati in Italien und MacDonald in Großbritannien genannt, denen das Recht abgesprochen wurde, dieser Führung weiterhin anzugehören.

Über diese Mitgliedsbedingungen brach erbitterter Streit aus, viele Vertreter eines Mittelwegs verweigerten die Zustimmung. Erst nach Spaltungen über diese Frage stimmte die Mehrheit der deutschen Unabhängigen Sozialdemokraten und der Sozialistischen Partei Frankreichs und eine Minderheit in Italien für die Umwandlung in kommunistische Parteien »neuen Typus«.

Um noch auf die großen Bewegungen in Deutschland und Italien in den 1920er Jahren einwirken zu können, kam dieser Schritt zu spät. In Deutschland brach im Jahr 1923 eine neue Krise aus, als französische Truppen das Ruhrgebiet besetzten, die Inflation schwindelerregende Höhen erreichte und das gesamte Land zwischen links und rechts gespalten war. Während Hitlers Nazis erste Erfolge verzeichneten, wurde die konservative Regierung von Wilhelm Cuno durch einen Generalstreik gestürzt. Doch erneut zeigte sich die tiefe Verwurzelung der konservativen parlamentarischen Tradition des Vorkriegssozialismus selbst bei einigen der kämpferischsten Revolutionäre. Die kommunistischen Führer bildeten in Thüringen und Sachsen zusammen mit den Sozialdemokraten parlamentarische »Arbeiterregierungen«, angeblich, um sie als Ausgangsbasis für einen revolutionären Aufstand zu nutzten – dann jedoch sagten sie kurzfristig ihre Vorbereitungen für den Aufstand ab, obwohl eine Mehrheit der Arbeiterklasse ihn anscheinend mitgetragen hätte.[114]

Die reformistischen Sozialisten, die eine Revolution ablehnten, taten das in dem Glauben, das Leben könne wieder seinen gewohnten Gang gehen, der Kapitalismus friedlich expandieren und die Demokratie sich ausbreiten, wenn die revolutionäre Bedrohung vorbei wäre. Die Ereignisse in Italien zeigten, wie sehr sie sich irrten.

Der bittere Preis: der erste Faschismus

Als im Jahr 1920 in Italien die Fabriken besetzt wurden, war Mussolini eine landesweit bekannte Person – er galt als der aufwieglerische sozialistische

---

114 In meinem Buch *Die verlorene Revolution*, Kapitel 13, setze ich mich mit den Aussichten für eine Revolution im Jahr 1923 auseinander.

Zeitungsredakteur, der mit seiner Partei gebrochen hatte, um für den Eintritt Italiens in den Krieg zu werben. Seine politische Anhängerschaft war jedoch klein und beschränkte sich auf eine Handvoll anderer ehemaliger Revolutionäre, die sich zu nationalen Chauvinisten gemausert hatten, und einen disparaten Haufen ehemaliger Frontkämpfer, die glaubten, Italien habe ein Anrecht auf ihm verwehrte Gebiete in Österreich und entlang der jugoslawischen Küste. Ein paar Dutzend hatten im März 1919 die ersten Kampfgruppen, die Fasci di combattimento, gebildet, aber insgesamt hatten die Faschisten bei den Wahlen des Jahres schlecht abgeschnitten und standen hilflos am Rande der Ereignisse, als die italienische Arbeiterklasse den Kampf gegen die Unternehmer und die Regierung aufnahm.

Erst als die Fabrikbesetzungsbewegung gescheitert und der revolutionäre Kampf um die Macht abgeblasen war, wendete sich das Blatt zugunsten Mussolinis. Mit steigender Arbeitslosigkeit, die die materiellen Errungenschaften der »zwei roten Jahre« sehr schnell wieder zunichtemachte, setzte ein Zustand der Erschöpfung bei der Arbeiterschaft ein. Die Unternehmer waren entschlossen, der Arbeiterbewegung eine Lehre zu erteilen, die sie nicht vergessen würde, und der »liberale« Ministerpräsident Giolitti suchte ein Gegengewicht zur Linken. Mussolini bot ihm seine Dienste an. Kreise des Großkapitals und insgeheim auch die Regierung Giolitti versorgten ihn mit Geldern. Das Kriegsministerium versendete einen Rundbrief an 60.000 demobilisierte Offiziere des Inhalts, sie erhielten achtzig Prozent ihres Solds, wenn sie sich den Fasci anschlössen.[115] Giolitti schmiedete im März 1921 ein Mitte-rechts-Wahlbündnis, wodurch Mussolini 35 Parlamentssitze erhielt. Im Gegenzug begannen Mussolinis bewaffnete Banden systematisch die Hochburgen der Linken und Gewerkschafter anzugreifen, ausgehend von der Poebene, wo Landarbeiter und Erntehelfer erbitterte Streiks gegen die Grundbesitzer geführt hatten.

Überall in den Dörfern und Kleinstädten tauchten Lastautos mit fünfzig oder sechzig Faschisten auf, brannten die sozialistischen Volksheime nieder, sprengten Streikposten, »bestraften« Aktivisten, indem sie sie verprügelten, und zwangen sie, Rizinusöl zu schlucken, dann rasten sie wieder davon in dem Wissen, dass die Polizei ihnen genug Zeit ließ, um zu verschwinden.

---

115 Laut Tasca, *Glauben, gehorchen, kämpfen*, S. 106–110, 127.

Die Mitglieder der sozialistischen und gewerkschaftlichen Organisationen, die mehr oder weniger durch ihre Arbeit gebunden und über die versprengten Ortschaften verteilt waren, konnten sich selten schnell genug gegen diese Angriffe wehren. Die Faschisten konnten sich absolut sicher fühlen, da sie wussten, die Polizei würde immer erst kommen, wenn sie schon wieder verschwunden waren, sie betrieben das Morden als »Sport«.[116]

Jetzt konnten die Faschisten von Erfolg zu Erfolg eilen. Es gelang ihnen, die »reichen Agrarier, die Offiziere der Garnisonen, die Universitätsstudenten, die Beamten, die Rentiers, die Freiberufler, die Kaufleute« in den Städten für ihre Expeditionen auf das Land zu gewinnen.[117] Die Zahl der faschistischen Schwadronen schwoll von 190 im Oktober 1920 auf 1.000 im Februar 1921 und 2.200 im November desselben Jahres an.[118]

Aber noch verfügten sie nicht über uneingeschränkte Macht. Giolittis Regierung wollte die Faschisten benutzen, nicht von ihnen benutzt werden, und war noch mächtig genug, die Faschisten in die Schranken zu weisen. Als im Juli 1921 elf Soldaten in Sarzana das Feuer auf fünfhundert Faschisten eröffnen, »stürzen die Faschisten in wilder Flucht davon«.[119] Auch die Arbeiter begannen mit dem Aufbau ihrer eigenen paramilitärischen Organisation, der Arditi del popolo (etwa: Volkskämpfer), um sich den Faschisten entgegenzustellen. Ein faschistischer Führer, Umberto Banchelli, bekannte nach dem Vorfall von Sarzana, seine Truppen »konnten die Situation nicht meistern, da sie nicht einmal gewusst hätten, was nun hätte getan werden sollen«.[120] Die faschistische Bewegung geriet in eine kurze Krise, als Mussolini seine Funktion im Exekutivkomitee der Fasci aufgab, weil er »bedrückt« war.[121]

Gerettet wurde er durch die Führer der Arbeiterbewegung. Turatis reformistische Sozialisten und der wichtigste Gewerkschaftsverband, die Confederazione Generale del Lavoro (CGdL), unterzeichneten mit den Faschisten einen Befriedungspakt.[122] Die angeblich linkeren Führer der größten Sozia-

---

116 Tasca, *Glauben, gehorchen, kämpfen*, S. 130–150, 156.
117 Tasca, *Glauben, gehorchen, kämpfen*, S. 131.
118 Zahlen nach: Tasca, *Glauben, gehorchen, kämpfen*, S. 156 f.
119 Tasca, *Glauben, gehorchen, kämpfen*, S. 175 f.
120 Tasca, *Glauben, gehorchen, kämpfen*, S. 176.
121 Tasca, *Glauben, gehorchen, kämpfen*, S. 183.
122 Tasca, *Glauben, gehorchen, kämpfen*, S. 179–188; siehe auch: Silone, Ignazio, *Der Fascismus* (1934), Frankfurt am Main 1984, S. 123–127.

listischen Partei, die schließlich mit Turati gebrochen hatte, verhielten sich gegenüber den Faschisten einfach still und kritisierten die Arditi del popolo. Und Amadeo Bordiga, der damalige Vorsitzende der jungen Kommunistischen Partei Italiens, wollte keinen Unterschied zwischen den Faschisten und anderen bürgerlichen Parteien erkennen, hielt sich aus den Kämpfen heraus und verurteilte ebenfalls die Arditi del popolo.

Mussolini konnte einfach abwarten, bis die Grundbesitzer und Großunternehmer die Regierung genügend unter Druck gesetzt hatten und diese ihre Haltung änderte, dann brach er den Befriedungspakt und griff die Arbeiterorganisationen erneut an. Jetzt waren nicht mehr nur Dörfer und ländliche Kleinstädte betroffen, sondern Gebäude der Linken, Zeitungsredaktionen und Gewerkschaftshäuser in den großen Städten.

Die offizielle Führung der Arbeiterbewegung versuchte schließlich im Jahr 1922, den faschistischen Angriffen etwas entgegenzusetzen. Sie gründeten die Alleanza del lavoro, den Bund der Arbeit, der sich alle Gewerkschaften anschlossen, und riefen im Juli nach Angriffen auf ihre Gebäude in Ravenna einen dreitägigen Generalstreik aus. Angesichts des wirtschaftlichen Rückgangs und hoher Arbeitslosigkeit konnte ein dreitägiger Streik kaum wesentliche Flügel des Großkapitals davon abbringen, Mussolini zu finanzieren – und da der Streik nicht von einer systematischen Mobilisierung der Arbeiterschaft begleitet war, den Faschisten die Kontrolle über die Straße abzuringen, blieb Mussolinis Macht unangetastet.

Die Entmutigung nach dem gescheiterten Streik erlaubte es ihm, seinen Machtbereich auf Städte wie Mailand, Ancona und Genua auszudehnen, obwohl es durchaus Möglichkeiten gegeben hätte, die Faschisten zu schlagen, wie die Arditi del popolo in Parma bewiesen.[123] Im Oktober 1922 war Mussolini stark genug, jetzt auch gegen Giolitti und die bürgerlichen Liberalen vorzugehen. Als sie ihm eine Regierungsbeteiligung anboten, drohte er mit einem Marsch seiner Anhänger auf Rom, wenn ihm nicht die volle Regierungsgewalt übergeben würde. Das war reine Angeberei: Hätte der Staat ihn aufhalten wollen, wäre es ihm ein Leichtes gewesen. Die Generale und das Großkapital hatten aber nicht die Absicht, ihn zu behindern. Der König ernannte ihn zum

---

123 Tasca, *Glauben, gehorchen, kämpfen*, S. 267–270.

Ministerpräsidenten, und statt auf Rom zu marschieren, kam Mussolini mit dem Zug in Mailand an.

Die italienische Bourgeoisie bewies, dass sie die Erhaltung von Privileg und Profit über demokratische Prinzipien stellte, als die Liberale Partei Mussolini zu einer parlamentarischen Mehrheit mit verhalf und in seinem ersten Kabinett selbst Ministerien übernahm.

Nicht nur die Bourgeoisie glaubte, Mussolini werde dem Land »Ordnung« und Stabilität bringen. Ein Historiker über den Faschismus erinnert:

> Abgesehen von den Kommunisten und fast allen Sozialisten begrüßte das gesamte Parlament, einschließlich der demokratischen Antifaschisten und der Sozialisten der CGdL, Mussolinis Regierung mit einem Seufzer der Erleichterung als Ende eines Albtraums. Der Bürgerkrieg, sagten die Leute, war vorüber; der Faschismus, so hofften sie, werde sich jetzt an das Gesetz halten.[124]

Tatsächlich setzte der Albtraum jetzt erst wirklich ein. In dem Moment, da Mussolini die Regierungsgewalt innehatte, gingen Polizei und Faschisten abgestimmt vor. Hand in Hand zerschlugen sie systematisch die Organisationen der Arbeiterklasse und beraubten die liberalen Politiker und Intellektuellen jedes Gegengewichts zu der faschistischen Bedrohung. Eine Zeit lang blieb die demokratische Tünche noch erhalten, selbst sozialistische und kommunistische Abgeordnete konnten ihre Meinung im Parlament frei äußern, wenn auch nicht mehr außerhalb des Parlaments. Die wahre Macht aber lag jetzt in Händen Mussolinis, nicht bei den verfassungsmäßigen Institutionen.

Das bewies sich in aller Schärfe im Jahr 1924. Mussolinis Schergen ermordeten einen bekannten reformistisch-sozialistischen Parlamentarier, Giacomo Matteotti. Die Faschisten verloren für kurze Zeit viele Anhänger und einige vertreten die Auffassung, dass »in der dem Verbrechen folgenden Woche die Regierung leicht hätte gestürzt werden können«.[125] Die parlamentarische Opposition zog aber lediglich aus dem Parlament aus und bildete ihre eigene Vertretungskörperschaft, den »Aventin« (benannt nach dem sagenhaften

---

124 Carocci, Gampiero, *Italian Fascism*, Harmondsworth 1975, S. 27.
125 Carocci, *Italian Fascism*, S. 32.

Auszug der Plebejer Roms auf den Hügel Aventin im 5. Jahrhundert v. u. Z.). Sie hatte nicht die Absicht, durch Aufruf zu Massenaktionen gegen die Regierung das Risiko gesellschaftlicher Unruhen einzugehen. Anfang des Jahres 1925 hatten die meisten Abgeordneten den Faschisten artig nachgegeben und nahmen ihre Plätze wieder im Parlament ein.

Mussolini wusste jetzt, dass er ungestraft jede Grausamkeit begehen konnte, und verwandelte Italien in ein totalitäres Regime, an dessen Spitze er als allmächtiger Duce, als Führer, stand. Mussolinis Erfolg zog die Bewunderung der herrschenden Klassen Europas auf sich. Der britische Konservative Winston Churchill war von ihm begeistert,[126] und schon bald versuchten viele, seine Methoden nachzuahmen. Einer von ihnen war ein Aufsteiger der nationalistischen und antisemitischen Kreise in München: Adolf Hitler.

Der bittere Preis: die Saat des Stalinismus

Nach dem Scheitern der Revolutionen in den anderen Ländern blieb Russland isoliert und musste nicht nur unter einer materiellen Blockade leiden, sondern auch unter dem Schrecken des Einmarsches von sechzehn Armeen, unter Bürgerkrieg, Zerstörung, Seuchen und Hunger. Die Güterproduktion sank auf nur noch achtzehn Prozent des Jahres 1916, und die wenigen Arbeiter, die noch in den Städten blieben, konnten sich nur ernähren, wenn sie auf das Land reisten und dort in direkten Güteraustausch mit den Bauern traten. Als sich Typhus ausbreitete und es sogar zu Kannibalismus kam, konnten sich die Bolschewiki nur noch mithilfe des Parteiapparats an der Macht halten, nicht mehr als Vertreter einer mittlerweile weitgehend aufgelösten Arbeiterklasse. Dass die Bolschewiki überhaupt überlebten, sagt einiges über den revolutionären Mut und die Ausdauer der Arbeitermitglieder aus, die immer noch die Mehrheit der Partei darstellten. Und doch zahlten sie dafür einen hohen politischen Preis.

Das zeigte sich drastisch im März 1921, als Matrosen in Kronstadt, dem Marinestützpunkt vor Petrograd (Sankt Petersburg), rebellierten und die revolutionäre Regierung für die schreckliche Armut verantwortlich machten.

---

126 Siehe: Harvey, Arnold D., *Collision of Empires*, Phoenix 1994, S. 511.

Kronstadt war im Jahr 1917 eine Hochburg der Bolschewiki gewesen, aber die Zusammensetzung der Mannschaft dort hatte sich inzwischen verändert. Alte Kämpfer gingen zur Roten Armee und wurden ersetzt durch Männer, die soeben erst vom Land gekommen waren. Die Aufständischen konnten kein Programm zur Überwindung der Armut vorweisen, denn dies war keine kapitalistische Krise, die durch Reichtum einerseits und Armut andererseits gekennzeichnet war, sondern das Ergebnis der Verarmung eines ganzen Lands durch Bürgerkrieg, militärische Einfälle ausländischer Mächte und eine Wirtschaftsblockade. Es lebte nicht eine Klasse in Überfluss, während eine andere hungerte, sondern es gab nur unterschiedlich schwere Not. Die Generale des alten Regimes, die erst wenige Monate zuvor im Bürgerkrieg besiegt worden waren, warteten auf ihre Chance zur Rückkehr, und einige konnten schließlich freundschaftliche Beziehungen mit Kronstädter Rebellen knüpfen. Die revolutionäre Regierung hatte keine Zeit zu verlieren. Das Eis um das Fort begann zu schmelzen und eine Rückeroberung wäre schon bald schwierig gewesen.[127] Aus all diesen Gründen blieb den Bolschewiki kaum eine andere Wahl, als den Aufstand niederzuschlagen. Auch die »Arbeiteropposition« war sich der Gefahren bewusst, die von der Rebellion ausgingen, und überquerte deshalb in vorderster Reihe das Eis, um es mit den Matrosen aufzunehmen. Kronstadt war jedoch ein Symbol für den erbärmlichen Zustand der Revolution infolge ihrer Isolierung und des Eingreifens ausländischer Mächte. Sie konnte nur unter Anwendung von Mitteln überleben, die eher denen des Jakobinertums glichen als denen des Bolschewismus des Jahres 1917.

Diese Mittel hinterließen unweigerlich ihre Spuren in der bolschewistischen Partei. In den Bürgerkriegsjahren hatten sich viele eine autoritäre Haltung angewöhnt, was sich nicht sehr gut mit der Rede von der Arbeiterdemokratie vertrug. Lenin erfasste das Problem sehr klar, als er im Winter 1920/21 bei einer Auseinandersetzung in der Partei erklärte: »In Wirklichkeit haben wir [...] einen Arbeiterstaat mit bürokratischen Auswüchsen.«[128] Er beschrieb den Staatsapparat als »vom Zarismus übernommen und nur ganz leicht mit

---

127 Die beste Darstellung dieser Ereignisse findet sich in: Avrich, Paul, *Kronstadt 1921*, New Jersey 1991.
128 Lenin, Wladimir Iljitsch, »Die Krise der Partei« (19. Januar 1921), *Werke*, Band 32, Berlin 1988, S. 32.

Sowjetöl gesalbt«, er stelle »ein bürgerlich-zaristisches Gemisch« dar.[129] Das habe seine Auswirkungen auf viele Parteimitglieder. »Man nehme doch Moskau – die 4.700 verantwortlichen Kommunisten – und dazu dieses bürokratische Ungetüm, diesen Haufen, wer leitet da und wer wird geleitet?«[130]

Der dritte Kongress der Komintern trat im Sommer 1921 zusammen. An ihm nahmen zum ersten Mal nur Revolutionäre mit mehr oder weniger gefestigten Überzeugungen teil. Viele waren begeistert davon, sich im Land der Revolution aufhalten zu können. Die Sprache der Revolution überlebte und viele Bolschewiki blieben ihren Idealen treu verbunden, in der Partei als Ganze wurden die Folgen der Isolation, der autoritären Entwicklung und Abhängigkeit von der alten Bürokratie allerdings spürbar. Marx hatte im Jahr 1851 geschrieben: »Die Menschen machen ihre eigene Geschichte, aber sie machen sie nicht [...] unter selbstgewählten [...] Umständen.« Diese Umstände verändern wiederum die Menschen selbst. Unter dem Druck der Ereignisse verwandelte sich der Bolschewismus langsam in etwas anderes, während sich die Komintern gerade in diesem Moment zu einer festen Organisation formierte. Das »andere« wurde als Stalinismus bekannt, obwohl Joseph Stalin bis zum Jahr 1923 oder 1924 noch keine wirkliche Macht ausübte, und unumschränkte Macht erst in den Jahren 1928/29 erlangte.

---

129 Lenin, »Zur Frage der Nationalitäten oder der ›Autonomisierung‹«, *Werke*, Band 36, Berlin 1983, S. 591.
130 Lenin, »Politischer Bericht des Zentralkomitees der KPR(B) 27. März«, *Werke*, Band 33, Berlin 1982, S. 275.

4
Aufstand in der kolonialen Welt

Zu Beginn des 20. Jahrhunderts regierten nur eine Handvoll herrschende Klassen die Welt. Der breite Strom der menschlichen Geschichte zwängte sich durch einen engen Kanal, der von nur wenigen europäischen Ländern geschaffen worden war. Der Krieg selbst war der zugespitzte Ausdruck dieser Entwicklung – ein *Weltkrieg*, der seinem Wesen nach in den imperialen Bestrebungen der Herrscher Großbritanniens, Deutschlands und Frankreichs wurzelte.

Zum Ende des Kriegs wurde die koloniale Welt von Revolten erschüttert, die die Vormachtstellung dieser Herrscher bedrohten: ein bewaffneter Aufstand in Dublin im Jahr 1916 gefolgt von einem Guerillakrieg in ganz Irland in den Jahren 1918 bis 1921; um sich greifende Demonstrationen und Streiks gegen die britische Herrschaft in Indien; eine Beinahe-Revolution gegen die britische Besetzung Ägyptens und nationalistische Bewegungen in China, die im Jahr 1919 mit Studentenprotesten begannen und im Jahr 1926/27 in einem Bürgerkrieg gipfelten.

Widerstand gegen die westliche Beherrschung hatte es schon vor dem Krieg gegeben. Der Kolonisierung Afrikas waren erbittert ausgetragene Kriege vorausgegangen; die britische Herrschaft in Indien war durch die große Erhebung von 1857 erschüttert worden; und China wurde zur Jahrhundertwende von einer Woge von Angriffen auf westliche Interessen und Praktiken erfasst, was als »Boxeraufstand« in die Geschichte einging.

Mit dieser Gegenwehr war aber in der Regel der Versuch verbunden, eben die Art Gesellschaft wiederaufzubauen, die der ausländischen Herrschaft unterlegen gewesen war.

Im Laufe des 20. Jahrhunderts versuchten neue Widerstandsbewegungen von den Methoden des westlichen Kapitalismus zu lernen und sie zu kopieren, selbst wenn sie an eigene Traditionen anknüpften. Im Zentrum dieser Entwicklung standen Studenten, Anwälte, Lehrer und Journalisten – Gruppierungen, deren Mitglieder die Sprache der Kolonialherren erlernt hatten, sich nach europäischer Manier kleideten und die Werte des europäischen Kapitalismus übernahmen; ihre Bestrebungen wurden jedoch durch die Politik der Kolonialherrscher immer wieder durchkreuzt. Es gab Tausende dieser Intellektuellen in jeder Kolonialstadt, und sie waren in der Lage, die Straßen und Plätze mit Demonstrationen und Versammlungen zu füllen, wobei sie eine sehr viel größere Zahl von Leuten mit eher traditionellen Ansichten um sich scharten.

In Indien, Großbritanniens wichtigster Kolonie, wurde um das Jahr 1905 mit einer landesweiten Kampagne begonnen, als die Imperialbehörden entsprechend ihrer Strategie des Teilens und Herrschens Bengalen, die größte Provinz des Subkontinents, in muslimische und hinduistische Gebiete aufspaltete. Während dieser Kampagne wurde ein Boykott britischer Waren unter der Parole »Swadeschi« (aus unserem eigenen Land) ausgerufen und begleitet von Streikposten, Demonstrationen und schweren Zusammenstößen mit indischen Truppen, die von britischen Offizieren befehligt wurden. In dieser Bewegung kamen der bislang eher gemäßigte Indische Nationalkongress, die politische Heimat der englischsprachigen freiberuflichen Mittelschicht, und Leute wie Bal Gangadhar Tilak zusammen, der zur Anwendung, »terroristischer« Mittel bereit war und zugleich die Feindseligkeit der zur Oberschicht gehörenden Hindus gegen die Muslime schürte, weil der Hinduismus die »wahre« Tradition Indiens verkörpere. Weite Teile der privilegierten indischen Klassen hielten aber nach wie vor eng an den Beziehungen zu den Briten fest. Als der Erste Weltkrieg ausbrach, stellten sich Tilak wie Mahatma Gandhi (der im Jahr 1915 von Südafrika nach Indien zurückkehrte) hinter die britischen Kriegsanstrengungen. Die Kolonialbehörden fanden genug Rekruten, um die indische Armee auf zwei Millionen anschwellen zu lassen, und schickten die meisten von ihnen auf die Schlachtfelder Europas.

In China stürzte das Reich der Mandschu. Sowohl die alten wie die neuen in Übersee ausgebildeten Mittelschichten verloren ihren Glauben an das

Reich, das nicht in der Lage war, die Westmächte und Japan daran zu hindern, sich immer größere »Konzessionen« anzueignen und immer »ungleichere Verträge« auszuhandeln. Auf einen Armeeaufstand im Oktober 1911 folgte die Ausrufung einer Republik, zu deren Präsident der soeben zurückgekehrte Exilpolitiker Sun Yat-sen ernannt wurde. Seit zwanzig Jahren hatte Sun Yat-sen verschiedenste Geheimgesellschaften aufgebaut, die für nationale Unabhängigkeit und liberale Demokratie kämpften. Seine Regierung war jedoch so schwach, dass er schon nach einem Monat die Präsidentschaft an einen der alten imperialen Generale abtreten musste, der sich zum Diktator aufschwang und das Parlament auflöste.

In Ägypten erlebte der antibritische Nationalismus im ersten Jahrzehnt des Jahrhunderts einen neuen Aufschwung, gegen den die Kolonialverwaltung mit dem Verbot von Zeitungen, Verhaftung eines der Anführer und Ausweisung der übrigen vorging.

Aufstand in Irland

War Indien die größte Kolonie Großbritanniens, kann Irland als älteste gelten. Irland hatte Mitte des 19. Jahrhunderts ebenso gelitten wie die Kolonien in Asien oder Afrika. In diesem Land kam es am Ostermontag 1916 zu dem ersten modernen Aufstand gegen Kolonialherrschaft.

Seit über einem Jahrhundert hatte es in Irland zwei politische Traditionen zur Bekämpfung der britischen Herrschaft gegeben. Die eine war der verfassungskonforme Nationalismus: Großbritannien sollte dazu gebracht werden, den Iren begrenzte Autonomie (Home Rule) einzuräumen, weshalb Vertreter dieser Strömung versuchten, im britischen Parlament Sitze zu erobern. Die andere Tradition war die republikanische, ihre Anhänger bereiteten sich mit dem Aufbau einer Untergrundorganisation, der Irischen Republikanischen Bruderschaft oder »Fenier«, auf den bewaffneten Aufstand vor.

Vor dem Krieg hatte sich keine der beiden Methoden als erfolgreich erwiesen. Die verschiedenen Fenier-Verschwörungen und Aufstände hatte der britische Staat allesamt schnell zerschlagen und ihre Anführer festsetzen können. Den Verfassungsnationalisten war ebenfalls kein Erfolg beschieden. In den 1880er Jahren hatte der liberale Flügel der britischen herrschenden Klasse ihnen formell Unterstützung für eine Autonomie zugesichert, sein Versprechen aber nicht erfüllt, selbst nicht in den Jahren von 1912 bis 1914, nachdem das britische Unterhaus das Gesetz über die autonome Selbstverwaltung verabschiedet hatte. Stattdessen spielten die Liberalen auf Zeit angesichts einer konservativen Opposition, die von einer Bedrohung für die britische Verfassung redete. Oranier-Loyalisten führten offen Waffen aus Deutschland ein und hohe Armeeoffiziere machten mit ihrer Meuterei im Armeestützpunkt Curragh unmissverständlich klar, dass sie das Home-Rule-Gesetz nicht befolgen würden. Als im Jahr 1914 der Krieg ausbrach, eilten die Verfassungsnationalisten den Briten zu Hilfe und überzeugten Tausende irische Männer, sich freiwillig für den Dienst in der britischen Armee zu melden.

Schließlich eroberten zu Ostern 1916 etwa achthundert bewaffnete Rebellen öffentliche Gebäude in der Stadtmitte Dublins, von denen das wichtigste das Hauptpostamt war. Die meisten Beteiligten waren Republikaner, die der Poet und Schullehrer Pádraic Pearse anführte. An ihrer Seite kämpfte eine kleinere Zahl Rebellen einer bewaffneten Miliz, der Irischen Bürgerarmee. Diese war von James Connolly nach der fünf Monate währenden Dubliner Aussperrung aufgestellt worden. Connolly war auch Begründer des irischen Sozialismus und ehemaliger Organisator der Industrial Workers of the World in den USA.

Die Organisation des Aufstands missglückte. Der Kommandeur einer der beteiligten Gruppen zog den Befehl zur Mobilmachung zurück, woraufhin sich nur noch ein Drittel an dem Aufstand beteiligte, und der Versuch, Waffen aus Deutschland anzulanden, wurde von den britischen Streitkräften vereitelt. Vor allem aber verhielt sich die Bevölkerung Dublins zu dem Aufstand gleichgültig. Das verleitete den im Exil lebenden polnischen Revolutionär Karl Radek dazu, die ganze Angelegenheit als einen fehlgeschlagenen Putsch zu beschreiben. Lenin dagegen, der sich ebenfalls im Exil befand, stellte es als den Beginn einer Kette von Aufständen gegen Kolonialherrschaft dar, die die europäischen Mächte erschüttern würden.

Die britische Herrschaft über Irland sollte bald tatsächlich erschüttert werden. Die Maßnahmen, die eine beunruhigte britische herrschende Klasse ergriff, um den Aufstand niederzuschlagen – die Bombardierung des Stadtzentrums Dublins von Kriegsschiffen aus und die Hinrichtung der Anführer, nachdem sie sich mit einer weißen Fahne ergeben hatten – steigerte den Hass auf die britische Herrschaft noch. Er erhielt weitere Nahrung, als die britische Regierung im Jahr 1918 Vorbereitungen traf, in Irland die Wehrpflicht einzuführen. Kandidaten von Sinn Féin, die erklärt hatten, sie würden das britische Parlament boykottieren, gewannen bei den landesweiten Wahlen Ende des Jahres 1918 haushoch, während die Kandidaten, die für die Union mit Großbritannien eintraten, selbst in der Nordprovinz Ulster die Hälfte ihrer Sitze verloren. Die gewählten Abgeordneten von Sinn Féin trafen sich in Dublin und erklärten sich zum Dáil Éireann (Versammlung Irlands, also Parlament) einer neuen irischen Republik. Zum Präsidenten ernannten sie einen der Kommandeure des Osteraufstands von 1916, Éamon De Valera. Unterdessen formierten sich die bewaffneten Rebellen zur Irisch-Republikanischen Armee (IRA), einer Guerilla unter Führung des ehemaligen Bankangestellten Michael Collins, und legten ihren Eid auf den Dáil ab. Gemeinsam begannen sie damit, Irland durch Boykott der britischen Gerichte und der Steuereintreiber, durch bewaffnete Aktionen und Streiks gegen britische Truppenbewegungen unregierbar zu machen.

Die Briten reagierten mit all der Grausamkeit, die sie bereits in den dreihundert Jahren des Aufbaus ihres Kolonialreichs an den Tag gelegt hatten. Sie warfen irische Parlamentarier ins Gefängnis, hängten angebliche Rebellen, stützten sich auf Mörderbanden, die Anschläge auf verdächtige Republikaner verübten, feuerten mit Maschinengewehren in die Zuschauerreihen eines Fußballspiels und stellten eine paramilitärische Söldnertruppe, die Black and Tans, auf, die Gräueltaten an Zivilisten verübte und das Stadtzentrum von Cork niederbrannte.[131] All diese Gewalt fruchtete nichts, außer im Nordosten, wo von Briten bewaffnete protestantische Mobs Katholiken aus ihren Arbeitsstellen und Häusern vertrieben und die irisch-nationalistische Bevölkerung mit terroristischen Mitteln gefügig machte.

Berichte aus dem britischen Ministerkabinett[132] belegen, dass die herrschende Klasse ratlos war, wie sie vorgehen sollte. Das Thema Irland war

---

131 Der Spielfilm »The Wind that Shakes the Barley« des britischen Regisseurs Ken Loach aus dem Jahr 2006 nimmt die Massaker der Black and Tans zum Ausgangspunkt für seine Darstellung des irischen Befreiungskampfs, d. Übers.
132 Siehe zum Beispiel die Tagebücher von Thomas Jones, Sekretär des Kabinetts, in: Jones, Thomas, *Whitehall Diaries, Ireland 1918–25* (Band 3), London 1971.

außenpolitisch peinlich, weil Politiker in den USA vor dem Hintergrund des hohen irischen Bevölkerungsanteils diese Frage gegen das britische Empire ausspielten. Auch in Großbritannien verursachte es erhebliche Schwierigkeiten, weil ein beträchtlicher Anteil der Arbeiterklasse aus Irland oder aus irischen Familien stammte. Sogar in Indien geriet Großbritannien in die Klemme, als das irische Regiment der britischen Armee, die Connaught Rangers, meuterte. Die Mehrheit des Ministerkabinetts hielt allerdings jedes Zugeständnis an den irischen Nationalismus für Verrat am Reich und Ermutigung nationaler Befreiungsbewegungen in anderen Kolonien.

Im Jahr 1921 fand der britische Ministerpräsident Lloyd George schließlich einen Ausweg: In Verhandlungen mit einer irischen Abordnung unter Collins' Führung drohte er eine Politik der verbrannten Erde und erbarmungsloser Repression an, sollten die Iren die sechs nordirischen Countys nicht den Briten überlassen, Großbritannien Stützpunkte in bestimmten irischen Häfen gewähren und weiterhin den Eid auf die britische Krone ablegen. Unter Druck von Kreisen der Mittelschicht, die die Folgen eines regelrechten Kriegs für ihr Eigentum fürchteten, akzeptierte Collins den Kompromiss und gewann die Abstimmung im Dáil mit knapper Mehrheit. De Valera lehnte ihn als Verrat ab, ebenso die Mehrheit der IRA. Zwischen den beiden Flügeln brach darüber ein Bürgerkrieg aus. Collins nahm Waffen von den Briten an und vertrieb IRA-Mitglieder aus den von ihnen kontrollierten Gebäuden in Dublin. Im Jahr 1923, als die Republikaner endgültig ihre Waffen niederlegten, zeigte sich, dass Lloyd Georges Strategie perfekt aufgegangen war.

Jetzt gab es eine Art unabhängige Regierung in Irland. Sie herrschte aber über ein verarmtes Land, das abgeschnitten war von dem Industriegebiet um Belfast und kaum hoffen konnte, die verheerenden Auswirkungen des Hunderte Jahre währenden britischen Kolonialismus überwinden zu können. Selbst als De Valera Anfang der 1930er Jahre durch Wahlen an die Macht kam, änderte sich nichts wirklich, außer dass ein paar mehr Symbole britischer Vorherrschaft abgeschafft wurden. Ein halbes Jahrhundert lang blieb den meisten jungen Leuten nur die Möglichkeit, nach Großbritannien oder in die USA auszuwandern, wenn sie eine Zukunft haben wollten. Das Leben derer, die im Land blieben, hieß Armut einerseits und Beherrschung durch einen von der irischen Kirche gepredigten sterilen Katholizismus andererseits.

Nordirland wurde bis zum Jahr 1972 von einer unionistischen Partei der Grundeigentümer und Industriellen regiert, die mithilfe der Bigotterie des Oraniertums die protestantische Mehrheit unter den Arbeitern und Bauern gegen die katholische Minderheit aufhetzte. James Connolly, der nach dem Aufstand von 1916 hingerichtet wurde, hatte vorausgesagt, dass die Teilung der Insel zu einem »Fest der Reaktion auf beiden Seiten der Grenze« führen werde. Die Ereignisse gaben ihm recht. Der britische Imperialismus hatte sich die Angst der besitzenden Klassen Irlands zunutze gemacht und ging fast unbeschadet aus der ersten großen Herausforderung an seine Macht hervor. Diese Lehre merkten sich die Briten und griffen bei nachfolgenden Konflikten auf diese Strategie zurück.

Die indische Nationalbewegung

Die Nationalbewegungen Indiens, Chinas und Ägyptens waren bei Kriegsbeginn wie gelähmt, bis Kriegsende hatten sie jedoch Zulauf erhalten und an Kraft gewonnen. Der Krieg brachte Millionen Asiaten und Nordafrikaner in Kontakt mit dem modernen Kapitalismus. Indische Soldaten kämpften an der Westfront, in Mesopotamien und auf der Halbinsel Gallipoli. Hunderttausende Chinesen, Vietnamesen und Ägypter wurden an verschiedenen Fronten als Hilfskräfte eingesetzt. Der Krieg wurde auch zum Motor der einheimischen Industrie, als der Zufluss von Importen unterbrochen war, und es entstanden riesige neue Märkte für die Kriegswirtschaft.

Mit der Entstehung der neuen Industrien wandelten sich die Klassenstrukturen, so wie schon in der industriellen Revolution Europas – Bauern, Handwerker und Tagelöhner wurden zu einer modernen Arbeiterklasse zusammengeschweißt. Diese Klasse stellte immer noch einen sehr kleinen Anteil an der gesamten Arbeitsbevölkerung dar – weniger als ein halbes Prozent im Falle Chinas. Absolut gesehen handelte es sich jedoch um eine beträchtliche Größe: Es gab etwa 2,6 Millionen Arbeiter in Indien[133] und rund 1,5 Millionen in China.[134] Sie ballten sich in Städten wie Mumbai, Kalkutta, Kanton und

---

133 Zahlen von 1921 aus den offiziellen Statistiken in: Palme Dutt, Rajani, *Guide to the Problem of India*, London 1942, S. 59.
134 Chesneaux, Jean, *The Chinese Labor Movement 1919–27*, Stanford 1968, S. 42.

Schanghai, die sich zu wichtigen Kommunikations- und Verwaltungssitzen entwickelten. Dort machte die Arbeiterklasse bereits ein Fünftel der Bevölkerung aus und konnte laut Jean Chesneaux in seiner Geschichte der chinesischen Arbeiterbewegung »gemessen an ihrer wirklichen Größe im Verhältnis zur Gesamtbevölkerung ein sehr viel größeres Gewicht in die Waagschale werfen«.[135]

Für die Studenten, die Intellektuellen und die Freiberufler aus der Mittelschicht gab es jetzt zwei potenzielle Verbündete, die die Imperialmächte und ihre lokalen Kollaborateure herausfordern konnten. Da gab es zum einen die einheimischen Kapitalisten, die sich einen Staat wünschten, der ihre Interessen gegen die Ausländer verteidigte, und zum anderen die Arbeiter mit ihren eigenen Beschwerden über die ausländische Polizei, die Betriebsleitung und die Aufseher.

Gleichzeitig litt die Mehrheit der Bevölkerung, deren Leben ein ununterbrochener Kampf gegen Hunger und Krankheit war, jetzt auch noch unter den Kriegslasten. Aufgrund von Kriegssteuern und Kriegsanleihen flossen einhundert Millionen Pfund aus Indien zur Aufbesserung der imperialen Kassen ab. Dafür mussten Arbeiter wie Bauern gleichermaßen unter erhöhten Steuern und Preisen bluten.[136]

Die aufgestaute Erbitterung in Indien brach sich in den Jahren 1918 bis 1920 in einer den gesamten Subkontinent erfassenden Agitationswelle Bahn. An einem Textilarbeiterstreik in Mumbai beteiligten sich 125.000 Beschäftigte. In Mumbai, Madras und Bengalen kam es zu Hungeraufständen und in Kalkutta zu gewalttätigen Protesten von Schuldnern gegen Geldverleiher. Massendemonstrationen, Streiks und Unruhen breiteten sich in weiten Gebieten Indiens aus.[137] General Reginald Dyer befahl seinen Truppen, das Feuer auf Tausende Demonstranten in einem von Mauern umgebenen Park zu eröffnen, dem Jallianwala Bagh in Amritsar. Dabei wurden 379 Teilnehmer getötet und 1.200 verletzt. Das Massaker wurde zum Auslöser weiterer Demonstrationen, wobei auch Regierungsgebäude und Telegrafenleitungen

---

135 Chesneaux, *The Chinese Labor Movement*, S. 47.
136 Siehe: Stein, Burton, *A History of India*, Oxford 1998, S. 297.
137 Nach Palme Dutt, *Guide*, S. 112; ähnlich auch Stein, *A History*, S. 304, und Akbar, Mobashar Jawed, *Nehru*, London 1989, S. 116 ff.

zerstört wurden. In der ersten Hälfte des Jahres 1920 fanden über zweihundert Streiks mit 1,5 Millionen Arbeitern statt. In einem Regierungsbericht hieß es:

> Wir sahen eine beispiellose Fraternisierung zwischen Hindus und Muslimen [...]. Selbst die niederen Klassen waren bereit, ihre Differenzen beiseitezulegen. Es kam zu außerordentlichen Verbrüderungsszenen. Hindus nahmen Wasser aus der Hand von Muslimen und umgekehrt.[138]

Aber eben diese kämpferische Stimmung beunruhigte die Führer der nationalistischen Bewegung, deren einflussreichste Persönlichkeit Mahatma Gandhi war. Als Sohn eines Regierungsministers in einem kleinen Fürstenstaat hatte er in London Rechtswissenschaft studiert und war Anwalt. Er stellte fest, dass er mit dem Anlegen von Bauernkleidung und der Betonung hinduistisch-religiöser Themen die sprachliche und kulturelle Kluft zwischen der Englisch sprechenden Mittelschicht und der großen Masse indischer Dörfler leichter überbrücken konnte – im Gegensatz zu dem jungen Jawaharlal Nehru, der in Harrow ausgebildet worden war und kaum Hindi sprechen konnte. Gleichzeitig stand Gandhi einer Gruppe indischer Kapitalisten nahe, die hofften, der indische Kongress werde sich für den Schutz der einheimischen Märkte einsetzen.

Um eine solche Koalition unterschiedlicher Interessen zusammenzuhalten, musste der Bewegung ein Dämpfer versetzt werden, damit der Konflikt sich nicht von einem gegen die britischen Kapitalisten zu einem gegen indische Kapitalisten ausweitete. Gandhis Antwort darauf lautete, die friedliche, disziplinierte Verweigerung der Kooperation mit den Behörden in den Vordergrund zu rücken. Der Mann, der sich nur vier Jahre zuvor für die Unterstützung des Kriegs des britischen Imperialismus gegen Deutschland eingesetzt hatte, erhob jetzt die Gewaltlosigkeit (Ahimsa) zum Prinzip. Selbst dieser friedlichen Nichtkooperation wurden enge Grenzen gesetzt, damit sie nicht in Klassenkampf umschlug. Gandhi lehnte es zum Beispiel ab, zu einem allgemeinen Steuerboykott aufzurufen, weil die Bauern auf die Idee kommen könnten, auch die Pachtzahlung an die Zamindars zu verweigern.

---

138 »India in 1919«, zitiert nach: Palme Dutt, *Guide,* S. 113.

Eine Bewegung wie jene, die Indien in den Jahren 1918 bis 1921 erfasste, ließ sich aber nicht einfach nach Gandhis Vorstellungen disziplinieren. Die Schwere der von britischer Polizei und Armee ausgeübten Unterdrückung und die tief sitzende Verbitterung in der Bauernschaft, bei den Arbeitern und den städtischen Armen ließen friedliche Proteste immer wieder in gewaltsame Auseinandersetzungen umschlagen – wie in Ahmedabad, Viramgam, Kheda, Amritsar und Mumbai. Im Februar 1922 kam die Reihe an Chauri Chaura, ein Dorf in Bihar. Die Polizei eröffnete das Feuer nach einem Handgemenge mit Demonstranten, die daraufhin die Polizeiwache niederbrannten und 22 Wachtmeister töteten. Als Vergeltung wurden 172 Bauern getötet.[139] Ohne Absprache mit der Kongressführung rief Gandhi zur sofortigen Einstellung der Proteste auf und verschaffte so den britischen Behörden ihre dringend benötigte Atempause. Der Gouverneur von Mumbai, Lord Lloyd, gab später zu, dass die Bewegung »uns einen Schrecken eingejagt hat« und »um ein Haar erfolgreich gewesen wäre«.[140] Jetzt konnten sie hart durchgreifen und Gandhi verhaften. Die Bewegung wurde um zehn Jahre zurückgeworfen. Schlimmer noch, die konfessionellen Spaltungen traten jetzt wieder in den Vordergrund, weil jede Gruppierung nun allein der britischen Kolonialmacht ausgeliefert war. In der Folge kam es in der zweiten Hälfte der 1920er Jahre auf dem gesamten Subkontinent zu schweren Zusammenstößen zwischen Hindus und Muslimen.

Die erste chinesische Revolution

Der Aufschwung der Nationalbewegung in China geriet noch gewaltiger als in Indien, die frisch entstandene Industriearbeiterklasse spielte eine sehr viel größere Rolle, erlitt aber am Ende ebenfalls eine schwerere Niederlage.

Am 4. Mai 1919 erreichte China die Nachricht, dass die Siegermächte, die sich in Versailles versammelt hatten, die ehemaligen deutschen Konzessionen in China an Japan vergeben hatten, obwohl der US-amerikanische Präsident Woodrow Wilson sich für das Selbstbestimmungsrecht der Nationen verbürgt

---

139 Eine abweichende Darstellung findet sich bei: Stein, *A History*, S. 309, und Akbar, *Nehru*, S. 152–152.
140 Zitiert nach: Akbar, *Nehru*, S. 154.

hatte. Japan, Großbritannien und Frankreich kontrollierten bereits Eisenbahnen, Häfen, Fluss- und Wasserwege und holten sich ihren Anteil an Steuern und Zolleinkünften, während Polizei und Soldaten der Auslandsmächte die »Ordnung« in den »Konzessionsgebieten« der großen Städte sicherten. In einem Schanghaier Park hingen die berüchtigten Schilder mit der Aufschrift: »Keine Hunde oder Chinesen zugelassen.« Derweil teilten konkurrierende chinesische Generale in der Manier von Kriegsherren mit Rückendeckung der verschiedenen Auslandsmächte das übrige Land auf. Viele Intellektuelle hatten ihr Vertrauen in den Liberalismus der USA gesetzt, um diesen Zustand zu beenden. Jetzt fühlten sie sich im Stich gelassen.

Studentendemonstrationen wurden zum Auslöser einer Massenbewegung, in der sich die Stimmung von Millionen Geltung verschaffte. Sie verfassten Erklärungen, strömten in Versammlungen und zu Protestzügen, boykottierten japanische Güter und unterstützten einen von den Studenten angeführten Generalstreik in Schanghai. Studenten, Angehörige der Mittelschicht und eine wachsende Anzahl Industriearbeiter sahen sich zum Handeln gedrängt, um den Schacher der imperialistischen Mächte um chinesische Gebiete zu beenden und den wirtschaftlichen Niedergang auf dem Land aufzuhalten.

Gruppen von Studenten und Intellektuellen hatten sich bereits zu einer »Erneuerungsbewegung« zusammengeschlossen. Nach ihrer Vorstellung waren auch in China in der Vergangenheit Ideen vergleichbar denen der westlichen Aufklärung aufgekommen, dann jedoch von den Vertretern der konfuzianischen Lehre erstickt worden. Sie begannen auf diesen alternativen Traditionen aufzubauen, um mit den Worten Hu Schis, einer ihrer Führungspersonen, »den Menschen eine neue Wahrnehmung vom Leben zu vermitteln, die sie von den Fesseln der Tradition befreit und ihnen in der neuen Welt mit ihrer neuen Zivilisation ein Gefühl der Heimat gibt«.[141] Von dieser Stimmung wurden Hunderttausende Studenten und Lehrer in Chinas Bildungseinrichtungen »neuen Stils« mitgerissen.[142] Einige chinesische Kapitalisten ermutigten sie auf diesem Weg und sie standen häufig auch der Kuomintang von Sun

---

141 Hu Schi, »The Chinese Renaissance« (Auszug), übersetzt in: Schurmann, Franz, und Orville Schell, *Republican China,* Harmondsworth 1977, S. 55.
142 Zahlen nach: Chesneaux, *Chinese Labor Movement,* S. 11.

Yat-sen nahe. Gleichzeitig wurde die Russische Revolution zu einem wesentlichen Einfluss auf einige Intellektuelle und Studenten, die sich zu fragen begannen, ob der Marxismus auch eine Erklärung für die Geschehnisse in ihrem Land bieten könne. Das Interesse am Marxismus nahm noch zu, als Chinas aufstrebende Arbeiterklasse sich immer öfter an Streiks und Boykotts beteiligte, von denen bald »alle Regionen und Industriezweige erfasst waren«.[143]

Eine Reihe Arbeitskämpfe im Jahr 1922 bewies das Potenzial der neuen Bewegung. Ein Streik von 2.000 Seeleuten in Hongkong weitete sich trotz des verhängten Kriegsrechts zu einem Generalstreik mit 120.000 Teilnehmern aus und die Unternehmer mussten nachgeben. Ein Streik von 50.000 Bergarbeitern der britischen Mine KMA in Nordchina war weniger erfolgreich. Die Werkspolizei der Minen, britische Marinesoldaten und Truppen der Kriegsherren griffen die Streikenden an und verhafteten ihre Gewerkschaftsführer. Mit Unterstützung von Arbeitern, Intellektuellen und sogar einigen bürgerlichen Gruppen konnten die Streikenden immerhin so lange durchhalten, bis sie eine Lohnerhöhung erkämpft hatten. Die chinesische Polizei zerschlug den ersten großen Frauenstreik von 20.000 Arbeiterinnen in den Seidenspinnereien und stellte die Anführerinnen vor ein Militärgericht. Zusammenstöße zwischen der britischen Polizei und Arbeitern in britischen Fabriken in Hankou endeten damit, dass ein Kriegsherr 35 streikende Eisenbahnarbeiter erschoss und einen Gewerkschaftssekretär hinrichten ließ, der sich geweigert hatte, zur Wiederaufnahme der Arbeit aufzurufen. Solche Niederlagen bremsten den Aufschwung der Arbeiterbewegung, konnten den Geist des Widerstands jedoch nicht brechen. Stattdessen schärfte sich das Klassenbewusstsein und es wuchs die Entschlossenheit, den Kampf bei nächster Gelegenheit wieder aufzunehmen.

Das geschah in den Jahren 1924 bis 1927. Kanton im Süden war zum Anziehungspunkt nationalistischer Intellektueller geworden. Sun Yat-sen hatte hier eine verfassungsmäßige Regierung gebildet, seine Herrschaft war jedoch nicht gefestigt, weshalb er nach weiteren Bündnispartnern suchte. Er hatte die Sowjetunion darum gebeten, bei der Reorganisation seiner Kuomintang zu helfen, und forderte Mitglieder der frisch gegründeten Kommunisti-

---

143 Chesneaux, *Chinese Labor Movement*, S. 156.

schen Partei Chinas auf, ihr beizutreten. Der Wert dieser Unterstützung zeigte sich, als mit britischen Geschäftsinteressen verbundene »Kompradorenkapitalisten« versuchten, mit ihren eigenen bewaffneten Kräften, einem 100.000 Mann starken Kaufmannskorps, gegen ihn vorzugehen. Die von den Kommunisten einberufene Konferenz von Arbeiterdelegierten kam ihm zu Hilfe. Mit ihrer Arbeiterarmee gelang es, die Macht des Kaufmannskorps zu brechen, während Drucker Zeitungen der Gegenseite bestreikten.

Im Verlauf des Jahres 1925 zeigte sich erneut die Macht von Arbeiteraktionen verbunden mit nationalen Forderungen auch außerhalb Kantons. Das Wirtschaftsleben in Schanghai kam durch einen Generalstreik zum Erliegen, nachdem die Polizei auf eine Demonstration zur Unterstützung eines Streiks in den japanischen Baumwollfabriken geschossen hatte. Einen Monat lang kontrollierten mit Knüppeln bewaffnete gewerkschaftliche Streikposten den Gütertransport und hielten Streikbrecher gefangen, gleichzeitig gab es Solidaritätsstreiks und Demonstrationen in über einem Dutzend weiterer Städte. Ein anderer großer Streik lähmte Hongkong dreizehn Monate lang. In diesem Streik wurden nationalistische Forderungen (wie Gleichbehandlung von Chinesen und Europäern) und auch wirtschaftliche Forderungen erhoben. Zehntausende streikende Arbeiter aus Hongkong erhielten in Kanton Verpflegung und Unterkunft.

> Die Aufgaben des Streikkomitees gingen weit über das normale Betätigungsfeld einer Gewerkschaftsorganisation hinaus. [...] Im Sommer 1925 entwickelte sich das Komitee faktisch zu einer Art Arbeiterregierung – und tatsächlich lautete der Name damals [...] »Regierung Nr. 2«. Das Komitee verfügte über bewaffnete Kräfte von mehreren Tausend Männern.[144]

In diesem Klima fühlten sich die Kräfte in Kanton stark genug, um nach Norden gegen die Kriegsherren zu Felde zu ziehen, die das übrige Land unter sich hatten. Dieser Marsch, der als Nordfeldzug bekannt wurde, begann im Frühsommer des Jahres 1926. Befehligt wurde er von General Tschiang Kai

---

144 Chesneaux, *Chinese Labor Movement*, S. 293.

Schek. Der organisatorische Kern dieser Armee bestand aus einer Gruppe Offiziere, die frisch aus der von Russen geleiteten Militärschule Whampoa verabschiedet worden waren. Angehörige der Arbeiterarmee, die in dem Streik von Hongkong ins Leben gerufen worden war, schlossen sich dem Feldzug in Massen an.

Militärisch gesehen war der Nordfeldzug ein Triumph. Die Söldnerarmeen der Kriegsherren, die nur durch die Aussicht auf Kriegsbeute zusammengehalten wurden, konnten der revolutionären Begeisterung der Gegenseite nicht standhalten. Die Arbeiter in den Städten der Kriegsherren traten in den Streik, als die Nordexpedition heranrückte. In Hubei und Hunan bewaffneten sich die Gewerkschaften und entwickelten sich noch mehr zu einer Arbeiterregierung als jene von Kanton während des Streiks von Hongkong.[145] Im März 1927 standen die Truppen des Nordfeldzugs kurz vor Schanghai, wo ein Generalstreik von 600.000 Arbeitern ausbrach und die Gewerkschaftsmilizen die Stadt unter ihre Herrschaft brachten, noch ehe Tschiang Kai Schek einrückte.[146] Die Herrschaft über die Stadt ging auf eine Regierung über, an deren Spitze Arbeiterführer standen, allerdings unter Beteiligung nationalistischer Vertreter der Großbourgeoisie. Ein paar Tage lang schien nichts mehr den revolutionären Nationalismus aufhalten zu können. Die Macht der Kriegsherren und der Einfluss der Auslandsmächte würden schon bald gebrochen sein und die Zersplitterung, Korruption und Verarmung des Landes für immer ein Ende nehmen.

Diese Hoffnung wurde wie in Irland und Indien enttäuscht, und das aus sehr ähnlichen Gründen. Der Nordfeldzug war von einer revolutionären Stimmung beseelt, die wiederum mit jedem Sieg breitere Kreise erfasste. Die Offiziere dieser Armee entstammten jedoch einer Gesellschaftsschicht, denen vor dieser Stimmung graute. Sie kamen aus Kaufmanns- und Grundbesitzerfamilien, die aus der Ausbeutung von Arbeitern und noch mehr aus den elenden Lebensbedingungen der Bauern ihren Profit bezogen. Sie waren

---

145 Chesneaux, *Chinese Labor Movement,* S. 325.
146 Einzelheiten in: Chesneaux, *Chinese Labor Movement,* S. 356–361; außerdem: Isaacs, Harold, *The Tragedy of the Chinese Revolution,* Stanford 1961, S. 130–142. Dieser Aufstand dient auch als Rahmen für André Malrauxs Roman *So lebt der Mensch,* während sein Buch *Die Eroberer* vor dem Hintergrund des Hongkonger Streiks spielt.

bereit gewesen, die Arbeiterbewegung als Spielfigur bei ihren Manövern zur Erringung der Macht zu benutzen – und sie wie bei einem Schachspiel zu opfern. Tschiang Kai Schek war bereits gegen die Arbeiterbewegung in Kanton vorgegangen, er hatte kommunistische Aktivisten verhaften lassen und die Gewerkschaften drangsaliert.[147] Für Schanghai plante er noch weitaus härtere Maßnahmen. Er ließ sich von den siegreichen Aufstandskräften die Stadt übergeben und traf sich anschließend mit wohlhabenden chinesischen Kaufleuten und Bankiers, mit Vertretern der Fremdmächte und den kriminellen Banden der Stadt. Er arrangierte einen Angriff dieser Banden im Morgengrauen auf die Büros der wichtigsten linken Gewerkschaften. Die Arbeiterposten wurden entwaffnet und ihre Führungsleute verhaftet. Demonstrationen wurden mit Maschinengewehren zusammengeschossen und Tausende Aktivisten starben unter dieser Schreckensherrschaft. Die Arbeiterorganisationen, die nur wenige Tage zuvor die Stadt in der Hand gehabt hatten, wurden zerschlagen.[148]

Tschiang Kai Schek gelang es, die Linke zu besiegen, allerdings um den Preis, jede Hoffnung auf Beendigung der Fremdbeherrschung oder der Vormachtstellung der Kriegsherren aufzugeben. Ohne den revolutionären Schwung des Marsches von Kanton nach Schanghai gab es nur eine Möglichkeit, sich zum nominellen Regenten des gesamten Lands aufzuschwingen: Er musste Zugeständnisse an die Kräfte machen, die die nationalen Bestrebungen der Chinesen vereiteln wollten. In den folgenden achtzehn Jahren wurde seine Regierung berüchtigt für ihre Korruption, das Gangstertum und ihre Unfähigkeit, sich gegen ausländische Invasoren zu verteidigen.

Diese Episode war der tragische Beweis dafür, dass die aus der Mittelschicht stammende nationalistische Führung ihre eigene Bewegung verrät, wenn die Arbeiter und Bauern den ihnen zugewiesenen Platz in der Gesellschaft zu verlassen drohen. Hier zeigte sich auch die Bereitschaft der neuen Herrscher Russlands, ihre revolutionären Prinzipien aufzugeben, denn sie

---

147 Über diesen Putsch siehe: Chesneaux, *Chinese Labor Movement*, S. 311–313, und Isaacs, *Tragedy*, S. 89–110.
148 In André Malrauxs Roman *So lebt der Mensch*, der diese Ereignisse zum Thema macht, erwartet am Ende die Hauptfigur den Tod aus der Hand von Tschiang Kai Scheks Schergen durch Verbrennung bei lebendigem Leib in einer Kesselfeuerung.

hatten die chinesische Arbeiterschaft trotz der Kantoner Ereignisse aufgefordert, Tschiang Kai Schek zu vertrauen.

Die Erfahrung mit der nationalistischen Revolution in Ägypten war wesentlich dieselbe wie in China, Indien und Irland. Nach dem Krieg befand sich die Gesellschaft in Gärung, und im Jahr 1919 entstand faktisch ein Bündnis zwischen der nationalistischen Mittelschicht und Streikenden unter anderem bei Straßen- und Eisenbahn. Wiederholte Kämpfe zwangen Großbritannien zu einem begrenzten Zugeständnis: einer monarchistischen Regierung, wobei die wichtigsten Entscheidungen weiterhin in britischer Hand lagen. Die größte nationalistische Partei, die Wafd, fiel der Arbeiterbewegung in den Rücken und bildete auf der Grundlage dieses Kompromisses eine Regierung, aus der sie umgehend von Kollaborateuren mit dem britischen Regime vertrieben wurde, weil sie über keine Kräfte verfügte, sich dagegen zu verteidigen.

Mexikos Revolution

Auf der anderen Seite des Atlantiks war Mexiko bei Ausbruch des Ersten Weltkriegs von ähnlichen Unruhen wie Europa erschüttert worden. Das Land war seit Beendigung der spanischen Herrschaft im Jahr 1820 formell unabhängig. Aber eine kleine Elite von Kreolen (Siedlerfamilien) beherrschte weiterhin die Mehrheit der Ureinwohner und der Mestizen, und während der 33 Jahre währenden, zunehmend diktatorischen Präsidentschaft Porfirio Díaz geriet die Volkswirtschaft des Landes immer mehr in die Hand von Auslandskapital vor allem aus den USA. Das Wirtschaftswachstum war in den ersten Jahren des 20. Jahrhunderts immerhin so stark, dass schon von dem mexikanischen »Wunder« die Rede war,[149] obwohl gleichzeitig viele Ureinwohner von ihrem althergebrachten Gemeindeland vertrieben wurden und die Arbeiter (im Jahr 1910 rund 800.000 bei einer Erwerbstätigenbevölkerung von 5,2 Millionen)[150] unter dem ständig sinkenden Lebensstandard litten.[151] Mexika-

---

149 Siehe die Darstellung dieser Zeit in: Ruiz, Ramon E., *The Great Rebellion: Mexico 1905–24,* New York 1982, S. 120 ff., und Gilly, Adolfo, *The Mexican Revolution,* London 1983, S. 28–45.
150 Ruiz, *The Great Rebellion,* S. 58.
151 Nach Gilly, *The Mexican Revolution,* S. 37; Zahlen, die ein ähnliches Bild vermitteln, finden sich bei: Ruiz, *The Great Rebellion,* S. 59, 63.

nische Kapitalisten konnten als Juniorpartner der Auslandskapitalisten gute Geschäfte machen, auch wenn die Beziehungen häufig gespannt waren. Dann wurde Mexiko im Jahr 1907 von der Weltfinanzkrise ereilt und der Traum vom Eintritt in den Klub der fortgeschrittenen Länder zerschlug sich.

Francisco Madero, Sohn einer wohlhabenden Familie von Plantagen-, Textilfabrik- und Bergwerksbesitzern, gelang es, Unterstützung in der Mittelschicht für eine Kampagne zum Sturz des Diktators zu finden und die Unzufriedenheit unter den Massen auf dieses Ziel zu lenken. Bewaffnete Aufstände brachen aus, im Norden angeführt von dem ehemaligen Viehdieb Francisco Villa und im Süden von einem Kleinbauern, Emiliano Zapata. Der Diktator ging ins Exil und Madero wurde zum Präsidenten gewählt.

Zapatas Bauernarmee forderte die Aufteilung des Großgrundbesitzes, was viele der wohlhabenden Anhänger Maderos und die Regierung der Vereinigten Staaten verärgerte, mehr noch als das Verhalten des abgedankten Diktators. Es kam zu einer Reihe blutiger Schlachten. Maderos Truppen stießen mit den Bauernarmeen im Norden und Süden zusammen, bis er mit Rückendeckung des US-amerikanischen Botschafters von seinem eigenen General Huerta ermordet wurde. Zwei wohlhabende Mitglieder der Mittelschicht, Venustiano Carranza und Álvaro Obregon, stellten eine »konstitutionalistische« Armee auf, um Maderos Linie weiterzuverfolgen. Zapata und Villa schlugen Huerta und besetzten Mexiko-Stadt.

Auf einer berühmten Fotografie vom November 1914 sind Zapata und Villa gemeinsam im Präsidentenpalast abgelichtet. Dies war der Höhepunkt der Revolution und gleichzeitig ihr Ende. Den Führern der Bauernarmeen gelang es nicht, eine Zentralmacht zu errichten. Ihnen fehlte ein Programm zur Vereinigung der Arbeiter und Bauern mit dem Ziel der Revolutionierung des Lands. Erst später kam Zapata der Aufstellung eines solchen Programms nahe. Sie räumten die Hauptstadt und zogen sich auf ihre jeweiligen Stützpunkte im Norden und im Süden zurück, wo sie eher hilflosen Widerstand gegen die konstitutionalistischen Generale leisteten, die sich weigerten, eine echte Landreform durchzuführen.

Es kam nicht sofort zu einer Konterrevolution wie zwölf Jahre später in China. Carranza und Obregon übten sich weiterhin in revolutionärer Rhetorik, widerstanden dem Druck der USA und machten den Massen Versprechungen. Erst als Zapata im April 1919 ermordet wurde, fühlten sich die mexikanischen Kapitalisten wieder sicher. Aber auch jetzt noch beuteten die Politiker aus der Mittelschicht die Gefühle, die die Revolution erzeugt hatte, für ihre eigenen Zwecke aus und regierten das Land faktisch als Einparteienstaat durch ihre Partei der Institutionellen Revolution. Für den Kapitalismus blieb Mexiko dennoch ein sicherer Hafen.

Leo Trotzki, der im Jahr 1927 aus Moskau schrieb, zog die Lehren aus diesen Aufständen in der Dritten Welt, wie wir heute sagen, wobei er an eine Bemerkung Marx' über Deutschland nach den Ereignissen des Jahres 1848 und seine eigene Analyse der Lage in Russland nach 1905 anknüpfte. Frühere Beobachter hatten die »ungleichmäßige« Entwicklung des Kapitalismus festgestellt – die Art und Weise, wie er in einigen Gegenden der Welt Fuß fasste, ehe er sich weiterverbreitete. Trotzki betonte die »*kombinierte* und ungleichmäßige Entwicklung«.[152]

Trotzkis Argumentation lautete wie folgt: Mit dem Aufstieg des Kapitalismus war ein umspannendes System entstanden, das noch die wirtschaftlich rückständigsten Gegenden der Welt erfasste. Er zerriss die überkommenen herrschenden Klassen und entzog den alten Mittelschichten den Boden. Die Herrschaft kolonialer Klassen, Auslandskapital und Konkurrenz von Industrien in bereits entwickelten Ländern behinderten die Entfaltung einer einheimischen Kapitalistenklasse. Die Mittelschichten versuchten dieses Hindernis zum Zwecke des eigenen Fortkommens zu überwinden, indem sie für einen gänzlich unabhängigen Nationalstaat kämpften. Damit riskierten sie, dass Klassen in Bewegung gerieten, vor denen sie sich fürchteten, denn dank moderner Verkehrssysteme und Nischen moderner Industrie war eine kämpferische, gebildete Arbeiterklasse entstanden und Millionen Menschen wurden aus der Isolation ihres Dorflebens geholt. Aufgrund der Furcht vor diesen Klassen vergaßen die »nationalen Kapitalisten« und große Teile der Mittelschichten ihre Feindschaft gegen die alten herrschenden Klassen oder Kolonialmächten. Nur die »permanente« Revolution, in der die Arbeiterklasse die Initiative ergriff und die verbitterten Bauern mit sich zog, konnte die nationalen und demokratischen Forderungen erfüllen, zu denen die nationale Bourgeoisie nur ein Lippenbekenntnis ablegte.

152 Siehe: Trotzki, Leo, *Die Dritte Internationale nach Lenin*, Essen 1993, und Trotzki, *Die Permanente Revolution*.

Entsprechend hatte sich die Revolution im Jahr 1917 in Russland entwickelt. Aber es geschah nicht in der Dritten Welt. Als mächtigster Imperialismus der Welt am Ende des Kriegs war Großbritannien von den Aufständen in Irland, Indien, China und Ägypten geschwächt, hinzu kamen in dieser Zeit noch große Arbeiterunruhen in Großbritannien selbst und der revolutionäre Aufruhr in ganz Europa. Es konnte jedoch an einem Kolonialreich festhalten, das sich durch Einverleibung der deutschen Kolonien in Afrika und eines Großteils der osmanisch-arabischen Besitzungen noch ausgedehnt hatte. Auch der französische, belgische, holländische, japanische und zunehmend auch ein unverblümter US-amerikanischer Imperialismus blieben unbeschadet und trugen dazu bei, dass sich der Kapitalismus wieder stabilisieren konnte.

5
Die »Goldenen Zwanziger«

Die »neue Ära«, das »Zeitalter des Jazz«, die »Goldenen Zwanziger« – so bezeichneten Medien und bürgerliche Politiker die 1920er Jahre in den Vereinigten Staaten. Aus dem Krieg waren sie als größte Volkswirtschaft der Welt hervorgegangen, die auch weiterhin wuchs und gedieh. Und während Großbritannien und Deutschland sich gegenseitig an die Gurgel gingen, kauften die USA viele britische Überseeinvestitionen auf und verzeichneten weiteres Wirtschaftswachstum, bis die Produktion im Jahr 1928 im Vergleich zu 1914 auf das Doppelte gestiegen war.

Dieses Wachstum war begleitet von einer anscheinend magischen Transformation des Lebens unzähliger Menschen. Die zu Beginn der 1890er und Anfang der 1900er Jahre gemachten Erfindungen, die anfangs nur einer sehr kleinen Minderheit von Reichen zugutegekommen waren, kamen nun in Massengebrauch – das elektrische Licht, das Grammofon, das Radio, das Kino, der Staubsauger, der Kühlschrank, das Telefon. In Henry Fords Fabriken wurde mit dem Model T das erste Fließbandauto hergestellt, und das Spielzeug der Reichen fuhr jetzt auf den Straßen der Bürgerviertel und wurde hier und da sogar in Arbeitervierteln gesichtet. Immer häufiger flogen Flugzeuge über die Köpfe der Menschen hinweg und senkten die Reisezeit über den Kontinent für die wenigen Glücklichen von Tagen auf Stunden. Es war, als wären die Menschen über Nacht aus der Dunkelheit, Stille und beschränkten Mobilität gerissen und in ein neues Universum augenblicklichen Lichts, ständiger Geräusche und schneller Bewegung katapultiert worden.

Der Begriff »Zeitalter des Jazz« drückte diesen Wandel aus. Es hatte immer volkstümliche Musik gegeben. Aber sie war verbunden mit bestimmten Orten und bestimmten Kulturen, da die meisten Menschen weitgehend isoliert voneinander lebten. Die einzige internationale oder interregionale Musik war die »klassische« für die relativ mobilen Ausbeuterklassen und die religiöse Musik. Mit dem Wachsen der Städte im 18. und 19. Jahrhundert änderte sich das. Musik- und Tanzsäle entstanden, Gesangsvereine wurden gegründet und Notenblätter durch Massendruck allen zugänglich. Mit Grammofon und Radio jedoch entstand ein neuer kultureller Raum, der empfänglich war für die Klänge und Rhythmen der Industriewelt, das Tempo des Stadtlebens und die Pein der Vereinzelung in einer Welt, in deren Mittelpunkt der Markt stand. In diesem Klima konnte Jazz oder zumindest der verwässerte Jazz, der Grundlage der neuen Populärmusik wurde, Fuß fassen. Einstige Sklaven aus dem amerikanischen Süden hatten afrikanische und europäische Musik miteinander verschmolzen, während sie nach dem Diktat der Warenproduktion auf den Feldern schufteten. Mit einer riesigen Wanderungsbewegung von den Baumwoll- und Tabakfeldern in den Norden kam der Jazz in die Städte des mächtigsten Kapitalismus der Welt. Und von hier aus sprach er Millionen Menschen unterschiedlichster Herkunft in aller Herren Ländern an, die von der Flut der kapitalistischen Akkumulation mitgerissen wurden.

Wirtschaftskrise und Arbeitslosigkeit wurden in dieser Zeit zu einer fernen Erinnerung und der »Prosperität« schienen keine Grenzen gesetzt. Der US-amerikanische Wirtschaftswissenschaftler Alvin H. Hansen verlieh der neuen, allgemein akzeptierten Weisheit Ausdruck, als er im Jahr 1927 schrieb, »die Kinderkrankheiten« des Kapitalismus seien »gelindert« und »der Konjunkturzyklus ändere seinen Charakter«.[153] Ein weiterer Ökonom, Bernhard Baruch, sagte in einem Interview vom Juni 1929 dem *American Magazine*, »die wirtschaftliche Situation der Welt steht an der Schwelle, einen gewaltigen Schritt nach vorn zu machen«.[154]

Auch für die Mittelschichten schienen die früheren Konflikte endgültig der Vergangenheit anzugehören. Die Niederlage des Stahlarbeiterstreiks im

---

153 Zitiert nach: Sternberg, Fritz, *The Coming Crisis*, London 1947, S. 26.
154 Zitiert nach: Galbraith, John Kenneth, *Der große Crash 1929*, München 2005, S. 107.

Jahr 1919 hatte den Willen der American Federation of Labor (AFL) gebrochen, ihre Gewerkschaften über die kleine Schicht von Facharbeitern hinaus aufzubauen. Durch eine Reihe polizeilicher Maßnahmen, angeordnet von Generalstaatsanwalt A. Mitchell Palmer und dem künftigen FBI-Chef J. Edgar Hoover, waren die alten Kämpfer der IWW und die neuen Kämpfer der Kommunistischen Partei besiegt worden. Arbeitern, die ihre eigene Lage zu verbessern suchten, blieb nur noch der Glaube an den »amerikanischen Traum« vom individuellen Erfolg – so wie der spätere trotzkistische Streikführer Farrell Dobbs, der seinerzeit die Republikaner wählte, einen Laden zu eröffnen erwog und von Beruf Richter werden wollte.[155] Führende Wirtschaftswissenschaftler, Geschäftsleute und Politiker wie John J. Raskob, Vorsitzender des Nationalkomitees der Demokraten und Direktor von General Motors, erklärten: »Jedermann soll reich sein.« Es reiche, monatlich fünfzehn Dollar zu sparen und in Aktien anzulegen.[156]

Selbst die Ärmsten der US-amerikanischen Gesellschaft schienen Hoffnung schöpfen zu können. Verarmte weiße Bauern aus den Appalachen und schwarze Erntehelfer aus dem Süden strömten auf der Suche nach Arbeit nach Detroit, Chicago und New York. Dies waren die Jahre der »Harlem-Renaissance«, als selbst die Ghettos im Norden den Enkeln der Sklaven ein Licht der Hoffnung zu sein schienen. Immer noch gab es tief sitzende Verbitterung und Empörung, aber sie wurde vor allem durch die Bewegung Marcus Garveys in ungefährliche Bahnen gelenkt. Garvey predigte die Separation der Schwarzen, einen schwarzen Kapitalismus und die »Rückkehr nach Afrika«, womit er den direkten Konflikt mit dem US-amerikanischen System aus dem Weg ging. Wer nur die Oberfläche sah, der konnte meinen, dass nirgendwo Zweifel am »amerikanischen Traum« aufkamen, da die Anzahl der Aktienkäufer ins Unermessliche stieg.

Die Ankunft der neuen Zeit und das Zeitalter des Jazz verzögerten sich in Europa. In Deutschland folgte der Krise des Jahres 1923 – als entweder die sozialistische Revolution oder eine faschistische Herrschaft auf der Tagesordnung zu stehen schien – eine kurze und wüste Geldentwertung. Danach erlaubten die nach dem »Dawes-Plan« von den USA vergebenen Kredite dem

---

155 Dobbs, Farrell, *Teamster Rebellion*, New York 1986.
156 Zitiert nach: Galbraith, *Der große Crash*, S. 88.

Kapitalismus eine Erholung. Die Industrieproduktion erreichte schon bald ein Niveau, das über dem von 1914 lag, und die politische Stabilität schien wieder hergestellt. Die Wahlen von 1928 spülten eine sozialdemokratische Koalitionsregierung an die Macht, Hitlers Nazis erhielten nur leicht über 2 Prozent der Stimmen, die Kommunisten dagegen 10,6 Prozent. Im Sommer des Jahres 1928 verbreitete Hermann Müller, Vorsitzender der Sozialdemokraten, Zuversicht: »Unsere Volkswirtschaft ist gesund, unser Wohlfahrtssystem ist gefestigt, und wir werden sehen, wie Kommunisten und Nazis gleichermaßen von den traditionellen Parteien verschlungen werden.«[157]

Großbritannien hatte zweieinhalb Jahre nach Deutschland eine schwere Krise befallen. Der Schatzkanzler Winston Churchill war entschlossen, die Restauration britischer Stärke zu demonstrieren, indem er das britische Pfund auf den Vorkriegskurs zum Dollar festsetzte. In der Folge stiegen die Preise für britische Exportgüter und in Kernindustrien nahm die Arbeitslosigkeit zu. Die Regierung versuchte, die erhöhten Kosten durch eine allgemeine Lohnkürzung und verlängerte Arbeitszeit auszugleichen, und nahm als Erstes die Bergbauindustrie aufs Korn. Die Bergarbeitergewerkschaft weigerte sich, diese Bedingungen anzunehmen, und ihre Mitglieder wurden im Mai 1926 ausgesperrt. Andere Gewerkschaftsführer riefen zur Unterstützung des Arbeitskonflikts zu einem Generalstreik auf, bliesen ihn aber nach neun Tagen wieder ab und unterwarfen sich trotz der Wirksamkeit ihrer Aktion demütig. Die Unternehmer erhielten freie Hand bei der Verfolgung von Aktivisten und der Zerschlagung der gewerkschaftlichen Organisationen in einer Branche nach der anderen.

Als die Ruhrkrise in Deutschland und der Generalstreik in Großbritannien vorbei waren, begann der Ton der neuen Ära in den USA auch das Denken in Europa zu beeinflussen. Die Mittelschicht kam in den Genuss einer

---

157 Zitiert nach: Braunthal, Julius, *In Search of the Millennium*, London 1945, S. 270 (in der deutschen, veränderten Fassung nicht enthalten). Siehe auch Daniel Guérins Beschreibung der Gewerkschaftsführer, die Ende der 1920er Jahre das US-amerikanische Modell in Frankreich übernahmen; in: Guérin, Daniel, *Front populaire, révolution manquée*, Paris 1997, S. 79 f. Diese Art Optimismus steht in deutlichem Kontrast zu Eric Hobsbawms Behauptung, Mitte bis Ende der 1920er Jahre »konnte es dann kaum mehr jemanden überraschen, dass die Weltwirtschaft wieder in Schwierigkeiten war«. Siehe: Hobsbawm, Eric, *Das Zeitalter der Extreme*, S. 122.

breiten Palette in industrieller Massenproduktion gefertigter Konsumgüter und es schien nur noch eine Frage der Zeit zu sein, bis auch Arbeiter sich diese leisten könnten. Und wenn die USA der Wirtschaftskrise entrinnen konnten, dann konnte das auch Europa. In Deutschland meinte Werner Sombart ähnlich wie Hansen: Es »besteht die deutliche Neigung im europäischen Wirtschaftsleben, die Gegensätze auszugleichen, abzumildern, zum Verschwinden zu bringen«.[158] Und nicht zuletzt behauptete Eduard Bernstein, seine Prophezeiung von einem friedlichen Übergang vom Kapitalismus zum Sozialismus stünde vor der Erfüllung. Es sei absurd, die Weimarer Republik eine »kapitalistische Republik« zu nennen, sagte er. »Schließlich habe auch die Entwicklung von Kartellen und Monopolen ein Anwachsen der öffentlichen Kontrolle zur Folge gehabt, was später zu einer Metamorphose in gemeinnützige Körperschaften führen werde«, beschreibt Peter Gay Bernsteins Position.[159] Selbst in Großbritannien, wo die Arbeitslosigkeit weiterhin die alten Industriegebiete plagte, beging der Gewerkschaftsbund Trade Union Congress (TUC) den ersten Jahrestag der Niederlage der Bergarbeiter mit der Einleitung einer Gesprächsrunde mit den Großunternehmen, genannt die Mond-Turner-Gespräche (nach dem Vorsitzenden der Imperial Chemical Industries, Alfred Mond, und dem Führer der Wolltextilarbeiter Ben Turner). Das Ziel lautete, an die Stelle des Konflikts »Kooperation« zu setzen, »um die Effizienz der Industrie und so auch den Lebensstandard der Arbeiter zu heben«.[160] Eine Labour-Minderheitsregierung trat im Jahr 1929 das Amt mit Unterstützung der Liberalen an.

Auch die herrschende Gruppierung in Russland wurde von dem Glauben angesteckt, der Kapitalismus sei in eine Zeit langfristiger Stabilität eingetreten. Vor diesem Hintergrund entwickelten mit Josef Stalin als Generalsekretär der Kommunistischen Partei der Sowjetunion (KPdSU) und dem Theoretiker Nikolai Bucharin zwei zunehmend einflussreiche Personen im Jahr 1925

---

158 Sombart, Werner, *Das Wirtschaftsleben im Zeitalter des Hochkapitalismus*, Band 3, 2. Halbband, München und Leipzig 1927, S. 702. Siehe auch: Sternberg, *The Coming Crisis*, S. 29 f.
159 Gay, Peter, *Das Dilemma des demokratischen Sozialismus: Eduard Bernsteins Auseinandersetzung mit Marx*, Nürnberg 1954, S. 270. Gay gibt hier verkürzt eine von Bernstein im Juni 1925 gehaltene Rede wieder.
160 George Hicks auf der TUC-Konferenz, zitiert nach: Miliband, *Parliamentary Socialism*, S. 149.

ihre neue Lehre, wonach es möglich sei, den Sozialismus in einem Land aufzubauen. Der Kapitalismus habe sich stabilisiert, behaupteten sie, und eine Revolution sei unwahrscheinlich geworden.[161] An die Begrifflichkeit des deutschen Sozialdemokraten Hilferding anknüpfend meinte Bucharin, der Westen habe das Stadium des »organisierten Kapitalismus« erreicht, was eine schnelle wirtschaftliche Expansion ermögliche und die Krisengefahr senke.[162]

Die Geburt des Neuen

Während sich die Stimmung der Mittelschichten wieder hob, die neue Populärkultur Einzug hielt und etwas von dem Vorkriegsoptimismus einkehrte, stand die volkswirtschaftliche Erholung eher auf tönernen Füßen. Eine ganze Generation junger Männer in Europa hatte erleben müssen, wie ihre Illusionen im Schlamm an der Front von Flandern zertreten wurden, und es fiel nicht leicht, diese Erfahrung zu vergessen. Die Atmosphäre war eher von zynischer Genusssucht geprägt als von neuer Hoffnung.

Das fand seinen Niederschlag in der »hohen Kunst« der Zeit – in der Malerei, Bildhauerei, modernen klassischen Musik und der Literatur. Selbst vor dem Krieg hatte es eine Minderheit gegeben, die den bequemen Glauben an den unausweichlichen Fortschritt in Zweifel gezogen hatte. Die Mechanisierung der Welt wirkte schon wie ein zweischneidiges Schwert – einerseits war sie Beleg für beispiellose Stärke und Dynamik, andererseits machte sie die Idee zunichte, dass Menschen ihr eigenes Leben regeln könnten. Philosophische und kulturelle Strömungen kamen auf, die jede Vorstellung von Fortschritt infrage stellten und das Irrationale in den Mittelpunkt rückten. Diese Strömungen erhielten noch Nahrung durch Entwicklungen in der theoretischen Physik (die besondere Theorie von der Relativität im Jahr 1905, die allgemeine Relativitätstheorie im Jahr 1915 und Heisenbergs »Unschärferela-

---

161 Siehe die Darstellung der Argumentation Stalins und Bucharins im Jahr 1925 in: Day, Richard B., The »Crisis« and the »Crash«, London 1981, S. 80 f.
162 Eine Zusammenfassung der Argumentation Bucharins im Jahr 1928 findet sich in: Day, The »Crisis« and the »Crash«, S. 156–159. Zu dieser Zeit hatte Stalin eine neue Wende vollzogen und behauptete, der Zusammenbruch des Kapitalismus sei unvermeidlich, weshalb die westlichen Kommunisten mit einem baldigen Aufstand rechnen könnten. Diese Vorstellung war genauso falsch wie die Bucharins.

tion« in der Quantenmechanik Mitte der 1920er Jahre), die das alte mechanische Modell vom Universum ablösten. Gleichzeitig schien die Beliebtheit der Psychoanalyse dem Glauben an die Vernunft, der für Sigmund Freud selbst so wichtig gewesen war, den Boden zu entziehen.[163]

Schriftsteller und Künstler versuchten mit der sie umgebenden neuen Welt zurechtzukommen, was sich in einem revolutionären künstlerischen und literarischen Stil niederschlug. Die »Revolution« beruhte auf einer tiefgreifenden Doppeldeutigkeit – der Bewunderung für die mechanische Welt und gleichzeitig dem Erschrecken vor ihr. Dies war die Geburtsstunde des »Modernismus«. Sein Kennzeichen war die Betonung von Formalismus und mathematischer Genauigkeit, aber auch der Dissonanz widerstreitender Bilder und Töne und der Auflösung des Individuellen und Gesellschaftlichen in seine Einzelteile. Bis zur Mitte des 19. Jahrhunderts (der ungarische marxistische Kulturkritiker Georg Lukács nennt 1848 als das entscheidende Datum) war die gehobene Kultur von den Bemühungen von Helden und Heldinnen der Mittelschicht geprägt, die Welt um sich zu meistern, wobei sie häufig auf tragische Weise scheiterten.[164] Die gehobene Kultur der Zeit nach dem Ersten Weltkrieg dagegen konzentrierte sich auf die Fragmentierung der Gesellschaft und Reduzierung der Individuen auf Spielzeuge von Mächten, die außerhalb ihres Zugriffs lagen, wie in Franz Kafkas Romanen *Der Prozess* und *Das Schloss*, in Alban Bergs Oper *Lulu*, in T. S. Eliots Gedicht *Das wüste Land*, in John Dos Passos' Trilogie *U.S.A.*, in den frühen Stücken von Bertolt Brecht und in den Malereien Pablo Picassos aus seiner Periode des »analytischen Kubismus«.

Die innere Zersplitterung der Kunst- und Literaturwerke als einfacher Reflex der zersplitterten Welt war für die besten Künstler und Schriftsteller jedoch unbefriedigend, sie versuchten mit unterschiedlichem Erfolg die Ein-

---

163 In seinem im Jahr 1930 veröffentlichten Werk *Das Unbehagen in der Kultur* scheint Freud schließlich davon auszugehen, dass Kultur an sich unvereinbar ist mit einem rationalen Umgang mit den menschlichen Instinkten.
164 Siehe zum Beispiel: Lukács, Georg, »Der historische Roman (Probleme des Realismus III)«, *Werke*, Band 3, Neuwied, Berlin 1965, und: »Probleme des Realismus I (1) – Essays über Realismus«, *Werke*, Band 4, Neuwied 1971. Nach Lukács wird der »realistische« Roman von vor 1848 einerseits von dem mechanischen Naturalismus und andererseits von subjektivistischem Psychologismus abgelöst. Aus diesem Grund lehnt er den Großteil der Literatur des 20. Jahrhunderts ab. Dennoch können wir seine Grundeinsicht akzeptieren, ohne seine Schlussfolgerung zu teilen.

zelteile zu einem neuen Muster zu ordnen, das der Menschlichkeit in einer mechanisierten Welt wieder einen Ort gab. Angesichts einer Realität, die selbst fragmentiert und unmenschlich war, begannen viele Künstler auch politische Schlussfolgerungen zu ziehen. Schon in den 1920er Jahren hatten die italienischen Futuristen sich der blinden Irrationalität des Faschismus angeschlossen, während die russischen Futuristen auf die Seite der Russischen Revolution mit ihrem rationalen Versuch der Neugestaltung der Welt übergegangen waren. Die meisten Modernisten versuchten jedoch in diesem Jahrzehnt, sich einer Entscheidung zwischen den beiden Polen durch einen auftrumpfenden Avantgardismus zu entziehen, womit sie sich bewusst von der Populärkultur abschnitten, selbst wenn sie einige ihrer Ausdrucksformen übernahmen. Vielleicht teilten sie die Illusionen der Zeit nicht, aber sie fochten sie in der Öffentlichkeit auch nicht an. Wie enttäuscht sie von den Goldenen Zwanzigern auch gewesen sein mochten, war ihr Modernismus dennoch ein Kind dieser Zeit.

Zwölf Jahre lang war die Welt durch Krieg, Revolution und Kolonialaufstände gegangen. Aber im Jahr 1927 waren sich die herrschenden Kreise der Welt einig, dass das Trauma vorüber war. Kaum jemand hätte dem US-Präsidenten Calvin Coolidge nicht zugestimmt, als er im Dezember 1928 erklärte: »Kein Kongress der USA, der sich je versammelte, hat günstigere Verhältnisse gefunden als die, die sich uns gegenwärtig bieten.« Nur wenige hatten auch nur eine Ahnung von dem herannahenden Schrecken.

6
Die große Krise

Die Hoffnungen des Jazz-Zeitalters zerstoben mit einem Schlag am 24. Oktober 1929, dem Schwarzen Donnerstag. An diesem Tag sackten die Aktienkurse um fast ein Drittel ab. Reiche Spekulanten, die ihr Vermögen verwettet hatten, waren von heute auf morgen pleite, die Zeitungen berichteten von elf Selbstmorden an der Wall Street. Viele verloren ihre gesamten Ersparnisse. Für all jene, die an die Geldmaschine geglaubt hatten, ging eine Ära zu Ende.

Der Börsenkrach war Ausdruck für sehr viel tiefer liegende Fehler im System. Die deutsche, US-amerikanische und britische Volkswirtschaft hatten schon vorher erste Anzeichen einer Konjunkturabschwächung gezeigt.[165] Nun stürzte die Produktion vollends ab und die USA rissen die anderen Länder mit sich. Bereits Ende des Jahres 1930 wurde weniger produziert als in den vorangegangenen Nachkriegsjahren. Der neue Präsident der USA, Herbert Hoover, behauptete, der Aufschwung sei »gleich um die Ecke«, stattdessen verschärfte sich der Abschwung noch. Das Jahr 1930 war schon schlimm, die folgenden Jahre wurden noch schlimmer. In den Jahren 1931 bis 1932 mussten fünftausend Ortsbanken in den USA und zwei Großbanken in Deutschland und Österreich den Bankrott erklären. Ende des Jahres 1932 war der Industrieausstoß weltweit um ein Drittel gesunken, in den USA sogar um 46 Prozent.

Nie zuvor hatte es eine Krise solchen Ausmaßes und solcher Dauer gegeben. Drei Jahre nach Einsetzen des Abschwungs war immer noch kein Anzeichen für eine Erholung zu erkennen. In den USA und in Deutschland waren jeweils ein Drittel der Erwerbsfähigen arbeitslos, in Großbritannien ein Fünftel. Nicht nur Industriearbeiter waren in Deutschland und den USA davon

---

165 Kindleberger, Charles P., *Die Weltwirtschaftskrise. 1929–1939*, München 2010, S. 158 f., 168; siehe auch: Corey, Lewis, *The Decline of American Capitalism*, London 1938, S. 184.

betroffen. Angestellte, die sich selbst noch der Mittelschicht zurechneten, wurden vom System ausgespien und die Bauern von den Banken in die Zange genommen, als die Getreidepreise einbrachen.

So wie ein Krieg in Europa in einen Weltkrieg ausuferte, wuchs sich die Krise in den USA und in Westeuropa zu einer Weltwirtschaftskrise aus. Sie verheerte die Länder der Dritten Welt, deren Volkswirtschaften auf die Produktion von Nahrungsmitteln und Rohstoffen ausgerichtet waren. Plötzlich war der Markt für ihre Güter weggebrochen. Menschen, die soeben erst in die Welt des Geldes hineingezogen worden waren, wurden von heute auf morgen wieder davon abgeschnitten, aber sie verfügten jetzt über keine anderen Mittel mehr, um ihren Lebensunterhalt zu bestreiten.

Nicht nur die ausgebeuteten Klassen waren von der Krise betroffen, sie richtete auch Chaos in der herrschenden Klasse an, als alteingesessene Unternehmen Konkurs anmelden mussten. Bankiers waren in größter Sorge, selbst zu den Bankrotteuren abzusteigen, und die Industriellen sahen mit den Märkten auch ihre Profite schwinden. Sie wandten sich hilfesuchend an den Staat, um die ausländische Konkurrenz abzuwehren, und nationale Währungen wurden mehrfach abgewertet, als die Kapitalisten der jeweiligen Länder die Preise der Rivalen zu unterbieten suchten. Ein Land nach dem anderen verhängte Zölle und Importquoten. Selbst Großbritannien, seit 1846 Hochburg des Freihandels, setzte auf dieses Mittel. Der Welthandel sank auf ein Drittel des Jahres 1928. Entgegen den Mythen, die von einigen Politikern und Wirtschaftswissenschaftlern seitdem verbreitet wurden, waren aber nicht die Handelskontrollen Ursache der Wirtschaftskrise, da diese schon längst eingesetzt hatte, sie waren vielmehr selbst einer ihrer Auswüchse.

Die Krise ruinierte das Leben der bereits verarmten Zaungäste der Goldenen Zwanziger endgültig. Überall in den Straßen der westlichen Großstädte waren sie zu sehen, wie sie sich mit hageren, erschöpften Gesichtern und in abgetragenen Mänteln zu den Suppenküchen schleppten. Auch die Kleinbauern der Welt fürchteten den Verlust ihres Lands und sorgten sich, dass der Preis für ihre Ernte sich nie mehr hinreichend erholen könnte, um Pachten und Steuern zu decken, während sie als Selbstversorger zu überleben suchten. Die nach kapitalistischer Logik »rückständigsten« Bauern – die mit ihrer Eigenwirtschaft kaum in die Geldwirtschaft integriert waren – überstanden am ehesten die Krise. Wer seine Arbeitskraft verkaufen musste, hatte keine Mittel, auf die er oder sie in der Not zurückgreifen konnte. Selbst der alte Fluchtweg der Auswanderung nach Amerika war durch die Massenarbeitslosigkeit dort versperrt.

In London, Chicago, Berlin und Paris, in Glasgow, Marseille und Barcelona, in Kalkutta, Schanghai, Rio de Janeiro, Dublin, Kairo und Havanna – überall gab es dieselbe Trostlosigkeit, dieselbe Verbitterung, die zum Zündfunken neuer Hoffnung werden oder in wilde Verzweiflung umschlagen konnte.

Die 1930er Jahre waren ein Jahrzehnt, in dem die Kräfte der Hoffnung und Verzweiflung auf den Straßen jeder Stadt miteinander rangen. In diesem Jahrzehnt gingen sich Revolution und Konterrevolution an die Gurgel. Am Ende hatte die Konterrevolution gesiegt und stürzte die Welt in einen neuen Krieg, diesmal begleitet von einer Barbarei, die noch das Gemetzel des Ersten Weltkriegs in den Schatten stellte.

Russland: Die Revolution wird auf den Kopf gestellt

Der Kommunismus war einer der Nutznießer der Wirtschaftskrise im Westen und der Dritten Welt. Der Zusammenbruch des Kapitalismus bestätigte, was revolutionäre Sozialisten seit anderthalb Jahrzehnten behauptet hatten, und diejenigen, die mit größter Energie die Auswirkungen der Krise abzuwehren suchten, waren die Kommunisten. Sie führten die Arbeitslosendemonstrationen an, die in New York, Chicago, London, Birkenhead, Berlin oder Paris von der Polizei niedergeknüppelt wurden. Sie führten verzweifelte Abwehrkämpfe gegen Lohnkürzungen in den Bergwerken von Fife und Südwales, den Obsthainen von Kalifornien und den Autofabriken von Paris. Sie wurden vor Gericht gestellt, weil sie im von Großbritannien beherrschten Indien Gewerkschaften aufbauten, in China Bauernguerillas aufstellten, in den Elendsvierteln Südafrikas den Widerstand organisierten und bei dem Kampf gegen Rassismus in den amerikanischen Südstaaten ihr Leben aufs Spiel setzten.

Die 1930er Jahre wurden auch das »rote Jahrzehnt« genannt, weil der Kommunismus große Anziehungskraft auf Intellektuelle ausübte. Schon im Jahr 1933 fühlten sich Romanschriftsteller wie John Steinbeck, John Dos Passos, Theodore

Dreiser, James T. Farrell, Richard Wright und Dashiell Hammett in den USA von ihm angezogen, oder Lewis Grassic Gibbon in Schottland, W. H. Auden und Christopher Isherwood in England, André Gide in Frankreich und der Dramatiker Bertolt Brecht in Deutschland. Daneben gab es weniger bekannte Leute, die »Arbeiterromane« verfassten, das »Agitproptheater« zu den Massen brachten und sich in kleinen Literaturmagazinen mitteilten. Der Linksschwenk unter Intellektuellen war Ausdruck einer weitverbreiteten Stimmung bei denen, die nach einer Alternative zu den Verheerungen der Krise suchten, einer Stimmung, die auch überall bei einer Minderheit von Arbeitern in den Fabriken und den Arbeitslosenschlangen zu finden war. Die meisten traten nie kommunistischen Parteien bei, aber sie sahen im Kommunismus eine Alternative.

In den 1930er Jahren war der Kommunismus für die überwiegende Mehrheit untrennbar mit der Sowjetunion verbunden, und es galt auch woanders der Russischen Revolution nachzustreben. Als es zum Börsenkrach an der Wall Street kam, war von der Revolution von 1917 in Russland aber so gut wie nichts mehr übrig.

Wie wir schon gesehen haben, hatte Lenin vor seinem Tod im Jahr 1924 schon auf die »Deformationen« und die Bürokratisierung aufmerksam gemacht, die den Arbeiterstaat plagten. Diese Entwicklung hatte Mitte der 1920er Jahre bereits monströse Ausmaße angenommen. Das revolutionäre Regime hatte sich von den Verwüstungen und der schweren Not, die der Bürgerkrieg mit sich gebracht hatte, nur durch Zugeständnisse an innere kapitalistische Mechanismen in Gestalt der Neuen Ökonomischen Politik (NÖP oder nach russischer Abkürzung NEP) erholen können. Es folgte ein langsamer Anstieg des Lebensstandards. Gleichzeitig erhielten Bevölkerungsschichten Einfluss, denen der Geist der Revolution von 1917 verhasst war: Kleinkapitalisten, kleine »NÖP-Männer« (Händler und Kaufleute) und wohlhabende Kulaken, Bauern, die selbst Landarbeiter beschäftigten. Die Industrie blieb in Staatshand, war aber Marktkräften ausgesetzt, und die Erholung der Industrieproduktion war begleitet von relativ hoher Arbeitslosigkeit. Wurden im Jahr 1922 etwa 65 Prozent des Leitungspersonals in der Industrie offiziell als Arbeiter eingestuft, waren es im Jahr 1923 nur noch 36 Prozent.[166]

---

166 Zahlen nach: Carr, Edward Hallett, *The Interregnum*, London 1984, S. 39.

Wenn das Regime zu Zeiten Lenins noch in gewisser Hinsicht sozialistisch zu nennen war, dann nicht wegen der sozialen Basis, sondern weil diejenigen, die an der Spitze der Gesellschaft standen und die Entscheidungen trafen, immer noch eine sozialistische Gesellschaft anstrebten. Lenin schrieb: »Will man nicht vor der Wirklichkeit die Augen verschließen, so muss man zugeben, dass gegenwärtig die proletarische Politik der Partei nicht durch ihre Zusammensetzung, sondern durch die gewaltige, ungeschmälerte Autorität jener ganz dünnen Schicht bestimmt wird, die man die alte Parteigarde nennen kann.«[167] Während Lenin im Sterben lag, wurde die »alte Parteigarde« durch diese Einflüsse zersetzt und die übrige Partei erodierte. Lenins letzte politische Handlung bestand darin, ein Testament zu schreiben, in dem er forderte, Stalin als Parteisekretär abzusetzen, weil er zu grob mit den anderen Parteimitgliedern umsprang. Die wichtigste Gruppe in der Parteiführung, Sinowjew, Kamenew, Bucharin und Stalin, entschied sich dafür, die Warnung Lenins zu ignorieren und das Testament geheim zu halten.[168]

Angesichts der Lage, in der sie sich befanden, rückten sie immer weiter von den Prinzipien der Revolution von 1917 ab. Sie stützten sich auf einen bürokratischen Apparat, um das Land zu regieren, während das Personal dieses Apparats Zugeständnisse an die wohlhabenderen Bauern, die große Zahl der NÖP-Männer und die neue Schicht »roter« Industrieller machte. Sie beschäftigten sich mehr damit, diese Gruppierungen versöhnlich zu stimmen, als Politik im Interesse der Arbeiter zu betreiben, die Träger der Revolution gewesen waren.

Darüber kam es in der Partei zu Spannungen, selbst in der Parteiführung. Schon in den Jahren 1920/21 hatte eine Gruppe, die sich Arbeiteropposition nannte, auf Konferenzen, in Parteipublikationen (in denen damals solche Debatten noch zugelassen waren) und in einer Broschüre mit einer Auflage von 250.000 Exemplaren (hergestellt in Parteidruckereien) die Auffassung vertreten, dass die Arbeiter auf dem Weg waren, alles zu verlieren. Die Arbeiteropposition war jedoch nicht in der Lage, praktische Vorschläge zur Bewältigung der allgemeinen Verarmung des Lands zu machen. In den Jahren

---

167 Lenin, Wladimir Iljitsch, »An Genossen Molotow« (26. März 1922), *Werke*, Band 33, Berlin 1982, S. 243.
168 Selbst Trotzki unternahm zunächst nichts dagegen.

1923/24 entstand eine breitere Opposition, als 46 alte Bolschewiki in einem offenen Brief die Bürokratisierung der Partei angriffen. Diese Linke Opposition gruppierte sich um Trotzki, den Vorsitzenden des Sankt Petersburger Sowjets von 1905, Organisator des Oktoberaufstands von 1917 und Gründer der Roten Armee. In dem Brief hieß es, dass drei miteinander verbundene Schritte notwendig seien: die Ausdehnung der Industrie, um das gesellschaftliche Gewicht der Arbeiterklasse zu erhöhen, die Erweiterung der Arbeiterdemokratie und die Beseitigung der bürokratischen Tendenzen in Partei und Staat. Nur so könne der Arbeiterstaat erhalten bleiben, bis es auf internationaler Ebene zu weiteren Revolutionen käme.

Es folgte eine Flut an Schmähungen, wie sie die Partei noch nie erlebt hatte. Auf jeden Artikel zur Bekräftigung der Position der Linken Opposition in der Parteipresse gab es zehn Gegenangriffe der Parteiführung. Schmährede nach Schmährede wurde gegen den »Trotzkismus« gehalten und Trotzki selbst wurde von dem wichtigen Posten als Chef der Roten Armee auf den zweitrangigen Posten als Minister für Wissenschaft und Technik versetzt, während Stalin immer mehr Macht in seinen Händen konzentrierte.

Wie bürokratisiert die Partei inzwischen war, zeigte sich im Jahr 1926, als Stalin und Bucharin sich mit Sinowjew überwarfen. Die Petrograder Bezirksorganisation, die bisher einhellig hinter Sinowjew gestanden hatte, kritisierte ihn jetzt ebenso einmütig. Sinowjew und seine Unterstützer waren nun den gleichen Angriffen ausgesetzt wie vorher Trotzki und die Linke Opposition.

Das war der Moment, da Stalin und Bucharin dem bürokratischen Konservativismus eines Großteils der Partei mit der völlig neuen Lehre vom »Sozialismus in einem Land« Ausdruck verliehen. Zuvor waren sich alle Führer des Bolschewismus einig gewesen, dass Arbeiter zwar einen eigenen Staat in einem einzelnen Land errichten, auf dieser Grundlage jedoch nicht zu einem voll ausgebildeten Sozialismus übergehen konnten. Das Erbe von fünftausend Jahren Klassengesellschaft könne nur abgeschüttelt werden, wenn alle Produktionsmittel, die der moderne Industriekapitalismus geschaffen hatte, nutzbar gemacht werden könnten. Die aber existierten auf globaler Ebene, nicht nur in einem Land, und schon gar nicht in einem rückständigen Land wie Russland. Die Revolution musste sich ausweiten oder untergehen.

Nicht nur Lenin hatte das bei unzähligen Gelegenheiten betont, selbst Stalin hatte in seinem Buch *Lenin und der Leninismus* im Jahr 1924 geschrieben:

> [...] der Sturz der Bourgeoisie und die Machtergreifung durch das Proletariat in einem Land bedeutet noch nicht die Sicherung des vollständigen Siegs des Sozialismus. Seine wichtigste Aufgabe – die Organisierung der sozialistischen Produktion – bleibt noch ungelöst. Kann man diese Aufgabe lösen, den endgültigen Sieg des Sozialismus in einem Lande erkämpfen, ohne die gemeinsamen Anstrengungen der Proletarier einiger hochentwickelter Länder? Nein, das ist unmöglich. [...] Zum endgültigen Sieg des Sozialismus, zur Organisierung der sozialistischen Produktion sind aber die Anstrengungen eines Landes und namentlich eines Agrarlandes wie Russland ungenügend [...].[169]

In der folgenden Ausgabe seines Buchs verkehrte er diese Aussage einfach in ihr Gegenteil, so wichtig war Stalin also marxistische Theorie und wissenschaftliche Genauigkeit.

Stalin und Bucharin repräsentierten eine herrschende Schicht, die alles fürchtete und alles bekämpfte, was ihre privilegierte Stellung in der Bürokratie gefährden konnte. Das Hauptmerkmal der Bürokratie hieß Trägheit und Selbstgefälligkeit. Die Vorstellung, dass Russland die äußere Welt einfach ignorieren, sich auf die eigenen Ressourcen stützen und, wie Bucharin es bekanntermaßen formulierte, den »Sozialismus im Schneckentempo« aufbauen könnte, entsprach dieser Stimmung. Die Parteifunktionäre, die täglich Kompromisse mit den Industriemanagern, reicheren Bauern und auf das schnelle Geld versessenen Händlern eingehen mussten, eilten sich deshalb, Stalin und Bucharin bei den Angriffen auf all jene, die sie an die Arbeiterdemokratie und die Weltrevolution zu erinnern versuchten, zu Hilfe zu kommen. Auf diese Weise war es der herrschenden Gruppierung möglich, immer drastischer gegen die Opposition vorzugehen. Dabei setzten sie unter anderem die Polizei ein, um am zehnten Jahrestag der Oktoberrevolution einen Demonstrati-

---

[169] Stalin, Josef, *Lenin und der Leninismus*, Wien 1924, S. 48 f. Siehe hierzu auch: Trotzki, Leo, *Die Dritte Internationale nach Lenin*, S. 95.

onszug Petrograder Arbeiter, die sich zur Unterstützung der Opposition versammelt hatten, auseinanderzutreiben.[170] Sie schlossen die Opposition aus der Partei aus, verbannten sie in abgelegene Gegenden und wiesen schließlich Trotzki aus der Sowjetunion aus.

Trotz allem war die Atmosphäre in Russland bis zum Jahr 1928 noch sehr viel offener als in den 1930er Jahren, was bei Arbeiten über Stalins Konzentrationslager, den Gulag[171], häufig übersehen wird. Der »rote Terror« war nach dem Bürgerkrieg wieder eingeschränkt worden. Im Jahr 1928 befanden sich 30.000 Gefangene in den Lagern, sie mussten noch keine Zwangsarbeit verrichten. Das russische Regime war zu dieser Zeit noch kein totalitäres.

Michal Reiman schrieb nach der Sichtung von Archivmaterial aus dieser Zeit:

> Zwar blieben Repressionen, insbesondere solche politischer Natur, in großem Umfang erhalten, jedoch ließ man das Instrument des präventiven Massenterrors praktisch in der Versenkung verschwinden. In Umrissen begann sich eine Friedenszeiten entsprechende Gesetzlichkeit und Rechtsordnung abzuzeichnen. Man schickte sich an, zu zivilen Lebensverhältnissen zurückzukehren. [...] Es kam zu jener eigenartigen Blüte der »NEP-Kultur« mit ihren Restaurants, Konditoreien und Vergnügungseinrichtungen, aber auch mit regem geistigen und künstlerischen Leben. [...] auch die Arbeiter der Werke und Fabriken, die bereits wieder den Betrieb aufgenommen hatten, spürten reale Vorteile durch die neue Arbeitsgesetzgebung, die Gewerkschaftsrechte und ein freizügigeres Fabrikregime. [...]
>
> Noch waren Stalins Autorität Schranken gesetzt; seine Macht war zwar groß, aber nicht grenzenlos.[172]

---

170 Es finden sich Berichte von diesen Protesten bei: Serge, Victor, *Erinnerungen eines Revolutionärs*, und Reiman, Michal, *Die Geburt des Stalinismus*, Frankfurt am Main 1979, S. 63–68.
171 Gulag ist das Akronym für »Hauptverwaltung der Besserungsarbeitslager« und steht für ein umfassendes System aus Zwangsarbeitslagern, Straflagern, Gefängnissen und Verbannungsorten.
172 Reiman, *Geburt des Stalinismus*, S. 15 f.

Die von Stalin und Bucharin verteidigte Struktur hatte jedoch innere Schwächen, die gerade in dem Moment zutage traten, als sie die Opposition verbannten. Ihre Stabilität beruhte einerseits darauf, dass die Bauernschaft die Städte weiterhin mit Getreide belieferte, selbst wenn ihre eigenen Bedürfnisse angesichts des Niveaus der industriellen Güterproduktion nicht befriedigt werden konnten, und andererseits war sie abhängig davon, dass die westlichen kapitalistischen Mächte ihre Träume von der Zurückdrängung der Revolution mit militärischen Mitteln aufgaben. Keine dieser Voraussetzungen konnte auf Dauer halten. Flügel der Bauernschaft, die sich bereicherten, stellten immer höhere Forderungen an den Staat und versuchten sie auch mit ihren eigenen Mitteln durchzusetzen. Und die kapitalistischen Großmächte, die es immer noch danach drängte, die Welt unter sich aufzuteilen, hatten keineswegs das Interesse an der Zerstückelung Russlands verloren.

Beide Fragen spitzten sich Mitte des Jahres 1928 zu. Die Bauern weigerten sich, ihr Korn an die Städte zu verkaufen, und Großbritannien, der bis zu diesem Zeitpunkt immer noch wichtigste Handelspartner Russlands, brach die diplomatischen Beziehungen ab und verhängte eine faktische Handelsblockade. Der Kreml wurde von einer politischen Krise erschüttert. Reiman erklärt:

> Die veränderte außenpolitische Lage wirkte nachhaltig auf die Verhältnisse im Innern der UdSSR zurück. Die Autorität der Parteiführung war angeschlagen. […] In Kreisen sowjetischer Politiker waren Verwirrung und Orientierungsverlust zu verzeichnen.[173]

Die herrschende Gruppierung war tief gespalten. Bucharin versuchte verzweifelt, an der alten Politik festzuhalten. Für die Bürokratie hätte das jedoch bedeutet, auf einen Teil ihrer Macht zu verzichten, Zugeständnisse an die Bauernschaft zu machen und Gefahr zu laufen, sich künftig Forderungen aus dem Ausland nicht mehr erwehren zu können. Stalin war anfangs ratlos, dann jedoch schlug er eine Richtung ein, die der Bürokratie die Möglichkeit bot, ihre Position im Inland und gegenüber dem Ausland zu festigen. Die Lösung

---

173 Reiman, *Geburt des Stalinismus*, S. 31.

hieß Zwangsindustrialisierung, finanziert durch die gewaltsame Beschlagnahme des Getreides der Bauern. Das war eine Politik, die vor allem den Fabrikmanagern entgegenkam. »Der Anstoß für die weitere Expansion«, heißt es in einer Studie über die damalige Zeit, »ging von den Funktionären und den Betriebsleitungen, von denen viele jetzt auch Parteimitglieder waren, ebenso aus wie von der Parteiführung.«[174] Mit der beschleunigten Industrialisierung war es jetzt auch möglich, Panzer, Schlachtschiffe, Kampfflugzeuge und Maschinengewehre in einer dem Westen vergleichbaren Menge herzustellen und Angriffe von außen abzuwehren.

Stalin betonte:

> Wer jetzt nicht ausschreitet, der bleibt zurück. Wer zurückbleibt, der gibt sich geschlagen. [...] Wir hängen fünfzig oder hundert Jahre hinter den fortschrittlichen Völkern der Erde zurück. Wir müssen das in zehn Jahren nachholen. Entweder tun wir das, oder man wird uns zerschmettern.[175]

Der von der Bürokratie eingeschlagene Weg der Zwangsindustrialisierung, um mit dem Westen gleichzuziehen, besaß eine eigene Logik. Die Produktion von Investitionsgütern – Fabriken, Maschinen und Rohstoffen, die zur Förderung weiterer Rohstoffe und Herstellung weiterer Fabriken und Maschinen eingesetzt werden konnten – stieg auf Kosten der Konsumgüterindustrie. Der Anteil der Investitionen zur Erzeugung von Produktionsmitteln wurde von 32,8 Prozent in den Jahren 1927/28 auf 53,3 Prozent im Jahr 1932 und 68,8 Prozent im Jahr 1950 gesteigert.[176] Das bedeutete aber, dass die von den Bauern benötigten Güter zur Hebung der landwirtschaftlichen Produktion, um wiederum die anschwellende Industriearbeiterschaft zu versorgen, nicht hergestellt wurden.

Um den Bauern dennoch ihre Erträge abzupressen, war noch mehr Gewaltanwendung nötig. Das war die von Stalin verfolgte Logik, als er von der Beschlagnahme des Getreides zur Enteignung des Bodens überging. Die Kol-

---

174 Carr, Edward Hallett, und Robert William Davies, *Foundations of a Planned Economy*, Band 1, London 1969, S. 313.
175 Deutscher, Isaac, *Stalin. Eine politische Biographie*, Augsburg 1997, S. 423.
176 Zahlen nach: Cliff, Tony, *Russia: A Marxist Analysis*, London 1964, S. 33.

lektivierung der Landwirtschaft – was in Wirklichkeit eine staatliche Enteignung der Bauernschaft bedeutete – war die andere Seite der Zwangsindustrialisierung. Auf diese Weise wurde das Mehrprodukt gesteigert, das zur Ernährung der Menschen in den Städten und für den Kauf von Maschinen aus dem Ausland eingesetzt werden konnte, gleichzeitig sank aber auch das landwirtschaftliche Gesamtprodukt.

Die Kollektivierung stürzte die Bauern in große Not. Millionen kleiner und mittlerer Bauern wurden als Kulaken denunziert und in Viehwagen deportiert. Zigmillionen mussten hungern, als ihnen ihr Getreide genommen wurde. Auch die Arbeiter litten unter dem sinkenden Lebensstandard – innerhalb von sechs Jahren stürzte er schätzungsweise um die Hälfte ab.[177] Dieser hohe Druck, der auf die Bevölkerung ausgeübt wurde, war nicht ohne ein beispielloses Polizeiregime aufrechtzuerhalten. Jeder Protest musste erbarmungslos niedergeschlagen werden. Den Arbeitern und Bauern musste jede Möglichkeit genommen werden, sich frei zu äußern. Die Gewerkschaften wurden vollständig dem Staat unterworfen. Eine riesige Masse von Leuten wurde in Arbeitslager verschleppt, bis im Jahr 1930 zwanzigmal mehr interniert waren als noch im Jahr 1928.[178] Jeder Flügel des Beamtenapparats, der Sympathie mit den Arbeitern und Bauern zeigte, geriet unter die Räder, zusammen mit Intellektuellen, die – sei es auch unabsichtlich – Romane, Gedichte oder Musik schufen, die zum Kristallisationspunkt für Unzufriedenheit werden konnten. Die freie Debatte verschwand und wurde ersetzt durch die rituelle Verurteilung der neuesten »Abweichung«. Das künstlerische Experimentieren der 1920er Jahre wich einem dumpfen Konformismus, der fälschlich »sozialistischer Realismus« genannt wurde. Hinrichtungen, die nach dem Ende des Bürgerkriegs bis zum Jahr 1928 nur selten vorkamen, waren jetzt an der Tagesordnung. Im Jahr 1930 wurden 20.201 Personen hingerichtet – mehr als doppelt so viele wie zum Ende des Bürgerkriegs im Jahr 1921. Ihren Höhepunkt erreichte diese grausige Verfolgung im Jahr 1937 mit 353.074 Hingerichteten – fast vierzigmal mehr als 1921.[179]

---

177 Zahlen mit Quellenangaben bei: Cliff, Tony, *Staatskapitalismus in Russland*, Frankfurt am Main 1975, S.38 f.
178 Zahlen nach: Cliff, *Staatskapitalismus*, S. 30.
179 Zahlen nach: Davies, Robert William, »Forced Labour Under Stalin: The Archive Revelations«, in: *New Left Review* 214, November/Dezember 1995.

Schauprozesse, bei denen die Betroffenen zum Tod durch Hinrichtung oder zum Sterben auf Raten in Arbeitslagern verurteilt wurden, dienten nicht nur der Abschreckung. Die Darstellung der Angeklagten als »trotzkistische Auslandsagenten« lenkte die weitverbreitete Verbitterung über das Regime auf angebliche »Saboteure« um. Auf dem Höhepunkt des Terrors in den Jahren 1936/37 wurden alle noch verbliebenen Mitglieder aus Lenins Zentralkomitee von 1917 zum Tode verurteilt, außer Stalin, Alexandra Kollontai (jetzt Stalins Botschafterin in Schweden) und Leo Trotzki, der im Exil überlebte, bis er im Jahr 1940 von einem Agenten Stalins ermordet wurde.

Jahrzehntelang erklärten Anhänger Stalins, er sei der wahre Erbe Lenins, der die Hoffnungen von 1917 erfülle. Diese Behauptung wurde – allerdings mit negativem Beiklang – von vielen Anhängern des heutigen westlichen Kapitalismus wiederholt. Dabei sorgte Stalin Mitte der 1930er Jahre dafür, dass die Bolschewiki von 1917 die ersten Opfer des Terrors wurden. Nur eins von vierzehn Mitgliedern der bolschewistischen Partei des Jahres 1917 und eins von sechs des Jahres 1920 war im Jahr 1939 immer noch Mitglied der Kommunistischen Partei der Sowjetunion.[180] Von den übrigen wurden viele hingerichtet oder in Lager verschickt. Wie Leo Trotzki wiederholt betonte, stellte der Stalinismus keineswegs die Fortsetzung des Leninismus dar, beide trennte vielmehr eine breite Blutspur.

Stalin verfolgte dieselbe Logik wie jeder Kapitalist, der dem Druck eines größeren Rivalen ausgesetzt ist – er erklärte der Arbeiterschaft, zur Erhaltung der Konkurrenzfähigkeit müsste sie jedes erdenkliche »Opfer« bringen. Für Stalin bedeutete »das Einholen des Westens«, all die Methoden der »ursprünglichen Akkumulation« zu kopieren, die auch andernorts angewendet worden waren. Die britische industrielle Revolution fand auf dem Rücken der Bauern statt, die durch Einhegung von Grund und Boden vertrieben wurden; Stalin zerschlug den bäuerlichen Landbesitz durch »Kollektivierung« und zwang so Millionen zur Flucht in die Städte. Der britische Kapitalismus hatte Reichtum durch Sklaverei in der Karibik und in Nordamerika angehäuft; Stalin pferchte Millionen Menschen in die Sklavenlager des Gulags. Großbritannien hatte Irland, Indien und Afrika ausgeplündert; Stalin beraubte die nicht russischen

---

180 Berechnung dieser Zahlen mit Quellenangaben in: Cliff, *Staatskapitalismus*, S. 97 f.

Republiken der UdSSR ihrer Rechte, deportierte ganze Völker und siedelte sie Tausende Kilometer entfernt wieder an. In der britischen industriellen Revolution wurden den Arbeiterinnen und Arbeitern noch die grundlegendsten Rechte verweigert, Männer, Frauen und Kinder mussten vierzehn oder sechzehn Stunden am Tag schuften; Stalin tat dem gleich, hob die Unabhängigkeit der Gewerkschaften auf und ließ auf Streikende schießen. Der einzige wirkliche Unterschied bestand darin, dass der westliche Kapitalismus mehrere Hundert Jahre brauchte, um seine ursprüngliche Akkumulation zu vollenden, Stalin wollte dasselbe in Russland innerhalb von zwei Jahrzehnten erreichen. Deshalb waren Brutalität und Barbarei umso konzentrierter.

Die stalinistische Bürokratie konnte nicht durch Nachahmung des mittelständischen Marktkapitalismus Englands während der industriellen Revolution »aufholen«. Sie konnte nur dann auf militärische Erfolge hoffen, wenn ihre Industrien in etwa denen des Westens gleichkamen. Aber es gab keine Zeit, darauf zu warten, bis Privatunternehmen durch gegenseitiges Verschlingen genügend Kapitalmasse gewonnen hatten. Der Staat musste eingreifen, um das erforderliche Produktionsniveau zu erreichen. Es bedurfte staatskapitalistischer Monopole statt kleiner Privatunternehmen, der Staat musste die Koordination der gesamten Volkswirtschaft übernehmen und die Produktion aller anderen Dinge der Akkumulation unterordnen.

Die meisten hielten das daraus entstandene System für sozialistisch, und viele glauben das heute noch. Denn der Stalinismus brach dem Privatkapitalismus in Russland das Rückgrat, ebenso später in Osteuropa und China. Aber seine Methoden glichen denen der Kriegswirtschaften im Westen. Die Planung des Regimes galt wie dort der Senkung des Massenkonsums, während Schwerindustrie und Waffenproduktion ausgebaut wurden.

Wer im Westen diese Entwicklung in den 1930er Jahren beobachtete, war schwer beeindruckt von dem wirtschaftlichen Erfolg der UdSSR, ebenso viele Beobachter der Dritten Welt, die in den 1950er und 1960er Jahren mit Bewunderung auf den raschen industriellen Fortschritt der UdSSR blickten. Es schien ganz so, als habe der Stalinismus, wenn er auch mit Mängeln behaftet war, einen Weg gefunden, der Wirtschaftskrise zu entrinnen, die den Marktkapitalismus der übrigen Welt beutelte. Die britischen Fabier Sidney und Beatrice Webb, ihr Leben lang Gegner der Revolution, besuchten Russland Mitte der

1930er Jahre. Sie waren so überwältigt, dass sie ein Buch mit dem Titel *Sowjetkommunismus: Eine neue Zivilisation?* verfassten. Bei der zweiten Auflage des Buchs war ihre Begeisterung noch gestiegen und sie strichen das Fragezeichen.

Dennoch konnte die UdSSR der Welt, derer sie ein Teil war, nicht entkommen, nicht einmal in den 1930er Jahren. Mithilfe staatlicher Lenkung gelang ihr der Ausbau ihrer Industrien, während die Produktion in den anderen Ländern dramatisch zurückging. Der Preis, den die russische Bevölkerung dafür zahlen musste, war allerdings unermesslich. Selbst die Weltrezession hatte direkte Auswirkungen. Stalin finanzierte den Import von Maschinerie mit dem Verkauf von Getreide aus der Ukraine und aus Kasachstan. Als der Getreidepreis nach 1929 einbrach, musste er doppelt so viel verkaufen, und mindestens drei Millionen Bauern verhungerten, weil der Staat ihr Getreide einzog.

Verzicht auf die Weltrevolution

Der Stalinismus war nicht nur eine Reaktion auf die Isolation des Lands, er verschärfte diese Isolation noch. Mit der Theorie vom »Sozialismus in einem Land« wurde den kommunistischen Parteien überall auf der Welt eine Politik aufgenötigt, die zum Hindernis für den Erfolg einer Revolution wurde.

In der ersten Phase der Allianz zwischen Stalin und Bucharin hieß die Suche nach respektablen Bündnispartnern im Westen, sich mittels des anglosowjetischen Gewerkschaftsabkommens dem britischen Gewerkschaftsbund TUC anzubiedern, selbst dann noch, als der TUC den Generalstreik verriet. Britische Gewerkschafter wurden ermuntert, die Parole »Alle Macht dem Generalrat des TUC« aufzustellen, obwohl schon ein flüchtiger Blick auf die Geschichte der britischen Gewerkschaftsführung gezeigt hätte, wie sie mit dieser Macht umgehen würde.

Und auf der Suche nach Verbündeten im Osten warfen sie sich Tschiang Kai Schek an die Brust und sangen Lobeshymnen auf ihn. Selbst nachdem er die Arbeiterorganisationen in Kanton angegriffen hatte, wiesen Stalin und Bucharin die chinesischen Kommunisten in Schanghai und anderswo an, ihm ihr Vertrauen zu schenken.[181]

---

181 Rede Stalins in Moskau, 5. April 1927, nach: Isaacs, *Tragedy*, S. 162.

Von den kommunistischen Parteien im Ausland wurde erwartet, dass sie ihre Politik entsprechend anpassten, als der »Sozialismus in einem Land« mit einem Aufbau im »Schneckentempo« in die Zwangsindustrialisierung überführt wurde. Im Jahr 1928 wurde ihnen plötzlich erklärt, eine neue, »dritte Periode« des revolutionären Vormarschs habe begonnen. Der Hauptfeind sei jetzt eben jener linke Flügel in den sozialdemokratischen Parteien und den Gewerkschaften, den die russische Führung nur wenige Monate zuvor in höchsten Tönen gelobt hatte. Stalin und seine Anhänger erklärten nun diese Leute zu »Sozialfaschisten«, gleich gefährlich wie die Rechtsextremen. Die Kommunisten waren aufgefordert, keine Bündnisse mit ihnen einzugehen, sondern sie zu attackieren und notfalls eigene Gewerkschaften zu gründen.

Neue Leute, die diesen Schritt mitzugehen bereit waren, wurden den kommunistischen Auslandsparteien als Führung aufgezwungen, während alte Führungsleute, die diese Linie für falsch hielten, fast überall ausgeschlossen wurden. Was war Stalins Motiv für diese Drehung um 180 Grad? Zum Teil wollte er damit von den in Großbritannien und China gemachten Fehlern ablenken. Nachdem Stalin und Bucharin noch im Mai 1927 den chinesischen Kommunisten untersagt hatten, Tschiang Kai Schek zu kritisieren, in einer Zeit also, als selbiger dabei war, die Kommunisten abzuschlachten, drängten sie im November darauf, die Macht in Kanton zu übernehmen. Es war ein aussichtsloses Unterfangen, das in einem Blutbad ertränkt wurde. Gleichzeitig war dadurch ein Klima entstanden, in dem Kritik an Stalin und Bucharin ob ihres Konservativismus schwierig wurde. Diese Wende erfüllte noch eine weitere Funktion: Das Gefühl eines zähen, heroischen Kampfs auf internationaler Bühne entsprach dem verzweifelten Bemühen, aus Russland ohne Rücksicht auf das Leben der Menschen ein Industrieland zu machen. Zudem erlaubte der Schwenk Stalin, alle auszumerzen, die in der internationalen Bewegung die Ereignisse in Russland mit Recht kritisch beobachteten. Auf diese Weise wurden die kommunistischen Parteien endgültig in ein Instrument der russischen Außenpolitik verwandelt.

Die Politik der »dritten Periode« erwies sich als verheerend für die Auslandsparteien. Die im Jahr 1929 anbrechende Wirtschaftskrise radikalisierte eine erhebliche Minderheit von Arbeitern, und die kommunistische Propaganda über die Übel des Kapitalismus fand immer mehr Anklang. Viele Arbeiter blieben aber den etablierten sozialdemokratischen Parteien und Gewerkschaften verhaftet. Es waren eher jüngere Arbeiter und Arbeitslose, die sich radikalisierten, weil Demonstrationen, gegen die die Polizei wiederum gewaltsam vorging, für Arbeitslose das einzige Mittel waren, ihrer Wut Ausdruck zu verleihen. Arbeiter, die noch in Lohn und Brot standen, hatten dagegen häufig Angst, ihre Arbeit zu verlieren, und hörten eher auf den Aufruf der parlamentarischen und Gewerkschaftsführung zur »Mäßigung«.

Auch diese Arbeiterinnen und Arbeiter waren verbittert. Wenn die Unternehmer ihnen keine andere Wahl ließen, traten sie in den Streik, und das oft auf besonders kämpferische Weise. Die meiste Zeit jedoch staute sich die Wut auf, bis sie die Chance auf einen erfolgreichen Kampf sahen. Die angesichts der Wirtschaftskrise entstandenen Spaltungen in der herrschenden Klasse konnten plötzlich neue Möglichkeiten für Arbeitskämpfe eröffnen, ebenso ein – wenn auch nur kurzer – Aufschwung mit vermehrter Neueinstellung von Arbeitern. In den Jahren nach 1929 gab es verschiedene kämpferische Aktionen: den revolutionären Sturz der spanischen Monarchie und eine Neubelebung der dortigen Arbeiterbewegung; revolutionäre Unruhen auf Kuba; ein starker Aufschwung der französischen Linken mit der Bildung einer Volksfrontregierung und der Besetzung der größten Fabriken im Land; und die Geburt einer gewerkschaftlichen Massenbewegung in den USA, die ihren Höhepunkt in der Besetzung von General Motors, der weltweit größten Autowerke, fand.

Diese Bewegungen kamen nicht gleich zu Beginn der Krise auf, sondern mit einer Zeitverzögerung von zwei, vier oder gar sechs Jahren – und es war auch keineswegs so, dass sich der Einfluss der alten sozialdemokratischen Parteien und Gewerkschaftsorganisationen über Nacht auflöste. Meistens konnten die sozialdemokratischen Führungen für eine gewisse Zeit ihren Einfluss sogar noch ausweiten, indem sie sich jetzt linker gaben als zuvor. Wer diese Führungen einfach als »sozialfaschistisch« angriff, schnitt sich von der Arbeiterschaft ab, die ihnen nach wie vor folgte.

Das war der Fehler, den die kommunistischen Parteien unter Stalins Einfluss fast sechs Jahre lang begingen. Sie zogen von der Krise radikalisierte Leute an, um sie dann in vergebliche Schlachten zu führen, getrennt von den anderen Arbeiterschichten, die unter dem Einfluss der Gewerkschaften und der Sozialdemokratie standen. Eine kampferprobte Minderheit von Parteimitgliedern hielt diese Politik durch und kämpfte allen Widrigkeiten zum Trotz. Viele, nicht selten eine Mehrheit, verließen die Partei und gaben angesichts der Not, des Hungers und der Verfolgung durch die Unternehmer auf. Das zeigt auch die Entwicklung der kommunistischen Parteien: die Mitgliedschaft in der tschechoslowakischen Partei fiel von 91.000 im Jahr 1928 auf 35.000 im Jahr 1931, die der französischen Partei von 52.000 auf 36.000, in den USA von 14.000 auf 8.000 und in Großbritannien von 5.500 auf 2.500.[182]

Nur in einem Land konnte die KP Zuwachs verzeichnen: in Deutschland. Die Krise machte sich dort noch schärfer bemerkbar als in den USA. Viele, die im Abschwung arbeitslos wurden, hatten nur sieben Jahre zuvor schon ihre Ersparnisse durch die Inflation verloren, und die Mittelschicht, die kleinen Geschäftsleute und die Bauern litten unter den hohen Zinsen. Angesichts des Gefühls einer unüberwindlichen wirtschaftlichen und gesellschaftlichen Krise, die die Gesamtgesellschaft erfasst hatte, stieg die Mitgliedschaft von 124.000 im Jahr 1928 auf 206.000 im Jahr 1931 und die Wählerschaft von 3,2 Millionen im Jahr 1928 auf 4,6 Millionen im Jahr 1930 und 5,9 Millionen im November 1932.

Ein hoher Anteil der Parteimitglieder war arbeitslos, in Berlin im Jahr 1930 rund 51 Prozent, 40 Prozent waren Fabrikarbeiter und nur 17 Prozent der Mitglieder in ganz Deutschland konnten im Jahr 1931 in ihren Betrieben Parteiaktivitäten entfalten.[183] Schlimmer noch: Die Fluktuation in der Parteimitgliedschaft war außerordentlich hoch, in Berlin betrug sie rund 40 Prozent.[184] Unterdessen verloren die Sozialdemokraten zwar Wähler, aber im November 1932 erhielten sie immer noch 7,2 Millionen Stimmen und errangen im Jahr 1931 84 Prozent der Betriebsratsmandate gegenüber 4 Prozent für die Kommunisten.[185]

---

182 Zahlen mit Quellenangabe nach: Frank, Pierre, *Geschichte der Kommunistischen Internationale (1928–1933)*, Band 2, Frankfurt am Main 1979, S. 551.
183 Zahlen nach: Rosenhaft, Eve, *Beating the Fascists? The German Communists and Political Violence, 1929–1933*, Cambridge 1983, S. 44 f.
184 Laut einem Parteifunktionär, nach: Rosenhaft, *Beating the Fascists*, S. 45. Rist, Walter, »Die innere Krise der KPD«, in: *Neue Blätter für den Sozialismus*, 3. Jahrgang, 2. Heft, 1932, S. 441.
185 Trotzki, Leo, »Was nun?«, *Schriften über Deutschland*, Frankfurt am Main 1971, Band 1, S. 280.

Indem die Kommunisten die Sozialdemokraten als Sozialfaschisten angriffen, sonderten sie sich von der Masse der Arbeiter ab, die vielleicht in vielen Fragen Unklarheiten hatten, aber etwas gegen die Wirtschaftskrise tun und Hitlers Nazis Widerstand leisten wollten. Die Befolgung der Anweisungen Stalins schadete nicht nur der Partei, sondern hatte für die ganze Menschheit verhängnisvolle Folgen.

Hitlers Aufstieg zur Macht

Zum Zeitpunkt des Börsenkrachs an der Wall Street im Oktober 1929 wurden die beiden größten Länder Europas von sozialdemokratischen Parteien regiert. In Großbritannien hatte Ramsay MacDonald zu Anfang des Jahres eine Minderheitsregierung gebildet, wobei er sich auf die Liberalen stützen musste, während der deutsche Sozialdemokrat Hermann Müller einer großen Koalition vorstand, die er ein Jahr zuvor mit »gemäßigten« bürgerlichen Parteien gebildet hatte.

Beide Regierungen waren ratlos, wie sie mit der Wirtschaftskrise, die im Jahr 1930 auch ihre Länder erfasste, umgehen sollten. Erhöhte Arbeitslosigkeit bedeutete erhöhte Ausgaben für Sozialleistungen. Die sinkende Industrieproduktion hieß geringere Steuereinkünfte. Der Staatshaushalt geriet ins Defizit. Beide Länder waren von finanzieller Instabilität geplagt. Die US-amerikanischen Bankiers forderten die Rückzahlung der Kredite aus dem Dawes-Plan, mit denen die deutsche Volkswirtschaft Mitte der 1920er Jahre aufgepäppelt worden war. Spekulanten wetteten gegen den internationalen Wechselkurs des Pfunds Sterling. Hjalmar Schacht in Deutschland, der fünf Jahre zuvor als Vertreter des liberalen Flügels der herrschenden Klasse zum Reichsbankpräsidenten ernannt worden war, und Montagu Norman in Großbritannien, Mitglied der Bankiersfamilie Barin, forderten ihre jeweilige Regierung auf, die Kosten für die Finanzierung der Arbeitslosenversicherung zu senken. Unter diesem Druck zerbrachen die Regierungen. In Deutschland konnte der Finanzminister Rudolf Hilferding, einst neomarxistischer Volkswirtschaftler und ehemaliger Unabhängiger Sozialdemokrat, die Lage nicht bewältigen und die Regierung scheiterte Anfang 1930. In Großbritannien entschieden sich MacDonald und sein Schatzkanzler Philip Snowden, die Labour Party zu verlassen und in eine Regierung der nationalen Einheit mit den Konservativen einzutreten.

Die Wirtschaftskrise war in Großbritannien weniger schwer als in Deutschland und den USA. Die britische Industrie verfügte mit ihrem Kolonialreich immer noch über einen privilegierten Zugang zu riesigen Märkten. Die Preise sanken schneller als die Löhne und Gehälter, und die Mittelschicht gedieh sogar noch, während Arbeitslose in den alten Industriegebieten des Nordens, in Schottland und Südwales unter den Auswirkungen der Krise leiden mussten. Die Regierung senkte das Arbeitslosengeld und die Gehälter im öffentlichen Dienst, was Arbeitslosenkrawalle, eine kurze Meuterei in der Marine und wütende Proteste von Beschäftigtengruppen wie Lehrern provozierte. Aber sie überstand die Krise relativ unbeschadet, schlug die demoralisierte Labour Party in den landesweiten Wahlen von 1931 und 1935 und überzeugte den wichtigsten Flügel des britischen Kapitalismus davon, dass sie eine Lösung für die Krise habe. Die Mitglieder der herrschenden Klasse, die bereit waren, in den Jahren 1933 und 1934 auf Oswald Mosley und seine britische Variante von Faschismus zu setzen – wie die Familie Rothermere, die in ihrer Zeitung *Daily Mail* berüchtigterweise erklärte: »Ein Hurra auf die Schwarzhemden« –, hatten diese Idee im Jahr 1936 im Großen und Ganzen fallen gelassen.

In Deutschland lagen die Dinge anders. Die Arbeitslosigkeit war um die Hälfte höher als in Großbritannien, und ein Großteil der Mittelschicht litt unter extremer Verelendung. Die Krise brachte der Nationalsozialistischen Deutschen Arbeiterpartei Adolf Hitlers eine wachsende Anhängerschaft ein. Hatte sie im Jahr 1928 bei den Reichstagswahlen 810.000 Stimmen erhalten, bekam sie im Jahr 1930 über 6 Millionen und verdoppelte sich auf fast 14 Millionen oder 37,3 Prozent der Stimmen im Juli 1932. Aber die Nazis waren nicht nur (oder auch nur überwiegend) eine parlamentarische Wahlpartei. Der Kern ihrer Organisation bestand aus paramilitärisch organisierten Straßenkämpfern – der Sturmabteilung (SA), die Ende 1930 schon 100.000 Mitglieder umfasste und bis Mitte 1932 auf 400.000 angeschwollen war. Diese bewaffneten Schläger und Mörder sahen ihre Aufgabe darin, alle zu bekämpfen, die sie für die gesellschaftliche Krise verantwortlich machten – das »jüdische Finanzkapital« einerseits und eine angeblich jüdisch-marxistische Arbeiterbewegung andererseits. Es waren diese Sturmtruppen, die bereit waren, um die Macht auf der Straße zu kämpfen und sich alle anderen gesellschaftlichen Organisationen zu unterwerfen, die den Nationalsozialismus und den Faschismus von den gesetzten bürgerlichen Parteien wesentlich unterschieden.

Die ersten erfolgreichen Organisationen dieser Art hatte Mussolini in Italien nach 1920 geschaffen. Ihre Mitglieder wurden durch eine scharfe nationalistische Ideologie zusammengehalten, nicht durch eine antijüdische (einige führende Faschisten wie Renzo Ravenna, Mitte der 1920er Jahre Bürgermeister von Rom, waren Juden, und Antisemitismus spielte in der faschistischen Ideologie bis zu dem Bündnis mit Hitler Ende der 1930er Jahre keine Rolle). In anderer Hinsicht jedoch bahnte Mussolini den Weg, dem Hitler folgen sollte.

Hitlers Partei erlangte zum ersten Mal Berühmtheit im Jahr 1923, als Frankreich in das Ruhrgebiet einmarschierte und die schwere Inflation einsetzte. Sie war der Kern eines Kreises rechter terroristischer Organisationen, antisemitischer Gruppen und ehemaliger Freikorpsmitglieder, die sich in München sammelten. Ein Putschversuch im November 1923, um die Macht in München zu übernehmen, schlug allerdings kläglich fehl und die Partei zerfiel, zumal die schlimmste Krise zunächst überwunden war. In den Jahren 1927/28 war Hitlers Partei auf parlamentarischer Ebene eine Randerscheinung, hatte nur ein paar Tausend Mitglieder und ihre Führung war ständig zerstritten. Erst der Ausbruch der Weltwirtschaftskrise gab ihr neuen Schwung.

Immer mehr Menschen wandten sich von den »gemäßigten« bürgerlichen Parteien ab, deren Regierungen verantwortlich für eine Wirtschaftskrise waren, die nicht nur Arbeiter, sondern auch ihre eigene Anhängerschaft aus der Mittelschicht ins Elend und in den Bankrott stürzte, und strömten zu den Nazis. In der Kleinstadt Northeim beispielsweise schnellte die Zahl der Wähler von 123 auf 4.200 hoch, auf Kosten der anderen bürgerlichen Parteien.[186]

Wie die italienischen Faschisten waren die Nazis eine Partei der Mittelschicht. Bevor Hitler die Macht ergriff, war ein großer Teil ihrer Mitgliedschaft selbstständig (17,3 Prozent), Angestellte (20,6 Prozent) oder Staatsbedienstete

---

186 Allen, William Sheridan, *Das haben wir nicht gewollt. Die nationalsozialistische Machtergreifung in einer Kleinstadt 1930–1935*, Gütersloh 1966. Allen gab der Stadt Northeim in Niedersachsen den Fantasienamen Thalburg. Siehe dazu zum Beispiel: *Die Zeit* vom 28. Oktober 1966; d. Übers.

(6,5 Prozent). All diese Gruppierungen waren im Vergleich zu ihrem Anteil an der Gesamtbevölkerung in der Nazipartei um 50 bis 80 Prozent stärker vertreten – und sie alle galten damals als gesellschaftlich sehr viel privilegierter als heute. Auch Arbeiter traten der Nazipartei bei, aber ihr Anteil lag um 50 Prozent niedriger als ihr Anteil an der Gesamtbevölkerung.[187] Die Nazis konnten auch Stimmen aus der Arbeiterklasse auf sich ziehen. Aber ein Großteil dieser Stimmen stammte von Landarbeitern aus Gegenden wie Ostpreußen, wo Ansätze zur gewerkschaftlichen Organisation unmittelbar nach dem Krieg zerschlagen worden waren und sich keine echte Arbeitertradition hatte herausbilden können. Weiterhin erhielten sie die Stimmen von Arbeitern in Kleinstädten, wo der Einfluss der Mittelschicht am stärksten ausgeprägt war, oder von Arbeitslosen, die in ihrer Vereinzelung angezogen sein konnten von den materiellen Vorteilen, die die Mitgliedschaft bei den Nazis und vor allem in der SA mit sich brachte.[188] Das beweist, wie unsinnig es ist zu leugnen, dass der Nationalsozialismus ein Phänomen der Mittelschicht war – Michael Mann behauptet zum Beispiel: »Untersuchungen weisen in Bezug auf die Nationalsozialistische Partei nur eine geringe Korrelation zwischen Wahlverhalten und Klassenzugehörigkeit auf.«[189]

Weshalb hatten die Nazis und nicht die Linken so eine Anziehungskraft auf die Mittelschicht? Zum Teil lag der Grund in den Jahrzehnten sozialistenfeindlicher Indoktrination. Die Selbstständigen und Angestellten waren mit dem Glauben aufgewachsen, dass sie den Handarbeitern überlegen seien, und sie versuchten mit der Verschärfung der Krise an etwas festzuhalten, das sie von der Masse der Arbeiter abhob. Ihre Angst vor den unter ihnen stehenden Arbeitermassen war mindestens so groß wie ihr Groll auf die Regierung und die Bankiers. Trotzdem hatten viele in der Revolutionszeit von 1918 bis 1920

---

187 Eine Statistik über die Nazimitgliedschaft nach Klasse und Alter findet sich in: Noakes, Jeremy, und Geoffrey Pridham, *Nazism 1919–45*, Band 1, The Rise to Power 1919–34, Exeter 1983, S. 84–87.
188 Siehe zum Beispiel: Kele, Max H., *Nazis and Workers*, North Carolina 1972, S. 210. Mühlberger, der abstreitet, dass die klassenmäßige Basis der Nazis die Mittelschicht war, gesteht immerhin zu, dass sie Arbeiter anzogen, die in einem Konkurrenzverhältnis zueinander standen oder arbeitslos waren. Siehe: Mühlberger, Detlef, *Hitler's Followers*, London 1991, S. 165, 177, 205.
189 Mann, Michael, »As the Twentieth Century Ages«, in: *New Left Review* 214, November/Dezember 1995, S. 110.

sich der Idee genähert, dass der Übergang zu einer sozialistischen Gesellschaft unvermeidlich sei.

Der andere Faktor in dieser Situation war das Verhalten der Linken. Die deutschen Sozialdemokraten lernten nicht das Geringste aus den Erfahrungen, die ihre italienischen Genossen bereits gemacht hatten. Stattdessen wiederholten sie bis zur Ermüdung: »Deutschland ist nicht Italien!« Kautsky behauptete im Jahr 1927 mit Nachdruck, die Bedingungen für das Aufkommen eines Faschismus wie in Italien seien nicht gegeben: »In einem industriellen Lande ist eine so große Zahl von Lumpen in den besten Mannesjahren für kapitalistische Zwecke nicht aufzutreiben.«[190] Hilferding wiederholte diese Botschaft noch wenige Tage vor der Machtübernahme im Januar 1933. Indem sie sich an die deutsche Verfassung hielten, sagte er, hätten die Sozialdemokraten die Nazis auf das Terrain der »Legalität« gezwungen, auf dem Hitler geschlagen würde (»La légalité le tue – die Gesetzlichkeit tötet ihn«). Das habe sich an der Weigerung Präsident Hindenburgs im vorangegangen Sommer gezeigt, dem Ansinnen Hitlers auf Bildung einer Regierung nachzukommen. »Aus der italienischen Tragödie wird das deutsche Satyrspiel. [...] es ist der Absturz des Faschismus.«[191]

Weil sie so sehr auf die Verfassung setzten, schlug die sozialdemokratische Führung nach ihrem Regierungsrücktritt im Jahr 1930 eine Politik der »Tolerierung« gegenüber den Folgeregierungen und ihrer Krisenpolitik ein. Diese Regierungen, zuerst unter Heinrich Brüning, dann unter Franz von Papen und schließlich unter Kurt von Schleicher, regierten ohne Mehrheit im Parlament auf dem Wege der Notverordnungen, die der Reichspräsident laut Weimarer Verfassung erlassen konnte. Mit ihren Maßnahmen griffen sie die Arbeits- und Lebensbedingungen der Arbeiterklasse und der unteren Mittelschicht an – Brüning verordnete unter anderem eine Lohnkürzung um zehn

---

190 Kautsky, Karl, *Die materialistische Geschichtsauffassung*, Band 2, Berlin 1927, S. 478, 477. Siehe auch: Beetham, David, *Marxists in Face of Fascism*, Manchester 1983, der in seinem Buch eine Vielzahl von Sozialisten und Kommunisten mit ihren jeweiligen Einschätzungen des Faschismus versammelt hat – unter anderem Antonio Gramsci, Clara Zetkin, Josef Stalin, Andrés Nin oder auch Ignazio Silone; d. Übers.
191 Hilferding, Rudolf, »Zwischen den Entscheidungen«, in: *Die Gesellschaft. Internationale Revue für Sozialismus und Politik,* Band 10, Nr. 1, Januar 1933, Berlin, S. 3. Siehe auch den gesamten Aufsatz in: Stephan, Cora, *Zwischen den Stühlen,* Berlin und Bonn 1982, S. 270–276.

Prozent. Der Niedergang der Volkswirtschaft und die sie begleitende Not konnten so jedoch nicht aufgehalten werden. Mit ihrer »Tolerierungspolitik« sagten die Sozialdemokraten faktisch, dass sie nur Elend und Hunger anzubieten hatten. Sie überließen den Nazis das Feld, jene einzusammeln, die sich von den alten bürgerlichen Parteien abgewandt hatten.

Die Sozialdemokraten schienen sogar Hitler regelrecht den Weg zu ebnen. Sie bauten zwar eine Art Selbstverteidigungsorganisation auf, das Reichsbanner Schwarz-Rot-Gold, bestehend aus kämpferischen Aktivisten und Mitgliedern der sozialistischen Sportvereinigungen und Jugendgruppen, das Hunderttausende hätte mobilisieren können. Die sozialdemokratische Führung bestand jedoch auf den rein defensiven Charakter der Organisation, die nur zum Einsatz kommen sollte, wenn die Nazis Verfassungsbruch begingen – wozu es nie kam. Sie saß auch im Freistaat Preußen in der Regierung und verfügte über gut bewaffnete Polizeikräfte. Am 1. Mai 1929 ließ sie diese auf Demonstranten schießen, die dem Aufruf der KPD gefolgt waren, wobei 25 Teilnehmer getötet wurden; sie verbot auch in den Jahren 1930/31 in ganz Preußen Nazidemonstrationen. Wegen ihrer Verfassungsgläubigkeit verzichtete sie aber auf den Einsatz dieser Waffen, als die von den Nazis ausgehende Bedrohung im Sommer 1932 einen ersten Höhepunkt erreichte. Bei der Präsidentschaftswahl des Jahres stellte die Sozialdemokratie keinen eigenen Kandidaten auf, sondern forderte ihre Anhänger auf, für den betagten Hindenburg zu stimmen. Der lohnte ihnen diesen Dienst, indem er sich mit von Papen, der wiederum in Geheimverhandlungen mit Hitler stand, darauf einigte, die sozialdemokratische Regierung in Preußen zu stürzen. Die Sozialdemokraten beugten sich kleinlaut und gaben ihr nach eigenem Bekunden mächtigstes Bollwerk gegen das Vordringen des Nationalsozialismus auf. Die SA konnte jetzt offen auf den Straßen marschieren und vermittelte so den Eindruck einer dynamischen und übermächtigen Bewegung, die irgendwie die so schwierig gewordenen Lebensverhältnisse bessern und die Opposition von den Straßen verdrängen könne. Es konnte kaum einen größeren Kontrast geben zu der Lähmung, die die Sozialdemokraten befallen hatte, und das angesichts der bis dahin schlimmsten Krise, die die Menschen erlebt hatten.

Kein Wunder, dass sozialdemokratische Aktivisten fassungslos waren. Der Historiker William Allen schreibt über den Aufstieg der Nazis in Northeim und die Sozialdemokraten dort zu Beginn des Jahres 1933:

Viele erwarteten eine Machtübernahme durch die Nationalsozialisten. Sie hatten wohl vor zu kämpfen, aber es war ihnen nicht mehr ganz klar, wofür. Für die Republik des Generals von Schleicher oder für die von Papen? Für eine Demokratie unter der Herrschaft von Notverordnungen des Reichspräsidenten? Während des grauen Januar 1933 hielt die SPD von Thalburg [Northeim] keine Versammlungen ab und ließ niemand zu einer Rede in die Stadt kommen. Was hätte man auch sagen sollen?[192]

Aufgrund der Unbeweglichkeit der Sozialdemokraten hatten die Nazis freies Feld. Aber allein mithilfe ihrer Wählerschaft hätten sie nicht an die Macht kommen können. Das beste Wahlergebnis erreichten sie mit 37,1 Prozent und sie verloren sogar zwei Millionen Stimmen in den Monaten von Juli bis November 1932. Selbst als Hitler Kanzler wurde und die Opposition schwer in Bedrängnis geriet, gewannen die Nazis im März 1933 nur 43,9 Prozent der Stimmen. Ende des Jahres 1932 klagte Goebbels in seinem Tagebuch über die Entmutigung in ihren Reihen, weil es ihnen noch nicht gelungen war, die Macht zu ergreifen, und Tausende die Partei verließen.

Die Macht eroberten die Nazis schließlich doch, weil die wichtigsten Vertreter der herrschenden Klasse Deutschlands die Entscheidung fällten, ihnen diese auszuhändigen. Schon eine ganze Weile hatten Kreise der Großunternehmer die Nazis finanziert, weil sie in ihnen ein nützliches Gegengewicht zur Linken und den Gewerkschaften sahen. Der Zeitungsmagnat Alfred Hugenberg hatte in den »Anfangsjahren Hitlers Geldprobleme aufgefangen«.[193] Im Jahr 1931 war Fritz Thyssen als ein führender Ruhrbaron auch »ein begeisterter Nazianhänger«[194], und Hjalmar Schacht (Reichsbankpräsident bis 1930 und erneut ab 1933) entwickelte deutliche Sympathien für Hitler.[195]

---

192 Allen, *Das haben wir nicht gewollt*, S. 152.
193 Schweitzer, Arthur, *Big Business in the Third Reich*, Bloomington 1963, S. 107.
194 Noakes und Pridham, *Nazism*, S. 94.
195 Was auch Turner zugibt, der sich insgesamt eher skeptisch über Behauptungen äußert, Hitler habe seinen Aufstieg zur Macht der Unterstützung der Geschäftswelt verdankt; in: Turner, Henry Ashby, *Die Großunternehmer und der Aufstieg Hitlers*, Berlin 1985, S. 293.

Dennoch hatten bis zum Jahr 1932 die Hauptflügel des deutschen Kapitalismus zwei Parteien unterstützt, die sie auch mehr oder weniger direkt lenkten: die Großindustriellen standen hinter der Deutschen Volkspartei (Nachfolger der Nationalliberalen Partei der Vorkriegszeit) und Hugenberg wie die Großgrundbesitzer förderten die Deutschnationale Volkspartei. Sie misstrauten der NSDAP, weil viele der verarmten Kleinbürger in ihren Reihen – und einige ihrer Führer – nicht nur die »marxistischen« Organisationen der Arbeiterklasse angriffen, sondern auch nach einer »nationalen Revolution« gegen das Großunternehmertum riefen.

Als die Weltwirtschaftskrise ihre Profite immer mehr schmälerte, begannen einige Kapitalisten umzudenken. Selbst die Mehrheit der Industriellen, die Hitler nicht finanzierten und seiner Bewegung misstrauten, welche sich unabhängig von ihnen aus dem verelendeten Kleinbürgertum und der Mittelschicht heraus entwickelt hatte, befanden, dass sie die Nazis für eigene Zwecke benutzen könnten. In einer Studie heißt es dazu:

> Die sich verschärfende Depression überzeugte die Führung der Oberschicht von der Notwendigkeit der Aufhebung des Versailler Vertrags, der Einstellung der Reparationszahlungen und der Brechung der Macht der Arbeiterbewegung, um die Depression zu überwinden [...]. Im Sommer des Jahres 1931 begannen die führenden Großkapitalisten von der Weimarer Republik als einem »ehrlosen System« zu sprechen und riefen nach der »nationalen Diktatur«.[196]

Diese Ansichten wurden von den Ruhrindustriellen, den Großgrundbesitzern und der Masse des Offizierskorps in den Streitkräften geteilt. In vielerlei Hinsicht standen sie auch der Politik Hitlers nahe. Zu einer weiteren Annäherung kam es, als Hitler Otto Strasser, den offensten Vertreter einer »nationalen Revolution«, aus der Partei drängte, an einer Konferenz unter anderem mit der Deutschnationalen Volkspartei, Industriellen und Grundeigentümern in Harzburg im September 1931 teilnahm und erst recht, nachdem er im Januar 1932 eine »Ansprache an die Kapitäne der Ruhrindustrie« gehalten hatte.[197]

---

196 Schweitzer, *Big Business*, S. 95
197 Schweitzer, *Big Business*, S. 96 f., 100. Turner behauptet, die Ruhrindustriellen

Die Industriellen gingen nun davon aus, dass Hitler ihren Interessen nicht schaden würde, und einige erkannten in seinen Sturmtruppen ein nützliches Instrument zur Zerschlagung der Arbeiterbewegung. Im Herbst 1932 war eine Mehrheit der Industriellen der Ansicht, dass die Nazis in die Regierung gehörten, wenn diese mächtig genug sein sollte, ihre Politik umzusetzen und den Widerstand der Arbeiterklasse zu schwächen. Sie waren aber immer noch über die Frage gespalten, welches Gewicht den Nazis zugestanden werden sollte. Die Mehrheit wollte die entscheidenden Ämter in den Händen bürgerlicher, aus ihrer Sicht vertrauenswürdiger Politiker wie von Papen belassen. Nur eine Minderheit drängte zu dieser Zeit darauf, Hitler die Kanzlerschaft anzutragen. Hitler sollte in erster Linie ein Wachhund sein, der ihr Eigentum schützte, und wie jeder Wachhund sollte er an der kurzen Leine gehalten werden. Dazu war Hitler aber nicht bereit, und die Stimmung bei den Großkapitalisten begann zu kippen, als die Regierung des Heereschefs Kurt von Schleicher sich als unfähig erwies, ihren Anforderungen zu entsprechen. Selbst wenn viele Eliteindustrielle wenig Sympathie für den Emporkömmling und ehemaligen Gefreiten mit seinen wilden Reden aufbrachten, mussten sie doch anerkennen, dass nur er über die Kräfte verfügte, die bürgerliche Stabilität wieder herzustellen. Von Papen selbst traf sich mit Hitler in dem Privathaus eines Bankiers. Er erklärte dem britischen Botschafter wenige Tage später: »Es wäre eine Katastrophe, würde Hitlers Bewegung zusammenbrechen oder zerschlagen werden, denn die Nationalsozialisten bleiben das letzte Bollwerk gegen den Kommunismus.«[198]

Die Großgrundbesitzer, die alteingesessenen Unternehmer wie Schacht und Thyssen, die sich hinter Hitler gestellt hatten, und Mitglieder der Generalität drängten bereits den Reichspräsidenten Hindenburg, die politische Krise durch Ernennung Hitlers zum Kanzler zu lösen. Von Papen warf ebenfalls sein Gewicht und das der hinter ihm stehenden Schwerindustriellen in die Waagschale und erhöhte den Druck. Immer noch hegten wichtige Flügel der Industrie Zweifel, aber sie stemmten sich nicht gegen diese Lösung,

---

hätten Hitler kühler empfangen, als es in der Presse hieß. Er gibt jedoch zu, dass Hitler vor einem einflussreichen Publikum der Geschäftswelt sprach. Siehe: Turner, *Die Großunternehmer*, S. 268.
198 Zitiert nach: Carsten, Francis Ludwig, *Britain and the Weimar Republic*, London 1984, S. 270 f.

und als Hitler an der Macht war, finanzierten sie ihm bereitwillig die Wahlen, die er ausgerufen hatte, um seine Kräfte parlamentarisch zu stärken (und die Krise in den Reihen der Nazis zu beenden).[199] Hitler wäre ein Niemand geblieben, wenn es ihm nicht gelungen wäre, eine kleinbürgerliche Massenbewegung aufzubauen, teils entgegen den unmittelbaren politischen Interessen der Hauptvertreter des deutschen Großkapitals. Am Ende des Tages jedoch waren diese davon überzeugt, dass Hitlers Machtübernahme besser war als die ständige politische Instabilität – und natürlich sehr viel besser als der Zusammenbruch seiner Partei und eine Verschiebung der deutschen Politik nach links.

Hitler trat am 31. Januar 1933 das Amt an. Viele Anhänger der Sozialdemokratie wollten kämpfen. Julius Braunthal erzählt:

> [...] die Berufung Hitlers zum Reichskanzler [hatte] die eindrucksvollsten Manifestationen des Widerstandswillens der deutschen Arbeiterklasse ausgelöst. Am Nachmittag und Abend des 30. Januar kam es in den deutschen Großstädten zu gewaltigen spontanen Massendemonstrationen der Arbeiter. Delegationen der Großbetriebe [...] waren aus dem ganzen Lande noch am selben Tag in Berlin eingetroffen, um Kampfweisungen einzuholen [...].[200]

Die SPD erklärte, Hitler sei »auf dem Wege der Verfassung« an die Macht gekommen und ihre Anhänger sollten abwarten! In ihrer Tageszeitung *Vorwärts* tönte sie: »Gegenüber dieser Regierung der Staatsstreichdrohung stellt sich die Sozialdemokratie und die ganze Eiserne Front mit beiden Füßen auf den Boden der Verfassung und der Gesetzlichkeit.«[201] Die Partei widmete sich vor allem den Bemühungen, einen »verfrühten« Widerstand gegen das neue Regime zu verhindern.

---

199 Selbst Turner kann diesen Ablauf der Ereignisse nicht leugnen. Weitere Quellen: Kershaw, Ian (Hg.), *Why Did Weimar Fail?*, London 1990, und Stachura, Peter D., *The Nazi Machtergreifung*, London 1983. Einen Überblick über diese Debatte aus marxistischer Sicht bietet Donny Gluckstein in seinem ausgezeichneten Buch: *The Nazis, Capitalism and the Working Class*, London 1999, Kapitel 3.
200 Braunthal, Julius, *Geschichte der Internationale*, Band 2, Bonn 1978, S. 399.
201 *Vorwärts*, Abendausgabe vom 30. Januar 1933.

Das Bedürfnis der Basis der Sozialdemokraten nach Widerstand hätte in den vorangegangenen drei Jahren von der Kommunistischen Partei aufgegriffen werden können. Ihre Führung hatte sich allerdings – entweder aus Dummheit oder aus Rücksicht auf Stalin – die ganzen Jahre von 1929 bis 1933 geweigert, die sozialdemokratische Führung zur Bildung einer Einheitsfront aufzufordern, um die Nazis zu stoppen. Einzelne Mitglieder, die ob dieser Politik Zweifel bekamen, wurden von ihren Posten entfernt. Völlig absurd wurde es im Sommer 1931. Die Nazis organisierten eine Volksabstimmung zur Absetzung der sozialdemokratischen Regierung Preußens, die kommunistische Führung erklärte auf Anweisung Stalins dazu, dies sei ein »roter Volksentscheid«, und forderte ihre Mitglieder auf, für ein Ja zu werben! Eine kalkuliertere Geste, die Kommunisten als Kraft des Widerstands gegen die Nazis in den Augen der einfachen sozialdemokratischen Mitglieder zu diskreditieren, ist kaum vorstellbar.

Das heißt nicht, dass die Kommunisten im Grunde Verbündete der Nazis gewesen wären, wie manchmal behauptet wird. In Städten wie Berlin lieferten sich Kommunisten Tag für Tag verzweifelte Straßenschlachten, um die Nazis zurückzudrängen.[202] Aber sie taten das ohne Unterstützung über die eigene Anhängerschaft hinaus.

Wie die Feigheit der Sozialdemokraten selbst mit dem Amtsantritt Hitlers nicht aufhörte, so auch nicht der Wahnwitz der kommunistischen Führung. Sie lernten nicht aus den Ereignissen in Italien und glaubten, die Nazis würden sich, einmal an der Macht, wie jede andere Regierung verhalten. Sie betonten, die Nazidiktatur sei dem Wesen nach instabil und werde kaum von Dauer sein.[203] Ihre Parole lautete: »Nach Hitler kommen wir.« In Moskau feierte die Parteizeitung *Prawda* das Wahlergebnis als einen »brillanten Sieg« der deutschen Kommunisten, und Radek, ehemals Mitglied der Linken Opposition und jetzt restlos unter der Fuchtel Stalins, sprach in der *Iswestija* von einer »Marne-Niederlage« der Faschisten.[204]

Dieser Linie entsprechend wurden die kommunistischen Aktivisten in Deutschland dazu aufgefordert, weiterhin in der »Offensive« zu bleiben, Flug-

---

202 Rosenhaft, *Beating the Fascists,* stellt diese Geschichte sehr anschaulich dar.
203 Merson, Allan, *Kommunistischer Widerstand in Nazideutschland*, Bonn 1999, S. 44.
204 Zitiert nach: Braunthal, *Geschichte der Internationale*, Band 2, S. 403.

blätter zu verteilen und Unterschriften gegen die neue Regierung zu sammeln. Hitlers System unterschied sich jedoch von bürgerlichen Regierungen gerade darin, dass es über eine Masse Anhänger verfügte, die bereit waren, gegen jede Art von Aufbegehren der Arbeiterklasse vorzugehen, Kämpfer aufzustöbern und dafür zu sorgen, dass Gewerkschaftsaktivisten aus ihrem Betrieb entlassen wurden. Zudem arbeiteten sie mit der Geheimpolizei zusammen, um Widerstandsnester auszuheben. Wer auch nur eine Petition unterzeichnete, lief Gefahr, von der SA verprügelt und von der Polizei abgeholt zu werden.

Innerhalb weniger Tage waren die paramilitärischen Kräfte der Nazis in die Staatsmaschine eingebunden. SA und Polizei drangsalierten gemeinsam die Arbeiterparteien. Schließlich nahmen die Nazis ein Feuer im Reichstag am 27. Februar 1933 zum Vorwand, die Kommunistische Partei zu verbieten, ihre Presse zu unterdrücken und 10.000 ihrer Mitglieder in Konzentrationslager zu verschleppen.

Die Feigheit und Dummheit der Sozialdemokraten kannte keine Grenzen. Sie glaubten, sie würden von den Unterdrückungsmaßnahmen verschont bleiben und schlossen sogar Mitglieder aus, die davon sprachen, in den Untergrund zu gehen und von dort aus Widerstand zu leisten. Die Gewerkschaftsführungen gingen noch weiter und versprachen, mit den Nazis zusammenzuarbeiten. Sie erklärten den 1. Mai zum »Tag der nationalen Arbeit« und beteiligten sich an den faschistischen Maifeiern, am nächsten Tag wurden auch diese Führer in die Konzentrationslager gekarrt.

In der Zeit von Hitlers Machtübernahme bis Kriegsbeginn im Jahr 1939 wurden rund 225.000 Personen wegen politischer Vergehen zu Gefängnisstrafen verurteilt, und nach Schätzungen »waren während desselben kurzen Abschnitts nicht weniger als eine Million Deutsche für eine längere oder kürzere Zeit den Qualen und Erniedrigungen der Konzentrationslager ausgesetzt«.[205]

Nicht nur Arbeiterorganisationen wurden Opfer der Nazis. Nachdem sie die Parteien des Großkapitals für ihren Generalangriff auf Kommunisten, Sozialdemokraten und Gewerkschaften gewonnen hatten, wandte sich Hitler gegen sie und zwang sie zur Auflösung und zur Anerkennung eines Einpartei-

---

205 Merson, *Kommunistischer Widerstand*, S. 73.

enstaats. Mithilfe staatlichen Terrors zerstörte er die Unabhängigkeit jeder Art von Organisation, egal wie respektabel und kleinbürgerlich sie war – Anwaltsvereine, Berufsvereinigungen, selbst die Pfadfinder wurden verfolgt. Wer Widerstand zu leisten wagte, wurde von der politischen Polizei, der Gestapo, abgeholt und ins Konzentrationslager gebracht. Die Angst ließ jede offene Kritik an der totalitären Politik schnell verstummen.

Die Naziherrschaft stützte sich dennoch weiterhin auf das direkte Abkommen mit dem Großkapital und dem Offizierskorps des Heeres. Beide blieben von den Gewalttätigkeiten der Nazis weitgehend verschont, konnten weiterhin ungehindert ihre Gewinne erzielen oder die militärische Schlagkraft ausbauen, während die Nazis die Kontrolle über die Repressionsmittel und das gesamte politische Leben erhielten. Das Bündnis wurde ein Jahr später in der »Nacht der langen Messer« mit Blut besiegelt, als Hitler seine Leibstandarte, die Schutzstaffel (SS), einsetzte, um die SA-Führung zu ermorden, deren Gerede von einer »zweiten Revolution« Generale wie Industrielle beunruhigte. Im Gegenzug erlaubten sie Hitler, die Reichspräsidentschaft zu übernehmen und die politische Macht vollständig in seiner Hand zu konzentrieren.

7
Erstickte Hoffnung: 1934 bis 1936

Das Ausmaß des Siegs der Nazis in Deutschland erschütterte ganz Europa. Sie hatten buchstäblich über Nacht die mächtigste Arbeiterbewegung der Welt zerschlagen. Das war eine Lektion, die rechte Kräfte in anderen Ländern schnell lernten, und es war eine, die die Arbeiterorganisationen erst einmal verdauen mussten, wie widerwärtig diese Kost auch den Führern schmecken mochte, die immer die Unantastbarkeit eines verfassungsmäßigen Ansatzes oder des unmittelbar bevorstehenden Siegs der Kommunisten betont hatten.

Wien 1934

Die ersten konzertierten Schritte zur Nachahmung der Methoden Hitlers unternahmen im Jahr 1934 die Rechten in Österreich, Frankreich und Spanien. Die österreichische herrschende Klasse hatte unmittelbar nach dem Zusammenbruch ihres Reichs in den Jahren 1918/19 in Kauf genommen, dass die Sozialdemokratische Arbeiterpartei Österreichs (SDAP) einer Koalitionsregierung vorstand, weil es in den Nachbarstaaten fortgesetzte revolutionäre Unruhen und in Österreich selbst lebendige Arbeiter- und Soldatenräte gab, die nur von der Sozialdemokratie davon abhalten werden konnten, den Schritt zur Machtergreifung zu tun. Ein österreichischer Sozialdemokrat schrieb später: »Die Parteien des österreichischen Kleinbürgertums waren nahezu impotent, und die Aufgabe der Verteidigung der österreichischen Demokratie fiel den

Sozialdemokraten zu.«[206] Als die Unruhen abgeebbt waren, verließ die SDAP die Regierung und konzentrierte sich als Mehrheitspartei im Wiener Stadtsenat darauf, die Lebensbedingungen der Arbeiterschaft zu heben. Wien war eine Hochburg der Sozialdemokratie. Sie hatte 600.000 Mitglieder in einem Land mit einer städtischen Erwachsenenbevölkerung von nur drei Millionen und konnte bei den Nationalratswahlen 42 Prozent der Stimmen erringen.

Die rechten katholischen Politiker beherrschten dagegen den ländlichen Raum und verfügten über die Mehrheit im Parlament. Von Mussolinis Erfolg in Italien angeregt, hatten sie Ende der 1920er Jahre mit der »Heimwehr« eine paramilitärische Kraft aufgestellt, die immer häufiger mit dem Republikanischen Schutzbund der Sozialdemokraten zusammenstieß.

Hitlers Sieg in Deutschland verlieh den österreichischen Faschisten Selbstbewusstsein, auch wenn sie sich über die Frage des Anschlusses Österreichs an Deutschland oder aber der Bildung eines katholischen Staats im Bündnis mit Italien spalteten. Engelbert Dollfuß, Anführer der zweiten Gruppierung, ergriff Anfang März 1933 die Gelegenheit, schaltete das Parlament aus und regierte per Notverordnung.

Dollfuß ging sogar gegen die deutschlandfreundlichen Nazis vor, in erster Linie aber galten seine Angriffe der Arbeiterbewegung:

> Das sozialistische Verteidigungskorps wurde aufgelöst; dem sozialistischen Wien wurde willkürlich ein beträchtlicher Teil seiner Einnahmen gestrichen; sozialistische Arbeiter wurden unter Androhung des Verlusts ihres Arbeitsplatzes gezwungen, in Dollfuß' neue Partei, die Vaterländische Front, einzutreten. [...] Dollfuß verkündete offiziell seine Absicht, die parlamentarische Demokratie endgültig abzuschaffen und Österreich zu einem christlichen Stände- und Bundesstaat umzumodeln.[207]

Die österreichische SDAP hatte nach 1919 großspurig erklärt, sie sei linker als die deutsche Sozialdemokratie und kampfbereiter. Die österreichischen Kommunisten hätten deshalb in der Arbeiterbewegung kaum Fuß fassen und

---

206 Sturmthal, Adolf, *The Tragedy of European Labour 1918–39*, London 1944, S. 51.
207 Sturmthal, *The Tragedy*, S. 172.

die SDAP nicht durch Spaltung wie in Deutschland schwächen können. Als Antwort auf den Putsch von Dollfuß tat sie aber nichts.

Die Sozialdemokraten befanden sich in einer starken Position. Die Arbeiterklasse hatte nur wenige Tage zuvor ihre Macht demonstriert, als Eisenbahnarbeiter bei einem Vollstreik einen klaren Sieg errangen. Stattdessen hoffte die SDAP, Dollfuß werde mit ihr eine gemeinsame antifaschistische Front bilden. Sie forderte ihre Mitglieder auf, sich auf Aktionen vorzubereiten, aber keinesfalls »verfrüht« loszuschlagen.

Diese Situation zog sich elf Monate lang hin, während Dollfuß Schritt für Schritt die Arbeiterbewegung zermürbte und die Sozialdemokraten ihre Anhänger immer wieder zu Geduld aufriefen. Auf einer Versammlung von tausend Fabrikdelegierten in Wien wies der sozialdemokratische Politiker Otto Bauer die Rufe nach sofortigem Handeln zurück und erklärte: »Wir können einen Bürgerkrieg nicht leichthin vor unserem Gewissen verantworten. […] das sind wir […] der Arbeiterklasse schuldig.«[208] Der Sozialdemokrat Braunthal erinnert sich:

> Was nun folgte, musste das Selbstvertrauen der Arbeiterklasse, das Vertrauen in ihre Kraft und auch das Vertrauen in die Parteiführung weiterhin erschüttern. Denn die Arbeiter sahen nun, wie die Partei Schritt um Schritt vor der Offensive des Faschismus zurückwich.[209]

Dollfuß erhielt freie Hand, den Sozialisten zu einem Zeitpunkt seiner Wahl den entscheidenden Schlag zu versetzen. Den sah er am 12. Februar 1934 gekommen, nachdem sein Stellvertreter verkündet hatte: »Wir werden Österreich säubern. Die Arbeit, die wir begonnen haben, werden wir auch vollenden.«[210] Adolf Sturmthal beschreibt die Ereignisse:

> Frühmorgens rückte die Polizei an, um in der Parteizentrale der Sozialisten in Linz nach Waffen zu suchen. Die im Haus anwesenden

---

208 Rede zitiert nach Braunthal, damals ein führender Aktivist in Wien, in: Braunthal, Julius, *Auf der Suche nach dem Millennium*, Band 2, Nürnberg 1948, S. 532.
209 Braunthal, *Auf der Suche nach dem Millennium*, Band 2, S. 532.
210 Zitiert nach: Sturmthal, *The Tragedy*, S. 176.

Arbeiter leisteten Widerstand und eröffneten das Feuer. Drei Stunden später traten die Wiener Elektrizitätsarbeiter in den Streik – dies war das vereinbarte Signal für einen Generalstreik. [...] Dann begannen die Schießereien in Wien. Der Bürgerkrieg war ausgebrochen.

Er dauerte vier Tage lang. Alles schien sich gegen die Arbeiter verschworen zu haben. Eine kleine Minderheit sozialistischer Arbeiter, überwiegend Mitglieder des Republikanischen Schutzbunds, griff zu den Waffen – soweit welche vorhanden waren. [...] Ein offizieller Aufruf zum Generalstreik konnte nicht verbreitet werden, weil man vergessen hatte, zusammen mit den Elektrizitätsarbeitern Vorkehrungen zu treffen, um die sozialistische Druckpresse zu benutzen. Die Masse der Arbeiter hegte Sympathie mit den kämpfenden Mitgliedern des Republikanischen Schutzbunds, traten jedoch nicht in den Streik. Enttäuscht, entmutigt arbeiteten sie weiter, während unweit von ihnen Sozialisten mit Kanonen und Maschinengewehren bezwungen wurden. [...] Am 16. Februar waren die Kämpfe vorbei. Elf Männer wurden gehängt. [...] Die österreichische Arbeiterbewegung wurde in den Untergrund gedrängt.[211]

Trotz dieser Niederlage stellte allein die Tatsache, dass die österreichische Arbeiterbewegung gegen den Faschismus gekämpft und nicht einfach aufgegeben hatte, eine Inspiration für andere Länder dar: »Lieber Wien als Berlin!« wurde zur Parole eines neuen linken Flügels, der sich in vielen sozialdemokratischen Parteien herausbildete.

In Österreich selbst blieben Dollfuß' Anhänger vier Jahre lang mit einem Regime an der Macht, das auch als »klerikalfaschistisch« bezeichnet wurde. Im Jahr 1938 schloss Mussolini schließlich ein Abkommen mit Hitler, deutsche Truppen marschierten unter dem Jubel der kleinbürgerlichen Menge in das Land ein und es kam zu einer umfassenden Nazifizierung.

Die Ereignisse in Deutschland hatten gezeigt, dass die Arbeiterbewegung den Faschismus nicht aufhalten konnte, wenn sie nicht bereit war, vereint zu kämpfen. Österreich zeigte, dass Einheit allein nicht ausreichte – es bedurfte auch der Bereitschaft zum Kampf.

---

211 Sturmthal, *The Tragedy*, S. 177.

Frankreich und die Volksfront

Auch Paris schien im Februar 1934 kurz vor dem Bürgerkrieg zu stehen. Mehrere Regierungen der bürgerlichen Radikalen Partei hatten die Weltwirtschaftskrise mit einer Deflationspolitik zu bekämpfen versucht, was hieß, die Gehälter im öffentlichen Dienst zu senken und die Einkünfte der Bauern zu beschneiden, die immer noch die Mehrheit der Bevölkerung stellten. Zur selben Zeit wurden Bankenskandale aufgedeckt, in die führende Personen der Regierungspartei verwickelt waren.

Die allgemeine Erbitterung schlug in eine Atmosphäre der Unordnung um, öffentlich Bedienstete protestierten, Krämer und kleine Geschäftsleute gingen auf die Straße und es kam zu Ausschreitungen wütender Bauern. Die Rechtsextremen, die sich um diverse paramilitärische Ligen organisiert hatten, nutzten die Stimmung, veranstalteten Straßenaufzüge und scharten mit ihrem Nationalismus, den sie mit Ultrakatholizismus, Angriffen auf die »bestechlichen« Bankiers und Antisemitismus versetzten, zusehends das Kleinbürgertum um sich.

Anfang 1934 gab sich die Rechte der Hoffnung hin, Hitlers Sieg des Vorjahrs nachahmen zu können. Am 6. Februar 1934 rief sie zu einer Großdemonstration gegen die soeben von der Radikalen Partei unter Édouard Daladier gebildete Mitte-links-Regierung in Paris auf. Sie plante die Erstürmung des Parlaments und die Ersetzung der Regierung Daladier mit einer rechten Regierung, um so die Tür zur Macht für sich selbst aufzustoßen.

Es folgte eine Nacht schwerer Kämpfe, Demonstranten und die Polizei lieferten sich Schießereien, bei denen fünfzehn Menschen starben und 1.435 verwundet wurden. Daladier trat am folgenden Tag zurück, weil er befürchtete, er könne die Ordnung nicht länger bewahren, und machte einem »gemäßigten« Radikalen Platz. Die Rechtsextremen hatten bewiesen, dass sie eine Regierung unter Gewaltanwendung stürzen konnten, und Frankreich schien den Weg Italiens und Deutschlands einzuschlagen.

Die französische Linke war bis dahin ebenso unfähig gewesen wie die Linke in anderen Ländern. Die Sozialistische Partei (SFIO) tolerierte die Radikale Partei in der Regierung, ähnlich wie die deutschen Sozialdemokraten Brüning geduldet hatten. Die Kommunisten wiederholten den Unsinn von der »dritten Periode«, wonach die sozialistische Partei »sozialfaschistisch« sei. Am 3. Februar, als die Mobilisierung der Rechten von gewalttätigen Ausschreitungen begleitet war, lautete die Schlagzeile der kommunistischen Zeitung *L'Humanité:* »Keine Panik«, und am 5. Februar erklärte sie die Wahl zwischen den Faschisten und der Regierung als eine zwischen »Pest und Cholera«.[212] Als sie am 9. Februar zu Protesten aufrief, die in schwere Schlachten mit der Polizei ausuferten und in deren Verlauf neun Personen getötet wurden, tat sie das auf eigene Rechnung und erklärte, die Demonstration richte sich gegen die Faschisten ebenso wie die »Mörder« in Daladiers gestürzter Regierung.[213]

Der größte Gewerkschaftsverband, die CGT, rief für den 12. Februar 1934 zu einem Generalstreik auf und die Sozialistische Partei (SFIO) organisierte getrennt davon eine Demonstration. Erst in letzter Minute entschied sich die Kommunistische Partei zur Abhaltung einer eigenen Demonstration. Es war keineswegs klar, was geschehen würde, wenn die Demonstrationen aufeinanderstießen. Es gab Befürchtungen, dass es wie schon in der Vergangenheit zu Schlägereien kommen könnte. Stattdessen begannen die Teilnehmer, als sie aufeinander zukamen, dieselben antifaschistischen Parolen zu rufen und verschmolzen zu einer gemeinsamen Demonstration. Ein Beteiligter berichtete: »Diese Begegnung löste einen regelrechten Begeisterungstaumel aus, Freudenrufe erschollen. Applaus, Gesänge, Rufe erklangen nach ›Einheit! Einheit!‹«[214]

Der Erfolg des Generalstreiks und die vereinten Demonstrationen hielten das weitere Vordringen der Rechten auf. Ein formelles Abkommen zwischen den Kommunisten und den Sozialisten brachte beiden bei den Wahlen Zugewinne auf Kosten der Radikalen. Zur selben Zeit konnten die Gewerkschaften, nachdem die CGT und eine kommunistische Gewerkschaftsabspaltung sich zusammengeschlossen hatten, wieder Mitgliederwachstum verzeichnen. Überall im Land bildeten sich antifaschistische Komitees, die den Rechten die Kontrolle über die Straße streitig machten.

---

212 Jackson, Julian, *The Popular Front in France, Defending Democracy 1934–38*, Cambridge 1990, S. 28.
213 Jackson, *The Popular Front*, S. 28.
214 Jackson, *The Popular Front*, S. 5 f.

Dann vollzog die Kommunistische Partei eine noch radikalere Wende in ihrer Politik: Sie forderte zur Bildung eines Bündnisses nicht nur mit den Sozialisten, sondern auch mit der Radikalen Partei auf mit der Begründung, sie sei zwar eine bürgerliche Partei, stehe aber für den Erhalt der Republik ein. Als diese Volksfront aus Sozialisten, Kommunisten und Radikalen bei den Wahlen vom Mai 1936 eine deutliche Mehrheit erhielt, erklärte sie dies zum eindeutigen Beweis für die Richtigkeit ihres Vorgehens. In der Tat konnte die Linke einen Wahlerfolg verzeichnen. Zum ersten Mal wurden die Sozialisten zur größten Partei im Parlament, während die Zahl der Sitze der Kommunisten von 10 auf 76 hochschnellte. Dem Sozialistenführer Léon Blum gelang die Bildung einer Regierung aus achtzehn Sozialisten und dreizehn Radikalen. Die Kommunisten waren darin nicht vertreten, stimmten im Parlament aber dafür.

Die Stimmung auf der Straße und in den Betrieben war allerdings sehr viel beeindruckender, als es sich in der sozialistisch-radikalen Regierung ausdrückte – denn beide Parteien hatten schon in den vergangenen vier Jahren genügend Parlamentssitze zur Bildung einer gemeinsamen Regierung errungen. Eine Reihe linker Demonstrationen gipfelte in einem Aufzug von 600.000 Teilnehmern zur Erinnerung an die Pariser Kommune. Die größte Streikwoge, die Frankreich je erlebt hatte, rollte schon vor dem Amtsantritt der Regierung Blum an. Was als vereinzelte und kurze, aber erfolgreiche Streiks in verschiedenen Gegenden Frankreichs begann – in Le Havre, Toulouse, Courbevoie –, schlug am 26. Mai 1936 plötzlich in eine mächtige Bewegung um, als Arbeiter der Metallfabriken in den Vororten von Paris in den Ausstand traten und ihre Werke besetzten. Am 28. Mai folgten die Arbeiter der riesigen Renault-Fabriken in Billancourt bei Paris, und am Ende der Woche waren 70.000 Arbeiter an den Ausständen beteiligt. Nach einer Pause an den Pfingstfeiertagen weiteten sich die Besetzungen auf jede Art von Industrie und auf fast jede Gegend des Lands aus: Beschäftigte von Schokoladenfabriken, Druckereien und Baustellen traten in den Streik, Schlosser und selbst Verkaufspersonal in Pariser Warenhäusern, wo es keine Gewerkschaften gab und die Beschäftigten sich bisher nicht einmal getraut hatten, miteinander zu reden. Im Departement Nord allein waren 1.144 Betriebe besetzt und 254.000 Arbeiter waren an den

Besetzungen beteiligt. Der britische Botschafter verglich die Lage mit Russland im Jahr 1917 und die Position Blums mit der von Kerenski.[215]

Die Unternehmer, die noch zwei Jahre zuvor mit Wohlwollen auf das Vordringen der Rechten geblickt hatten, hofften jetzt verzweifelt auf Blums Geschick, die Streiks zu beenden, selbst wenn das mit großen Zugeständnissen an die Arbeiterschaft verbunden war. Auf einem in der Residenz des Ministerpräsidenten eigens einberufenen Treffen vom 7. Juni 1936 unterzeichneten sie ein Abkommen über deutliche Lohnerhöhungen, sofortige Tarifverhandlungen und die Abhaltung von Betriebsratswahlen in allen Betrieben mit mehr als zehn Beschäftigten. Drei Tage später legte die Regierung dem Parlament Gesetzesentwürfe zur Einführung eines zweiwöchigen bezahlten Urlaubs vor und zur Beschränkung der Arbeitswoche auf vierzig Stunden. Die Gesetze wurden in einer Rekordzeit von nur sieben Tagen verabschiedet. Selbst der Senat, der auf undemokratische Weise zusammengesetzt wurde und in dem die Rechten die Hausmacht innehatten, traute sich nicht, dagegen vorzugehen.

In der Arbeiterschaft kam eine Stimmung auf, die über die Frage von Lohnerhöhungen, kürzeren Arbeitszeiten und Urlaub deutlich hinausging. Sie strebte danach, die Gesellschaft insgesamt zu verändern. Die Streiks wurden noch bis zum 11. Juni 1936 fortgesetzt, als die Kommunistische Partei in Person ihres Parteiführers Maurice Thorez eingriff. Er behauptete, eine Machtergreifung stünde gegenwärtig nicht an, es gehe nur noch darum, an die Arbeit zurückzukehren. »Man muss einen Streik beenden können«, sagte er.[216]

Die kämpferischsten Streikenden, die sich an den Kommunisten orientierten, weil sie in ihnen radikale Linke sahen, nahmen die Arbeit zögernd auf Grundlage der angebotenen Bedingungen wieder auf. Sie hatten materiell gesehen Erfolg gehabt, auch wenn die Lohnerhöhung durch die Inflation schon bald wieder aufgezehrt wurde. Die Macht jedoch blieb in Händen der alten Polizei, der Generale und hohen Staatsbeamten, die in den Jahren davor ihre Sympathien mit den Rechtsextremen gezeigt hatten. Und die Kontrolle über die Industrie und die Banken blieb bei den Kapitalisten, die in dem Moment, da sich das Kräfteverhältnis wieder verschob, versuchen würden, die Zugeständnisse vom Juni zurückzunehmen.

---

215 Zahlen und das Zitat aus: Jackson, *The Popular Front*, S. 88.
216 Zitiert nach: Jackson, *The Popular Front*, S. 10, 88.

Thorez hatte insofern recht gehabt, dass die Bedingungen für eine unmittelbare Machtergreifung durch die Arbeiterklasse nicht herangereift waren, ebenso wenig wie im Februar oder selbst noch im Juli 1917 in Russland. Dennoch waren sie so weit gediehen, dass die Kommunisten die Parole hätten ausgeben können, die sie noch zwei Jahre zuvor verbreitet hatten: für die Bildung von Sowjets, einer Struktur von Arbeiterdelegierten, mit denen sie die Macht des Staats und des Großkapitals hätten kontrollieren und brechen können. Thorez erwähnte diese Möglichkeit noch nicht einmal, obwohl angesichts der Stimmung bei den Arbeitern ein solcher Aufruf vermutlich auf fruchtbaren Boden gefallen wäre.

Diese Aussparung war kein Zufall. Die Beendigung der absurden Politik der »dritten Periode« war Folge eines veränderten Denkens der Komintern in Moskau, ebenso die neue Politik der Volksfront, des Bündnisses mit bürgerlich-kapitalistischen Parteien. Stalin suchte außenpolitische Bündnispartner, um den Verteidigungspakt mit der UdSSR, der von der Rechts-Mitte-Regierung Pierre Lavals im Jahr 1935 unterzeichnet worden war, zu festigen. Die Unterstützung der KPF für eine »liberale« kapitalistische Regierung schien ein solches Bündnis zu erleichtern. Die Komintern argumentierte deshalb, es sei die einzige »praktische« Möglichkeit, das Vordringen des Faschismus aufzuhalten – die Kernargumente unterschieden sich keinen Deut von denen, die Leute wie Bernstein vierzig Jahre früher vorgebracht hatten.

Die Kommunisten konnten sich nicht mit bürgerlichen Parteien wie den Radikalen verbünden, ohne konkrete revolutionäre Alternativen zu der Krise des Weltsystems aufzugeben. Revolutionäre Veränderung wurde in ihren Reden zu einer Sache der fernen Zukunft, während sie Regierungen »tolerierten«, die den Kapitalismus am Leben erhalten wollten. Sie taten das in der Hoffnung, dass die Kapitalisten unter diesen Umständen nicht auf das Angebot der Rechten zurückgriffen. Tolerierung hieß in der Praxis, die Arbeiterbewegung zurückzuhalten, bis sie demoralisiert war und die Kapitalisten genügend Selbstbewusstsein geschöpft hatten, um in die Offensive zu gehen.

Am 14. Juli 1936 fand ein Fest der Volksfrontbewegung in Frankreich statt. Eine Demonstration von bis zu einer Million Menschen gedachte in Paris der Französischen Revolution von 1789, gleichzeitig gab es weitere Demonstrationen mit Tausenden Teilnehmern im übrigen Frankreich. Die Leute kleideten sich in die Kostüme der Revolutionsjahre. Sie trugen riesige Bilder der Helden der Revolution und Aufklärung – Robespierre, Voltaire, Marat, Victor Hugo. Der Führer der Radikalen Partei, Daladier, stand auf dem Rednerpodest in Paris neben Thorez und Blum. Auf einem Banner, das von Renault-Arbeitern getragen wurde, befand sich das Emblem der Radikalen Partei neben dem der Sozialistischen und der Kommunistischen Partei. Mit den Aufzügen und Versammlungen sollte die Bevölkerung davon überzeugt werden, dass der Albtraum des Faschismus vorübergehen werde, wenn alle ungeachtet von Partei und Klasse zusammenstünden und sich mit einer gemeinsamen französisch-republikanischen Tradition identifizierten. Das war die »praktische« Politik der Volksfronteinheit.

Drei Tage später kam es zu Entwicklungen auf der anderen Seite der Pyrenäen, die diese »praktische« Politik auf die Probe stellten. Beflügelt von den Siegen der Faschisten in Italien, Deutschland und Österreich organisierten die Generale in Spanien einen Aufstand gegen die republikanische Regierung, die ihrerseits Frankreich sofort um Waffenlieferungen bat, um sich verteidigen zu können. Léon Blum war dazu bereit, aber führende Politiker der Radikalen stemmten sich entschieden dagegen. Am 30. Juli versicherte Blum der Abgeordnetenkammer, dass keine Waffen nach Spanien geschickt würden, und kurz darauf hatte er einer Politik der »Nichteinmischung« zugestimmt – selbst wenn das hieß, die gewählte republikanische Regierung ungeschützt den Angriffen von Kräften auszuliefern, die von Deutschland und Italien bewaffnet wurden und den Faschisten nacheiferten. Die Kommunistische Partei Frankreichs war die schärfste Kritikerin Blums. Sie enthielt sich im Dezember 1936 sogar im Parlament bei einer Vertrauensabstimmung über die Regierung. Sie konnte jedoch keine Alternative anbieten, da auch sie eine Koalition mit den Liberalen befürwortete, statt eine Bewegung aufzubauen, die es mit dem französischen Kapitalismus hätte aufnehmen können.

Diese Politik stieß im Inland wie in außenpolitischen Fragen schnell an ihre Grenzen. Die Radikalen waren nur so lange bereit, Reformen im Sinne der Arbeiterklasse zuzustimmen, wie die Streiks anhielten – was fast das gesamte zweite Halbjahr 1936 der Fall war, wenn sie auch weniger ungezügelt wie noch im Mai und Juni waren. Nachdem es der SFIO, der KPF und der Führung der CGT gelungen war, die Stimmung abzukühlen, kehrten die Radikalen wieder zu ihrer Forderung nach Deflation zurück, um so gegen die Symptome der Wirtschaftskrise vorgehen zu können. Nach einigen Versuchen mit »reflationärer« Politik wie einer kürzeren Arbeitswoche zur Schaffung von Arbeitsplätzen, schloss Blum sich Anfang 1937 den Vorstellungen der Radikalen an und verkündete eine »Pause« für sein Programm der Expansion und Reform. Das war aber noch nicht genug.

Im Juli 1937 trat er zurück, nachdem der Senat inmitten einer durch Kapitalflucht ausgelösten Finanzkrise sein Finanzierungsgesetz abgelehnt hatte. Unterdessen hatte der Staat bewiesen, wie wenig er sich durch den Farbtupfer der Volksfrontregierung geändert hatte – die Polizei hatte im März 1937 das Feuer auf eine antifaschistische Demonstration in einem Pariser Vorort eröffnet und sechs Teilnehmer getötet.

In den folgenden neun Monaten kam es zu mehrfachen Regierungsumbildungen unter der Radikalen Partei mit der Sozialistischen Partei als Juniorpartner. Eine neue Weltwirtschaftskrise ausgehend von den USA setzte ein, noch bevor die vorherige wirklich beendet war, und die Regierung griff zu den alten Mitteln der Ausgabenkürzung. Diese Politik konnte nur zur Demoralisierung derer beitragen, die ihre Hoffnung in die Volksfront gesetzt hatten. Eine politische Krise, verursacht durch Hitlers Einmarsch in Österreich und den Zusammenbruch der französischen Außenpolitik in Osteuropa, brachte Blum 26 Tage lang zurück ins Regierungsamt, bis er durch Daladier ersetzt wurde. Jetzt fühlten sich die Unternehmer stark genug, die Arbeiterschaft anzugreifen, und die Regierung Daladier ging in die Offensive gegen eine der wichtigsten Reformen, die erst zwei Jahre zuvor errungen worden war: die Senkung der Arbeitswoche auf vierzig Stunden. Die daraufhin im November 1938 einsetzenden Streiks und Besetzungen wurden von der Polizei angegriffen. Bei Renault entspann sich eine vierstündige Schlacht, als 1.500 bewaffnete Polizisten die Fabrik angriffen.[217] Die Polizei zwang die

---

217 Siehe: Danos, Jacques, und Marcel Gibelin, *Die Volksfront in Frankreich, Generalstreik und Linksregierung im Juni '36*, Hamburg 1982, S. 213. Die Schlacht fand von 20 bis 24 Uhr statt, dauerte also vier Stunden, nicht zwanzig, wie Harman schreibt; d. Übers.

geschlagenen Arbeiter, bei ihrem Marsch aus der Fabrik den Faschistengruß zu zeigen und zu rufen: »Lang lebe die Polizei.«[218]

In seiner Geschichte über diese Zeit schreibt Julian Jackson:

> Die Volksfront, deren Geburtsstunde der Generalstreik vom 12. Februar 1934 gewesen war, wurde im Generalstreik vom 30. November 1938 wieder zu Grabe getragen. Ironischerweise hatte der Streik vom 12. Februar als Protest gegen die erzwungene Abdankung Daladiers begonnen, und der Streik vom 30. November war ausgerufen worden, um gegen die Arbeitspolitik eben dieses Daladier zu protestieren.[219]

Die erste Phase der Volksfront schien Hoffnung geboten zu haben und die linken Parteien und die Gewerkschaften verzeichneten großen Zulauf. Die Zahl der Mitglieder der KPF erhöhte sich von 29.000 im Jahr 1933 auf 90.000 im Februar 1936 und 288.000 im Dezember 1936, und die der Kommunistischen Jugend von 3.500 auf 25.000 und dann auf 100.000. Die Mitgliedschaft der Sozialistischen Partei stieg von 131.000 im Jahr 1933 auf 202.000 im Jahr 1936 an, die der Jungsozialisten von 11.320 im Jahr 1934 auf 56.640 im Jahr 1937, und die der CGT von 785.700 im Jahr 1935 auf rund 5 Millionen im Jahr 1937.[220] Mit der Enttäuschung über die Volksfrontpolitik und nach den schweren Niederlagen der Streikbewegung Ende des Jahres 1938 mit Zehntausenden Entlassungen und Aussperrungen begannen dagegen die linken Parteien rasch Mitglieder und Unterstützung zu verlieren.[221]

Bei Ausbruch des Zweiten Weltkriegs im folgenden August befand sich die französische herrschende Klasse in einer so starken Position, dass sie dasselbe Parlament, das nur drei Jahre zuvor auf einer Woge der Begeisterung gewählt worden war, dazu bewegen konnte, die KPF zu verbieten und deren Abgeordnete aus dem Parlament auszuschließen. Neun Monate später stimmte eben dieses Parlament unter Einschluss der Mehrheit der sozialistischen Abgeordneten dafür,

---

218 Siehe: Jackson, *The Popular Front*, S. 13.
219 Jackson, *The Popular Front*, S. 13.
220 Zahlen nach: Jackson, *The Popular Front*, S. 219 f. Siehe auch: Danos und Gibelin, *Volksfront in Frankreich*, S. 198.
221 Zahlen der Entlassenen und Ausgesperrten siehe in: Danos und Gibelin, *Volksfront in Frankreich*, S. 214.

Marschall Pétain diktatorische Vollmacht einzuräumen, der sodann eine Regierung unter Beteiligung französischer Faschisten bildete und mit den deutschen Nazis bei der Besetzung der nördlichen Hälfte des Landes zusammenarbeitete.

Noch immer gibt es Historiker wie Eric Hobsbawm, die die Volksfront als Beispiel dafür nennen, wie die Linke sich des Ansturms der Rechten erwehren kann. Die französische Erfahrung kann dafür keinesfalls als Beleg herhalten. Die kämpferische Einheit, die die französischen Arbeiter im Jahr 1934 an den Tag gelegt hatten, hatte die Rechtsextremen eindeutig in die Defensive gedrängt. Der Versuch des Jahres 1936, Einheit mit einer bürgerlichen, kapitalistischen Partei herzustellen, hatte dagegen dieselbe Wirkung wie die »Tolerierungspolitik« der Sozialdemokraten in Deutschland und erlaubte es der Rechten, nach einer kurzen Kampfpause wieder die Initiative zu ergreifen. Tragischerweise sollte das auch die Erfahrung bei dem dritten großen Beispiel des Widerstands gegen den Faschismus in den 1930er Jahren sein, diesmal in Spanien.

Spanien: Faschismus, Revolution und Bürgerkrieg

Der englische Schriftsteller George Orwell beschrieb Barcelona im November 1936 folgendermaßen:

> Zum ersten Mal war ich in einer Stadt, in der die arbeitende Klasse im Sattel saß. Die Arbeiter hatten sich praktisch jedes größeren Gebäudes bemächtigt [...]. Jeder Laden und jedes Café trugen eine Inschrift, dass sie kollektiviert worden seien. Man hatte sogar die Schuhputzer kollektiviert und ihre Kästen rot und schwarz gestrichen. Kellner und Ladenaufseher schauten jedem aufrecht ins Gesicht und behandelten ihn als ebenbürtig. Unterwürfige, ja auch förmliche Redewendungen waren vorübergehend verschwunden. [...] Private Autos gab es nicht mehr, sie waren alle requiriert worden. [...] Das Seltsamste von allem aber war das Aussehen der Menge. Nach dem äußeren Bild zu urteilen, hatten die wohlhabenden Klassen in dieser Stadt praktisch aufgehört zu existieren. [...]
> Vor allen Dingen aber glaubte man an die Revolution und die Zukunft. Man hatte das Gefühl, plötzlich in einer Ära der Gleichheit und Freiheit aufgetaucht zu sein. Menschliche Wesen versuchten, sich

wie menschliche Wesen zu benehmen und nicht wie ein Rädchen in der kapitalistischen Maschine.[222]

Kaum vier Monate zuvor hatte das spanische Militär unter Führung General Francos versucht, die Macht zu ergreifen. Ihre Pläne wurden in einem Großteil des Landes durch den Aufstand der Arbeiter vereitelt. Nach sechs Jahren erbitterten Klassenkampfs brach jetzt der Bürgerkrieg aus.

Die Niederlage der Arbeiterbewegung Anfang der 1920er Jahre hatte es dem Diktator Primo de Rivera ermöglicht, Spanien das ganze übrige Jahrzehnt zu regieren. Er stützte sich auf das Militär, um die Opposition zu zerschlagen, und es gelang ihm, den Aufbau militanter Arbeiterorganisationen zu verhindern. Die meisten Führer der Anarchosyndikalisten und Kommunisten gingen ins Exil. Rivera verfügte allerdings nur über eine kleine gesellschaftliche Basis und musste deshalb zwischen verschiedenen gesellschaftlichen Gruppierungen lavieren, wobei er sogar mit dem Vorsitzenden der sozialistischen Gewerkschaft, Largo Caballero, zusammenarbeitete. Seine schwache Diktatur brach im Jahr 1930 zusammen, weil es ihm nicht gelang, die Folgen der Weltwirtschaftskrise abzuwehren. Ein paar Monate später konnte die Linke einen überwältigenden Sieg bei den Lokalwahlen feiern, der König dankte ab und die begeisterte Menge rief die Republik aus, zuerst in Barcelona und dann in Madrid.

In den nächsten beiden Jahren war eine bürgerlich-republikanische Regierung an der Macht, in der Caballero das Amt des Arbeitsministers innehatte. Dies war eine Regierung, die viele Reformen versprach, aber nur wenig davon erfüllte. Ihre Landreform zum Beispiel kam nur zweitausend von zwei Millionen Bauern zugute. Offene Desillusionierung setzte ein, als die Polizei Bauern niederschoss, die der im Süden gelegenen Ortschaft Casas Viejas benachbarte Ländereien besetzt hatten, und als Streiks in Städten wie Barcelona niedergeschlagen wurden.

Der Oberschicht war aber schon das Reden über Reformen ein Ärgernis. Ein Flügel der bürgerlichen Republikaner spaltete sich ab und gründete die neue Partei der Autonomen Rechten, CEDA. Sie genoss die Unterstützung

222 Orwell, George, *Mein Katalonien,* Zürich 1975, S. 9 f.

der Großgrundbesitzer, einiger Großunternehmer, führender Militärs, Monarchisten, offener Bewunderer Mussolinis und der Bischöfe der katholischen Kirche. José Maria Gil-Robles, der an der Spitze der Partei stand, versuchte wie Dollfuß in Österreich der katholischen Lehre faschistische Methoden aufzuzwingen, und er veranstaltete Kundgebungen ähnlich denen Mussolinis und Hitlers. Mit dem Wahlsieg der Rechten schien eine CEDA-Regierung auf der Tagesordnung zu stehen. Selbst die Führung der Sozialistischen Partei und ihrer Gewerkschaft UGT erkannte darin eine ernsthafte Bedrohung und sie einigten sich darauf, tatkräftigen Widerstand zu organisieren. Sie vereinten sich mit kleineren Arbeiterorganisationen und bildeten die Alianza Obrera, das Bündnis der Arbeiter.

Vor allem die Industriearbeiter der Großstädte und die Masse der Tagelöhner auf den großen Besitzungen im Süden standen der CEDA feindlich gegenüber. Aber auch Kräfte des Kleinbürgertums insbesondere in Katalonien, die einen Angriff auf ihre autonome Regierung und Sprache fürchteten, teilten diese Haltung. Als die CEDA schließlich im Oktober 1934 die Regierungsgeschäfte übernahm, erhoben sich aber nur die Bergarbeiter Asturiens im Norden des Lands, bewaffneten sich mit Dynamit und übernahmen die Kontrolle über die Region. Die Anarchosyndikalisten mit ihrem Einfluss auf weite Teile der Arbeiterbewegung weigerten sich aus Misstrauen gegen alle Politiker, an einem nationalen Aufstand teilzunehmen, die katalanischen Nationalisten nahmen in letzter Minute Abstand davon, und die Sozialistische Partei und die Gewerkschaftsführer beschränkten ihren Protest auf einen kurzen Generalstreik in Madrid. Der Regierung gelang es, die Bewegung der asturischen Bergarbeiter niederzuschlagen, indem sie sich Truppen aus Spanisch-Marokko unter dem Kommando General Francos bediente und in der Region eine Schreckensherrschaft errichtete. In anderen Gegenden Spaniens wurden sozialistische Parteimitglieder (auch Caballero) und Gewerkschafter ins Gefängnis geworfen. Die Linke bezeichnete die folgenden zwei Jahre als »schwarzes Doppeljahr«. Die Niederlage der Arbeiterbewegung Spaniens im Jahr 1934 war aber nicht zu vergleichen mit der in Österreich im selben Jahr. Die rechte Regierung war unfähig, die politische Krise zu lösen und zerbrach. Anfang des Jahres 1936 wurden in einem Klima verschärfter Polarisierung zwischen den Klassen und steigender politischer Erbitterung Neuwahlen ausgeschrieben.

Unterdessen stand ein Großteil der Linken wie in Frankreich unter dem Einfluss der Volksfrontpolitik. Die kleine Kommunistische Partei, die vor dem Oktober 1934 gegen die Einheit mit Sozialisten und Anarchosyndikalisten aufgetreten war, machte jetzt Propaganda für ein breites Bündnis mit den bürgerlichen Republikanern. Solche Ideen wurden mit Begeisterung von dem rechten Flügel der Sozialistischen Partei aufgenommen, und zu den Wahlen wurde eine gemeinsame Liste mit sozialistischen, kommunistischen und bürgerlich-republikanischen Kandidaten aufgestellt. Selbst die Anarchosyndikalisten forderten ihre Anhänger auf, für diese Liste zu stimmen, weil sie hofften, damit ihre Aktivisten aus dem Gefängnis freizubekommen.

Begünstigt durch das Wahlsystem gewann die Volksfront mit einer knappen Stimmenmehrheit, die nur leicht über der von 1933 lag, dennoch eine überwältigende Mehrheit im Parlament. Die neue Regierung setzte sich aus denselben republikanischen Politikern zusammen, die schon in den Jahren 1931 bis 1933 die Bevölkerung enttäuscht hatten. Aber auf Druck der Bewegung sahen sie sich genötigt, linke politische Gefangene freizulassen, und die Linke wurde von Hochgefühl erfasst. Arbeiter fühlten sich in ihrem Selbstbewusstsein gestärkt und es setzte eine wachsende Streik- und Protestbewegung ein. Massen strömten in die anarchosyndikalistische CNT und die sozialistischen Gewerkschaften der UGT, während die Sozialistische Partei einen scharfen Linksruck vollzog. Caballero erklärte, er habe im Gefängnis den Marxismus entdeckt, und sagte: »Die Revolution, die wir wollen, kann nur mit Gewalt verwirklicht werden [...].«[223] Die Sozialistische Jugend nannte ihn den »spanischen Lenin«, sie reckten die Fäuste und forderten im Sprechchor eine »Arbeiterregierung« und eine »Rote Armee«.[224]

Bei den konservativen Kräften Spaniens kam Panik auf. Aktivisten der CEDA strömten in die Falange, eine Organisation, die noch offener faschistisch war, und Schläger der Oberschicht griffen die Linken an. Berichte kursierten, dass hohe Armeeoffiziere einen Staatsstreich planten, während die Regierung tatenlos blieb und sich nur mit ihrem Ämterkarussell beschäftigte.

---

223 Broué, Pierre, und Emile Témime, *Revolution und Krieg in Spanien,* Band 1, Frankfurt am Main 1975, S. 97.
224 Zur 1.-Mai-Demonstration siehe: Broué und Témime, *Revolution und Krieg,* S. 96 f.

In nur vier Monaten wurden 269 Menschen getötet und 1.287 bei Straßenschlachten verwundet, 381 Gebäude wurden angegriffen oder beschädigt, 43 Zeitungsredaktionen überfallen oder zerstört und 146 Bombenanschläge verübt.[225]

Dann unternahm die Rechte am 17./18. Juli ihren entscheidenden Schritt. Die Generale versuchten die Kontrolle über die Städte in Spanien und Spanisch-Marokko zu erringen. Die republikanische Regierung war zu eingeschüchtert, um auch nur einen Finger zu rühren, und stritt in einer Erklärung sogar ab, dass ein Putsch stattfände. Ministerpräsident Santiago Quiroga trat zurück. Sein Nachfolger Diego Barrio versuchte, den Putschisten entgegenzukommen, und trat nach wütenden Arbeiterdemonstrationen ebenfalls zurück.

Die Armee hatte geglaubt, angesichts der Feigheit und Verwirrung der republikanischen Politiker der Volksfront die Macht innerhalb weniger Stunden an sich reißen zu können. Nur die Arbeiterklasse machte ihr einen Strich durch die Rechnung. Die Gewerkschaften der UGT und der CNT riefen zu einem Generalstreik auf. Die Arbeiter legten aber nicht nur passiv die Arbeit nieder. In den meisten Städten Spaniens stürmten sie die Kasernen und entwaffneten die Offiziere. Militante Aktivisten der CNT, UGT und der Arbeiterparteien bemächtigten sich sämtlicher Waffen, derer sie habhaft wurden. Hier und da konnten sie Abteilungen der überwiegend republikanischen Sturmgardisten und sogar wie in Barcelona der traditionell arbeiterfeindlichen Zivilgarde für sich gewinnen. Entscheidend jedoch war, dass sie handelten. Wo sie entschieden vorgingen, ohne Schwanken oder Zugeständnisse an rechtsgesinnte Offiziere, verbuchten sie fast ausnahmslos Erfolge.

Die Putschisten wiederum konnten dort Erfolge verzeichnen, wo die Arbeiterführung den Beteuerungen von Offizieren Glauben schenkte, sie stünden hinter der Republik. An Orten wie Sevilla, Cádiz, Saragossa und Oviedo warteten diese Offiziere ab, bis sich die bewaffneten Arbeiter zerstreut hatten, um sich dann offen auf die Seite der Putschisten zu stellen und jeden niederzuschießen, der sich ihnen in den Weg stellte.[226] Das war der Preis, den

---

225 Zahlen aus einer Rede von Gil-Robles in: Broué und Témime, *Revolution und Krieg*, S. 101.
226 Siehe die Darstellung der Ereignisse in den Großstädten in: Broué und Témime, *Revolution und Krieg*, S. 111–142.

die Arbeiter zahlen mussten, wenn sie den traditionellen herrschenden Eliten vertrauten, die von sich behaupteten, »Republikaner« zu sein. Nur weil sich nicht alle diesem Irrglauben hingaben, konnten Francos Kräfte im Juli 1936 nicht gleich ganz Spanien bezwingen.

Wo die Staatsstreichler unterlagen, waren nicht nur Francos Anhänger die Besiegten: »Zwischen den Mühlsteinen der aufsässigen Armee und der bewaffneten Volksmassen wurde der republikanische Staat zerrieben.«[227] Die offizielle Regierung blieb zwar in Madrid noch bestehen, die wahre Autorität aber lag in den Händen einer Vielzahl revolutionärer Komitees. Wo die Arbeiter die Macht hatten, setzten sie diese auch für ihre Interessen ein: Fabriken wurden besetzt und kollektiviert; die Bauern teilten das Land unter sich auf, weil sie auf den Schutz der Arbeitermilizen vertrauen konnten; bewaffnete Arbeiter verhafteten die örtlichen Würdenträger, die sich ihren Forderungen widersetzt hatten. Angesichts des Zusammenbruchs der Armee schien die Bourgeoisie in den meisten republikanischen Gebieten am Ende zu sein. Das war die Lage, die Orwell in Barcelona vorfand. Die wirkliche Macht lag in den Händen der Arbeiterorganisationen, während die offizielle republikanische Regierung zwar im Amt, aber machtlos war. Das galt auch für die autonome Regierung Kataloniens, der wichtigsten Industrieregion. Ihr Präsident Luís Companys lud die Führung der mächtigsten Arbeiterorganisation Kataloniens, der CNT, zu einem Treffen ein, auf dem er ihr erklärte:

> Ihr seid jetzt die Herren der Stadt und Kataloniens, denn ihr allein habt die faschistischen Soldaten besiegt. [...] Ihr habt gesiegt, und alles steht in eurer Macht. Wenn ihr mich als Präsidenten nicht braucht oder nicht wollt, sagt es jetzt, und ich werde nur noch wie jeder andere ein Soldat im antifaschistischen Kampf sein.[228]

Wie in der Russischen Revolution von 1917 und hier und da in der deutschen Revolution von 1918–1920 gab es eine »Doppelherrschaft«: Die offizielle Regierung war abhängig von den revolutionären Komitees und Organi-

---

227 Broué und Témime, *Revolution und Krieg*, S. 143.
228 So der Bericht des Anarchisten Abad de Santillán, zitiert nach: Broué und Témime, *Revolution und Krieg*, S. 155.

sationen, wenn sie etwas erreichen wollte. Dennoch war die republikanische Regierung den revolutionären Komitees in einer entscheidenden Frage überlegen: Sie besaß im Gegensatz zu den Komitees eine zentralisierte Struktur. Die faschistischen Armeen wurden ebenfalls zentral gelenkt und konnten deshalb eine einheitliche Strategie im Land verfolgen. Auch die Antifaschisten hätten ihre Kräfte bündeln müssen, um zu verhindern, dass die Faschisten ihre Truppen dorthin bewegen, wo die Gegenwehr am schwächsten war und sie leichtes Spiel haben würden.

An vielen Orten gab es bereits Koordinationskomitees der antifaschistischen Milizen. Aber es wurde kein Versuch unternommen, ein landesweites Komitee der Milizen und Arbeiterdelegierten vergleichbar den russischen Sowjets von 1917 zu gründen.

Der Grund für diese Schwäche ist in der Politik der Arbeiterorganisationen zu suchen. Die Anarchosyndikalisten, die stärkste Gruppierung in Spanien, hatten immer betont, dass jede Machtkonzentration gleichbedeutend mit der Zerschlagung der Arbeiterbewegung durch den neuen Staat sei. Deshalb wäre es ein Fehler, diesen Weg jetzt einzuschlagen. Mit den Worten eines ihrer Anführer, Abad de Santillán, bedeutete eine »Diktatur die Liquidierung des libertären Kommunismus, der nur durch Freiheit und Spontaneität der Massen erreichbar« sei.[229] Stattdessen traten sie für die Zusammenarbeit mit der Regierung Companys ein. Selbst der fähigste und kämpferischste CNT-Führer, Buenaventura Durruti, der an zwei erfolglosen Aufständen gegen die republikanische Regierung teilgenommen hatte, stellte diese Logik nicht infrage. Er war an entscheidender Stelle daran beteiligt, die Faschisten in Barcelona zu schlagen; er war der Held der Arbeiter der Stadt und versuchte eine spontan zusammengestellte Armee Zehntausender Arbeiter über die katalanische Grenze nach Aragón und zu der von den Faschisten besetzten Stadt Saragossa zu führen. Aber er war nicht bereit, sich der Machtfrage zu stellen, und überließ es den Genossen der CNT, in die bürgerliche Regierung Companys' einzutreten.

---

229 Ein Bericht über seine Rede vor einer CNT-Versammlung kurz darauf in: Fraser, Ronald, *Blood of Spain*, Harmondsworth 1981, S. 112. Ein den Anarchosyndikalisten freundlich gesinnter Bericht in: Acerete, Julio C., *Durruti*, Barcelona 1975, S. 176–179.

Die katalanische CNT schuf eine begrenzte Gegenmacht zur Regierung. Sie gründete ein zentrales Milizenkomitee aus Vertretern der eigenen Organisation, der Gewerkschaft UGT, der Sozialistischen Partei, der Kommunistischen Partei, der POUM, der Bauernorganisation Rabassaires und der Partei von Companys. Dieses Komitee koordinierte den militärischen Kampf in der Region und die Arbeiter setzten all ihre Hoffnungen darauf. Da es jedoch aus Parteien statt aus Arbeiter-, Soldaten- und Bauerndelegierten zusammengesetzt war, stellte es einen nur unzureichenden Ausdruck für diese Bestrebungen dar. Und es überließ wichtige Entscheidungen insbesondere über die Finanzen und die Banken Companys' Regierung.

Die Führungen von Sozialistischer Partei und UGT übten den größten Einfluss auf die Arbeiterbewegung in Madrid aus, und ihre bewaffnete Miliz hatte schon bald ebenso die Verwaltung der Stadt übernommen wie die CNT in Barcelona. Trotz des Geredes von Caballero als »spanischer Lenin« unternahmen seine Anhänger nichts, um Strukturen der Arbeitermacht zu schaffen. In ihrer gesamten Geschichte hatten sie versucht, innerhalb der bestehenden gesellschaftlichen Institutionen Druck auszuüben. Sie schreckten vor jeder Art gewählter Delegiertenstruktur zurück, die es den Anarchisten ermöglicht hätte, Einfluss auf die Basis ihrer eigenen Organisationen zu gewinnen. Die Rechten in der Sozialistischen Partei drängten auf einen sofortigen Kompromiss mit den bürgerlichen Republikanern. Die Linke unter Caballero war darüber nicht glücklich, da sie sich an die Erfolglosigkeit früherer Zusammenarbeit mit den Republikanern erinnerte. Die Linke hatte allerdings keine Antwort auf die Frage, wie sonst eine zentralisierte Autorität zu schaffen war, um das zangenförmige Vorrücken der faschistischen Armeen auf Madrid aufzuhalten.

Die Kommunistische Partei war anderthalb Jahrzehnte zuvor gegründet worden, um der politischen Schwäche der Anarchosyndikalisten und dem Reformismus der Sozialistischen Partei etwas entgegenzusetzen. Nach wiederholten Ausschlüssen gab es in der Führung niemanden mehr, der die in Moskau ausgegebene Linie Stalins infrage stellte. Diese Linie hieß jetzt, für eine Volksfront mit den bürgerlichen Republikanern einzutreten. Während die CNT und die Sozialistische Partei in der Regierungsfrage schwankten, drängten die Kommunistische Partei und der russische Botschafter regelrecht darauf, in eine Koalitionsregierung einzutreten, das Reden von der Revolution aufzugeben und sich auf eine rein republikanische antifaschistische Politik zu beschränken. Sie behaupteten, so könnten sie die Mittelschichten für sich gewinnen, weitere Kapitalisten und Großgrundbesitzer davon abhalten, zu den Faschisten überzulaufen, und das Wohlwollen der französischen und britischen Regierung erwerben. Diese Regierung wäre auch in der Lage, die Mitglieder der verschiedenen Milizen zu einer einzigen, zentralisierten Armee unter dem Kommando von Berufsoffizieren zusammenfassen, die der Republik treu geblieben waren.

Anfang September wurde eine solche Regierung gebildet. Caballero wurde zum Ministerpräsidenten ernannt, aber die Mehrheit ihrer Mitglieder waren Republikaner oder rechte Sozialisten. Ihr Schlachtruf lautete: »Erst gewinnen wir den Krieg, dann reden wir über die Revolution.« Der Versuchung konnten weder die Führer der CNT noch die linken Sozialisten lange widerstehen. Schon bald waren drei von ihnen in die Regierung Companys' in Katalonien eingetreten und in Madrid übernahmen vier von ihnen Ministerposten.

Die linken Sozialisten und Anarchosyndikalisten glaubten, wenn sie den Schritt zur revolutionären Machtergreifung aufschöben, könnten sie die von den Arbeitern errungenen Erfolge bewahren und gleichzeitig den Krieg durch das engere Bündnis mit den gemäßigten Republikanern gewinnen. Das war schlicht und einfach nicht möglich. Die gemäßigten Republikaner erwarteten an erster Stelle Respekt vor dem Privateigentum und den Erhalt jener Bereiche des Staatsapparats, die auf der Seite der Republik standen – ohne revolutionäre Einmischung. Die Wiederherstellung des Ansehens der »republikanischen« Heeresoffiziere und der Polizeichefs galt ihnen als bester Schutz gegen die soziale Revolution.

Im Herbst 1936 war Respekt vor dem Privateigentum und Erhaltung des alten Staatsapparats in Spanien nicht einfach gleichbedeutend mit der Zurückdrängung der Arbeiterbewegung, sondern hieß auch, der Arbeiterklasse durch Überzeugung oder Zwang ihre erkämpften Errungenschaften wieder abzutrotzen und ihnen die Fabriken und Ländereien, die sie im Juli besetzt hatten, wieder aus der Hand zu nehmen. Auch mussten die Arbeiter, die im Juli die Kasernen gestürmt hatten, entwaffnet und die Waffen den neutral gebliebenen Offizieren ausgehändigt werden.

Die kommunistischen Parteifunktionäre und rechten Sozialisten behaupteten, jeder Schritt zu einer sozialen Revolution werde zu einem zweiten Bürgerkrieg innerhalb des republikanischen Flügels führen. Aber gerade weil sie alles daran setzten, die Arbeiterklasse zum Verzicht auf ihre sozialen Errungenschaften zu zwingen, legten sie den Grundstein für einen solchen Bürgerkrieg.

Sie waren es, nicht die Anarchisten oder die weit links stehende POUM, die ihre Soldaten und Waffen von der Front abzogen, um sie im Inneren einzusetzen. Sie waren es, die Schlachten anzettelten, wenn Arbeiter sich weigerten, das kollektivierte Eigentum aufzugeben oder den Anordnungen des aufgefrischten bürgerlichen Staats zu folgen. Sie waren es, die bewaffnete Auseinandersetzungen begannen, bei denen im Mai 1937 Hunderte umkamen, als sie das Telefonamt einnahmen, das die Milizen der CNT neuneinhalb Monate zuvor besetzt hatten. Und sie waren es, die den Polizeiterror gegen die Linke entfesselten, politische Führer wie Andrés Nin ermorden und Tausende antifaschistische Kämpfer verhaften ließen. Nur auf diese Weise war es möglich, die Arbeiterklasse von dem Weg zur Revolution abzubringen und stattdessen das »Kriegsende abzuwarten«.

Mit den der Arbeiterklasse abverlangten Opfern war der Krieg aber nicht zu gewinnen, ebenso wenig wie in Deutschland, Österreich oder Frankreich die Sozialdemokraten mit ihrer Rotstiftpolitik das Vordringen des Faschismus hatten stoppen können. Jedes Zugeständnis an die bürgerlichen Parteien im republikanischen Spanien spielte Franco in die Hände.

Es entwickelte sich ein typisches Muster in den bedrängten republikanischen Städten. Die Arbeiter, die alles zu verlieren hatten, wenn Franco die Stadt einnahm, waren bereit, bis zum Ende zu kämpfen. Aber das besitzende Kleinbürgertum glaubte – soweit es nicht offen einen faschistischen Sieg begrüßte –, dass es für sich selbst einen Kompromiss aushandeln könne. Als die baskische Bourgeoisie San Sebastián aufgab, sorgte sie dafür, dass die Kämpfer der CNT ihren Kampf nicht fortsetzen konnten. Sie führte einen Bürgerkrieg im Bürgerkrieg, erschoss »Plünderer« und »Brandstifter«, um ihr Eigentum zu schützen, und stellte Bürgerwehren auf, die auf den Straßen patrouillierten, um Franco die Stadt unbeschädigt aushändigen zu können. Dasselbe wiederholte sich in Bilbao, Santander und Gijón.[230] Andernorts gingen Offiziere, die von der Regierung in Kommandoposten befördert worden waren, im entscheidenden Moment auf die Seite der Faschisten über. In den letzten Kriegstagen eroberte eine Junta aus republikanischen Generalen in Madrid die Macht in der Hoffnung auf einen »Verständigungsfrieden« mit Franco, zweitausend Menschen fielen bei den Kämpfen.

Die Zugeständnisse an die bürgerliche Respektabilität forderten auch sonst ihren Tribut. Fast die ganze spanische Flotte hatte ihre Offiziere verhaftet und sich dem faschistischen Aufstand im Juli 1936 widersetzt. Das stellte ein schwieriges Hindernis für Franco dar, der einen Großteil seiner in Marokko stationierten Truppen auf das spanische Festland verschieben wollte. In der Hoffnung auf das Wohlwollen Großbritanniens und Frankreichs gaben die Regierungen Giral und Caballero der Flotte den Befehl, von Tanger auszulaufen, und hoben die Störung der Verbindungslinien Francos auf. Aufgrund derselben Überlegungen wurde kein Versuch unternommen, durch ein Unabhängigkeitsversprechen an Marokko im Rücken der franquistischen Truppen einen Aufstand zu organisieren. Die spanische Armee war bereits in den 1920er Jahren durch Aufstände in den Kolonien zermürbt worden und es bestanden mehr als gute Aussichten, neue Kämpfe anzufachen. Stattdessen entschieden sich die Volksfrontregierungen dafür, durch das Angebot von Konzessionen in einem von Spanien regierten Marokko das Wohlwollen der Briten und der Franzosen zu gewinnen.

Der Versuch, die Großmächte zu beschwichtigen, konnte nur scheitern. Großbritannien und Frankreich weigerten sich, der Republik Waffen zu liefern, obwohl Deutschland und Italien Franco massiv Hilfe leisteten.

Sich ein respektables Gesicht zu geben hieß auch, dass die Republik den Kleinbauern nichts anzubieten hatte, die irregeleitet als Freiwillige auf der Seite Francos kämpften, ebenso wenig den Massen von Arbeitern, die in den von Franco eroberten Zonen gestrandet waren, wozu auch die Städte Sevilla, Oviedo und Saragossa mit ihrer traditionell kämpferischen Arbeiterschaft gehörten. Besonders erstaunlich an diesem Krieg war, wie wenig sich die von Franco unterworfene Bevölkerung seiner Herrschaft widersetzte – was in

---

230 Siehe den Bericht über den Krieg im Norden in: Broué und Témime, *Revolution und Krieg*, S. 493–523.

einem bemerkenswerten Kontrast zu dem Widerstand im Rücken der weißen Armeen im russischen Bürgerkrieg stand.

Auf der Seite der Linken war die Kommunistische Partei die energischste Kraft, die eine konterrevolutionäre Politik betrieb. Ihre Kernmitgliedschaft folgte diesem Kurs nicht etwa, weil sie in der bestehenden Gesellschaft ihr Fortkommen suchte – auch wenn viele Angehörige der Mittelschicht aus eben diesem Grund der Partei beitraten. Im Herzen der KP befanden sich überzeugte und mutige Leute, die sich mit Russland verbunden fühlten und das stalinistische Argument akzeptierten, eine Revolution sei im Moment »nicht zu verwirklichen«. Während sie sich also gegen revolutionäre Forderungen stemmten, warfen sie sich im Herbst 1936 mit revolutionärem Eifer in die Verteidigung Madrids und sprachen die Sprache des Klassenkampfs zur Mobilisierung der Arbeiter. Dahinter stand aber nach wie vor eine Politik, die ebenso fatal war wie die der Sozialdemokraten in anderen Ländern Europas. Mit der Niederwerfung der Revolution in ihrer Hochburg Barcelona im Mai 1937 war auch der Kampf gegen den Faschismus erheblich erschwert. Sie zahlten den Preis dafür, als Franco im Januar 1939 in Barcelona einmarschierte und auf keine Gegenwehr stieß. Die republikanischen Generale knöpften sich wenige Wochen darauf die Kommunisten in Madrid vor.

Die Bezeichnung »Faschisten« zur Beschreibung der Kräfte Francos wird von einigen infrage gestellt. Selbst Eric Hobsbawm behauptet: »General Franco [...] kann nicht als ein Faschist beschrieben werden.« Dabei verweisen sie auf die Unterschiede zwischen seiner »Bewegung« und der der italienischen Faschisten wie der deutschen Nazis. Der Versuch, eine totalitäre Massenpartei nach faschistischem Muster aufzubauen, die Falange, war nur ein Element, betonen sie. Die Bewegung habe auch alte Monarchisten umfasst, Generale, die sich einen Staatsstreich (Pronunciamento) wünschten, wie er im vergangenen Jahrhundert an der Tagesordnung war, konservative Grundbesitzer, Anhänger der Kirche und die »Karlisten«, Kleinbauern aus Navarra, deren Ideale auf die Zeiten der Inquisition zurückgingen.

Doch dieses Argument hält nicht stand, weil damit der Prozess der »kombinierten und ungleichmäßigen Entwicklung« vernachlässigt wird, wie Trotzki ihn erklärt hatte. Spanien war in den 1930er Jahren ein rückständiges Land mit einer rückständigen Großgrundbesitzerklasse, einer rückständigen kapitalistischen Klasse, einem rückständigen Militär und einer rückständigen Kirche. Gleichzeitig war Spanien in die moderne kapitalistische Welt integriert mit Zentren fortgeschrittener Industrie und einer mächtigen, wenn auch noch recht kleinen Arbeiterklasse, die auf modernste und revolutionärste Weise zu kämpfen verstand. Die archaische herrschende Klasse und das Kleinbürgertum antworteten ebenfalls mit modernsten gegenrevolutionären Techniken. Im Jahr 1934 hieß das, den »Klerikalfaschismus eines Dollfuß zu imitieren, und im Revolutionsjahr 1936 den Schritt zu einem echten Faschismus à la Mussolini und Hitler zu tun. Das war keine Eins-zu-eins-Kopie, da hier verschiedene Traditionen und verschiedene besitzende Klassen, groß wie klein, zusammenkamen. Am Ende jedoch stand eine echte Massenbewegung, die tun konnte, was bis dahin kein Staatsstreich geschafft hatte: Sie brachte der Opposition nicht einfach eine Niederlage bei, sondern zerstörte die Grundorganisationen der Arbeiterbewegung. Die Zahl derer, die nach Francos Sieg hingerichtet wurden, wird auf eine halbe Million geschätzt. Eine noch größere Zahl ging ins Exil. Über zwei Jahrzehnte war es nicht möglich, liberale, ganz zu schweigen von sozialistischen Ideen offen zu äußern. Erst Anfang der 1960er Jahre begann sich die Arbeiterbewegung zu erholen. Diejenigen, die am 18. und 19. Juli 1936 die Barrikaden errichteten, hatten recht, dies als Kampf gegen den Faschismus zu begreifen. Die gemäßigten Politiker der Mittelschicht, die glaubten, eine Verständigung sei wie früher mit monarchistischen Regierungen und Anhängern militärischer Pronunciamentos möglich, irrten sich gewaltig.

8
Die Mitternacht des Jahrhunderts

Victor Serge gab seinem im Jahr 1939 auf Französisch veröffentlichten Roman den Titel »Mitternacht des Jahrhunderts«.[231] Damit drückte er sein Gefühl über den Untergang seiner Hoffnungen für sich und die gesamte Menschheit aus.

Serge hatte vor dem Ersten Weltkrieg in Frankreich als Anarchist im Gefängnis gesessen, war Teilnehmer der aufstrebenden Arbeiterbewegung in Barcelona gewesen und reiste dann nach Russland, um seine Dienste der revolutionären Regierung zur Verfügung zu stellen. Im Jahr 1923 arbeitete er in Deutschland für die Kommunistische Internationale. Nach seiner Rückkehr nach Russland schloss er sich Mitte der 1920er Jahre der Opposition gegen den Stalinismus an und verbrachte deswegen drei Jahre in den ersten Lagern des Gulag-Systems. Kurz vor dem von Stalin Mitte der 1930er Jahre veranstalteten Blutbad konnte er dank der Bemühungen linker französischer Intellektueller wie André Malraux entkommen, wobei er viele Freunde und Genossen zurückließ, die Opfer von Folter und Hinrichtung wurden. Andere Freunde und Genossen befanden sich in der Hand der Gestapo Hitlers, sie erwartete ebenfalls Folter und Hinrichtung. In Spanien musste Serges Freund Joaquin Maurin eine Haftstrafe von zwanzig Jahren in Francos Gefängnis absitzen, und ein weiterer Freund, Andrés Nin, der auch Mitglied der POUM war, wurde von Stalins Agenten in Barcelona ermordet. Totalitarismus der ein oder anderen Art überzog ganz Europa.

---

231 Dieser Roman ist nicht auf Deutsch erschienen. Der Titel der französischen Urfassung lautet: *S'il est minuit dans le siècle*.

Nicht nur Serge musste sich dieser schrecklichen Realität stellen. Tausende Menschen hatten für eine bessere Welt gekämpft und fanden sich jetzt in einer Welt wieder, in der sie den Machenschaften konkurrierender Staaten ausgeliefert waren: Deutsche Kommunisten wurden im Jahr 1940 von der Gestapo an Stalins Polizei übergeben; polnische Juden flohen vor den heranrückenden deutschen Truppen im Jahr 1939 nach Osten, nur um sich im russischen Gulag wiederzufinden; Flüchtlinge aus dem nationalsozialistischen Deutschland wurden in Großbritannien als mögliche Spione interniert; Soldaten, die aus dem republikanischen Spanien flüchteten, wurden im republikanischen Frankreich in Konzentrationslager geschickt; russische Berater der spanischen Republik wurden bei ihrer Rückkehr nach Moskau als »faschistische Agenten« hingerichtet.

Als lebende Erinnerung an die Revolution von 1917 verkörperte Leo Trotzki alles, was Regierungen jeder Art hassten. Er wurde von Stalin in die Türkei verbannt, aus Frankreich von einer Regierung der Radikalen und aus Norwegen von einer sozialdemokratischen Regierung ausgewiesen. Seine Tochter wurde in Berlin wenige Wochen vor der Machtergreifung der Nazis in den Selbstmord getrieben. Ein Sohn starb im Gulag und ein weiterer wurde von einem Agenten Stalins in Paris vergiftet. Trotzki selbst wurde schließlich im Jahr 1940 in Mexiko ebenfalls von einem Agenten Stalins ermordet. Für ihn lag die »Symmetrie« zwischen dem Nationalsozialismus und dem Stalinismus auf der Hand: die monolithische herrschende Partei, die Schauprozesse, die Geheimpolizei, die riesigen Konzentrationslager und die Verweigerung auch nur des geringsten Raums für die Äußerung unabhängiger Gedanken oder für freie künstlerische Betätigung.

Trotzki war allerdings nicht der heute so modischen Ansicht, dass Stalinismus und Faschismus dem Wesen nach gleich waren. Vertreter dieser Auffassung drohen schnell in eine regelrechte Entschuldigung der Nazis abzugleiten, da sie »nicht schlimmer« gewesen seien als jene, die die Faschisten auf den Straßen Deutschlands oder Spaniens bekämpften.[232] Die »symmetri-

---

232 Dieses Argument verwendete zum Beispiel der deutsche Philosoph Martin Heidegger als Entschuldigung für seine Mitgliedschaft in der NSDAP: »Zu den schweren berechtigten Vorwürfen, die Sie aussprechen, über ein Regime, das Millionen von Juden umgebracht hat, das den Terror zum Normalzustand gemacht hat [...], kann ich nur hinzufügen, dass statt ›Juden‹ ›Ostdeutsche‹

sche« politische Struktur erhob sich laut Trotzki über einen unterschiedlichen gesellschaftlichen Inhalt.

Für ihn bestand der Unterschied darin, dass die UdSSR nach wie vor in gewisser Hinsicht ein »Arbeiterstaat« war, wenn auch »bürokratisch degeneriert«, weil die Industrie dort verstaatlicht war. Das Argument hält einer Überprüfung nicht stand. Wenn die Arbeiter die politischen Strukturen nicht kontrollierten – und Trotzki betonte richtigerweise, dass dies nicht der Fall war –, dann konnten sie auch nicht »Eigentümer« von Industrien sein, die mittels dieser Strukturen gelenkt wurden. Sie waren ebenso ausgebeutet wie Arbeiter in anderen Weltgegenden. Die Revolution von 1917 war politisch und wirtschaftlich erdrosselt worden.

Dennoch war die Betonung des Unterschieds zwischen Stalinismus und Nationalsozialismus richtig. Der stalinistische Staatskapitalismus wurde von einer neuen herrschenden Klasse in einem rückständigen Land aufgebaut. In dem verzweifelten Bemühen, mit der wirtschaftlichen und militärischen Macht seiner fortgeschrittenen Konkurrenten gleichzuziehen, presste er all die Schrecken der »ursprünglichen Kapitalakkumulation«, die auch den Aufstieg des Kapitalismus begleitet hatten, in einen sehr kurzen Zeitraum. Deshalb versklavte dieser Staat, henkte, verhaftete, deportierte und ließ Menschen hungers sterben. Das war der rationale Kern des stalinistischen Verfolgungswahns und seiner Barbarei.

Der Nationalsozialismus war dagegen das Produkt eines bereits reifen Industriekapitalismus. Die deutsche herrschende Klasse glaubte, die einzige Möglichkeit, der tiefen Wirtschaftskrise zu entrinnen, bestünde in der Machtübergabe an eine totalitäre Bewegung, die auf den irrationalen Fantasien eines von der Krise in den Wahnsinn getriebenen Kleinbürgertums gründete. Dieser Prozess gipfelte inmitten des Zweiten Weltkriegs in der »Endlösung« – des Einsatzes der modernsten Industrietechniken zur systematischen Auslöschung von Millionen Menschen allein wegen ihrer angeblichen Abstammung. Stalin verschickte Millionen in Arbeitslager, in denen sich jeder Zehnte

---

zu stehen hat [...].« Brief an Herbert Marcuse vom 20. Januar 1948, in: *Politik und Ästhetik am Ende der Industriegesellschaft. Zur Aktualität von Herbert Marcuse*, Briefwechsel zwischen Marcuse und Heidegger 1947–1948, *Tüte*, Stadtmagazin Tübingen, Sonderheft 1989. Siehe auch: Wolin, Richard, *The Heidegger Controversy: A Critical Reader*, London 1993, S. 163.

zu Tode schuftete. Hitler richtete ähnliche Lager ein, aber daneben – und in noch viel größerem Ausmaß – ließ er Todeslager bauen, in denen Millionen einfach vergast wurden. Beide gingen mit barbarischen Mitteln vor, aber es handelte sich um unterschiedliche Arten der Barbarei, die mit den verschiedenen Etappen der kapitalistischen Entwicklung korrespondierten. Millionen litten unter dem nationalen Chauvinismus und Antisemitismus, den Stalin zur Festigung seiner Herrschaft einsetzte, die Mehrheit von ihnen überlebte und konnte davon berichten. Nur wenige der Millionen Juden und »Zigeuner« überlebten dagegen das Regime Hitlers. Das Wort »Völkermord« ist im zweiten Fall angemessen, nicht im ersten Fall.

Für jene, die dabei umkamen, spielte das keine Rolle mehr. Aber es hatte insbesondere für die Anhänger der konkurrierenden Ideologien in anderen Gegenden der Welt Folgen. Der Kern der Nazibewegung bestand aus Leuten, die sich an der Barbarei, den rassistischen und Völkermordfantasien und an der Anbetung von »Blut und Ehre« berauschten. Der Kern der stalinistischen Bewegungen im Westen und in der Dritten Welt bestand aus Menschen, die den Totalitarismus des Systems und seine Bereitschaft, Chauvinismus und Antisemitismus zu verbreiten, nicht wahrhaben wollten. Sie identifizierten sich mit Russland, weil sie etwas Besseres suchten als die Unmenschlichkeit des Kapitalismus, und sie waren überzeugt davon, das gebe es in Russland.

Das hatte konkrete, praktische Auswirkungen. Die verschiedenen nationalsozialistischen und faschistischen Bewegungen, die im Westen und in der Dritten Welt entstanden, hatten sich die Zerschlagung der Organisationen der Arbeiterklasse auf die Fahnen geschrieben. Im Gegensatz dazu versuchten die kommunistischen Bewegungen, den Kampf für Arbeiterinteressen – was der übliche Grund war, bei ihnen Mitglied zu werden – mit der Verteidigung der politischen Bedürfnisse der Sowjetmacht zu verbinden. Ihre Führungen versuchten beides miteinander in Einklang zu bringen, was immer wieder schreckliche Folgen hatte und in Niederlagen führte – ebenso wie das Verhalten der sozialdemokratischen Führungen. Das war aber nicht dasselbe wie der systematische Versuch, die Arbeiterbewegung zu zerschlagen, wie es der Faschismus tat.

Die Krise des amerikanischen Traums

Immerhin schien es Mitte der 1930er Jahre einen Hoffnungsschimmer für Liberale zu geben. Dieser zeigte sich in den USA. Aus den Wahlen, die Ende 1932 in der tiefsten Krise abgehalten wurden, ging ein von der Demokratischen Partei beherrschter Kongress mit dem neuen Präsidenten Franklin D. Roosevelt hervor. Diese Leute waren sicher keine Revolutionäre, sie waren nicht einmal sozialdemokratische Reformisten europäischer Spielart. Die Demokratische Partei war immer die Partei der Sklavenhalter gewesen und blieb ein Bündnis aus weißen Anhängern der Rassentrennung im Süden, hochrangigen Politikern im Norden und einigen Großkapitalisten.

Die Stimmung bei den Kapitalisten der USA und in der Bevölkerung war Ende des Jahres 1932 jedoch deutlich von Verzweiflung geprägt. Es kam ein Gefühl auf, dass ungewöhnliche Schritte zur Belebung der Volkswirtschaft nötig waren. Der Kongress beriet sogar ernsthaft über ein Gesetz zur Senkung der Wochenarbeitszeit auf dreißig Stunden, um mehr Arbeitsplätze zu schaffen. Am Ende setzte Roosevelt Notstandsmaßnahmen durch, wozu auch die staatliche Kontrolle über kapitalistische Operationen gehörte. Das beinhaltete die staatliche Absicherung von Bankeinlagen durch die Federal Reserve, Aufkauf von Ernten mit Staatsgeldern, die vernichtet wurden, um den Preis hochzutreiben, ein ziviles Arbeitskorps von 2,3 Millionen arbeitslosen jungen Männern, die als Freiwillige in Arbeitslagern lebten, eine begrenzte Selbstregulierung der Industrie mittels Kartellen, um Preise und das Produktionsniveau zu kontrollieren, begrenzte staatliche Produktion unter der Leitung der Tennessee Valley Authority und sogar Maßnahmen zur Erleichterung des Gewerkschaftsaufbaus und zur Anhebung der Löhne, um Nachfrage zu schaffen. Die Geschwindigkeit und Verwegenheit, mit der diese Maßnahmen umgesetzt wurden, ließ Begeisterung bei den Opfern der Rezession aufkommen und bei politischen Liberalen, die eine Alternative zum Faschismus oder zur sozialistischen Revolution suchten. Roosevelts Maßnahmen schienen in auffallendem Gegensatz zur Politik seiner Regierungsvorgänger zu stehen. Deren Antwort auf Massenarbeitslosigkeit hatte geheißen, 25.000 Soldaten mit aufgepflanzten Bajonetten unter Befehl von General MacArthur, der auf einem weißen Hengst ritt, auf eine Menge arbeitsloser Kriegsveteranen loszulassen. Roosevelt schien zumindest Arbeit anzubieten, wenn auch zu Niedrigstlöhnen und unter scheußlichen Bedingungen.

Roosevelts Maßnahmen waren dennoch weder besonders neu noch so effektiv, wie viele damals dachten. Roosevelts Politik blieb in einer Hinsicht sehr orthodox: Die Erhöhung der Staatsausgaben gehörte nicht zu seinem Instrumentarium, um aus der Krise auszubrechen. Tatsächlich senkte er die Renten der Veteranen und schränkte die öffentliche Beschäftigung ein. Charles P. Kindleberger meint: »Die Möglichkeiten der Finanzpolitik zum Abbau der Arbeitslosigkeit waren jedoch begrenzt, da die demokratische Regierung unter Präsident Roosevelt sich weiter an das Prinzip des Budgetausgleichs hielt.«[233] Er behauptete auch, dass die Investitionen ohnehin irgendwann nach ihrem unglaublichen Tiefstand (im Jahr 1929 waren es sechzehn Milliarden Dollar gewesen, im Jahr 1932 nur noch eine Milliarde Dollar) wieder steigen mussten, was auch geschah, nachdem die Bankenpleiten ihren Höhepunkt überschritten hatten. Jedenfalls wurden Roosevelt der rasante Produktionsanstieg von 59 auf 100 Prozent in den Monaten März bis Juli 1933 (gemessen an dem Produktionsniveau Mitte der 1920er Jahre) angerechnet sowie die Senkung der Arbeitslosigkeit von 13,7 Millionen im Jahr 1933 auf 12,4 Millionen im Folgejahr und 12 Millionen im Jahr 1935. Viele glaubten, sein New Deal habe Wunder bewirkt – dieser Mythos hält sich bis heute. Im Jahr 1937 war jedoch nach wie vor jede siebte Person arbeitslos, als das Produktionsniveau schließlich wieder den Stand von 1929 erreicht hatte.

Dann kam es im August 1937 zum »schärfsten Konjunktureinbruch in der Geschichte der USA«, durch den »bei vielen Indizes die Hälfte des ›Geländegewinnes‹ seit 1932 verloren ging«.[234] Die Stahlproduktion nahm in nur vier Monaten um über zwei Drittel ab, die Baumwollstoffproduktion um vierzig Prozent und die Agrarpreise sanken um ein Viertel.

Die wirtschaftliche Erholung war nur von kurzer Dauer. In Verbindung mit der, wenn auch nur mäßigen Ausweitung gewerkschaftlicher Rechte erzeugte sie jedoch einen wichtigen Nebeneffekt. Arbeiter schöpften neues Selbstbewusstsein, was ihre Kampfesfähigkeit betraf. Die Gewerkschaften gewannen neue Mitglieder, obwohl streikende Arbeiter nach wie vor mit

---

233 Kindleberger, *Weltwirtschaftskrise*, S. 295.
234 Kindleberger, *Weltwirtschaftskrise*, S. 345.

scharfen Angriffen der Unternehmer und der Polizei rechnen mussten. In den ersten sechs Monaten des Roosevelt'schen New Deals wurden über fünfzehn Streikende getötet, zweihundert verletzt und Hunderte verhaftet.[235] Drei Streiks im Jahr 1934 zeigten jedoch, wie dieses neue Selbstbewusstsein zusammen mit der Verbitterung über die Krise eine seit dem Stahlarbeiterstreik des Jahres 1919 nicht mehr gesehene Kampfbereitschaft erzeugen konnte. Die Arbeiter des Autoteileherstellers Autolite in Toledo, Transportarbeiter in Minneapolis und Hafenarbeiter in San Francisco traten in den Ausstand, widersetzten sich gerichtlichen Verfügungen, verteidigten sich mit körperlichem Einsatz gegen Streikbrecher und Polizisten und errangen so durchschlagende Erfolge. Außerdem hatten in allen drei Streiks militante Sozialisten die Führung dieser Kämpfe übernommen – Trotzkisten in Minneapolis, Kommunisten in San Francisco und Anhänger des ehemaligen Pfarrers und radikalen Linken Abraham J. Muste in Toledo. Im Gefolge dieser Auseinandersetzungen gelang es Gewerkschaftern in der an Bedeutung gewinnenden Autoindustrie, viele neue Mitglieder zu gewinnen, und sie forderten eine Gewerkschaft zur Vertretung der Gesamtbranche anstelle der nach Berufen organisierten Spartengewerkschaften.

Manche Führer der großen Gewerkschaften zogen ihre Lehren daraus. Sie hatten seit Jahren Mitglieder verloren – die Gewerkschaftsmitgliedschaft war von vier Millionen im Jahr 1920 auf knapp über zwei Millionen im Jahr 1933 gesunken – und mit diesem Niedergang hatten sie auch Einfluss auf die Regierung und Kreise der herrschenden Klasse verloren. Jetzt sahen sie die Möglichkeit, verlorenen Boden wieder wettzumachen. Unter der Führung von John L. Lewis, Anführer der Bergarbeitergewerkschaft, gründeten einige von ihnen ein Organisationskomitee, die CIO, mit dessen Hilfe Millionen Fabrikarbeiter für Industriegewerkschaften gewonnen werden sollten.

Die Bildung der neuen Organisation war an Dutzenden Orten der Anstoß für Arbeiter, an die militanten und erfolgreichen Kämpfe des Jahres 1934 anzuknüpfen. Arbeiter der Reifenhersteller Goodyear und Firestone in Akron, Ohio, traten im Januar 1936 zur Abwehr eines Streikbrechereinsatzes in den Sitzstreiks. Die Fabrik von Goodyear wurde von einer Massenstreik-

---

235 American Civil Liberties Union Report, zitiert nach: Preis, Art, *Labor's Giant Step*, New York 1982, S. 17.

kette umringt, damit Polizisten keine Streikbrecher in die Fabrik schleusen konnten.[236] In diesem Jahr fanden über vierzig weitere Besetzungsstreiks statt. Der größte und wichtigste begann im Dezember 1936 bei General Motors (GM) in Flint, Michigan. Am Ende des Streiks waren 140.000 der 150.000 Arbeiter des Konzerns entweder an der Besetzung oder an den Streikposten beteiligt. Wie üblich wurde mit gerichtlichen Verfügungen gedroht und sie mussten Angriffe bewaffneter Polizeikräfte abwehren. Am Ende aber musste das größte Industrieunternehmen der USA die Gewerkschaft anerkennen. Art Preis, damals Gewerkschaftsaktivist, erinnert sich:

> Die Schleusentore des Klassenkampfs hatten sich geöffnet. Der Schlachtruf »Sit-down!« erscholl von einem Ende des Lands zum anderen. Einen Monat nach dem GM-Streik nahmen 193.000 Arbeiter an 247 Sitzstreiks teil; fast eine halbe Million bedienten sich, bevor das Jahr 1937 endete, dieser Waffe. [...] Die Besetzungsstreiks sprangen auf alle Industrie- und Geschäftszweige über, von Arbeitern der Chrysler-Fabriken in neun Werken auf Verkäuferinnen von 5-und-10-Cent-Läden, Geldboten von Western Union, Restaurant- und Hotelangestellte, Hutmacher, Buchbinder, Müllwerker, Glasbläser und Arbeiter von Reifenfabriken.[237]

Rund 1,8 Millionen Arbeiter waren an Streikaktionen beteiligt und wurden von Komitees wie den Frauenhilfsbrigaden unterstützt, die den Sitzstreikenden Verpflegung brachten, und von Musikgruppen, die für Unterhaltung sorgten. Die Gesamtmitgliedschaft der Gewerkschaften lag Ende des Jahres 1937 bei sieben Millionen, fünf Millionen mehr als noch vier Jahre zuvor.

Diese Streiks bargen das Potenzial, die gesamte Kultur des US-Kapitalismus durchzurütteln, da sie in der Praxis den tiefsitzenden Individualismus – den »amerikanischen Traum« von den unbegrenzten Aufstiegsmöglichkeiten – und dessen Kehrseite, den Rassismus, infrage stellten. Wo die Gewerkschaften Erfolg hatten, entstand eine neue Kultur gemeinschaftlichen Handelns, was in dem auf Sit-ins gesungenen Gewerkschaftslied »Solidarität auf immer«

---

236 Preis, *Labor's Giant Step*, S. 45.
237 Preis, *Labor's Giant Step*, S. 61.

zum Ausdruck kam, und rassistische Einstellungen gerieten in Städten wie Detroit ins Wanken. Die Gewerkschaft CIO war die einzige große Institution der US-amerikanischen Gesellschaft, in der Schwarze die Möglichkeit einer »echten Beteiligung«[238] an der Seite der Weißen erhielten.

Am Ende kam diese geballte Kraft wegen der in der wachsenden Gewerkschaftsbewegung vorherrschenden Politik nicht zum Tragen. Das Spartengewerkschaftswesen der Jahre vor 1936 war »unpolitisch« gewesen. Die große Mehrheit der Gewerkschaftsführer hielt den US-Kapitalismus für ein perfektes Vorbild zur Organisation der Gesellschaft. John L. Lewis zum Beispiel war »politisch ein Republikaner, volkswirtschaftlich ein Anhänger Adam Smiths und in der eigenen Gewerkschaft ein Autokrat«.[239] Die neue Führung der CIO glaubte, ihre Interessen am besten durch ein Bündnis mit Roosevelt und der Demokratischen Partei verfolgen zu können.

Roosevelt gefiel der Gedanke, dass die CIO Wahlkampf für ihn machte, er war aber nicht bereit, die Kapitalisten zu verprellen, die ihn ebenfalls unterstützten. Das wurde Ende 1937 deutlich, als Lewis den bisher größten Organisierungsfeldzug in der Stahlindustrie begann. Die CIO setzte 433 Vollzeit- und Teilzeitorganisatoren ein, die von 35 Regionalbüros aus arbeiteten. Nach dem General-Motors-Streik hatten viele Stahlunternehmen das Organisationskomitee der Stahlarbeiter als Gewerkschaft anerkannt, die Großkonzerne weigerten sich jedoch, weshalb das Organisationskomitee Ende Mai 75.000 Arbeiter in den Streik rief. Die Unternehmen reagierten auf den Arbeitskampf nicht weniger brutal wie schon auf den Stahlarbeiterstreik von 1919. Sie griffen die Streikposten mit »werkseigenen Schlägern, Hilfssheriffs, der Polizei und der Nationalgarde an. [...] Achtzehn Streikende wurden niedergemäht, Dutzende verwundet, Hunderte verhaftet.«[240] Das Organisationskomitee hatte die Arbeiter auf einen solchen Angriff nicht vorbereitet, weil es den Gouverneuren der Demokratischen Partei und ihren Bürgermeistern vertraut hatte, die der Organisierungskampagne gewisses Wohlwollen entgegenbrachten. Es »erklärte den Arbeitern, die öffentlichen Vertreter des ›New Deals‹ seien

---

238 Siehe zum Beispiel: Widick, Branko J., *Detroit, City of Race and Class Violence*, Chicago 1972, S. 74.
239 Widick, *Detroit*, S. 64.
240 Preis, *Labor's Giant Step*, S. 67.

›Arbeiterfreunde‹ und die Streikenden sollten die Nationalgarde, die Bundessoldaten und die Polizei ›freundlich empfangen‹, denn sie würden die ›Ordnung wahren‹«.[241] Die Arbeiter waren bitter enttäuscht, als diese »Freunde« sie mit Knüppeln und Gewehrkugeln angriffen. In Pennsylvania verhängte der erste Demokraten-Gouverneur seit 44 Jahren in der Stahlstadt Johnstown das Kriegsrecht. Bundestruppen öffneten die Fabriken, beschränkten die Zahl der Streikposten auf sechs und schleusten täglich mehr Streikbrecher in die Werke. In Youngstown, Ohio, wo ebenfalls ein demokratischer Gouverneur regierte, erschossen Hilfssheriffs zwei Streikposten. In Chicago tötete die von einem demokratischen Bürgermeister ausgeschickte Polizei zehn Streikende. Als die Führung der CIO Hilfe bei Roosevelt suchte, erklärte dieser: »Hol der Henker eure beiden Häuser!«[242] Der größten gewerkschaftlichen Aufbaukampagne wurde in eben jenem Moment das Rückgrat gebrochen, als die Volkswirtschaft in eine neue Krise stürzte.

In den folgenden beiden Jahren konnte die CIO lediglich 400.000 Neumitglieder gewinnen. Im Jahr 1939 war die Zahl der Streiks im Vergleich zu 1937 um die Hälfte gesunken. Die Gewerkschaftsführer setzten jetzt auch wieder auf Zusammenarbeit mit den Unternehmern und dämpften die Aktivitäten ihrer Mitgliedschaft. In der Autogewerkschaft wurde der Versuch unternommen, jede Veröffentlichung zu unterbinden, die nicht von der Führung abgesegnet worden war, und fünf Jahre lang wurden in der neu gegründeten Stahlarbeitergewerkschaft keine Wahlen abgehalten. Die spontane Kampfbereitschaft an der Basis in den Jahren 1934 bis 1936 wurde abgelöst durch strikte Kontrolle von oben.

Viele Aktivisten versuchten sich dieser Entwicklung zu widersetzen. Aber wie in Frankreich und Spanien war die Lage nun aufgrund des Verhaltens der Kommunistischen Partei sehr viel schwieriger geworden. Sie hatte in dem kämpferischen Aufschwung von 1934 bis 1937 eine führende Rolle gespielt, viele ihrer Aktivisten hatten sich an die Spitze der CIO-Aufbaukampagne gestellt, und aufgrund ihres Wagemuts hatte die Partei viele neue Mitglieder gewonnen. Bis zum Jahr 1935 betonte die KP, Roosevelt sei ein kapi-

---

241 Preis, *Labor's Giant Step*, S. 67.
242 Preis, *Labor's Giant Step*, S. 70. (Ein Spruch aus Shakespeares *Romeo und Julia*, womit Roosevelt beide Parteien meinte; d. Übers.)

talistischer Politiker und der New Deal ein Betrug. Dann machte sie eine Kehrtwende und schloss Roosevelt und die New-Deal-Demokraten in ihre eigene Version der »Volksfrontpolitik« mit ein. Die Partei verbreitete gemeinsam mit den Gewerkschaftsführern Illusionen über die Rolle dieser Politiker und versuchte die einfachen Gewerkschafter zu disziplinieren, die die traulichen Beziehungen zu den Demokraten stören könnten. So ging es die nächsten zehn Jahr weiter, abgesehen von einem kurzen Zwischenspiel zur Zeit des Hitler-Stalin-Pakts zu Beginn des Zweiten Weltkriegs. Auf diese Weise konnten die Gewerkschaftsführungen ihre bürokratische Kontrolle über die meisten Gewerkschaften errichten und benutzten diese in den 1940er Jahren dazu, jeglichen kommunistischen Einfluss zu tilgen.

Diese Entwicklungen hatten gravierende ideologische Folgen. Schriftsteller, Künstler, Filmregisseure und Musiker befanden sich plötzlich in einer Gesellschaft, die durch den Börsenkrach an der Wall Street und die Wirtschaftskrise bis ins Mark erschüttert war. All die alten Werte waren plötzlich infrage gestellt, als die herrschende Klasse vorübergehend richtungslos war und die Mehrheit der Bevölkerung einschließlich weiter Teile der Mittelschicht das in sie gesetzte Vertrauen verlor. Von 1934 an traten mit der Streikbewegung und dem Aufschwung für die Gewerkschaften völlig neue Werte zutage, die ihren Niederschlag nicht nur in der gehobenen Kunst und Literatur fanden, sondern auch in der Massenkultur der populären Musik und in der Traumfabrik Hollywood – und das gerade in dem Moment, da sie ihren weltweiten Siegeszug antrat.

Das zeigte sich an den Werken von Schriftstellern wie John Dos Passos, Richard Wright, Ralph Ellison, Dashiell Hammett und John Steinbeck, von Filmregisseuren wie Charlie Chaplin, Joseph Losey, Elia Kazan und dem jungen Orson Welles, und von Musikern wie Aaron Copland, Woody Guthrie, Paul Robeson, Dizzy Gillespie und selbst an dem jungen Frank Sinatra. Aber die Politik des New Deals eröffnete Wege zurück in die bürgerliche Mitte. Es gab Beschäftigung in Bundesprojekten, Platz in neuen Magazinen und Rundfunksendungen und selbst Hollywood bot neue Spielräume. Die New-Deal-Demokraten sahen in den Intellektuellen ebenso wie in den Funktionären, die an der Spitze der neuen Gewerkschaften der CIO standen, eine nützliche Schicht, die ihnen dabei helfen konnte, der Gesellschaft als Ganzer neue Ausbeutungsmuster aufzuzwingen.

Bis zum Jahr 1936 widerstand ein Großteil der Linksintellektuellen solchen Versuchungen und sie zogen zwischen ihren Zielen und denen Roosevelts einen scharfen Trennstrich. Im Mittelpunkt ihrer kulturellen Arbeit stand die »proletarische Kunst«, mit der sie sich bei allen theoretischen und praktischen Schwächen auf den Klassenkampf und ein Arbeiterpublikum bezogen. Das begann sich zu ändern, als die Kommunistische Partei sich hinter Roosevelt stellte. Sie versuchte nicht mehr, die spontane Radikalisierung der Intellektuellen auf den Sturz des Kapitalismus zu richten, sondern auf Ausübung von Druck innerhalb der Gesellschaft. Dazu gehörte auch, sich der Sprache des »Amerikanismus« zu bedienen, was bis dahin den Rechten vorbehalten gewesen war. Der Schlachtruf der Partei lautete jetzt: »Kommunismus ist der Amerikanismus des 20. Jahrhunderts.« Außerdem hielten sie ihnen nahe stehende Schriftsteller und Filmemacher zwecks Förderung ihrer Laufbahn, und um in den Hollywoodstudios Einfluss zu gewinnen, zu gemäßigtem Auftreten an. Den radikalisierten Künstlern, die es gesellschaftspolitisch nach links gedrängt hatte, bot sich jetzt ein leichterer Weg zum Aufstieg, wenn sie an das bürgerliche Hollywood oder die Musikverlage in der Tin Pan Alley Zugeständnisse machten.

James T. Farrell, einer der fähigsten Romanschriftsteller Anfang der 1930er Jahre, schrieb:

> Die kulturelle Atmosphäre des New Deals in den 1930er Jahren, die sich in vielen Spielfilmen, Rundfunksendungen und Romanen der Kriegszeit widerspiegelte, trug zur Schaffung einer scheinpopulären Literatur vom einfachen Mann bei. Im Mittelpunkt der neopopulistischen Kunst und Literatur stand die Idee von einem Amerikanismus, der alle Rassen, Glaubensbekenntnisse und Klassen einte. Statt einer Literatur, die tiefgründig den Klassenunterschieden nachging [...], betonte diese das Thema, dass der einfache Mann Mensch sei, und gestaltete es sentimental aus; sie war zudem durchzogen von der Idee, dass auch die Reichen Amerikaner seien und dem einfachen Mann gleich.[243]

---

243 Farrell, James T., *Selected Essays*, New York 1964, S. 4.

Die Annäherung der Kommunistischen Partei an Roosevelt konnte auch Reaktionen wie die des schwarzen Helden in Ralph Ellisons Roman *Der unsichtbare Mann* hervorrufen. Er fühlt sich vom Sozialismus enttäuscht, als »Die Bruderschaft« (worin sich leicht die Kommunistische Partei erkennen lässt) ihn auffordert, die Kampfbereitschaft der Schwarzen in Harlem zu zügeln: »Wir verbinden uns zeitweilig mit anderen politischen Gruppen, und die Interessen einer Gruppe von Brüdern müssen denen des Ganzen geopfert werden«, lässt er einen Funktionär sagen.[244] Schriftsteller wie Ellison und Richard Wright beeinflussten mit ihrer Enttäuschung viele spätere schwarze Aktivisten, die zu der Überzeugung gelangten, dass Sozialisten auch nur Weiße waren, die sie ausnutzen wollten. Unterdessen begannen viele weiße Intellektuelle, die mit ihrer eigenen Desillusionierung zu kämpfen hatten, zu glauben, Sozialisten seien ebenso manipulativ wie andere politische Gruppierungen. Einige wurden so zynisch, dass sie auf die gegnerische Seite überwechselten und sich an der antikommunistischen Hexenjagd der 1940er und 1950er Jahre beteiligten.

Die Ausbreitung einer ideologischen Strömung, die den Mythos vom amerikanischen Traum gerade in dem Moment infrage stellte, als dieser Traum die Welt und ein Massenpublikum mit seiner Musik und seinen Filmen zu bezaubern begann, endete ebenso jäh wie der Aufbau einer Arbeiterbewegung in den USA.

Von der Wirtschaftskrise zum Krieg

Die Wirtschaftskrise hatte Spannungen zwischen Staaten wie auch zwischen den Klassen erzeugt. Die jeweiligen Machthaber versuchten den auf ihrer Volkswirtschaft lastenden Druck auf ihre Konkurrenten auf dem Weltmarkt abzuwälzen. Nach und nach gingen sie dazu über, den Absatz für die eigenen Güter durch Währungsabwertung und somit Exportpreissenkung einerseits, und andererseits durch Errichtung von Zollschranken zum Schutz des Binnenmarkts zu heben. Allgemein wurde der Schritt zur »Autarkie« gemacht, was bedeutete, so viele Güter wie möglich innerhalb der Grenzen des Nationalstaats zu erzeugen.

---

244 Ellison, Ralph, *Der unsichtbare Mann,* Zürich 1995, S. 554.

Der Staat griff auch sehr viel stärker als bisher – mit der Ausnahme des Ersten Weltkriegs – in die wirtschaftlichen Aktivitäten ein. Er rationalisierte einige Industrien, indem er die Schließung unwirtschaftlicher Unternehmen erzwang, und errichtete in einigen Wirtschaftszweigen direkten Staatsbesitz, um so die Gewinnchancen anderer zu erhöhen. Selbst die konservative »nationale« Regierung in Großbritannien verstaatlichte die Elektrizitätsversorgung, die Fluggesellschaften und Schürfrechte im Bergbau.

In einigen weniger industriell fortgeschrittenen Ländern Lateinamerikas und Europas ging diese Entwicklung noch erheblich weiter. »Populistische« Regierungen wie die von Getúlio Vargas in Brasilien und später Juan Perón in Argentinien schufen ausgedehnte, staatlich gelenkte Wirtschaftsbereiche. Eine rechtsgerichtete Regierung in Polen erstellte einen langfristigen Wirtschaftsplan und Mussolini in Italien gründete Staatsunternehmen, um die Auswirkungen der Weltwirtschaftskrise abzufedern.

Die staatlichen Maßnahmen zur Förderung der jeweils eigenen Kapitalgruppen standen jedoch in Widerspruch zu dem Bedürfnis aller Kapitalisten nach Zugang zu den Ressourcen, die hinter den eigenen engen Grenzen lagen. Dieser Widerspruch konnte nur durch Ausdehnung des jeweils eigenen Staatsgebiets aufgelöst werden. Nun wurden die offiziellen Reiche und die informellen »Einflusssphären« allesentscheidend. Autarkie bezog sich jetzt auf »Währungsblöcke«, die von den Großmächten dominiert waren – den Dollarblock, den Sterling-Club, den Goldblock (ausgehend von Frankreich und seinem Kolonialreich), den Markblock und die UdSSR. Der Wirtschaftstheoretiker Alvin Hansen erklärte im Jahr 1932:

> Jedes Land strebt jetzt nach Einflusssphären, in denen das Vordringen von Kapitalisten anderer Nationen erschwert wird. Zeitweise hinderten die USA die europäischen Mächte mit Seeblockaden daran, die Schulden der lateinamerikanischen Staaten einzutreiben. [...] Ähnlich stellt der lange (noch nicht beendete) Kampf zwischen europäischen Mächten um die Beherrschung Afrikas, den Nahen Osten und indirekt, mittels wirtschaftlicher, finanzieller und militärischer Patronage, die Kontrolle über die Balkanstaaten eine Geschichte

internationaler Querelen und Spannungen dar, die eng mit dem Eindringen von Auslandskapital verbunden ist.[245]

Die Einflusssphären waren nicht symmetrisch angelegt. Die Machthaber Großbritanniens, Frankreichs, der USA und der UdSSR kontrollierten allesamt riesige Gebiete. Deutschland, die mächtigste Industrienation in Kontinentaleuropa, besaß keine Kolonien und war beschränkt durch die engen Grenzen des Vertrags von Versailles, den ihm die anderen Mächte am Ende des Ersten Weltkriegs diktiert hatten. Als Folge der Krise entfachte das deutsche Großkapital, wie wir schon gesehen haben, eine groß angelegte Kampagne gegen die Fesseln des Versailler Vertrags. Das Ziel war die Rückeroberung deutscher Gebiete, die es mit dem Ende des Kriegs an Polen verloren hatte, die Einverleibung des deutschsprachigen Österreichs und des tschechischen Grenzlands (das Sudetenland) und ein erneuter Vorstoß zur Erringung der Hegemonie in Südosteuropa. Hitlers Sieg war nicht nur der des Kapitals über die Arbeiter, sondern auch ein Sieg für jene Kräfte, die die Krise des deutschen Kapitalismus durch die Politik der militärischen Expansion auf Kosten der anderen Großmächte lösen wollten.

Deutschlands wichtigste Industriegruppen waren mehr oder weniger zur Koordinierung ihrer Aktivitäten bereit und duldeten die zunehmend zentralistische Zuweisung von Investitionsmitteln, Staatskontrolle über den Außenhandel und die Zuteilung der Rohstoffe durch den Staat. Thyssen, der einzige Großkapitalist, der sich heftig dagegen sträubte, obwohl er als Erster Hitler finanziert hatte, wurde von der Nazipartei enteignet und zur Flucht ins Ausland getrieben. Die anderen setzten ihre hochprofitable Zusammenarbeit mit den Nazis bis zum militärischen Zusammenbruch Deutschlands im Jahr 1945 fort.

Die Errichtung einer autarken Volkswirtschaft gestützt auf den militärischen Staatskapitalismus förderte wiederum den Drang zur bewaffneten Expansion. Die Waffenindustrien benötigten Rohstoffe und andere Mittel. Das Naziregime, das sich noch gut an die revolutionären Unruhen der Jahre 1918 bis 1920 erinnern konnte, zögerte, die deutsche Arbeiterschaft zu sehr

---

245 Hansen, Alvin, *Economic Stabilisation*, New York 1971, S. 76.

auszupressen. Es verlängerte die Arbeitszeiten und intensivierte die Arbeit, aber es versuchte auch, den Ausstoß von Konsumgütern zu erhöhen, um die Unzufriedenheit in der Arbeiterschaft und der unteren Mittelschicht einzudämmen.[246] Um an diese Ressourcen heranzukommen, blieb nur die Möglichkeit, sich zusätzliche Gebiete zu unterwerfen. Die Landwirtschaftsproduktion Österreichs, die Waffenindustrie in Tschechien, die Eisen- und Stahlfabriken Elsass-Lothringens, die Kohle Polens und das Öl Rumäniens konnten die Lücken in der deutschen Volkswirtschaft füllen – ebenso wie Arbeiter aus diesen Ländern, die sehr viel niedrigere Löhne als deutsche Arbeiter erhielten und nicht selten sklavenähnlichen Bedingungen unterworfen waren. Die Bedürfnisse des Großkapitals trafen sich mit der Naziideologie und ihrer Vorstellung von »Lebensraum« und von Nichtdeutschen als »Untermenschen«.

Dem deutschen Ansatz entsprach der Japans in Ostasien. Japan hatte sich bereits Taiwan und Korea als Kolonien einverleibt und verfügte über nicht unerhebliche Konzessionen in Nordchina. Im Jahr 1931 reagierte es auf die Weltwirtschaftskrise, indem es die Mandschurei in Nordchina an sich riss. Ende der 1930er Jahre schickte die nach einem militärischen Staatsstreich neu gebildete Regierung in Tokio Truppen nach China und richtete jetzt ihr Augenmerk auf Besitzungen westlicher Kolonialreiche in Südostasien: das niederländische Ostindien, die britischen Kolonien in Malaya, Borneo und Singapur, die französischen Kolonien in Indochina und die von den USA beherrschten Philippinen.

Auch Mussolinis Italien versuchte, wenn auch in kleinerem Maßstab, sein bereits Somaliland, Eritrea und Libyen umfassendes Kolonialreich durch die Eroberung Äthiopiens zu erweitern, und hoffte auf eine Gelegenheit, sich Albanien und die adriatische Küste Jugoslawiens einzuverleiben.

Die bestehenden Imperialmächte – Großbritannien, Frankreich, Holland, Belgien und die USA – wussten nicht, wie sie reagieren sollten. Sie verfolgten unterschiedliche Interessen: Großbritannien und Frankreich rangelten um die Hegemonie in Nahost, ein Flügel der herrschenden Klasse der USA strebte danach, an die Stelle Großbritanniens als vorherrschende internationale Macht zu treten und hatte bereits im ölreichen Saudi-Arabien entschei-

---

246 Statistiken und weitere Details siehe in: Mason, Timothy, *Nazism, Fascism and the Working Class*, Cambridge 1995, S. 114.

denden Einfluss gewonnen; und Frankreich war vor allem darum bemüht, den Flickenteppich von Verbündeten in Osteuropa zusammenzuhalten, um Deutschland davon abzuhalten, gegen seine Grenzen vorzurücken. In all diesen Ländern gab es mächtige Gruppierungen, die den Nationalsozialismus als nützlichen Verbündeten für einen internationalen Angriff auf Arbeiterorganisationen und die Linke sahen. Wenn überhaupt, dann war für sie Russland der ausländische Feind, nicht Deutschland, Italien oder Japan. Das zeigte sich deutlich im spanischen Bürgerkrieg, als die Herrscher der westlichen »Demokratien« durchaus einverstanden damit waren, dass Hitler und Mussolini einen »Nichtangriffspakt« mit Füßen traten, da Franco für ihre Reiche keine Gefahr darstellte.

Diese Stimmung konnte Italien nutzen, als es im Jahr 1935 Äthiopien angriff, ebenso Japan, als es die Mandschurei besetzte und gegen China vorrückte. Im Jahr 1938 kam schließlich die Reihe an Hitler. Als er im März Österreich annektierte und im folgenden Sommer die von Deutschen bewohnten Grenzgebiete der Tschechoslowakei verlangte, sahen die entscheidenden Kreise der britischen und französischen herrschenden Klassen keinen Grund, dagegen etwas zu unternehmen und das Risiko eines Kriegs einzugehen.

Hitler war ein rassistischer Psychopath, der danach strebte, ein ethnisch »gesäubertes« Deutschland als Hauptmacht in Europa und dominierende Weltmacht zu etablieren. Seine Strategie Ende der 1930er Jahre war jedoch aus der Perspektive des deutschen Kapitalismus durchaus rational. Er testete ganz pragmatisch, wie weit ihm die anderen Großmächte bei der Expansion der deutschen Einflusssphäre freie Hand lassen würden.

Er bewies dieselbe Rationalität, als er im Sommer 1939 Polen bedrohte, nachdem er sich in Geheimverhandlungen mit Stalin auf die Teilung des Lands geeinigt hatte – niedergelegt im Molotow-Ribbentrop-Pakt, bekannt auch als Hitler-Stalin-Pakt. Ihm war bewusst, dass Deutschland nicht über die Mittel für einen umfassenden Feldzug verfügte, der länger als ein paar Monate dauerte. Er nahm an, dass Großbritannien und Frankreich Polen ebenso wenig unterstützen würden wie zuvor die Tschechen. Schließlich hatte die britische Regierung noch im Dezember 1938 keinen Einwand gegen den Status Polens als Satellitenstaat der Deutschen erhoben, und der britische Generalstab sah keine Möglichkeit, Polen zu verteidigen. Hitler wusste, dass er das Land in nur wenigen Tagen erobern konnte. Er glaubte auch, dass er bei einem Eingreifen Frankreichs und Großbritanniens Frankreich sehr schnell niederwerfen könnte und beide Länder sich dann mit ihm verständigen würden, wenn er ihre Reiche nicht anzutasten versprach.

Er irrte sich in einer Frage: In der britischen herrschenden Klasse war eine Gruppierung um zwei hartgesottene Imperialisten, Winston Churchill und Anthony Eden, hochgekommen, die in einer deutschen Vormachtstellung in Kontinentaleuropa eine Gefährdung des britischen Reichs sahen. Zum Beispiel bedrohte der alte deutsche Traum von der Hegemonie über den Balkan hinaus bis in den Nahen Osten die Ölfelder und den Suezkanal, der Großbritannien mit seinem Kolonialreich in Indien verband. Angesichts Hitlers Vorgehen fürchteten nun auch andere Deutschlands Macht. Schließlich war der Druck so stark, dass Großbritannien und Frankreich nach Hitlers Angriff auf Polen Deutschland den Krieg erklärten und die britische Regierung neun Monate später die Eroberungen Deutschlands in Europa nicht anerkannte.

Hitlers andere Rechnungen gingen dagegen auf. Die französische herrschende Klasse und ein bedeutender Flügel der britischen herrschenden Klasse traten nur zögernd in den Krieg ein. Sie rührten keinen Finger, um Polen zu helfen, und evakuierten lediglich einen Teil der polnischen Armee, um diesen später für eigene Zwecke einzusetzen. Großbritannien verbrachte den entscheidenden Winter 1939/40 damit, eine von den Deutschen abhängige finnische Regierung in ihrem Krieg mit Russland zu unterstützen. Deutschland konnte diese Zeit des »Scheinkriegs« dazu nutzen, einen »Blitzkrieg« gegen Frankreich vom Norden her über Holland und Belgien vorzubereiten, der Frankreichs Heer eine Niederlage einbrachte, noch ehe Deutschlands beschränkte Ressourcen erschöpft waren.

Hitler hatte auch recht, als er einen schnellen Sieg über Frankreich erwartete. Ein deutscher Angriff brach den »alliierten« Armeen in Belgien und Nordfrankreich im Mai 1940 innerhalb von vierzehn Tagen das Genick und zwang die britische Armee Ende Mai zur Evakuierung Dünkirchens. Am 14. Juni 1940 marschierte die deutsche Armee in Paris ein.

Dieser Sieg spornte Mussolini dazu an, auf deutscher Seite in den Krieg einzutreten. Hitler hatte nun West- und Mitteleuropa vollständig unter seiner Kontrolle. Er konnte nun erst einmal abwarten, ehe er einen nächsten

Schritt unternahm, obwohl seine Fliegerstaffeln die Luftschlacht über Südengland verloren hatten und eine Invasion in Großbritannien schwierig wurde. Ein Jahr nach seinem Sieg über Frankreich entschied er sich für ein anderes Vorgehen: einen schnellen Schlag gegen Russland mit einer überwältigenden Streitmacht in Erwartung eines leichten Siegs noch vor Winteranbruch.

Das Wesen des Kriegs

Linke und Liberale in Europa und Nordamerika glaubten, bei diesem Krieg handele es um einen Machtkampf zwischen Demokratie und Faschismus. Solche Ansichten wurden in Großbritannien vertreten von Zeitungen wie dem *Daily Herald* (der zur Hälfte den Gewerkschaften gehörte), dem *Daily Mirror*, dem *Evening Standard* (im Besitz des glühenden Imperialisten Beaverbrook, bald darauf für ihn herausgegeben von dem linken Labour-Mitglied Michael Foot), dem linksliberalen *News Chronicle* und dem beliebtesten Fotomagazin der damaligen Zeit, der *Picture Post*. Das ist noch heute die traditionelle Sichtweise. Eric Hobsbawm bezeichnet zum Beispiel in seiner Geschichte des 20. Jahrhunderts diesen Krieg als einen »zwischen dem, was das 19. Jahrhundert einerseits ›Fortschritt‹ und andererseits ›Reaktion‹ genannt hätte«.[247]

Das entsprach aber nicht der Motivation führender Personen der Alliierten. Der Churchill, der eine kompromisslose Kriegsführung forderte, war derselbe, der bei der Metzelei von Omdurman anwesend war; der im Jahr 1910 Soldaten gegen streikende Bergarbeiter einsetzte, wobei einer getötet wurde; der den Streitkräften befahl, mit Giftgas gegen kurdische Rebellen im von Großbritannien regierten Irak vorzugehen; und der Mussolini seine Anerkennung zollte. In den 1930er Jahren hatte er eine Regierung der Konservativen angegriffen, weil diese Indien ein klein wenig Selbstverwaltung eingeräumt hatte, und während des Kriegs weigerte er sich strikt, den Unabhängigkeitsbewegungen in Großbritanniens Kolonien Zugeständnisse zu machen, obwohl dies die Kriegsanstrengungen erleichtert hätte. »Ich bin nicht erster Minister des Königs geworden«, erklärte er, »um der Zerschlagung des britischen Reichs zuzusehen.« Er sagte Roosevelt und Stalin in Jalta: »Solange noch Blut

---

[247] Hobsbawm, *Zeitalter der Extreme*, S. 186.

durch meine Adern fließt, wird es keine Abtretung der britischen Souveränität geben.«[248]

Der Führer der zweiten Großmacht, der sich dem »antifaschistischen Bündnis« anschloss, Josef Stalin, war ebenso wenig wie Churchill ein Demokrat oder ein Liberaler. Er hatte bereits fast die gesamte Generation der Bolschewiki, die die Revolution angeführt hatten, umbringen lassen und mit der Zwangskollektivierung die Ukraine und Kasachstan in eine schwere Hungersnot gestürzt. Im Jahr 1939 hatte er mit Hitler das Abkommen zur Teilung Polens geschlossen und zur Rückführung der baltischen Republiken, die die Bolschewiki im Jahr 1917 in die Unabhängigkeit entlassen hatten. Das waren nicht nur diplomatische Manöver, um Zeit zu gewinnen, sondern er händigte auch nach Russland ins Exil geflüchtete deutsche Kommunisten der Gestapo aus und belieferte Deutschland mit Kriegsmaterial. Stalin wurde erst durch den Einmarsch des deutschen Heers im Juni 1941 gezwungen, in den Krieg einzutreten, nachdem er die Warnungen seiner Spione und der Botschaft in Berlin bezüglich Hitlers Absichten missachtet hatte. Auf die schrecklichen Niederlagen in den ersten Wochen nach dem Einmarsch der deutschen Truppen reagierte er mit Panik, um dann seine Position durch Rückgriff auf den großrussischen Chauvinismus aus der Zeit vor 1917 zu festigen. Er belobigte die russischen Generale, die die nicht russischen Völker des Zarenreichs erobert hatten, und taufte den Krieg gegen Hitler »Großer patriotischer Krieg«, nicht »Großer antifaschistischer Krieg«. Viele nicht russische Nationalitäten mussten einen fürchterlichen Preis für diese chauvinistische Wendung bezahlen. Stalin deportierte ganze Völker wie die Krimtataren, die Tschetschenen und die Wolgadeutschen über Tausende Kilometer nach Mittel- und Ostasien.

Der Dritte im Bunde der »antifaschistischen« Führer war Roosevelt. Noch vor Kriegseintritt nutzte die US-amerikanische Regierung die Gelegenheit zum Aufbau eines »informellen« Reichs, das die formellen europäischen Reiche überschattete. Der Historiker Alan Taylor erklärt:

> Im März 1941 führte Roosevelt mit dem Lend-Lease-Programm [Waffen-Leih-und-Pacht-Programm] für die Alliierten seinen wohl

---

248 Anderson, Terry H., *The United States, Great Britain and the Cold War. 1944–1947*, Missouri 1981, S. 6.

dramatischsten politischen Schachzug während des Kriegs aus. Die Vereinigten Staaten wurden zur »Waffenkammer der Demokratie«, ohne eine Bezahlung zu verlangen. Dennoch war ein hoher Preis dafür zu entrichten. Die amerikanischen Behörden nahmen Großbritannien sämtliche Goldreserven und die Überseeinvestitionen ab. Sie beschränkten seine Exporte, und amerikanische Geschäftsleute traten in die Märkte ein, die bisher den Briten vorbehalten gewesen waren.[249]

Der britische Außenminister Anthony Eden klagte später offen, Roosevelt habe darauf gesetzt, dass ehemalige Kolonialgebiete, »sind sie erst einmal von ihren Herren befreit, politisch und ökonomisch in die Abhängigkeit der Vereinigten Staaten geraten«.[250]

Schließlich führten Querelen zwischen Kolonialreichen im Fernen Osten zum direkten Kriegseintritt der USA. Japan wollte sein Reich auf Kosten der anderen Kolonialmächte erweitern, die durch den Krieg erheblich geschwächt waren, und begann von China aus in das französische Indochina einzurücken. Die USA verfolgten jedoch eigene Interessen in der Region. Sie kontrollierten die Philippinen und sahen in Tschiang Kai Schek, der in Westchina immer noch Japan standhielt, einen nützlichen Verbündeten für ihre Kapitalinteressen. Nach einem gescheiterten Versuch, mit Japan ein Abkommen über die Teilung von Einflusssphären zu schließen, blockierten die USA Japans Zugang zu den dringend benötigten Rohstoffen. Japan beantwortete diesen Schritt mit einem Angriff auf Pearl Harbor auf Hawaii, wo die Kriegsflotte der USA lag. Damit beseitigte Japan ein Haupthindernis für das Vorrücken seiner Kräfte, um die französischen, holländischen und britischen Kolonien in Südostasien an sich zu reißen.

Die Motivation vieler einfacher Menschen, gegen den Faschismus zu kämpfen, war eine völlig andere als die Churchills, Stalins und Roosevelts. Sie hassten den Faschismus von Grund auf, insbesondere da jetzt von einigen Massenmedien immer mehr Berichte über seinen wahren Charakter verbreitet wurden. Die »großen drei« Führer mussten diese weit verbreite-

---

249 Taylor, Alan John Percivale, *The Second World War*, Harmondsworth 1976, S. 86.
250 Zitiert nach: Anderson, *The United States*, S. 6.

ten Einstellungen berücksichtigen. Den Churchill-Flügel der herrschenden Klasse überkam im Sommer 1940 die Verzweiflung. Die britische Armee hatte einen Großteil ihrer militärischen Ausrüstung verloren, sie erwartete, wenn auch irrigerweise, eine Invasion, der sie nur schwerlich standhalten könnte. Gleichzeitig war gut die Hälfte der herrschenden Klasse bereit, sich mit Hitler über Bedingungen zu verständigen, die der Kreis um Churchill als erniedrigend ansah. Um politisch zu überleben, gab es für sie nur eine Möglichkeit: Sie mussten die Labour Party und die Bürokratie der Gewerkschaftsbewegung einbinden. Churchill ernannte Clement Attlee, den Parteichef von Labour, zum stellvertretenden Ministerpräsidenten, und dem bekanntesten Gewerkschaftsführer, Ernest Bevin, übertrug er das Ministeramt für Arbeit und Wehrdienst und somit die Verantwortung für den Einsatz der Arbeitskräfte entsprechend den Kriegsanforderungen. Diese Regierung hätte mit der vor dem Krieg gepflegten imperialistischen Klassenkriegsrhetorik der Tories nicht überleben können. Stattdessen sprach sie von »Frieden«, »Demokratie« und der »Selbstbestimmung der Nationen«. Sie machte auch eine Schauveranstaltung aus der Verteilung knapper Lebensmittel über ein Rationierungssystem (wodurch die ärmere Arbeiterschaft tatsächlich bessere Kost erhielt, die Reichen aber immer noch üppig speisen konnten) und versprach für die Zeit nach dem Krieg ein allen zugängliches Wohlfahrtssystem. Der aufsteigende Stern der Konservativen, Quintin Hogg (später Lord Hailsham), begriff, dass die Regierung der Bevölkerung »Reformen« geben musste, wenn sie nicht eine »Revolution« riskieren wollte.

Aufgrund ähnlicher Überlegungen bediente sich die Regierung in den USA der Sprache des Antifaschismus und Antiimperialismus, Eleanor Roosevelt machte sich zur Anwältin aller möglichen liberalen Themen und Hollywood vergaß seine Abneigung gegen antifaschistische Filme wie Charlie Chaplins »Der große Diktator«.

Selbst in der Sowjetunion kam es zu einer gewissen Lockerung des Terrors, auch wenn die Massendeportation nationaler Minderheiten fortgesetzt wurde. Zumindest in Intellektuellenkreisen kam für kurze Zeit das Gefühl auf, dass die Nachkriegsjahre anders sein würden – dieses Gefühl vermittelt zum Beispiel Wassili Grossman in seinem hervorragenden Roman *Leben und Schicksal* über Stalingrad und Hitlers Todeslager.

Wie sehr sich die Motive der herrschenden Klasse von denen ihrer Bevölkerung unterschieden, zeigte sich an der Kriegsführung selbst. In der Zeit zwischen der Niederlage Frankreichs im Frühjahr 1940 und der Landung der Alliierten in Süditalien im Jahr 1943 fanden die meisten Kämpfe der britischen Armee in Nordafrika statt. Warum? Weil Churchill mit allen Mitteln das Gebiet mit dem Suezkanal und den Ölfeldern behalten wollte. Er machte sich nicht nur Sorgen wegen Deutschland, sondern auch wegen der USA, wie sich an den heftigen diplomatischen Reibereien zwischen ihm und Roosevelt über Saudi-Arabien zeigte.

Der Einmarsch in Italien war selbst eine Folge von Churchills Bestreben, die britische Hegemonie im Mittelmeerraum zurückzugewinnen. Er lehnte es ab, den dringenden Bitten Russlands und der USA nachzukommen, eine zweite Front in Frankreich zu eröffnen, um Russland zu entlasten, in dessen Westgebieten die schwersten Schlachten stattfanden. Stattdessen behauptete er, Italien und der Balkan seien der »weiche Unterleib Europas«, obwohl die Truppen in dem bergigen Gelände nur unter schweren Verlusten und sehr langsam würden vorrücken können.

Wegen Churchills Weigerung, das Prinzip des Rechts auf Unabhängigkeit auch auf Indien anzuwenden, wurden im Jahr 1942, als die Entscheidungsschlacht um Stalingrad stattfand, Tausende Soldaten unter britischem Kommando zur brutalen Niederschlagung von Demonstrationen in Indien eingesetzt, statt gegen die Nazis zu kämpfen; ein indischer Politiker baute eine Befreiungsarmee auf, die an der Seite Japans kämpfte; zudem brach in der Folge eine Hungersnot aus, die in Bengalen drei Millionen Menschen dahinraffte.

Weil Stalin sich Osteuropa mit Hitler teilen wollte, hatte er die von Deutschland für die UdSSR ausgehende Bedrohung nicht ernst genommen, weshalb seine Armeen auf den Angriff im Jahr 1941 völlig unvorbereitet waren. Und weil er seiner Einflusssphäre weitere Gebiete eingliedern wollte, befahl er im Jahr 1944 den russischen Truppen, sich zurückzuhalten, während deutsche Truppen den Aufstand des polnischen Widerstands in Warschau niederschlugen. Erst nachdem die Stadt zerstört war, setzten russische Truppen über die Weichsel und übernahmen das Kommando.

Ähnlich ließ die US-amerikanische Regierung in den letzten Kriegstagen ihre Atombomben über Hiroschima und Nagasaki abwerfen, obwohl die japanische Regierung ihre Bereitschaft zur Kapitulation signalisiert hatte. Damit erzwangen die USA die Kapitulation, ehe Russland durch sein schnelles Vorrücken über die von Japan besetzte Mandschurei ein Mitspracherecht über die Nachkriegsordnung in Japan bekommen konnte. Hiroschima und Nagasaki führten auch auf schrecklichste Weise die Fähigkeit der USA zur Ausübung ihrer weltweiten Vorherrschaft vor Augen.

Alle drei Mächte hatten dazu beigetragen, dass Hitler die deutsche Bevölkerung fest im Griff behalten konnte. Sie behandelten nicht nur die Nazis als Feinde, sondern alle Deutschen. Der hohe britische Beamte Robert Vansittart entwarf Pläne, die gesamte Industrie Deutschlands zu zerstören und es in ein armes Agrarland zu verwandeln. Die britischen und US-amerikanischen Luftstreitkräfte setzten auf die Flächenbombardierung von Wohngebieten, und in den schweren Feuerstürmen verbrannten oder erstickten über 100.000 Menschen in Städten wie Hamburg, Köln und Dresden, einer Stadt ohne militärische oder strategische Bedeutung. In Russland rief der Romanschriftsteller Ilja Ehrenburg in Propagandasendungen des Rundfunks dazu auf: »Töte den Deutschen! Töte den Deutschen! Töte den Deutschen!« Das war kaum ein Anreiz für deutsche Arbeiter, gegen ihre Bedrücker aufzubegehren, und Hitler konnte seine Heere bis zum bitteren Ende sehr viel leichter zusammenhalten.

Die äußerste Barbarei

Die von den deutschen Machthabern angerichtete Barbarei steht außer Frage. Die Besetzung Westeuropas war ein Gewaltakt, ihr Vorgehen im besetzten Polen und Russland unmenschlich und die Behandlung der europäischen Juden stellte das äußerste Grauen des 20. Jahrhunderts dar. Dennoch müssen wir versuchen zu verstehen, wie es dazu kam.

Die Politik der Nazis in West- und einem großen Teil Osteuropas war von zwei Überlegungen getrieben: zum einen die Kontrolle über die besetzten Länder mit so wenig Truppen wie möglich aufrechtzuerhalten, und zum anderen die größtmögliche Menge an Lebensmitteln und Kriegsmaterial nach Deutschland zu transportieren. Am einfachsten war das zu bewerkstelligen, wenn sich Kollaborationsregime fanden, die unter deutscher Anleitung arbeiteten, mithilfe der örtlichen Polizei die Opposition ausrotteten und die

Verteilung von Nahrungsmitteln und Gütern beaufsichtigten. Da die meisten Mitglieder der herrschenden Klassen Europas in der Besetzung durch Deutschland das kleinere Übel im Vergleich mit einer Revolution oder der Zerstörung des Eigentums durch andauernden Krieg sahen, war das nicht schwierig. Selbst scharfe Gegner Deutschlands erkannten die Möglichkeit, aus der Zusammenarbeit mit den Nazis Gewinn zu ziehen.

Durch Ausplünderung der besetzten Länder erhielt der deutsche Kapitalismus Zugriff auf die Arbeitskräfte fast ganz Europas und konnte so seine Kriegsausgaben finanzieren und weiterhin Profite erzielen. Dadurch war es auch möglich, die Arbeiterschaft, die in den Jahren 1918 bis 1923 das System revolutionär zu stürzen drohte und die er deshalb am meisten fürchtete, weniger hart anzufassen (das heißt nicht, dass die deutschen Arbeiter »privilegiert« gewesen wären, denn auch ihr Lebensstandard fiel während des Kriegs und ihnen drohte das Schicksal, an die russische Front mit ihrem entsetzlich hohen Blutzoll geschickt zu werden). Der deutsche Kapitalismus sparte sich die Kosten der Überwachung der Arbeiterschaft in den besetzten Ländern, weil er sich auf dortige Politiker und Geschäftsleute stützen konnte, die diese Arbeit für ihn erledigten – und sei es mit dem Argument, die Deutschen besser versöhnlich zu stimmen, um noch Schlimmeres zu verhindern. Das war eine perfekte Teile-und-herrsche-Strategie.

Dennoch traten mit der Zeit Schwierigkeiten auf. Die Arbeiter und Arbeiterinnen der besetzten Länder waren die Leidtragenden der Güterlieferungen an Deutschland. Mit den für sie übrig bleibenden Lebensmitteln konnten sie am Ende nur noch die Hälfte ihres täglichen Kalorienbedarfs decken. Unter ihnen wuchs der Unmut, zumal ihnen drohte, als Zwangsarbeiter nach Deutschland verschickt zu werden, während ihre Regierungen und die Besatzer sich ein angenehmes Leben machten. Im dritten Jahr der Besetzung brachen Streiks aus, Arbeiter setzten sich in abgelegene Gegenden ab, um der Aushebung zu entgehen, und Widerstandsorganisationen erhielten Zulauf. Die Deutschen ordneten daraufhin den Besatzungsbehörden, die nicht immer aus überzeugten Nazis bestanden, Organisationen wie die Gestapo bei, die mit aller Härte durchgriffen. In Ländern wie Frankreich, der Slowakei, Kroatien und Ungarn begann Hitler sich auf örtliche faschistische und nationalsozialistische Organisationen zu stützen, die mit größtem Eifer die Deportation der

Juden übernahmen. Durch Ausspielen der lokalen antisemitischen Traditionen konnten die Nazis die Verbitterung der Bevölkerung über ihr Leiden zum Teil auf Sündenböcke ablenken und die Heime und das Eigentum von Juden lokalen Kollaborateuren als Bestechung anbieten.

Bei der Besetzung Polens gingen sie nach einem anderen und noch bösartigeren Muster vor. Das Ziel der Nazis bestand darin, Polen als Staat auszulöschen, das im Westen gelegene Schlesien Deutschland anzugliedern und die nicht deutsche Bevölkerung zu vertreiben, während Mittelpolen als »Arbeitsreserve« unter militärischem Kommando verbleiben sollte (Ostpolen befand sich von 1939 bis 1941 unter russischer Herrschaft). Dazu musste die traditionelle Führung des alten polnischen Staats liquidiert werden. Es gab Tausende polnische Kollaborateure, die allerdings als Funktionäre unter deutscher Aufsicht arbeiteten. Die Nazipolizei entschied über Leben und Tod und handelte entsprechend. Gabriel Kolko schreibt:»Der Terror der Nazis in Polen war von Anfang an erdrückend und unberechenbar«, er war »nicht im Geringsten vorhersehbar und stellte in den Städten eine ständige Gefahr dar«.[251] Rund 5,7 Millionen Menschen, 16 Prozent der Bevölkerung, verloren ihr Leben. Die Hälfte waren Juden, die im Jahr 1939 in enge Ghettos gepfercht und dem Hunger preisgegeben und ab 1942 in Todeslager verschleppt wurden. Die Ghettos fügten sich ein in das Ziel der Kapitalisten, Polen zu beherrschen, um es auszuplündern. Während Polen (und später Litauer, Weißrussen und Ukrainer) leiden mussten, um Deutschland mit Nahrungsmitteln und Arbeitskräften zu versorgen, wurden die Vorurteile der Vorkriegszeit dazu benutzt, einen Teil ihrer Verbitterung auf eine jüdische Minderheit abzulenken, die noch schlimmer als sie zu leiden hatte. Diese Politik folgte der alten Logik des Teilens und Herrschens. Sie entsprach aber auch der mörderischen rassistischen Ideologie der Nazipartei. Den deutschen Besatzungskräften wurde erzählt, sie seien die auserwählten Arier, die Polen Untermenschen und die Juden der Bodensatz der Gesellschaft, eine fremde Gruppe, die in Europa ausgemerzt werden müsse.

Der Angriff Deutschlands im Sommer 1941 auf Russland, genannt »Unternehmen Barbarossa«, hob den Schrecken auf eine neue Stufe. Die vor-

---

251 Kolko, Gabriel, *Century of War*, New York 1994, S. 253. Die deutsche Fassung ist um diese Passage gekürzt: *Das Jahrhundert der Kriege*, Frankfurt am Main 1999.

rückenden deutschen Streitkräfte begannen, die Struktur des Feindstaats zu zerstören so wie in Polen, aber in sehr viel größerem Maßstab und über ein sehr viel größeres Gebiet hinweg. Begleitend operierten Einheiten der SS hinter der Front und brachten alle kommunistischen Kommissare und »jüdischbolschewistischen Elemente« um. Zum ersten Mal wurde Massenmord zu einem festen Bestandteil der Kriegsanstrengungen. Aber immer noch handelte es sich um Massenmord mit einer angeblich militärischen Funktion – um nämlich zu verhindern, dass sich Kräfte an der Seite Russlands neu organisierten, den Guerillakampf aufnahmen und Sabotageakte verübten. Deshalb waren die ersten Juden, die getötet wurden, Männer im kampffähigen Alter.

Entgegen den Erwartungen Hitlers gelang es dem deutschen Heer nicht, Moskau zu erreichen und Russland zu unterwerfen. Es strandete in den Eiswüsten der zentraleuropäischen Ebenen und war anschließend in die größten und blutigsten Schlachten der Weltgeschichte in Stalingrad und Kursk verwickelt. Die »Barbarossa«-Armee umfasste anfangs drei Millionen Soldaten. Bis zum Jahr 1945 waren an der Ostfront sechs Millionen Deutsche und dreizehn Millionen russische Soldaten gefallen, hinzu kamen sieben Millionen russische Zivilisten, die dort umgekommen waren.[252]

Die deutschen Truppen waren mit Verhältnissen konfrontiert, auf die ihre Befehlshaber nicht im Geringsten eingestellt waren. Der Krieg brachte unglaubliche Brutalität mit sich und die verrohten Soldaten waren bereit, den Massenmord an russischen und jüdischen Zivilisten zu dulden, wenn nicht sogar sich daran unter dem Vorwand zu beteiligen, jene könnten dem Widerstand Hilfe leisten. Der kapitalistische Krieg hatte einen Kontext geschaffen, in dem solche Ereignisse stattfinden konnten, und sie blieben nach dessen monströsen Standards rational. Das versetzte die Nazis allerdings in die Lage, eine Politik umzusetzen, die nicht einmal in diesem Sinne rational war, nämlich den Versuch zu unternehmen, alle europäischen Juden und »Zigeuner« zu vernichten. SS-Einsatzgruppen begannen jüdische Frauen und Kinder ebenso wie Männer umzubringen – namentlich in der Schlucht von Babi Jar, wo sie im September 1941 43.000 Menschen töteten, als die deutschen Generale immer noch an einen schnellen Sieg glaubten. Das Projekt wurde auf der

---

252 Zahlen nach: Kolko, *Jahrhundert,* S. 209.

Wannseekonferenz vom Januar 1942, an der vierzehn Führungsfiguren der Nazipartei und des Staatsapparats teilnahmen, formalisiert. Sie setzten einen ausgefeilten Mechanismus in Gang, um jede einzelne Person jüdischer Herkunft im von Deutschland kontrollierten Europa zu identifizieren – rund fünf oder sechs Millionen Menschen. Sie trieben sie zusammen, transportierten sie Hunderte Kilometer weit in Sonderlager unter dem Vorwand der »Umsiedlung«, überzeugten sie davon, bestimmte Gebäude zu betreten, wo sie dann vergast wurden, anschließend beseitigten sie ihre Leichen, als handele es sich um reine Fließbandarbeit.

In Bezug auf die ökonomischen Erfordernisse und die Kriegsanstrengungen ergab das für den deutschen Kapitalismus keinerlei Sinn. Viele der Ermordeten waren ausgebildete Arbeiter oder Angehörige von Berufen, die ihren Beitrag zur Erwirtschaftung von Profiten oder zur Kriegswirtschaft hätten leisten können. Stattdessen mussten sie als Sklavenarbeiter Aufgaben erfüllen, für die sie kaum geeignet waren. Die Verschiebung von Millionen Menschen von einem Ende Europas zum anderen verstopfte die Eisenbahnlinien und erforderte den Einsatz von Transportmitteln, die zur Bewegung von Truppen, Waffen und Industrieteilen dringend gebraucht wurden. Verwaltungspersonal, das sehr viel gewinnbringender hätte eingesetzt werden können, war stattdessen mit der Planung dieser Operationen beschäftigt. Und doch gingen sie Tag für Tag, Woche für Woche bis zum Ende des Kriegs weiter.

Das Ganze ergab noch nicht einmal rein ideologisch gesehen Sinn, als eine Möglichkeit, die Verbitterung der deutschen Bevölkerung auf Sündenböcke abzuwälzen, weil das Unternehmen vor der Masse der deutschen Bevölkerung geheim gehalten wurde. Tausende Menschen müssen etwas über den Holocaust gewusst haben. Viele mehr vermuteten, dass etwas sehr Unschönes geschah, und verdrängten lieber die Gedanken daran.[253] Dennoch ließ sich damit keine Massenanhängerschaft für das Regime gewinnen.

Das verwundert nicht wirklich. Die Führung der Nazis hatte über die Jahre feststellen müssen, dass sie sich den weitverbreiteten Antisemitismus in der deutschen Gesellschaft nur bedingt zunutze machen konnte. Als zum Beispiel die SA in der Reichspogromnacht vom November 1938 mit Gewalt

---

253 Dieses »Zwiedenken« ist sehr gut in Günter Grass' Roman *Hundejahre* beschrieben.

gegen jüdische Geschäfte vorging, rief das allgemeine Empörung hervor. Viele waren zwar bereit, Juden ganz allgemein für die Probleme der Welt verantwortlich zu machen, aber nicht die ihnen bekannten Juden leiden zu sehen. Ein diffuser Antisemitismus existierte neben, aber auch in Widerspruch zu einer Reihe anderer Ideen. Das war der Grund, warum sozialdemokratische und kommunistische Führer jüdischer Herkunft (von Karl Marx bis Rosa Luxemburg) eine breite Anhängerschaft in der deutschen Arbeiterklasse fanden – obwohl etliche dieser Arbeiter auch von antisemitischen Traditionen und antisemitischer Propaganda beeinflusst gewesen sein dürften. Aus demselben Grund ergab eine Auswertung der Nazipropaganda in den letzten Jahren der Weimarer Republik, dass Hitler sich nicht allein auf Antisemitismus verlassen konnte und er diesen sogar von Zeit zu Zeit zügeln musste, um Anhänger zu gewinnen. Selbst nachdem die Nazis die Macht ergriffen hatten und gegen jede Infragestellung ihres Antisemitismus vorgingen, mussten sie feststellen, dass sie eher Zustimmung fanden, wenn sie die sinkende Arbeitslosigkeit, die Aufhebung des Versailler Vertrags oder die Darstellung Hitlers als einer internationalen Persönlichkeit in den Vordergrund rückten.

Unabdingbar war der Antisemitismus aber für den Zusammenhalt des Kerns der Nazipartei, der SA und SS, um zu verhindern, dass diese in Passivität, Konservativismus und Trägheit verfielen. Diese irrationale Ideologie war es, die Hitlers Anhänger das Risiko eingehen ließen, in der Weimarer Republik die Kräfte der Linken anzugreifen und nach Errichtung des Dritten Reichs Hitlers Befehle durchzuführen. Für sie waren die Juden das schlimmste Übel, das hinter allen Misslichkeiten stand, die Deutschland zu erleiden hatte. Die Auslöschung der Juden schien ihnen der einzige Weg, bei dem Vorstoß der deutschen Armee nach Osten die eroberten Gebiete zu schützen. Und selbst als die Niederlage nahte, Ende 1944 und Anfang 1945, konnte die Tötung von Juden noch wie ein Sieg erscheinen.

Die deutsche herrschende Klasse brauchte Menschen mit solch geistig verwirrten Ansichten, um Anfang der 1930er Jahr die Krise zu bewältigen. Ihre geistige Verwirrung gab den Kapitalisten eine Kraft an die Hand, die die Organisationen der Arbeiterklasse unterwarf und dann mit höchster Energie den Weg zur europäischen Vorherrschaft weiterverfolgte. Im Gegenzug wurde den Nazis gestattet, ihre wirren Fantasien durch Auslöschung von über sechs

Millionen Juden, »Zigeunern« und Behinderten auszuleben. Große Unternehmen wie Krupp, IG Farben und einige andere waren gerne bereit, bei der Organisierung der Todeslager zu helfen und Sklavenarbeiter auszubeuten, selbst wenn das Auslöschungsprogramm volkswirtschaftlich gesehen keinen Sinn ergab. Der Nationalsozialismus stellte die grausige Erfüllung der Prophezeiung Rosa Luxemburgs dar, dass es nur eine Alternative gab: Sozialismus oder Barbarei.

Neue Hoffnung

Ein junger Hauptmann der britischen Armee, Denis Healey, konnte im Jahr 1945 auf einer Konferenz der Labour Party erzählen, dass er soeben aus Gegenden Europas gekommen sei, in denen die »sozialistische Revolution« begonnen habe:

> In allen Ländern ist die Oberschicht selbstsüchtig, verkommen, zügellos und dekadent. Die Oberschicht hofft, dass die britische Armee und das britische Volk sie vor dem gerechten Zorn der Menschen schützen können, die in den vergangenen vier Jahren im Untergrund gegen ihre Herrschaft gekämpft haben. Wir müssen dafür sorgen, dass es nicht dazu kommt.[254]

Der Krieg hatte nicht nur Schrecken und Verzweiflung mit sich gebracht, sondern auch Gegenwehr bei denen hervorgerufen, die in den Zwischenkriegsjahren geschlagen und entmutigt worden waren. Widerstandsbewegungen waren entstanden und schienen einen revolutionären Umbruch in Europa anzukündigen.

Griechenland hatte abgesehen von Polen und Russland mehr als jedes andere Land gelitten. Während der italienischen und nachfolgenden deutschen Besetzung war jeder zehnte Einwohner umgekommen, jeder zwanzigste verhungert.[255] Zunächst entstanden spontane Widerstandsgruppen, die sich dann aber zu einer lockeren nationalen Organisation vernetzten, der

---

254 Zitiert unter anderem in: Miliband, *Parliamentary Socialism*, S. 281.
255 Zahlen nach: Kolko, *Jahrhundert*, S. 201.

Nationalen Befreiungsfront EAM zusammen mit der Nationalen Befreiungsarmee ELAS, die Schritt für Schritt die ländlichen Gegenden zurückeroberten, die Verbindungswege der deutschen Armee störten und die Kräfte Tausender deutscher Soldaten banden. Als das deutsche Heer Ende 1944 Vorkehrungen traf, um sich in den Norden zurückzuziehen, schien die Befreiungsarmee die geeignete Kraft zu sein, die Regierungsgewalt über das ganze Land zu übernehmen. Eine rechtsgerichtete Diktatur hatte im Verein mit der Monarchie bis zu dem Einmarsch Italiens im Jahr 1940 eine faschistenfreundliche Politik betrieben. Die Hauptkräfte des Widerstands wollten der Monarchie und der alten herrschenden Klasse an den Kragen und waren froh über das große Gewicht der griechischen Kommunistischen Partei in der EAM-ELAS.

In Italien hatten die Industriellen und Grundeigentümer in den 1920er Jahren Mussolini mit an die Macht gebracht und waren bis zum Sommer 1943, als die italienische Armee ernsthafte Niederlagen erlitt und ihr Überseereich verlor, mit seinem Regime zufrieden. Fast zwei Jahrzehnte lang hatten lediglich versprengte kommunistische Grüppchen im Untergrund gearbeitet, dazu einige Anhänger der sozialistischen Partei, die eine Art nationaler Organisation am Leben zu halten versuchten. Ignazio Silone hat in seinem Roman *Wein und Brot* ein eindrucksvolles Bild von der Härte dieser Zeit gemalt und von den verzweifelten Versuchen eines Sozialisten im Untergrund, ein Kontaktnetz aufzubauen. Der erste offene Widerstand zeigte sich im März 1943, als in Turin Streiks ausbrachen, die sich trotz Verhaftungen auf ganz Norditalien ausweiteten und an denen sich 100.000 Arbeiter beteiligten. Der ursprüngliche Anlass war die große Not infolge ausufernder Preise und der Bombardierung. Eine Handvoll kommunistischer Aktivisten, die sich noch an die Kämpfe der Zeit von 1918 bis 1920 erinnern konnten, stand an der Spitze der Bewegung. Mussolini erklärte den faschistischen Führern, dass der Streik seine Bewegung um zwanzig Jahre zurückgeworfen habe, und Hitler fragte, wie er diesen Ungehorsam habe dulden können.[256] Tatsächlich waren diese Streiks ein Anzeichen für eine schwere gesellschaftliche Krise, da durch den Krieg weite Teile der unteren und mittleren Schichten verarmten und das Regime sich auf Unterdrückung allein nicht mehr verlassen konnte.

---

256 Ginsborg, Paul, *A History of Contemporary Italy,* London 1990, S. 10.

Als die Truppen der USA und Großbritanniens Anfang Juli auf Sizilien landeten und sehr langsam gen Norden vorrückten, waren die Oberschichten in größter Sorge, dass die Krise des Regimes auch sie in den Abgrund reißen könnte. Um die Macht zu behalten, gab es in ihren Augen nur die Wahl, Mussolini fallen zu lassen und sich mit Großbritannien und den USA zu verständigen. Selbst die engsten Mitstreiter Mussolinis im *Großen Faschistischen Rat* teilten diese Auffassung. Auf einem Sondertreffen vierzehn Tage nach der Landung der alliierten Truppen stimmte dieser mehrheitlich für die Absetzung Mussolinis. Am folgenden Tag wurde Mussolini von demselben König, der ihm im Jahr 1922 die Macht übergeben hatte, unter Hausarrest gestellt und an seiner Stelle General Pietro Badoglio ernannt, der im Jahr 1935 die italienischen Truppen bei der Vergewaltigung Äthiopiens befehligt hatte.

In Rom strömten die Massen auf die Straßen, überglücklich, dass der Albtraum des Faschismus vorüber war. Ihre Freude war verfrüht. Die Regierung Badoglio hielt einen weiteren Monat lang an dem Bündnis mit Deutschland fest, während sie gleichzeitig Geheimverhandlungen mit den Alliierten führte. Demonstrationen ließ sie niederschlagen, auf einem Platz in Bari wurden dabei 23 Personen erschossen. Dieses Vorgehen gab den Deutschen Zeit, mit ihren Truppen in Italien einzufallen. Als Badoglio schließlich ein Abkommen mit den Alliierten verkündete, gelang es Deutschland, das Land nördlich von Neapel zu besetzen und seine Regierung zur Flucht aus Rom zu zwingen. Deutsche Fallschirmjäger retteten Mussolini und setzten eine Marionettenregierung – bekannt als Republik von Salò – in Norditalien ein.

Die deutsche Besatzungsmacht war sofort mit einer wachsenden, großen Widerstandsbewegung konfrontiert. Sie bestand aus drei Elementen: Zunächst waren da die bewaffneten Partisanen auf dem Land – 9.000 Ende des Jahres 1943, über 20.000 im Frühjahr 1944 und 100.000 ein Jahr später. Daneben gab es bewaffnete »Patriotengruppen« im Untergrund in den Städten, die Amtsträger ermordeten und Anschläge auf deutsche Soldaten verübten. Und in den Fabriken entstand eine Widerstandsbewegung, die nach der Erschießung politischer Gefangener im Januar 1944 in Genua einen Streik mit mehreren 10.000 Teilnehmern und im März einen Streik mit 300.000 Arbeitern in Mailand durchführte, der auf die Region Venetien, auf Bologna und Florenz übergriff. Niedriglöhner und Arbeiterinnen standen an der Spitze dieser Streiks, und die deutschen Kräfte nahmen Verhaftungen und Massendeportationen vor.

Diese drei Strömungen flossen im August 1944 zusammen, als die Bewegung noch vor der Ankunft der Alliierten Florenz von den Deutschen zurückeroberte. Sie kamen erneut acht Monate später auf spektakuläre Weise zusammen und befreiten die drei größten Industriestädte des Lands: Genua, Turin und Mailand. In Genua besetzten Aufständische unter Führung der bewaffneten Stadtguerilla die öffentlichen Gebäude, kreisten die deutschen Truppen ein, eroberten eine Kaserne und zwangen sodann mithilfe der Partisanen vom Land den deutschen General und seine 15.000 Soldaten zur Kapitulation. In Turin

> hatten die Bevölkerung und insbesondere die Fabrikarbeiter die volle Last der Kämpfe zu tragen. [...] Die Schlacht tobte um die von den Arbeitern besetzten Fabriken –Lancia, Spa, Grandi Motori, Fiat Mirafiori, Ferriere und etliche weitere Werke. Die Arbeiter leisteten entschlossen Widerstand, [...] bis die bewaffneten Stadtgruppen den Gegenangriff einleiteten und die Überreste der faschistischen Kräfte aufrieben.[257]

In Mailand stürmten bewaffnete Stoßtrupps die Faschistenkasernen. Um die großen Fabriken, insbesondere Pirelli, brachen Kämpfe aus, dann stießen die bewaffneten Gruppen, die Partisanen und Arbeiter vom Stadtrand in das Zentrum vor und befreiten die Stadt.

Die ersten Widerstandsgruppen waren häufig spontan entstanden und hatten als Reaktion auf das brutale Vorgehen der deutschen Besatzer und die damit einhergehende Not schnell Zulauf erhalten. Viele junge Männer setzten sich in die Berge ab, um der Zwangseinziehung oder Zwangsarbeit in Deutschland zu entgehen. Allein die Tatsache, im Widerstand zu stehen, drängte sie nach links. Jeder in Italien wusste, dass sich die herrschende Klasse hinter Mussolini gestellt hatte. Jeder wusste, dass die Industriellen mehr oder weniger mit den deutschen Besatzern zusammenarbeiteten. Und alle hat-

---

257 Ginsborg, *A History*, S. 67.

ten miterlebt, dass der König und General Badoglio keine Hand rührten, als Deutschland im Sommer als Besatzungsmacht einrückte.

Unter den vielen, die sich dem Widerstand anschlossen, entstand eine Stimmung nach grundlegender Veränderung der italienischen Gesellschaft, die auch von denen geteilt wurde, die die Widerstandsbewegung politisch dominierten. Hatte die Kommunistische Partei im Juni 1943 nur 5.000 Mitglieder, waren es im März 1945 bereits 410.000, sie zog eine riesige Zahl von Menschen an, die wenig über die »Parteilinie« wussten, aber auf den revolutionären Umschwung in Italien hofften und sich mit dem Erfolg der russischen Armeen identifizierten, nachdem diese die Schlacht um Stalingrad gewonnen hatten. Neben ihr gab es die alte Sozialistische Partei – sie war kleiner, weniger gut organisiert und in ihr befanden sich nach wie vor auch zahme Reformisten, aber sie bediente sich wie in den Jahren 1918 bis 1920 einer revolutionären Sprache. Hinzu kam noch die Aktionspartei mit einer sehr gemischten Mitgliedschaft, die politisch von Angehörigen der Mittelschicht geleitet wurde und einen radikalen Bruch mit der Vergangenheit forderte. Kein Wunder, dass Winston Churchill sich über die »Bolschewisierung« sorgte und in dem italienischen König und Badoglio das einzige Bollwerk dagegen sah.[258]

Frankreich unterschied sich von Griechenland und Italien in einer Hinsicht: Der erste Aufruf zur Bildung einer Widerstandsbewegung im Untergrund kam nicht vom linken Flügel, da die meisten sozialistischen Abgeordneten für die Regierung Pétain gestimmt hatten und die Kommunistische Partei auf Anweisung Moskaus in der Zeit des Hitler-Stalin-Pakts bis zum Sommer 1941 jeden Widerstand ablehnte. Der Aufruf erging von einem Vertreter der alten herrschenden Klasse, einem Heeresoffizier mittleren Rangs, Charles de Gaulle, der nach Großbritannien geflüchtet war. De Gaulles von Großbritannien aus operierende Freie Franzosen stellten aber eine so kleine Kraft dar, dass die USA sie nicht anerkannten und stattdessen bis zum Jahresende 1943 versuchten, mit der deutschenfreundlichen Vichy-Regierung ins Geschäft zu kommen. Nachdem Deutschland in Russland einmarschiert war, gründete die Kommunistische Partei ihre eigene Widerstandsorganisation, die Francs-tireurs et partisans (FTP, Freischärler und Partisanen). Sie übertraf schon bald an Gefolgsleuten

---

258 Zitiert nach: Kolko, *Jahrhundert*, S. 251.

die Gaullisten, weil der Widerstand für die meisten Beteiligten eine Klassenfrage war. Die alte herrschende Klasse hatte die deutschen Kräfte im Jahr 1940 halbherzig begrüßt und arbeitete dann rückhaltlos mit ihnen zusammen. Wie in Griechenland und Italien waren es die unteren Schichten, die die Hauptlast der Besetzung zu tragen hatten. Rund 88 Prozent derer, die im Département Nord-Pas-de-Calais verhaftet wurden, gehörten der Arbeiterklasse an. Während Eisenbahnarbeiter nur ein Prozent der bretonischen Bevölkerung ausmachten, stellten sie sieben Prozent der dortigen Widerstandskämpfer. Als die Résistance im Jahr 1944 Paris noch vor dem Einrücken der Alliierten von den deutschen Besatzern befreite, war die Kommunistische Partei für alle sichtbar die Hauptkraft der Bewegung. Die einzige Frage, die sich wie in Griechenland und Italien stellte, lautete, ob sie ihre Position nutzen würde, um auf den revolutionären Umsturz hinzuarbeiten, oder ob sie einen Pakt mit de Gaulle schloss, um den Kapitalismus zu retten.

Und wieder stirbt die Hoffnung

In einer berühmt gewordenen Passage erinnerte sich Winston Churchill an sein Treffen mit Stalin in Moskau im Oktober 1944, bei dem er ihm sagte: »Was würden Sie dazu sagen, wenn Sie in Rumänien zu neunzig Prozent Übergewicht hätten und wir zu neunzig Prozent in Griechenland, während wir uns in Jugoslawien auf halb und halb einigen?«

Churchill stellte eine Liste von Ländern mit den entsprechenden Prozentzahlen auf und Stalin setzte einen großen Haken darunter.

> Dann trat ein längeres Schweigen ein. Nach einer Weile sagte ich: »Könnte es nicht sehr zynisch wirken, wenn diese Frage, die das Schicksal von Millionen berührt, so nebenbei abgehandelt wird? Lasst uns den Zettel verbrennen.« »Nein, bewahren Sie ihn auf«, sagte Stalin.[259]

Nicht die Widerstandskämpfer Griechenlands, Italiens und Frankreichs entschieden am Ende über das Schicksal Europas, sondern auf Treffen wie

---

259 Zitiert nach: Kolko, Gabriel, *The Politics of War,* New York 1970, S. 114 f.

diesen wurde die neue Ordnung festgezurrt. Auf Konferenzen in Teheran, Jalta und Potsdam vereinbarten Stalin, Churchill und Roosevelt, Europa in Einflusssphären aufzuteilen. Die USA waren anfangs nicht glücklich über diese Teilung. Sie hatten gehofft, aufgrund ihrer industriellen Überlegenheit die ganze Welt in eine einzige Einflusssphäre der USA mit Freihandel und freiem Zugang zu allen Märkten zu verwandeln.[260] Churchill, der keinen Zweifel daran ließ, dass er sein Kolonialreich weiterhin von London aus beherrschen wollte, hätte das nicht zugelassen, ebenso wenig Stalin, der mit der überwältigenden Größe der russischen Armee der ökonomischen Macht der USA Grenzen setzen konnte. Sie gemeinsam überzeugten Roosevelt von der unter sich ausgemachten Teilung.

Mit diesem Abkommen wurde den Widerstandsbewegungen der Todesstoß versetzt. Stalins Armeen erhielten in Osteuropa freie Hand. Eine Störung dieses Arrangements durch Kommunisten in anderen Ländern, die Revolutionen anzettelten, und stünde die Bevölkerung noch so sehr dahinter, war er nicht bereit zu dulden. Sein ehemaliger Außenminister Maxim Litwinow sprach das in Italien im September 1944 vor US-Vertretern offen aus: »Derzeit sind uns Revolutionen im Westen unerwünscht.«[261]

Das waren nicht nur leere Worte. Im Frühjahr 1944 war der Chef der italienischen Kommunisten, Palmiro Togliatti, von Moskau nach Italien zurückgekehrt. Er verkündete auf einer Pressekonferenz, seine Partei werde in die allgemein verachtete Regierung Badoglio eintreten und die Frage der Monarchie bis Kriegsende zurückstellen.[262] Der französische kommunistische Parteiführer Maurice Thorez drängte von Moskau aus die größte Widerstandsgruppierung, die unter Leitung der Kommunisten stehende FTP, sich den kleineren Forces françaises de l'intérieur (FFI) anzuschließen und der Führung de Gaulles unterzuordnen. Nach seiner Rückkehr nach Paris im Januar 1945 rief Thorez die Milizen dazu auf, ihren Widerstand gegen die Einrichtungen des alten Staats einzustellen. Er betonte, es dürfe nur »einen Staat, eine Polizei und eine Armee geben«.[263]

---

260 Siehe über diese Debatten: Kolko, *Politics of War*, S. 346 f.
261 Zitiert nach: Kolko, *Jahrhundert*, S. 274.
262 Siehe: Kolko, *Jahrhundert*, S. 275.
263 Siehe beispielsweise: Kolko, *Jahrhundert*, S. 263–267.

In Italien und Frankreich verlief die Restauration der alten Ordnung einigermaßen friedlich. In Griechenland brach ein Bürgerkrieg aus, allerdings nicht, weil die Führung des Widerstands einen ernsthaften Versuch zur Einleitung des revolutionären Umschwungs unternommen hätte.

Nach dem Abzug der deutschen Armee Ende 1944 lag fast das ganze Land in der Hand der EAM-ELAS. Es hätte nur einer geringen Truppenverschiebung bedurft, um Athen zu besetzen. Sie wussten, dass Großbritannien beabsichtigte, die alte Monarchie wiederzuerrichten und eine Regierung aus Politikern der alten, in Misskredit geratenen herrschenden Klasse einzusetzen. Großbritannien hatte bereits eine Meuterei Tausender in Ägypten stationierter griechischer Soldaten gegen dieses Arrangement niedergeschlagen. Trotzdem sah die EAM-ELAS tatenlos zu, als die Briten in die Stadt eindrangen.[264] Die Regierung konnte sich nur auf den Polizeiapparat und rechtsgerichtete Gruppierungen stützen, die mit den Nazis zusammengearbeitet hatten und dem Widerstand eine Lehre erteilen wollten. Anfang Dezember forderte die Regierung die sofortige Entwaffnung der Widerstandsbewegung im Land und ließ in Athen mit Maschinengewehren auf eine Massenkundgebung feuern, wobei 28 Leute umkamen und viele weitere verletzt wurden.[265] Den EAM-ELAS-Kräften blieb jetzt keine andere Wahl, als zurückzuschlagen, und die britischen Generale gerieten unter erheblichen Druck. Feldmarschall Harold Alexander warnte Churchill, er könne höchstens den Großraum Athen-Piräus zurückerobern.

Vor seinem Außenminister Anthony Eden hatte Churchill bereits geäußert: »Ich hoffe, die aufgestellte Brigade wird [...] notfalls Gewalt anwenden«, und er wies den britischen Kommandeur vor Ort, Ronald Scobie, an: »Handeln sie [..] notfalls so, als befänden Sie sich in einer eroberten Stadt, in der eine Rebellion ausgebrochen ist.«[266] Churchill flog nach Athen und verkündete, das Vorgehen der Briten genieße die volle Unterstützung Präsident Roosevelts und Marschall Stalins.[267] Die Kräfte der EAM-ELAS zogen sich aus der Hauptstadt zurück und lösten sich einen Monat später offiziell auf, nachdem

---

264 Siehe: Eudes, Dominique, *The Kapetanios*, London 1972, S. 172.
265 Die Beschreibung dieser Ereignisse in: Eudes, *The Kapetanios*, S. 190 f.
266 Zitiert nach: Kolko, *Jahrhundert*, S. 257.
267 Eine Beschreibung des Treffens, auf dem er dies äußerte, in: Eudes, *The Kapetanios*, S. 216.

die Regierung ihnen einige Zusagen gemacht hatte, an die sie sich keinesfalls zu halten gedachte. Am 8. März hatte Stalin in Jalta gegenüber Churchill klargestellt: »Ich habe volles Vertrauen in die britische Politik in Griechenland.«[268]

Schon kurz darauf begann die Jagd auf alle, die im Widerstand gewesen waren. Mindestens 50.000 Unterstützer der EAM-ELAS wurden im Laufe des Jahres 1945 verhaftet und interniert, während rechtsextreme paramilitärische Organisationen unter dem Schutz der Regierung wüteten. C. M. Woodhouse, ein britischer Beobachter, der später Abgeordneter der Tories wurde, schrieb nach den Ereignissen: »Bis Ende 1945 waren in erster Linie Rechtsextremisten [...] für das Blutvergießen verantwortlich.«[269]

Viele Historiker behaupten noch heute, die Führung der Widerstandsorganisationen in all den drei Ländern hätte keine andere Wahl gehabt, als die Restauration der herrschenden Klassen aus der Vorkriegszeit zu dulden. Hätten sie einen Umsturzversuch unternommen, heißt es, dann wären sie aufgrund der Übermacht der britischen und US-amerikanischen Armeen vernichtet worden. Paul Ginsborg äußert sich dahingehend in Bezug auf Italien und Eric Hobsbawm vertritt allgemein die Auffassung: Kommunisten seien »nirgendwo westlich von Triest überhaupt in der Lage gewesen«, »Revolutionsregime zu etablieren«.[270] Kolko hält richtigerweise dagegen, bei derlei Urteilen bleibe »völlig unberücksichtigt, dass die politischen und militärischen Probleme des Kriegs mit Deutschland ein starkes Hemmnis für durchgreifende konterrevolutionäre Maßnahmen bedeutet hätten«, und »umfangreiche konterrevolutionäre Kämpfe hätten bei den Militärs der westlichen Alliierten kaum Gegenliebe gefunden«.[271]

Angesichts der vorherrschenden Stimmung in Großbritannien und den USA in den Jahren 1944/1945 wären scharfe Unterdrückungsmaßnahmen kaum denkbar gewesen. Das Vorgehen der Briten in Griechenland rief in Großbritannien wie den USA schwere politische Verwerfungen hervor, und die einfachen Soldaten in ihren Armeen hofften nichts sehnlicher, als endlich nach Hause zu kommen. Diese Stimmung drückte sich in den Meutereien

---

268 Eudes, *The Kapetanios*, S. 229.
269 Kolko, *Jahrhundert*, S. 333.
270 Ginsborg, *A History*, S. 46; Hobsbawm, *Zeitalter der Extreme*, S. 215.
271 Kolko, *Jahrhundert*, S. 282.

der in Ägypten stationierten britischen Streitkräfte aus. Vor allem aber wäre eine revolutionäre Bewegung kaum auf ein einziges Land beschränkt geblieben. Churchill war in großer Sorge, dass eine Revolution in Griechenland auch auf Italien übergreifen könnte, und von dort aus ohne Zweifel auch auf Frankreich. Selbst in Deutschland strömten nach dem Zusammenbruch des Naziregimes im Mai 1945 die Arbeiter wieder in ihre alten sozialistischen und kommunistischen Organisationen, gründeten antifaschistische Komitees und nahmen die Fabriken geflohener nationalsozialistischer Werksleiter selbst in Betrieb – bis die Besatzerarmeen mithilfe von Politikern, die in ihrem Windschatten aus dem Exil zurückgekehrt waren, die »Ordnung« wiederherstellten.

Mit der Wiedererrichtung der alten Ordnung in Griechenland, Italien und Frankreich saßen die Profiteure der faschistischen und Kollaborationsregime schon bald wieder im Sattel. In Griechenland war die »Waffenruhe« zwischen Regierung und Widerstandskämpfern schon nach kurzer Zeit vergessen. Anhänger der Faschisten und ehemalige Kollaborateure fanden sich in allen Rängen der Armee und des Polizeikorps wieder und sie begannen mit der systematischen Verfolgung der Linken, bis es zum Bürgerkrieg kam. Die USA griffen den Rechtsextremen mit Waffenlieferungen unter die Arme und halfen ihnen, den Bürgerkrieg zu gewinnen, anschließend regierten sie mittels gefälschter Wahlen die ganzen 1950er bis Anfang der 1960er Jahre hindurch. Im Jahr 1967 putschten Faschisten und ihre ehemaligen Kollaborateure in der Armee und ergriffen die Macht, um einem Wahlsieg gemäßigt linker Politiker zuvorzukommen. Erst nach dem Zusammenbruch der Militärregierung Mitte der 1970er Jahre entstand so etwas wie eine normale kapitalistische Demokratie.

In Italien wurden echte parlamentarische Institutionen aufgebaut, hinter denen jedoch der weitgehend intakt gebliebene alte Staatsapparat stand. Das zeigte sich in aller Dramatik Anfang der 1970er Jahre, als Geheimdienstler und Angehörige der Streitkräfte sich mit Faschisten zusammentaten und Bomben legten, in der Hoffnung, damit einen Vorwand für einen Staatsstreich an die Hand zu bekommen.

In Frankreich offenbarte sich die Kontinuität des Staatsapparats Mitte der 1990er Jahre bei dem Prozess gegen den einstigen Polizeichef von Bordeaux unter dem Vichy-Regime, Maurice Papon, der Tausende Juden in

Konzentrationslager hatte deportieren lassen. Nach dem Krieg war er zum Polizeichef von Paris aufgestiegen und hatte den Angriff der Polizei auf eine Demonstration von Algeriern befehligt, bei dem hundert Menschen getötet wurden. Was die Kontinuität des französischen Staats bedeutete, zeigte sich allerdings besonders drastisch und erschreckend außerhalb Frankreichs: Am VE-Day (*Victory in Europe*, dem Tag der Niederlage Deutschlands) strömten Araber auf die Straßen von Setif in Algerien und schwenkten die grün-weiße Fahne des Widerstands gegen die Herrschaft Frankreichs. Französische Polizisten feuerten in die Menge und bei den anschließenden Kämpfen wurden mindestens fünfhundert Algerier und hundert Franzosen getötet.[272] Frankreichs Festhalten an dieser Kolonie um jeden Preis kostete im Verlauf der folgenden zwanzig Jahre eine Million Menschen das Leben.

In Vietnam hatte die unter Führung der Kommunisten stehende nationale Widerstandsbewegung, die Vietminh, nach Japans Kapitulation die Macht über das Land übernommen. Britische Truppen unter dem Oberbefehl von Lord Mountbatten landeten im Süden des Landes in Saigon, statteten japanische Kriegsgefangene mit Waffen aus und setzten sie zur Entwaffnung der Vietminh ein. Anschließend übergaben sie die Stadt den französischen Kolonialbehörden. Nach einer kurzen Kampfpause, während der die Kommunisten die Generallinie Stalins durch Kooperation mit den Franzosen umzusetzen suchten, brach ein Krieg aus, der fast dreißig Jahre dauern sollte und über zwei Millionen Vietnamesen das Leben kostete.

Das Schicksal der Befreiungsbewegungen in West- und Südeuropa vollzog sich spiegelbildlich in der russischen Einflusssphäre Osteuropa. Die Westmächte überließen Ostpolen der Sowjetunion, die es als »Westukraine« eingliederte, sahen zu, als Stalin der deutschen Armee gestattete, den Warschauer Aufstand niederzuschlagen, und akzeptierten die »Volksregierung«, die er ernannte. Sie ließen ihm auch freie Hand in Ungarn, Rumänien, Bulgarien, der Tschechoslowakei und Ostdeutschland. Sie verbreiteten jede Menge Propaganda über das Leiden, das Stalin über diese Länder brachte, so wie auch Stalin propagandistisch die Verbrechen des Westens anprangerte, aber niemand tat etwas. Beide Seiten hielten sich bis zum Jahr 1989 an die im Krieg

---

272 Horne, Alistair, *A Savage War of Peace: Algeria 1954–62*, Harmondsworth 1979, S. 25.

getroffenen Kernvereinbarungen, bis der russische Block aufgrund innerer Probleme zusammenbrach.

Mit Jugoslawien gab es jedoch ein wichtiges Land in Europa, das weder zu dem einen noch dem anderen Lager gehörte. Die Kommunisten unter Josip Broz Tito (der selbst aus einer kroatisch-slowenischen Familie stammte) hatten erfolgreich eine national gemischte Widerstandsbewegung gegen die deutschen Besatzer und die kroatische faschistische Ustascha aufgebaut und Waffen von den Alliierten erhalten, weil Tito im Gegensatz zu den königstreuen serbischen Tschetniks bereit war, die Deutschen zu bekämpfen. Die Partisanen konnten die Macht im Land übernehmen und errichteten ein Regime, das zwar dem Stalins getreu nachgebildet war, sich gleichzeitig aber auch auf einen Großteil der Bevölkerung stützen konnte. Das zeigte sich im Jahr 1948, als Tito plötzlich mit Stalin brach und das Land in den folgenden vierzig Jahren eine Neutralitätspolitik verfolgte.

Die Abkommen zwischen den Westmächten und Russland beschränkten sich nicht auf Europa. Großbritannien und Russland teilten während des Kriegs den Iran in zwei Einflusssphären auf und hatten dort mehrere Jahre lang eigene Kräfte stationiert. Die Teilung Koreas zwischen Russland und den USA im Sommer 1945 hatte länger Bestand. Die Teilungslinie hatte der US-amerikanische General MacArthur gezogen und beide Seiten suchten sich einen Diktator für ihre jeweilige Landeshälfte: auf der Nordseite wurde Kim Il Sung, Anführer einer kleineren Guerillaeinheit, eingesetzt, der sich während des Kriegs in der UdSSR aufgehalten hatte; auf der anderen Seite der rechtsextreme Nationalist Syngman Rhee, der zuverlässig den Wünschen der USA nachkam. Die Teilung Koreas stellte den letzten Akt der Kooperation zwischen den Kriegsverbündeten dar. Bereits nach fünf Jahren wurde sie der Auslöser des größten Zusammenstoßes zwischen den Großmächten.

9
Der Kalte Krieg

Die drei Großmächte feierten ihren Sieg über Deutschland und Japan, indem sie eine neue internationale Organisation ins Leben riefen, die Vereinten Nationen (UN). Auf der Gründungskonferenz in San Francisco im Mai 1945 wurde den Völkern eine neue Weltordnung friedlichen Zusammenlebens versprochen, die den Krieg für immer bezwingen werde. Es hieß, die UN unterschieden sich grundlegend von der Vorläuferorganisation der Vorkriegszeit, dem Völkerbund, der nicht in der Lage gewesen war, den Zweiten Weltkrieg aufzuhalten. Das fand Anklang bei den vielen, die für eine bessere Welt gelitten und gekämpft hatten.

Das »Scheitern« des Völkerbunds war allerdings kein Versehen gewesen – es war Folge eines Systemfehlers. Er war nach 1918 von den Siegermächten, die die Welt unter sich aufgeteilt hatten, im Rahmen des Versailler Vertrags gegründet worden. Lenin hatte ihn als Bund von Räubern bezeichnet, »von denen jeder darauf ausgeht, dem anderen etwas wegzuschnappen«.[273] Die Vereinten Nationen waren keinen Deut besser, selbst wenn ihre Räuberhöhle in Genf einen Anbau hatte, der unter anderem das Kinderhilfswerk Unicef, die Weltgesundheitsorganisation und ähnliche Einrichtungen beherbergte. Die Entscheidungen trafen die vier ständigen Mitglieder des Sicherheitsrats[274] – Großbritannien, die USA, Frankreich und Russland – und sie gemeinsam beherrschten, unterdrückten und beuteten die übrige Welt aus.

---

273 Lenin, Wladimir Iljitsch, »Rede auf der Konferenz der Vorsitzenden der Exekutivkomitees der Kreis-, Amtsbezirks- und Dorfsowjets des Moskauer Gouvernements« (15. Oktober 1920), Werke, Band 31, Berlin 1983, S. 315; d. Übers.
274 China war und ist das fünfte ständige Mitglied im Sicherheitsrat. Aber sein Sitz war von Tschiang Kai Scheks Kuomintang besetzt, selbst noch als dieser vom Festland auf die Insel Taiwan floh, um dort ein Marionettenregime der USA zu installieren. Erst in den 1970er Jahren konnte die Volksrepublik China den Sitz einnehmen.

Sie fielen hinter den Kulissen bereits in San Francisco übereinander her. Churchill diskutierte über Pläne, die geschlagenen deutschen Truppen für einen Überraschungsangriff zur »Eliminierung Russlands« zu bewaffnen, »um Russland den Willen der Vereinigten Staaten und des britischen Reichs aufzuzwingen«.[275] Anscheinend nahmen nicht einmal seine eigenen Generale diese Idee ernst. Die USA redeten aber nicht nur: Hinter ihrer Entscheidung, im August 1945 die Atombombe über Japan abzuwerfen, stand auch das Bestreben, Stalin die schreckliche Zerstörungskraft ihrer Waffen zu beweisen.

Die Spannungen schwelten noch über ein Jahr lang unter der Oberfläche weiter, während die Großmächte ihre Herrschaft zu festigen suchten. Sie organisierten jetzt, nach dem Ende des Kriegs, ihre Industrien um, bauten ihre Verwaltungsapparate in den Ländern auf, die sie frisch besetzt hatten, und dämpften die Erwartungen der eigenen Bevölkerung. Großbritanniens Labour-Regierung versuchte der Radikalisierungswoge des Jahres 1945 mit Plänen zur Anhebung der Sozialleistungen und der Verstaatlichung von Eisenbahnen und Bergwerken zu begegnen. Die USA wurden von einer noch größeren Streikwelle als in den Jahren 1936/37 überrollt. Die russische Besatzungsmacht in Osteuropa sorgte für den Umbau der ursprünglich kleinen kommunistischen Parteien in bürokratische Massenorganisationen.

Die jeweiligen Machthaber waren auf den Schein internationaler Harmonie angewiesen, um ihre Kontrollstrukturen zu konsolidieren. Den Regierungen Frankreichs, Italiens und selbst Großbritanniens kam es zugute, dass die kommunistischen Parteien weiterhin Streiks ablehnten. In Osteuropa wurden in den von russischen Truppen besetzten Ländern Regierungskoalitionen aus Politikern der Rechten, der Mitte und sozialdemokratischen Parteien aus der Vorkriegszeit gebildet, was Stalin durchaus recht war.

Die Querelen zwischen den Mächten traten in den Jahr 1946/47 offen zutage. Churchill, dessen Partei sich in Großbritannien jetzt in der Opposition befand, gab den Startschuss in Fulton, Missouri, im März 1946, als er erklärte: »Von Stettin an der Ostsee bis hinunter nach Triest an der Adria hat sich ein eiserner Vorhang auf Europa herabgesenkt.« Dabei erwähnte er mit keinem Wort seinen eigenen Beitrag dazu, das zynische Abkommen mit Stalin in

---

275 Berichte über den Inhalt kürzlich zutage geförderter Dokumente in: *Guardian*, 2. Oktober 1998. Siehe auch: *Der Spiegel*, 19. Oktober 1998.

Moskau nur achtzehn Monate zuvor. Er sah auch keinen Widerspruch darin, seine Rede über »Freiheit« und »Demokratie« zwei Tage später im Bundesstaat Virginia zu wiederholen, wo die »Rassen«-Trennung praktiziert wurde. Ein Jahr später setzte Harry Truman Churchills Worte in die Praxis um und löste Großbritannien als Stütze des Unterdrückungsregimes in Griechenland ab, das ein Jahr vorher 1.300 EAM-ELAS-Anhänger ermordet hatte.

Kurz darauf wurde der Marshallplan als ein Hilfsangebot für ganz Europa vorgestellt, einschließlich der Gebiete, die sich unter russischer Besatzung befanden. Walt Rostow, ein Wirtschaftswissenschaftler, der an der Umsetzung des Plans beteiligt und später maßgeblich für den Krieg der USA gegen Vietnam verantwortlich war, hat enthüllt, dass der Marshallplan Teil einer »Gegenoffensive« war, um »das noch außerhalb von Stalins Machtbereich befindliche Gebiet zu stärken«.[276] Schon wenige Wochen nach der Verkündung des Plans hatten die konservativen und liberalen Parteien auf Drängen der USA die Kommunisten aus der französischen und der italienischen Regierung entlassen. Das war der Dank an Thorez und Togliatti, die sich drei Jahre lang bemüht hatten, Streiks zu sabotieren, unter anderem einen wichtigen Streik bei Renault in Paris gerade in dem Moment, als die Regierungskrise ausbrach.[277] Im Frühjahr 1948 versuchten die USA in Italien zu verhindern, dass eine Liste aus kommunistischen und sozialistischen Kandidaten die Parlamentswahlen gewann. Sie pumpten Geld in das Land und begannen für den Fall eines Wahlsiegs ehemalige Faschisten für die bewaffnete Untergrundorganisation Gladio zu rekrutieren (Gladio kam später unter die Fittiche der Nato).

Stalin ergriff ähnliche Maßnahmen gegen mögliche Abweichler in Osteuropa. Die russische Armee hatte den Polizeiapparat und die Geheimpolizei handverlesenen Funktionären unterstellt. Dann begab er sich daran, den Widerstand gegen Russlands Diktat zu zerschlagen. Als Erstes wurden die nicht kommunistischen Minister aus dem Amt gedrängt; die sozialdemokratischen Parteien wurden ohne Rücksicht auf die Wünsche ihrer Mitglieder zur

---

276 Horowitz, David, *Kalter Krieg, Hintergründe der US-Außenpolitik von Jalta bis Vietnam,* Berlin 1983, S. 62 f.
277 Siehe: Birchall, Ian, *Arbeiterbewegung und Parteiherrschaft,* Gießen 1977, S. 71 f., und Ginsborg, *A History,* S. 110 ff.

Fusion mit den kommunistischen Parteien gezwungen. Anschließend wurde führenden kommunistischen Politikern, die auch nur ansatzweise Unabhängigkeit gegenüber Stalin zeigten (wozu fast alle gehörten, die in Spanien gekämpft hatten), der Prozess gemacht, sie wurden zu Haftstrafen verurteilt und nicht selten auch hingerichtet. Traitscho Kostoff in Bulgarien, László Rajk in Ungarn und Rudolf Slánský in der Tschechoslowakei wurden allesamt hingerichtet. Władysław Gomułka in Polen und János Kádár in Ungarn wurden nur ins Gefängnis geschickt. Stalin war nicht nur bestrebt, Anhänger des westlichen Marktkapitalismus zu beseitigen. Er fürchtete auch die Entstehung unabhängiger kommunistischer Regime, insbesondere nach dem Bruch mit Titos Jugoslawien im Jahr 1948. Anschließend wurden Schauprozesse gegen führende osteuropäische Kommunisten organisiert, die als »imperialistische Agenten« und »Faschisten« angeklagt wurden.

Der deutlichste Ausdruck für diese Spannungen, die bald als Kalter Krieg bezeichnet wurden, waren die Ereignisse des Jahres 1948. Deutschland war in vier Besatzungszonen geteilt worden, ebenso seine Hauptstadt Berlin. Im Sommer 1948 fassten die USA, Großbritannien und Frankreich ihre Zonen zusammen und führten eine neue Währung ein, wodurch ihr Gebiet von der russischen Zone abgeschnitten wurde. Russland blockierte daraufhin Fernstraßen und Eisenbahnlinien, um den Transport von Gütern und Lebensmitteln nach Westberlin zu unterbinden, das als isolierte Enklave mitten in seiner Zone lag. Die USA und Großbritannien richteten eine aufwendige Luftbrücke ein, um die Stadt mit Nachschub zu versorgen, und betteten diese Aktion in den britisch-amerikanischen Propagandafeldzug für die »Verteidigung der Freiheit« ein.

Dieser Feldzug bildete auch den Hintergrund für das Vorgehen gegen Kommunisten und linke Aktivisten im Westen. In den USA waren die Gewerkschaften aufgrund des Taft-Hartley-Gesetzes aufgefordert, ihre Reihen von kommunistischen Funktionären zu säubern; Staatsangestellte (einschließlich Lehrer und Universitätsdozenten) wurden entlassen, wenn sie sich weigerten, »Loyalitätserklärungen« zu unterzeichnen; und Filmregisseure wie Schriftsteller, die nicht bereit waren, ihre »kommunistischen« Kontakte vor Senator Joe McCarthys Komitee für unamerikanische Umtriebe zu denunzieren, durften nicht mehr in Hollywood arbeiten. Der Schriftsteller Dashiell

Hammett kam als einer der vielen angeblichen Kommunisten ins Gefängnis. Charlie Chaplin durfte nicht mehr zurück ins Land und Paul Robeson durfte es nicht verlassen. Ein besonders grausiger Höhepunkt war der Prozess gegen Ethel und Julius Rosenberg, die auf den elektrischen Stuhl geschickt wurden, weil sie angeblich Russland Geheimnisse über das Atomwaffenprogramm der USA verraten hatten. In Frankreich und Italien kam es zu antikommunistischen Abspaltungen von der Gewerkschaftsbewegung. In Großbritannien durften Kommunisten in mehreren großen Gewerkschaften keine Funktion übernehmen.

Osteuropa wurde derweil eine besonders sterile Variante stalinistischer Ideologie aufgezwungen, mitsamt den Gefängnissen und Arbeitslagern für Kritiker des Regimes.

Die beiden Blöcke wurden bald auch zu konkurrierenden Militärbündnissen ausgebaut, der Nato und dem Warschauer Pakt, und wirtschaftlich weitgehend voneinander abgeschnitten. Die USA verhängten Verbote für den Export »strategisch wichtiger Güter« in den Ostblock, während Russland die »bedingungslose Unterordnung von Politik, Ökonomie und ideologischen Aktivitäten unter die Erfordernisse des Blocks« verlangte.[278]

Auf beiden Seiten kletterten die Rüstungsausgaben auf für Friedenszeiten ungekannte Höhen und verschlangen zwanzig Prozent des US-amerikanischen Nationalprodukts und bis zu vierzig Prozent des geringeren russischen Nationalprodukts. Russland ließ Geheimstädte bauen, in denen die Atombombe entwickelt wurde, um die USA einzuholen, während die USA die Wasserstoffbombe mit ihrer einhundertmal größeren Sprengkraft entwickelten und sich eine ganze Staffel von Kampfflugzeugen hielten, die mit Atomwaffen bestückt waren und sich ständig in der Luft befanden. Nicht lange, und die Waffenarsenale der beiden Supermächte zusammengenommen reichten aus, um die Erde gleich mehrmals auszulöschen. Generale auf beiden Seiten entwarfen Kriegsspiele, in denen der Einsatz dieser Waffen vorgesehen war.

Auf beiden Seiten des Eisernen Vorhangs wurde eine bleierne ideologische Konformität erzwungen, auf beiden Seiten wuchs eine ganze Generation im Schatten »der Bombe« auf. Wer in dem jeweiligen Lager den Mut auf-

---

278 Laut *Nová Mysl*, Zeitschrift der Kommunistischen Partei der Tschechoslowakei, Nr. 6 /7, 1968.

brachte, sich gegen diese Monstrosität zu stemmen, galt als Anhänger – oder sogar »Spion« – der anderen Seite. Nicht selten wurden diese Zuschreibungen von der Opposition noch nicht einmal infrage gestellt. Viele Sozialisten im Westen und in der Dritten Welt gaben sich dem Glauben hin, dass die Machthaber der UdSSR auf ihrer Seite stünden, während viele Dissidenten im Ostblock den westlichen Politikern abnahmen, sie seien Verfechter der »Freiheit« und »Demokratie«. Die Zahl derjenigen, die Anfang der 1950er Jahre offen gegen diesen Unsinn auftraten, war äußerst gering.

Der Kalte Krieg entwickelte sich allerdings nie zu einem heißen Krieg im Weltmaßstab. Wäre es dazu gekommen, dann würde kaum noch jemand von uns am Leben sein. In Korea wurde er allerdings heiß. Die Diktatoren nördlich und südlich der im Jahr 1945 gezogenen Teilungslinie bemühten sich um Legitimität, indem sie jeweils versuchten, das Land zu vereinigen, und ab Frühjahr 1949 kam es immer wieder zu Zusammenstößen. Kim Il Sung in Nordkorea entschied sich loszuschlagen, ehe sein Rivale Syngman Rhee im Süden die Möglichkeit dazu bekam. Nachdem er von Stalin grünes Licht erhalten hatte, leitete er den militärischen Angriff in der Annahme ein, dass das Südregime sofort zusammenbrechen werde. Weder er noch Stalin hatten mit einem Eingreifen der USA gerechnet. Die Armee des Südens brach nicht zusammen, auch wenn sie sich in die südlichste Spitze des Lands zurückziehen musste, und die USA eilten ihr gleich zu Hilfe. Sie fürchteten sich vor den Auswirkungen eines Siegs des Ostblocks in Korea auf das immer noch verwüstete und verarmte Japan, in dem eine mächtige Kommunistische Partei mit revolutionärer Rhetorik auftrat. Harry Truman, der Präsident der USA, benutzte Korea auch als Argument, um den zögerlichen Kongress für eine deutliche Erhöhung der Rüstungsausgaben zu gewinnen.

Der Krieg dauerte drei Jahre und forderte einen hohen Blutzoll: Auf westlicher Seite starben 500.000 Soldaten, auf der anderen Seite 1,5 Millionen. Zudem mussten zwei Millionen koreanische Zivilisten ihr Leben lassen und die Hälfte der Bevölkerung des Südens verlor ihr Heim oder wurde zu Flüchtlingen. Der Mehrheit der koreanischen Bevölkerung hatte dieser Krieg nicht das Geringste eingebracht. Die endgültige Demarkationslinie war immer noch dieselbe wie vor dem Krieg, und Millionen Menschen konnten ihre Freunde und Verwandten auf der anderen Seite nicht mehr besuchen. Als der Krieg begann, fanden sich selbst im Süden Anhänger Kim Il Sungs und Guerillagruppen führten Aktionen zur Entlastung seiner Streitkräfte durch. Die Linken, die im Süden blieben, mussten jahrzehntelang in Gefängnissen verbringen. Wer sich mit Kim Il Sungs Armeen in den Norden zurückziehen wollte, wurde verhaftet oder als »unzuverlässiges Element« hingerichtet. In der Folge wurde Südkorea von einem Diktator nach dem anderen beherrscht, und es sollte fast vierzig Jahre lang dauern, bis seiner Bevölkerung endlich geringe demokratische Beteiligungsrechte eingeräumt wurden, für die der Krieg angeblich geführt worden war.

Dieser ergebnislose und barbarische Krieg ist ein Sinnbild für den Kalten Krieg. Der enorme technologische Fortschritt der vergangenen zwei Jahrhunderte war von wettstreitenden herrschenden Klassen in Stellung gebracht worden und sie drohten der Menschheit mit dem Untergang. Beide Seiten sprachen die Sprache der Aufklärung, um sich so viele Gegenden der Welt wie möglich zu unterwerfen, und beide überzeugten unzählige Menschen von der Richtigkeit ihres Tuns.

Das besonders kurze goldene Zeitalter

Armut und Unsicherheit werden schon bald der Vergangenheit angehören. Der Lebensstandard steigt schnell; die Angst vor der Arbeitslosigkeit nimmt täglich ab; und der einfache Jungarbeiter blickt hoffnungsvoll in eine Zukunft, die sich sein Vater nicht einmal im Traum hätte vorstellen können.[279]

So lauteten die Worte des rechten britischen Sozialdemokraten Anthony Crosland im Jahr 1956.

Er zog wie Bernstein sechzig Jahre früher daraus die Schlussfolgerung, dass der Kapitalismus seine Krisen überwunden habe und »wir an der Schwelle zum Überfluss« stehen.[280]

Die folgenden Ereignisse zeigten, wie sehr er sich irrte. Seine Statistiken waren allerdings solide. Der Weltkapitalismus erlebte den längsten Aufschwung seiner Geschichte. Im Jahr 1970 produzierte die Volkswirtschaft der USA dreimal so viel wie im Jahr 1940, der Industrieausstoß Deutsch-

---

279 Crosland, Anthony, *The Future for Socialism,* London 1956, S. 115.
280 Crosland, *The Future for Socialism,* S. 115.

lands war verglichen mit dem Jahr 1949 um das Fünffache gestiegen und der Frankreichs um das Vierfache. Italien verwandelte sich von einem Bauernland in eine Industrienation und Japan katapultierte sich auf Platz zwei der Industriemächte, gleich nach den USA. Es kann also nicht verwundern, wenn Geschichtswissenschaftler von einem »goldenen Zeitalter« sprechen.

Das Leben unendlich vieler Menschen wurde transformiert. Die Arbeitslosigkeit sank auf einen Tiefstand wie zuvor nur in kurzen Aufschwungzeiten – 3 Prozent in den USA Anfang der 1950er Jahre, 1,5 Prozent in Großbritannien und 1 Prozent in Westdeutschland im Jahr 1960. Die Reallöhne stiegen in den USA, in Großbritannien und Skandinavien in den 1950er und in Frankreich und Italien in den 1960er Jahren langsam, aber mehr oder weniger stetig an. Die Arbeiter hatten ein besseres Leben als ihre Eltern und erwarteten, dass es ihren Kindern noch besser gehen werde.

Dabei ging es nicht nur um ein höheres Einkommen, sondern es konnte jetzt auch für eine Vielfalt von Konsumgütern ausgegeben werden – Staubsauger, Waschmaschinen, Kühlschränke, Fernsehgeräte, Wassererhitzer. Es gab einen qualitativen Sprung im Lebensstandard der Arbeiterklasse. Hausarbeit war immer noch die lästige Pflicht der Frauen, sie mussten aber nicht mehr endlose Stunden mit Kochen und Schrubben verbringen. Lebensmittel konnten für eine Woche auf Vorrat gekauft werden (weshalb Supermärkte den alten Krämerladen an der Ecke verdrängen konnten). Selbst diejenigen, die sich kein Kino, Theater oder einen Tanzabend leisten konnten, holten sich Unterhaltung via Rundfunk und Fernsehen ins Haus.

Es gab noch weitere Veränderungen: Die Unternehmer verkürzten die Arbeitswoche auf fünf statt der bisherigen fünfeinhalb Tage und verlängerten den Urlaubsanspruch der Beschäftigten auf über eine Woche im Jahr. Zugeständnisse, die den Arbeitern in Frankreich im Jahr 1936 noch wie ein großer Erfolg erschienen, wurden in Westeuropa und Nordamerika zur Norm. Ferien für die Massen hieß jetzt mehr als nur ein paar Tage auf dem Land oder an der Küste. Arbeiter, die in der Vergangenheit allenfalls von einem Fahrrad träumten, konnten nun Geld für ein gebrauchtes Auto ansparen. Zum ersten Mal verfügten Jungarbeiter über ein so hohes Einkommen, dass ein eigener Markt für sie geschaffen wurde. Die »Jugendkultur« entstand Mitte der 1950er Jahre aus der anscheinend unersättlichen Nachfrage nach Popmusik und Mode, die sich aus den Träumen der Teenager und der Unsicherheit des Erwachsenwerdens speiste.

Die Veränderungen im Konsumverhalten und im Lebensstil fanden ihre Entsprechung in der Produktion. Moderne Techniken aus den Kriegsjahren kamen zur Entfaltung. Neue oder erweiterte Fabriken mit frisch eingestellten Arbeitskräften stellten Waschmaschinen, Kühlschränke, Staubsauger, Fernsehgeräte und vor allem Autos her. Es gab über siebzig Millionen Fabrikarbeiter in den USA und über acht Millionen in Großbritannien, die in Werken mit Hunderten, Tausenden oder im Fall von Auto- und Flugzeugwerken mit Zehntausenden Beschäftigten arbeiteten. Mit der Zeit wurde die Massenherstellung in Fabriken zum Vorbild für viele andere Arbeitsbereiche. Das Fabrikregiment wurde auf Beschäftigte in den expandierenden Supermarktketten übertragen, die Zeit- und Bewegungsmessung auf Großraumbüros und Datenverarbeitungszentren, das Entlohnungssystem auf den Bergbau und die Leitungsmethoden auf Häfen und Baustellen. Dieser fabrikmäßige Ansatz war so weit verbreitet, dass einige Industriesoziologen den Begriff »Fordismus« in Anlehnung an die erste, durchrationalisierte Fließbandproduktion der Ford-Werke zur Charakterisierung dieser Zeit verwendeten. Und war schon die Fabrik der Industrierevolution die Arena für den Klassenkampf der Arbeiter geworden, galt dies umso mehr für die in dem langen Wirtschaftsaufschwung neu geschaffenen, fabrikmäßig organisierten Betriebe. Die Autofabriken von Detroit, Turin, Coventry, Dagenham, Köln und Billancourt, die Flugzeugfabriken von Seattle und die Waffenfabriken von Kalifornien kamen zu den großen Stahlfabriken, Bergwerken und Schiffswerften hinzu. Hier entstanden Zentren potenziellen Widerstands gegen die Kapitalbesitzer. Angesichts von Vollbeschäftigung musste das Kapital dieser Tatsache Rechnung tragen. In Nordamerika und den meisten westeuropäischen Ländern stützte es sich auf Politiker, die den »Konsens« predigten, um die Gesellschaft zu stabilisieren.

In diesen langen Aufschwungjahren wurde aus den alten Armengesetzen schließlich der »Sozialstaat«. Aus Sicht des Kapitals gehörte dazu, sich die Zustimmung der Arbeiterklasse mithilfe von Gewerkschaften oder politischen Mittlern (wie den sozialdemokratischen Politikern Europas oder den »liberalen« Demokraten in den USA) zu erkaufen. Auf diese Weise konnten sie auch die teure Arbeitskraft durch Maßnahmen zur Hebung der Kindergesundheit und der Bildung effizienter reproduzieren. Die »Reform« des Sozialwesens hieß Verbesserungen, nicht wie im 19. Jahrhundert und heute Abbau des Sozialstaats, um die Menschen zu zwingen, ihre Arbeitskraft billiger zu verkaufen.

Der lange Boom brachte noch weitere bedeutende Veränderungen für die entwickelten Länder mit sich. Wegen des Arbeitskräftemangels begann das Kapital die Welt nach Nachschub abzugrasen. Arbeitskräfte aus dem ländlichen Italien arbeiteten schon bald in belgischen Bergwerken und Schweizer Fabriken oder gingen in der wachsenden Bevölkerung Mailands und Turins auf. Der Strom schwarzer Feldarbeiter, die nach Los Angeles, Detroit und Chicago zogen, verwandelte sich bald in eine Sturzflut. Deutsche Unternehmen begrüßten Flüchtlinge aus dem Osten und holten Millionen »Gastarbeiter« aus der Türkei und Jugoslawien ins Land. Französische Unternehmen rekrutieren Arbeitskräfte aus Nordafrika. Das britische Gesundheitswesen suchte sich Arbeitskräfte in der Karibik und die Textilfabriken holten sich Arbeiter aus dem Pandschab. Der Kapitalismus hatte vermittelt über den Weltmarkt schon lange die Arbeitskraft von Menschen gebündelt. Jetzt brachte er viele dieser Menschen in seinen Großstädten zusammen. Das führte zu der mehr oder weniger spontanen Verschmelzung der Kulturen, aber auch Rassismus wurde geschürt, um die verschiedenen Gruppen gegeneinander aufzuhetzen.

Und schließlich brachte der Aufschwung einen geradezu historischen Wandel in der Beziehung zwischen den Geschlechtern mit sich. Auf der verzweifelten Suche nach Arbeitskräften begann das Kapital, Frauen in den Arbeitsmarkt zu integrieren, ganz so wie in den Anfangstagen der industriellen Revolution. Es hatte immer einige Industrien gegeben, die auf Frauenarbeit beruhten, insbesondere die Textilindustrie, und spätestens seit dem Ersten Weltkrieg war die Zahl der Industriearbeiterinnen kontinuierlich angestiegen. Aber die große Mehrheit verheirateter Frauen (achtzig Prozent in Großbritannien im Jahr 1950) hatte keine entlohnte Beschäftigung. Um die Reproduktion der Arbeitskräfte nicht zu gefährden, ermutigte der Staat verheiratete Frauen, daheim zu bleiben, die Kinder zu betreuen und ihre Ehemänner zu versorgen – und für die meisten verheirateten Frauen waren die niedrigen Löhne, die ihnen geboten wurden, kein wirklicher Anreiz, die doppelte Last bezahlter Beschäftigung und häuslicher Arbeit auf sich zu nehmen. Mit dem langanhaltenden Aufschwung veränderte sich das Bild. Die neuen Haushaltsgeräte hatten die Last der Hausarbeit reduziert, sodass es einfacher wurde, einer bezahlten Beschäftigung nachzugehen. Die Unternehmer waren ihrerseits daran interessiert, Frauen einzustellen, notfalls auf Teilzeitbasis, was besser mit der Kinderbetreuung zu vereinbaren war, und das Zusatzeinkommen für den Kauf häuslicher Einrichtungen war ein Ansporn für Frauen, diese Arbeit anzunehmen.

Die neuen Arrangements waren das Ergebnis wirtschaftlichen Drucks, hatten aber weiterreichende Folgen. Frauen, die in den Arbeitsmarkt hineingezogen wurden, waren froh über die Unabhängigkeit, die ihnen ihr Einkommen verschaffte und es ihnen leichter machte, für sich selbst einzustehen. Seit dem Aufkommen von Klassengesellschaften vor über fünftausend Jahren waren Frauen von öffentlichen Funktionen ausgeschlossen gewesen. Jetzt wurde die Mehrheit der Frauen aus dem Privatbereich des Heims in die öffentliche Sphäre der Industrie geholt.

Die doppelte Last von Haushalt und Lohnarbeit mussten sie dennoch weiter tragen. Viele Unternehmen stellten gerne Arbeiterinnen ein, weil sie ihnen niedrigere Löhne zahlen konnten. Der Arbeitsmarkt war nach wie vor so strukturiert, dass das Einkommen des Manns mehr Gewicht hatte als das der Frau. Zur Rechtfertigung wurden jede Menge Klischees verbreitet, warum die Frauen sich eher um die Kinder kümmern sollten. Bei seinem Streben nach Profit und Akkumulation schuf das Kapital jedoch Bedingungen, unter denen Frauen das Selbstbewusstsein erlangten, sich gegen dieses Spiel zu wehren. Auf diese Weise wurde der Grundstein für die historisch beispiellose, breit getragene Forderung nach Frauenbefreiung gelegt, auch wenn das Kapital diese Forderungen nie erfüllen konnte.

Unabhängigkeit der Kolonien

Am 15. August 1947 hisste Jawaharlal Nehru die indische Flagge über dem Roten Fort in Delhi. Großbritannien gab das »Juwel in der Krone« seines Reichs auf. Das Zeitalter der Kolonialreiche neigte sich dem Ende zu, gerade sechzig Jahre nach dem Schacher um Afrika. Die Todeszuckungen hielten aber noch bis zur endgültigen Aufgabe der weißen Minderheitsherrschaft in Südafrika in den 1990er Jahren an.

Großbritannien hatte Indien nicht freiwillig aufgegeben. Als es schließlich doch das Land verlassen musste, hinterließ es einen gespaltenen Subkontinent, der getränkt war von dem Blut sich befehdender Gemeinschaften.

Die indische Nationalbewegung hatte in den 1930er Jahren neue Kraft geschöpft. Durch die Weltwirtschaftskrise war die Bauernschaft verarmt. »Überall auf dem Land radikalisierten sich die Bauern, vom Fürstenstaat Kaschmir hoch oben im Norden bis nach Andhra und Travancore im Süden.«[281] Die Anzahl der Arbeiter, die sich an Streiks beteiligten, stieg von 128.000 im Jahr 1932 auf 220.000 im Jahr 1934.[282] Der Kongress und sein linker Flügel unter Führung von Leuten wie Nehru und Subhas Chandra Bose konnte sich wachsenden Einflusses erfreuen. Kongresskandidaten, die in ihr Programm auch Forderungen nach Senkung der Pachtzinsen und Steuern aufgenommen hatten, gewannen im Jahr 1937 haushoch bei den Wahlen zu den Provinzparlamenten. Von den für die Muslime freigehaltenen Sitzen konnte die Muslimliga nur ein Viertel gewinnen.

Die wirkliche Macht im Kongress lag jedoch bei den Rechten und einem Klüngel indischer Kapitalisten, die Gandhi nahe standen. Die von dem Kongress aus gelenkten Provinzregierungen verabschiedeten schon bald Streikverbotsgesetze und drängten auf diese Weise eine klassenorientierte Bewegung an den Rand. Damit wurde erneuten Konflikten zwischen den verschiedenen Gemeinschaften der Weg geebnet: Muslimische Separatisten machten alle Hindus verantwortlich für das Verhalten der hinduistischen Grundbesitzer, und chauvinistische Hindus machten alle Muslime für die Missetaten muslimischer Grundbesitzer verantwortlich.

Die Feindseligkeit gegen Großbritannien verbreitete sich, als es ohne Konsultation auch nur eines einzigen Inders erklärte, Indien befände sich im Krieg mit Deutschland. Zudem weigerte sich Großbritannien, auch nur zu erwägen, Indien das Recht auf eine eigene Regierung zu geben, obwohl es behauptete, für die »Freiheit« zu kämpfen. Selbst Gandhi befürwortete im Jahr 1942 eine Kampagne für den Abzug der Briten aus Indien, genannt »Quit India«. Es

281 Stein, *A History*, S. 327.
282 Stein, *A History*, S. 336.

kam zu Streiks, Massendemonstrationen von Studenten und Arbeitern und wiederholten Zusammenstößen mit der Polizei, die die Demonstrierenden von den Straßen prügelte. Bei Hunderten Gelegenheiten feuerte die Polizei auf unbewaffnete Demonstranten. Es gab Guerillaangriffe auf britische Einrichtungen, Polizeireviere wurden in Brand gesetzt, Telefonleitungen zerschnitten und Eisenbahnstrecken blockiert. Schließlich konnte die Bewegung unterdrückt werden, es gab 2.000 Todesopfer und 2.500 Personen wurden allein in Mumbai zu Auspeitschung verurteilt. Dörfer wurden niedergebrannt und sogar von der Luft aus mit Maschinengewehren beschossen. Es half nichts: Der britische General und Vizekönig Archibald Wavell erklärte Churchill Ende des Jahres 1943, »um Indien nach Kriegsende zu halten, bräuchten wir eine weitaus größere Unterdrückungsmacht, als sie Großbritannien zur Verfügung steht«.[283]

Den britischen Besatzern blieb nur noch eine einzige Karte, die sie ausspielen konnten: Sie setzten auf die Muslimliga als Gegengewicht zum Kongress. Sie behaupteten, die Liga vertrete sämtliche Muslime, und überließ ihr die Kontrolle über mehrere Provinzen trotz ihres schlechten Wahlergebnisses im Jahr 1937. Ihr bekanntester Führer, Mohammed Ali Dschinnah, schloss sich jetzt Forderungen nach einem separaten muslimischen Staat an, nachdem die Liga dies ursprünglich abgelehnt hatte. Die Grenzen eines solchen Staats waren unmöglich zu ziehen, ohne eine große Zahl von Hindus und Sikhs, die dort lebten, in dieses Gebiet mit einzubeziehen und eine große Zahl Muslime auszuschließen, die in Gegenden lebten, in denen die Hindus die Mehrheit darstellten. Die Kommunistische Partei, die sich in der Vergangenheit gegen diese Art Teilung ausgesprochen hatte, schloss sich der Forderung jetzt im Rahmen ihrer Unterstützung der Kriegsanstrengungen Großbritanniens an und sprach von Muslimen und Hindus als zwei verschiedenen »Nationen«.

Nach wie vor hätte die Nationalbewegung die Spaltung zwischen den Gemeinschaften durchbrechen können. Im Februar 1946 organisierten indische Matrosen in der britischen Marine in Mumbai Proteste gegen rassistische Beleidigungen und den im Vergleich zu den weißen Matrosen sehr viel niedrigeren Sold. Die Proteste weiteten sich zu Meutereien auf 78 Schiffen

---

283 Siehe: Lapping, Brian, *End of Empire*, London 1985, S. 356.

und 20 Landstützpunkten aus, die von demonstrierenden Studenten und streikenden Arbeitern begleitet wurden.[284] Die Meuterer trugen Hindu-, Muslim- und rote Fahnen mit sich. Zum ersten Mal seit 1857 hatten sich die Streitkräfte, die zur Verteidigung des Kolonialreichs aufgebaut worden waren, massenhaft gegen die britische Herrschaft aufgelehnt. Hier gab es den Ansatz einer von der Basis her aufgebauten Einheit von Muslimen, Hindus und Sikhs und zur Überwindung der Spaltung zwischen den Gemeinschaften. Die Politiker im Kongress hatten nicht die Absicht, diese Entwicklung zu dulden. Gandhi verurteilte die Meuternden und Nehru versuchte sie zu beschwichtigen. Auf diese Weise konnte die Spaltung zwischen den Gemeinschaften wieder aufleben. Den Briten hatte die Meuterei allerdings gezeigt, dass sie jede Hoffnung auf Machterhalt in Indien begraben konnten.

Die Muslimliga Dschinnahs errang die Mehrheit der muslimischen Sitze bei den Wahlen – das einzige Mal in ihrer Geschichte – und sah darin den Auftrag, für einen eigenständigen muslimischen Staat aktiv zu werden. In Bengalen ließ der Chef der Provinzregierung, Hussein Suhrawardi, der mit Getreidegeschäften auf dem Schwarzmarkt in den Hungerjahren 1942/43 schwer reich geworden war, einen Mob auf Hindus los.[285] Chauvinistische Hindus nutzten die Gelegenheit und entfesselten im Gegenzug Pogrome gegen Muslime, bei denen fünftausend zu Tode kamen. In den folgenden Tagen kam es von Stadt zu Stadt zu konfessionell motivierten Krawallen, womit endgültig der Grundstein für den Schrecken im folgenden Jahr gelegt wurde.

Kongresspolitiker und ihre Unterstützer aus der Geschäftswelt wollten unbedingt einen eigenen Staat, selbst wenn es ein verkleinerter war, und einigten sich mit Dschinnah auf die Teilung des Subkontinents. Der britische Beamte Radcliffe, der keinerlei Kenntnisse über Indien hatte, zog eine Teilungslinie, die Bengalen und den Pandschab in zwei Hälften schnitt. Auf beiden Seiten der Grenze des Pandschabs ebenso wie in den Nachbarstädten Lahore und Amritsar lebte eine völlig gemischte Bevölkerung aus Hindus, Muslimen und Sikhs. Mit der Teilung begannen nun rechtsextreme muslimische Schlägerbanden auf der einen und rechtsextreme Hindu- und Sikhschlä-

---

284 Es gibt abweichende Berichte über die Meuterei in: Akbar, *Nehru,* S. 369, und Stein, *A History,* S. 360.
285 Siehe: Akbar, *Nehru,* S. 381 f.

ger auf der anderen Seite das ihnen zugesprochene Territorium mit Massakern, Terrorismus und Vertreibung derer mit dem »falschen« Glaubensbekenntnis zu sichern. Dabei kamen schätzungsweise 250.000 oder sogar bis zu einer Million Menschen ums Leben. Gleichzeitig griffen Mobs die bedeutenden muslimischen Minderheiten in Städten wie Delhi und Lucknow an und »überzeugten« sie davon, nach Pakistan auszuwandern.

Dem Schrecken der Teilung folgte die endgültige Katastrophe: der Krieg zwischen den beiden neuen Staaten. Beide erhoben Anspruch auf Kaschmir mit seiner muslimischen Mehrheit, einem Hindufürsten und einem muslimischen Oppositionsführer, der im Gefängnis saß und ein Anhänger des Kongresses war. Pakistan und Indien unternahmen bewaffnete Feldzüge, um sich das Land einzuverleiben. Die indische Armee erreichte als Erste die Hauptstadt Srinagar. Ein Jahr lang flackerten immer wieder Kämpfe auf, bis ein Waffenstillstand vereinbart wurde und die rivalisierenden Armeen sich entlang einer Hunderte Kilometer langen Demarkationslinie Auge in Auge gegenüberstanden.

Die Teilung brachte für beide Länder schreckliche Verheerungen mit sich. Die hinduistischen Chauvinisten in Indien gingen gestärkt daraus hervor. Die indische Politik wurde abhängig von wechselnden Bündnissen zwischen Anführern unterschiedlicher Kasten, Sprachen und Konfessionen. Die militärische Konfrontation mit Pakistan verschlang zudem die Mittel, die dringend für die Hebung des Lebensstandards benötigt wurden.

Die Auswirkungen auf Pakistan waren noch dramatischer. Religion war das einigende Band für die Bevölkerung und trotzdem kam es zu Zusammenstößen zwischen Sunniten und Schiiten. Das Land bestand aus zwei Gebieten, die durch Hunderte Kilometer indischen Territoriums voneinander getrennt waren. Im östlichen Landesteil sprachen die meisten Bengali und im westlichen Pandschabi. Die Amtssprache war dagegen Urdu und wurde nur von der aus dem nördlichen Zentralindien eingewanderten Minderheit der Bevölkerung gesprochen. Zudem wurden weite Gebiete im Westen von Grundbesitzern beherrscht, die nahezu feudale Macht ausübten. In der Folge herrschte dauernde politische Instabilität, und eine Militärdiktatur löste die andere ab. Im Jahr 1971 spaltete sich Ostpakistan ab, das den eigenständigen Staat Bangladesch gründete. Zuvor war ein Volksaufstand blutig niedergeschlagen worden. In Westpakistan putschte mehrmals die Armee, der Ministerpräsident wurde hingerichtet und Karatschi, die größte Industriestadt, in den 1990er Jahren fast von einem Bürgerkrieg zerrissen.

Trotz der Katastrophe der Teilung gab der Abzug der Briten auch andernorts den Unabhängigkeitsbewegungen einen neuen Schub. Die Imperialisten waren auf dem Rückzug, und überall in den Kolonien zogen die unterdrückten Völker ihre eigene Lehre daraus.

»Volkschina«

Im Sommer 1949, nur zwei Jahre nach dem Abzug Großbritanniens aus Indien, besetzte eine Volksbefreiungsarmee unter Führung alter Kommunisten wie Mao Zedong, Zhu De und Liu Schao-chi die Hauptstadt Beijing. Während sie nach Süden marschierte, um China, mit Ausnahme der großen Insel Taiwan und der britischen Stadtkolonie Hongkong, zu vereinigen, neigten sich die Tage der Auslandskonzessionen und ausländischer Kriegsschiffe, die dem Land ein Jahrhundert lang ihren Stempel aufgedrückt hatten, für immer dem Ende zu.

Maos Armee war aus einer Gruppe Kommunisten und Soldaten entstanden, die sich von den nationalistischen Armeen abgesetzt und dem von Tschiang Kai Schek veranstalteten Massaker Ende der 1920er Jahre entkommen waren. Sie hatte einen Stützpunkt an der Grenze der Provinz Kiangsi errichtet und eine Truppe aus Bauern der Gegend aufgestellt, die Ähnlichkeit mit den vielen rebellischen Bauernarmeen der chinesischen Geschichte aufgewiesen haben muss. Als sie von Tschiangs Truppen bedrängt wurden, wichen sie aus und unternahmen einen über 12.000 Kilometer langen Marsch durch Süd- und Westchina nach Yannan im abgelegenen Nordwesten. Nur jeder Zehnte der 100.000 Mann starken Armee erreichte das Ziel. Mit dieser Rumpfarmee konnten sie allerdings neue Unterstützung gewinnen, insbesondere nach dem Angriff Japans auf China im Jahr 1937.

Tschiang Kai Scheks Armee wurde von Japan weit ins Inland getrieben und war nicht mehr in der Lage, die kommunistischen Kräfte zu bekämpfen. Ihm blieb keine andere Wahl, als ein Tolerierungsabkommen mit ihnen zu schließen, um gemeinsam gegen Japan vorzugehen. Seine eigene Armee schien jedoch völlig kampfunfähig zu sein. Die meisten Generale strebten nur danach, sich auf Kosten ihrer Soldaten und der Bauern, durch deren Land sie zogen, zu bereichern. Die Volksbefreiungsarmee dagegen konnte ihre Kräfte aufbauen, sie gewann Ansehen bei der gebildeten Mittelschicht, weil sie Japan bekämpfte; bei der Bauernschaft, weil sie die Pachten senkte; und sogar bei chinesischen Kapitalisten, weil sie sichere Verhältnisse schuf, in denen sie ihre Geschäfte ungehindert abwickeln konnten.

Nach dem Zusammenbruch Japans im Jahr 1945 verfügte Tschiang über eine viel größere Armee und war Empfänger riesiger Hilfsgelder aus den USA (und geringerer aus Russland, weil Stalin seinerzeit die Kommunisten Chinas nicht unterstützte). Maos Armee bewies dagegen Kampfgeist und hielt Disziplin. Als der Bürgerkrieg zwischen den beiden ausbrach, begann Tschiangs Armee zu zerfallen, weil ganze Truppenteile mitsamt den Generalen überliefen. Am Ende des Jahres 1949 war Tschiang Kai Schek auf die Insel Taiwan geflüchtet, wo die Kuomintang noch heute an der Regierung ist.

Maos Sieg war ein schrecklicher Schock für die USA, die in China bereits einen Teil ihres informellen Reichs sahen, während sie Geldmittel in die Taschen der Generale Tschiangs hatten fließen lassen. Weil Mao ein Kommunist war und Stalin ebenfalls, kamen die USA zu dem Schluss, dass dieser Rückschlag nur Resultat einer kommunistischen Weltverschwörung sein konnte. Dabei übersahen sie tunlichst Stalins Hilfe für Tschiang Kai Schek, während er gleichzeitig Mao vor einer Machtübernahme gewarnt hatte. Nur wenige Monate nach Maos Sieg brach der Koreakrieg aus. Im Rahmen der Kampfhandlungen stießen US-amerikanische Truppen durch Nordkorea bis zur chinesischen Grenze vor und zwangen China dadurch an die Seite Nordkoreas. Mao wurde in die Arme Stalins getrieben (das Bündnis überlebte aber nur rund zwölf Jahre). Zur selben Zeit erkannten die USA, dass es zur Verteidigung der »freien Welt« gegen den »Kommunismus« gehörte, den französischen Kolonialismus in Indochina zu stützen, und sie belieferten Frankreich mit Geldern und Waffen, was es ihm ermöglichte, bis zum Jahr 1954 weiterzukämpfen.

Die internationale Linke sah die Lage ähnlich wie die USA, gelangte aber zu anderen Schlussfolgerungen. China und Russland bildeten jetzt gemeinsam den Block des »Friedens und des Sozialismus«. Darüber hinaus behaupteten einige,

China zeige, wie leicht es sei, die Macht durch einen Guerillakampf zu erobern. Was sie nicht sahen, waren die besonderen Umstände, in denen China sich in der zweiten Hälfte der 1930er Jahre und der ersten Hälfte der 1940er Jahre befand: die großen Entfernungen, den Einmarsch Japans, die grassierende Korruption in Tschiangs Armee. Sie begriffen auch nicht, dass Mao sich zwar auf eine Bauernarmee stützte, seine Verwaltungsstrukturen in den »befreiten Zonen« jedoch mit Angehörigen einer radikalisierten und gebildeten Mittelschicht aus den Städten besetzt waren, aus der sich auch seine Kader rekrutierten.

Das letzte Gefecht des Empires

Maos Sieg so kurz nachdem Großbritannien Indien aufgegeben hatte, bestärkte überall in den Kolonien das Gefühl, dass der Imperialismus geschlagen werden konnte. Im französischen Algerien hatte es erste Unruhen gegeben und in Vietnam war der Versuch unternommen worden, eine unabhängige Regierung zu bilden. In der Kolonie Niederländisch-Ostindien war kurz vor dem Krieg eine nationalistische Bewegung geboren worden. Ihre Führung hatte die japanische Besatzungszeit genutzt, um ihre Basis in der Gesellschaft auszuweiten. Sie hatte teils mit den Besatzern zusammengearbeitet und sich, als Japan abzog, selbst zur Regierung eines neuen Staats Indonesien erklärt. Sie wehrte den Versuch der Niederlande ab, das Land wieder kolonialer Herrschaft zu unterwerfen, und erlangte im Jahr 1949 unter Präsident Sukarno die Unabhängigkeit. In Britisch-Malaya war die örtliche Kommunistische Partei das Rückgrat des von den Briten unterstützten Widerstands gegen Japan gewesen und bereitete sich jetzt auf den Unabhängigkeitskrieg gegen Großbritannien vor. Studenten wie Kwame Nkrumah, Jomo Kenyatta oder Eric Williams aus Afrika und aus der Karibik, die sich aus dem London der 1930er Jahre kannten, kehrten in ihre Heimat zurück und begannen ebenfalls Unabhängigkeitsbewegungen aufzubauen. In den arabischen Hauptstädten wie Damaskus, Bagdad und Kairo begann eine neue, junge Generation aus der Mittelschicht, die manchmal auch strategisch wichtige Posten im Offizierskorps des Staats besetzte, Pläne für die Erreichung echter Unabhängigkeit zu schmieden, und träumte von einer vereinten arabischen Nation vom Atlantik bis zum Persischen Golf.

Die Kolonialmächte begegneten den Befreiungsbewegungen instinktiv mit den alten Mitteln: mit Maschinengewehren, Bombenangriffen und Konzentrationslagern. So ging Frankreich in Vietnam, Madagaskar, Algerien und in seinen westafrikanischen Kolonien vor; Großbritannien in Britisch-Malaya, Kenia, Aden, Rhodesien[286] und auf Zypern; und Portugal in Angola, Mosambik und Guinea-Bissau.

Schon bald zeigte sich, dass dieser Ansatz kontraproduktiv war, weil die wachsende Empörung in der Bevölkerung über die Kolonialherrschaft zum Hindernis für die Verfolgung europäischer Interessen wurde. Immer mehr Machthaber erkannten den politischen Nutzen der Förderung lokaler Persönlichkeiten, die ihnen willig als Oberhaupt »unabhängiger« Regierungen zu Diensten standen. Großbritannien schwenkte in einem Großteil des Nahen Ostens, in Westafrika und in der Karibik auf diese Linie um. In Malaya ergriff Großbritannien scharfe Unterdrückungsmaßnahmen gegen die von den Kommunisten angeführte Befreiungsbewegung (Soldaten hackten Hände ab und sogar die Köpfe der toten »Terroristen«, und eine halbe Million Menschen wurden in Dörfer mit Stacheldrahtumzäunung zwangsumgesiedelt). Den »gemäßigten« malayischen Politikern, die Anhänger gewonnen hatten, indem sie rassistisch motiviertes Misstrauen gegen die chinesische Minderheit ausgespielt hatten, versprachen sie gleichzeitig die Unabhängigkeit. Aber selbst dort, wo Großbritannien eine harte Linie ohne Zugeständnisse an die »Eingeborenen« verfolgte – wie in Kenia, wo es Dörfer bombardieren ließ und die Bevölkerung in Konzentrationslager presste, in denen viele zu Tode kamen, und auf Zypern, wo die Soldaten ausgiebig folterten – musste das Empire am Ende einen »friedlichen« Machtübergang mit politischen Führern wie Jomo Kenyatta und Erzbischof Makarios vereinbaren, die sie einst ins Gefängnis geschickt oder des Landes verwiesen hatten.

Auch Frankreich war schließlich gezwungen, in Vietnam und Algerien einzulenken, jedoch erst nachdem es gigantische Summen verschleudert und Massen von Menschen in Kriegen getötet hatte, die es nicht gewinnen konnte. Das Gift kolonialer Gewalt infizierte auch die französische Politik, als unzufriedene Kolonialgenerale in den Jahren 1958 bis 1962 mehrfach

---

286 Heute Sambia, Simbabwe und Malawi.

zu putschen versuchten (weshalb die Nationalversammlung im Jahr 1958 General de Gaulle fast diktatorische Befugnisse einräumte). Als Algerien schließlich die Unabhängigkeit erhielt, machte sich eine Million Siedler nach Frankreich auf und die »Geheimarmee« OAS verübte in Paris eine Reihe von Bombenanschlägen.

Portugal als rückständigster Kapitalismus Westeuropas versuchte an seinen Kolonien festzuhalten, war aber in den Jahren 1974/75 ebenfalls endgültig zur Aufgabe gezwungen, als die Kosten der Unterwerfung der Kolonien revolutionäre Unruhen in Portugal selbst auslösten. Übrig blieben schließlich nur noch das rassistische weiße Siedlerregime in Südrhodesien, das im Jahr 1980 eine schwarze Mehrheitsherrschaft in dem neuen Staat Simbabwe anerkennen musste, und jenes in Südafrika, das erst im Jahr 1994 diesem Schritt folgte.

Die Aufgabe der direkten Herrschaft westeuropäischer Mächte über halb Asien und fast ganz Afrika stellte eine Entwicklung von epochaler Bedeutung dar. Sie kennzeichnete das Ende einer fast zweihundert Jahre währenden Zeit, in der die Geschicke der Welt von London und Paris aus gelenkt worden waren. Sie bedeutete aber nicht das Ende des Imperialismus in dem Sinne, dass wenige ökonomisch entwickelte Länder einem Großteil der Welt ihre Interessen aufzwangen, das bezeugen die schweren Konflikte, die immer wieder in den Staaten Südamerikas, in Südostasien und im Nahen Osten ausbrachen.

Öl und Blut

Der Nahe Osten mit seinen riesigen Ölvorkommen war der größte Preis, der dem Imperialismus in der zweiten Hälfte des 20. Jahrhunderts winkte. Großbritannien hatte sein Reich im Nahen und Mittleren Osten während des Ersten Weltkriegs ausgedehnt, indem es dem Scherifen von Mekka, Hussein ibn Ali, bei einer »arabischen nationalen Revolte« half und ihm alle von der Türkei beherrschten Gebiete zusicherte. Die britische Regierung versprach aber auch zionistischen Führern, eins der arabischen Länder, nämlich Palästina, jüdischen Siedlern aus Europa zu überlassen, weil sie in ihnen ein Bollwerk gegen eine mögliche Bedrohung des Suezkanals durch die Araber sahen. Der israelische Politiker Abba Eban erklärte später: »Wir halfen den Briten, zur beherrschenden Macht zu werden, und Großbritannien verhalf uns zu einer nationalen jüdischen Heimstatt.«[287]

Dieses Doppelgeschäft funktionierte nur bedingt. Britische Unternehmen erhielten Zugriff auf die Ölreserven Iraks und Irans und jüdische Siedler unterstützten Großbritannien in den 1930er Jahren bei der Niederschlagung des für das britische Reich bislang bedrohlichsten palästinensisch-arabischen Aufstands. Schließlich geriet diese Politik aber doch in eine Sackgasse. Arabern wurden die zionistischen Siedler zunehmend verhasster, da diese Land von reichen arabischen Besitzern aufkauften und die Bauernfamilien vertrieben, die den Boden seit Generationen bestellt hatten. Juden, die vor der Verfolgung in Europa flohen, mussten feststellen, dass von ihnen erwartet wurde, andere Menschen in Palästina zu unterdrücken. Großbritannien versuchte daraufhin, die Lage zu entschärfen, beschränkte die Einwanderung von Juden und wurde schließlich von beiden Seiten angegriffen. Im Jahr 1946 begannen paramilitärische jüdische Einheiten, die zur Unterdrückung der Araber bewaffnet worden waren, mit Angriffen auf britische Soldaten und Einrichtungen.

Großbritannien entschloss sich, das Problem, das es selbst geschaffen hatte, loszuwerden, indem es im Jahr 1947 seine Truppen abzog und künftig mithilfe der Marionettenregime und Königreiche Irak, Jordanien und Ägypten seine Ölinteressen verteidigte. Die USA und Russland waren äußerst interessiert daran, Großbritannien in der Region abzulösen. Gemeinsam unterstützten sie eine Resolution der Vereinten Nationen zur Teilung Palästinas und zur Gründung eines israelischen Siedlerstaats (wobei die Hälfte des Lands einem Drittel der Bevölkerung übergeben wurde). Die Siedler erhielten Waffen aus der kommunistischen Tschechoslowakei und Hilfe aus den USA. Als Kampfhandlungen ausbrachen, verbreiteten sie unter anderem mit dem Massaker an den Bewohnern des Dorfs Deir Jassin Angst und Schrecken unter der arabischen Bevölkerung, von der ein Großteil floh. Anschließend brachten sie der schlecht organisierten Armee, die die arabischen Monarchien aufgestellt hatte, eine Niederlage bei. Angeblich sollten die arabischen Truppen den Palästinensern zu Hilfe kommen, am Ende rissen sie das palästinensische Restgebiet an sich, nur noch zwanzig Prozent des eigentlichen Lands, und

---

287 Zitiert nach: Lapping, *Empire*, S. 106.

teilten es zwischen der jordanischen und ägyptischen Krone auf. Israel entwickelte sich zu einem mächtigen Siedlerstaat, der willens und fähig war, den westlichen Interessen, in der Regel denen der USA, zu dienen, und erhielt im Gegenzug Waffen und Geldmittel.

Stabilität konnte in der Region auf diese Weise nicht entstehen. Die Erbitterung nach dem Sieg Israels über die arabische Armee wurde mit zum Auslöser eines Militärputsches in Ägypten, der nationalistische Offiziere unter Führung Gamal Abdel Nassers an die Macht spülte, und die von den Briten ausgehaltene Monarchie wurde gestürzt. Als Nasser den im britischen und französischen Besitz befindlichen Suezkanal verstaatlichte, kam es zu einem letzten Aufbäumen des britischen Imperialismus in der Region. Im November 1956 schlugen britische, französische und israelische Truppen gemeinsam gegen Ägypten los. Militärisch gesehen hätten sie fast Erfolg gehabt, politisch aber war es ein Desaster. Die USA machten sich Großbritanniens Finanzprobleme zunutze, übten Druck zur Beendigung der Operation aus und übernahmen von Großbritannien die Vormachtstellung im Nahen Osten. In der gesamten Region kam es zu Unruhen und zwei Jahre später wurde die von den Briten abhängige irakische Monarchie gestürzt.

Die USA verfolgten eine ähnliche Politik wie Großbritannien: Sie stützten sich sowohl auf die israelischen Siedler als auch auf abhängige arabische Regime. Israel erhielt im Vergleich zu anderen Ländern die höchste Rüstungshilfe. Gleichzeitig arbeiteten die USA eng mit der saudi-arabischen Monarchie zusammen, halfen bei einem Staatsstreich zur Wiederherstellung der absoluten Herrschaft des Schahs von Persien (im Jahr 1953) und brachten im Jahr 1962 die Baathpartei im Irak, der auch der junge Saddam Hussein angehörte, an die Macht. Die USA konnten höchst erfolgreich ihre Hegemonie über die Region und ihre Ölvorkommen errichten. Das war aber nur möglich, indem sie Feindschaft zwischen Staaten und Völkern säten, was in mehrere Kriege mündete: den arabisch-israelischen Krieg von 1967 und 1973, den langen Bürgerkrieg im Libanon nach 1976, den schrecklichen Krieg zwischen dem Irak und Iran in den 1980er Jahren, den israelischen Einmarsch in den Libanon im Jahr 1982 und den Krieg gegen den Irak im Jahr 1991 unter Führung der USA. Wieder wurde im 20. Jahrhundert Reichtum, in diesem Fall Ölreichtum, in Blut verwandelt.

Hinter den Spiegeln

Die in Russland entwickelte Wirtschaftsorganisation war für viele soeben erst unabhängig gewordene Staaten von hohem Interesse. Den meisten hatte der Kolonialismus wirtschaftliche Stagnation oder sogar einen Rückschritt beschert. Die Pro-Kopf-Produktion an Nahrungsmitteln in Indien in den 1950er Jahren lag nicht höher als zur Zeit Akbars vierhundert Jahre früher. Die russische Volkswirtschaft war dagegen schneller als andere Ökonomien gewachsen und, wie es schien, entging sie auch den wiederkehrenden Abschwüngen, von denen der Kapitalismus im Westen so geplagt war.

Seit dem Fall der Berliner Mauer im Jahr 1989 ist es in Mode gekommen zu behaupten, dass in Stalins Russland oder dem seiner Nachfolger Chruschtschow und Breschnew überhaupt nichts funktioniert habe. Faktisch konnte mit den stalinistischen Methoden aber ein schnelleres Wirtschaftswachstum erzielt werden als in anderen Ländern – ausgenommen vielleicht Japan. Was im Jahr 1928 noch eine überwiegend rückständige Agrargesellschaft gewesen war, hatte sich zu einem hochindustrialisierten Land gemausert, das mit den USA um die modernste Waffentechnik des Kalten Kriegs wetteiferte und die USA sogar noch überrundete, als es als erstes Land einen Satelliten, den Sputnik, und mit Juri Gagarin den ersten Menschen ins Weltall beförderte.

Selbst erbitterte Feinde des russischen Systems mussten das seinerzeit anerkennen. Der spätere britische Ministerpräsident Harold Wilson von der Labour Party sprach im Jahr 1953 von »Russlands spektakulärer Steigerung der Produktion und seiner Fertigungskapazitäten«.[288] Damit hatte er nicht Unrecht. In einer jüngeren Wirtschaftsgeschichte Osteuropas heißt es: »Die durchschnittlichen Wachstumsraten in der Region während der zwei ersten Jahrzehnte der Planwirtschaft (1950 bis 1970) übertrafen die höchsten Werte der Zwischenkriegszeit (1925 bis 1929).«[289]

Der Stalinismus in Russland hatte seinen Ursprung in der Isolation und Strangulation der Revolution von 1917. Den osteuropäischen Ländern wurde

---

288 *Daily Telegraph*, 28. September 1953, zitiert nach: Foot, Paul, *The Politics of Harold Wilson*, Harmondsworth 1968, S. 111.
289 Kaser, Michael Charles, *The Economic History of Eastern Europe, 1919–1975*, London 1986, S. 9.

er von Russland aufgezwungen – außer Jugoslawien, wo er von den Führern der Partisanenarmee, die die deutschen Besatzer vertrieben hatte, freiwillig kopiert wurde. Es war aber nicht nur schiere Unterdrückung, die es dem Stalinismus erlaubte, sich in all diesen Ländern zu verankern und zu gedeihen, er bot auch einen Weg zur Entwicklung der Industrie, und weite Teile der Mittelschichten sahen eine bedeutende Zukunft vor sich. Der Stalinismus begeisterte und machte zugleich Angst. Er eröffnete vielen Aufstiegschancen: Der Industriefacharbeiter konnte potenziell Manager werden und der Bauer der Einfachheit des Landlebens entrinnen und seinen Horizont in der Stadt erweitern.

Die Vorstellung, dass es möglich war, die Gesellschaft zu verändern, Industrie und Städte aufzubauen und ein Bildungssystem für die Massen zu schaffen, übte hohe Anziehungskraft auf Flügel der gebildeten Mittelschicht in den nicht industrialisierten Ländern der Welt aus, zumal sie auf gut bezahlte Posten in der neu entstehenden Industrie hoffen konnten. Sie konnten aber nicht warten, bis kleine Unternehmen genügend Wirtschaftskraft entwickelt hatten, um mit den Großkonzernen der entwickelten Länder zu konkurrieren. Die kleinen Firmen würden dabei als Erste verlieren. Sie benötigten ausreichend Masse, die nur erzielt werden konnte, wenn der Staat die Einzelunternehmen zusammenschloss und Finanzmittel hineinpumpte. Sie mussten auch vor direkter Auslandskonkurrenz geschützt werden, was Aufgabe des Staats war. Staatskapitalismus, meist irrigerweise als Sozialismus bezeichnet, schien die Lösung für diese Probleme zu bieten.

Schon zur Jahrhundertwende hatte der Staat eine wichtige Funktion bei der Entwicklung von Großindustrien in Japan und im Zarenrussland eingenommen. Durch den Ersten Weltkrieg und die Krise in den Zwischenkriegsjahren war der Staat in den entwickelten Ländern erheblich gestärkt worden. Ende der 1930er Jahre hatte die staatliche Kontrolle über die Industrie des nationalsozialistischen Deutschlands ein solches Ausmaß angenommen, dass der »austromarxistische« Wirtschaftswissenschaftler und ehemalige deutsche Finanzminister Rudolf Hilferding glaubte, der Kapitalismus sei durch ein neues Wirtschaftssystem ersetzt worden.[290] Selbst auf dem »freies-

---

290 Zitiert nach: Haynes, Mike, und Peter Binns, »Eastern European Class Societies«, in: *International Socialism* 7, London, Winter 1979. Hilferding, Rudolf,

ten Markt« des Westens, in den USA, war der Staat in den Jahren 1941 bis 1944 Bauherr der meisten Fabriken und kontrollierte den übergroßen Teil der Wirtschaftshandelns.

Die Tendenz zum Staatskapitalismus war dort am stärksten ausgeprägt, wo die eigene Industrie nur schwach entwickelt war. Deshalb übernahm in Brasilien der Staat unter dem populistischen Präsidenten Getúlio Vargas in den 1930er Jahren die Aufgabe, den Kapitalismus umzuorganisieren und die Industrie aufzubauen, und in Argentinien war es in den 1940ern und Anfang der 1950er Jahre die Regierung des Diktators Juan Perón. Vor diesem Hintergrund hielten es nicht nur kommunistische, sondern auch sozialdemokratische und bürgerliche Politiker, die in den meisten osteuropäischen Ländern in den Jahren 1945 bis 1947 mit ihnen in einer Regierung saßen, für selbstverständlich, dass der Staat den Großteil der Industrie lenkte und es eine zentrale Planung gab. In Indien hatte sich im Jahr 1944, noch ehe der Kongress die Macht übernahm, eine Gruppe Industrieller zusammengetan und das »Bombaiprogramm« der Staatsplanung verabschiedet, das sich stark an das russische Vorbild anlehnte, aber auf Privat- wie Staatskapital setzte.

In Indien, China, Ägypten, Syrien, Irak und Algerien gab es dementsprechend mächtige Staatssektoren und es wurden Langzeitpläne aufgestellt. Diese Tendenz beschränkte sich nicht auf Staaten, die sich selbst als sozialistisch bezeichneten. Im China der Kuomintang hatte der überwiegende Teil der Industrie in Staatshand gelegen, und so blieb es auch unter der Kuomintangherrschaft auf Taiwan. Südkorea unter General Park Chung Hee, der sich im Jahr 1961 an die Macht geputscht hatte, sah ebenfalls in staatlicher Planung und Kontrolle (wenn auch nicht notwendigerweise Staatseigentum) die einzige Möglichkeit, das seinerzeit industriell stärker entwickelte Nordkorea zu überholen.

Die Kehrseite des Wirtschaftswachstums nach stalinistischer »Planung« waren wie in den industriellen Revolutionen des Westens die furchtbaren Lebens- und Arbeitsbedingungen der Arbeiterklasse. Allerdings waren jene, die die wachsenden Industrie- und Staatsapparate leiteten, auch keine Arbeiter, selbst wenn manche ursprünglich aus der Arbeiterklasse stammten.

»Staatskapitalismus oder totalitäre Staatswirtschaft« (1940), in: Stephan, Cora (Hg.), *Zwischen den Stühlen,* Berlin und Bonn 1982, S. 290–296.

In den Anfangsjahren schien der Staatskapitalismus eine sehr effektive Wirtschaftsweise zu sein. Indien und Ägypten waren Ende der 1960er Jahre noch stark ländlich geprägt, der Großteil der Bevölkerung lebte in bitterer Armut und die neuen Industrien standen vor vielen Problemen. Aber sie hoben sich deutlich von dem Zustand nur zwanzig Jahre zuvor ab und waren sehr viel mehr in die moderne Welt integriert. Das drückte sich auch in dem gestiegenen Vertrauen weiter Kreise der Mittelschicht in die Machthaber ihres Landes aus, was den Regimen zusätzlich Stabilität verlieh. Dort, wo wie in China, Indien und Ägypten staatskapitalistische Entwicklungen von Landreformen begleitet waren, mit denen der Großgrundbesitz zugunsten der Bauernschaft zerschlagen wurde, konnten die Regime auch in der Landbevölkerung Wurzeln fassen, selbst wenn die Reformen vor allem den mittleren und reicheren Bauern und nicht den Kleinbauern und Landarbeitern zugutekamen.

Mit der Zeit wich die Euphorie allerdings, und während noch Regime wie das ägyptische Elemente des stalinistischen Modells zu übernehmen begannen, gab es schon erste Anzeichen für die Grenzen dieses Modells in Russland und Osteuropa.

Kurs auf 1956

Stalin starb im Jahr 1953, nachdem er ein Vierteljahrhundert lang fast unumschränkter Herrscher gewesen war. Manchmal ist der Tod eines Machthabers der Anlass dafür, dass seine Mitläufer sich endlich den Problemen stellen, die sich im Laufe der Jahre angehäuft haben. So war es auch jetzt.

Stalins Handlanger waren sich vage bewusst, dass unter der Oberfläche große Unzufriedenheit brodelte. Sie fürchteten außerdem, dass einer aus ihren Reihen Stalins staatsterroristischen Apparat in die Hand bekommen und ihn gegen sie richten könnte. Kaum war Stalin unter der Erde, als sie schon beschränkte Reformen einleiteten, während sie sich hinter den Kulissen bekriegten (der schon fast psychopathisch zu nennende Geheimdienstchef Lawrenti Beria wurde bei einer Sitzung des Zentralkomitees verhaftet und anschließend hingerichtet).

Im Februar 1956 entschloss sich Nikita Chruschtschow, der neue Generalsekretär der Kommunistischen Partei, vor Parteimitgliedern einige Wahrheiten über Stalins Herrschaft auszusprechen, um sich für den Führungskampf besser in Stellung zu bringen. Er erklärte vor dem 20. Parteikongress in Moskau, Stalin sei für die Ermordung Tausender unschuldiger Menschen und die Deportation von Millionen Angehörigen nationaler Minderheiten verantwortlich gewesen. Außerdem habe Stalin sich bei dem Einmarsch der Wehrmacht im Jahr 1941 als unfähig und feige erwiesen. Diese Enthüllungen erschütterten das Vertrauen von Zigmillionen Menschen überall auf der Welt, die gelernt hatten, in Stalin einen Halbgott zu sehen, auch wenn viele weiterhin ihre Augen vor seinen Verbrechen zu verschließen suchten.

Inzwischen aber geschah etwas, das noch viel gravierendere Folgen hatte als Chruschtschows Rede über seinen Vorgänger. Die Massen unterhalb des staatskapitalistischen Herrschaftsapparats begannen zu revoltieren.

Der erste Aufstand fand in Ostdeutschland im Juni 1953 statt, kurz nach Stalins Tod. Bauarbeiter einer Großbaustelle in Ostberlin sollten für denselben Lohn noch härter arbeiten und traten in den Streik. Zehntausende schlossen sich ihnen an, als sie durch die Stadt marschierten. Am folgenden Tag war jede bedeutende Industriestadt Ostdeutschlands von Streiks betroffen. Demonstranten stürmten Gefängnisse und griffen Polizeireviere und Parteigebäude an. Am Ende mussten russische Truppen einmarschieren, um den Aufstand niederzuschlagen. Dies war ein klassischer spontaner Arbeiteraufstand, wie Deutschland sie seit 1918/19 immer wieder erlebt hatte, diesmal jedoch gegen ein staatskapitalistisches Regime gerichtet, das behauptete, im Namen der Arbeiterklasse zu regieren. Die streikenden Arbeiter waren überwiegend dieselben, die in der Weimarer Republik der 1920er Jahre zum äußersten linken Flügel gehört hatten. Rund 68 Prozent derer, die in Ostberlin wegen Teilnahme an dem Aufstand aus der Partei ausgeschlossen wurden, waren vor Hitlers Aufstieg zur Macht Mitglieder der Kommunistischen Partei gewesen.[291] Sie waren alte Kämpfer, die in dem Aufstand die Fortsetzung des Kampfs für Arbeiterkontrolle sahen, dem sie sich seit ihrer Jugend verschrieben hatten.

Kurz nach den Ereignissen in Ostdeutschland revoltierten in Russland selbst die Insassen des riesigen Arbeitslagers Workuta. Eine Viertelmillion Gefangene, die dort in den Bergwerken schufteten, traten in den Streik. Die

---

291 Jänicke, Martin, *Die antistalinistische Opposition gegen Ulbricht seit 1953*, Köln 1964, S. 51.

Regierung befahl den Soldaten, die Bergarbeiter einzukesseln, bot Verhandlungen an und ließ dann die 250 gewählten Streikdelegierten hinrichten. Die Aktion der Zwangsarbeiter hatte dem Regime die Sprengkraft solcher Unruhen verdeutlicht, und es ließ innerhalb von zwei Jahren neunzig Prozent der Insassen frei. Wie in den USA nach dem Bürgerkrieg trat an die Stelle der Sklavenarbeit die Lohnarbeit: Die Form der Ausbeutung, die sich am besten für die »ursprüngliche Akkumulation« eignete, wurde durch jene ersetzt, die der Industriegesellschaft angemessen war.

Aber erst in den Monaten nach Chruschtschows Kritik an Stalin zeigte sich das ganze Unruhepotenzial. Ein Streik in der polnischen Stadt Posen im Juni 1956 schlug in einen regelrechten Aufstand um. Das Regime zerschlug die Bewegung, ehe sie sich ausweiten konnte, nicht verhindern konnte es jedoch, dass die gesamte gesellschaftliche Ordnung erschüttert wurde. Das Land schien im Oktober und November am Rande einer Revolution zu stehen, als an der Spitze des Regimes ein Machtkampf ausbrach. Die Zensur versagte, Arbeiter wählten ihre eigenen Komitees und gelobten, ihre Rechte auch mit Gewalt zu verteidigen. Die Rede vom »Frühling im Oktober« ging um, als Gomułka, einer der Ende der 1940er Jahre verhafteten Parteiführer, zurück in die Regierung geholt wurde. Er stellte sich entschlossen gegen ein militärisches Eingreifen russischer Truppen und überzeugte die Arbeiter unter tatkräftiger Mithilfe der katholischen Kirche und des US-amerikanischen Propagandasenders Radio Free Europe davon, ihm zu vertrauen.[292]

Die polnischen Ereignisse wurden in Ungarn zum Auslöser einer der großen Revolutionen der Geschichte. Einer Demonstration von Studenten durch Budapest Ende Oktober 1956 schlossen sich Zehntausende Arbeiter an. Ein Teil der Demonstranten stürzte die riesige Stalinstatue, ein anderer marschierte zum Rundfunkgebäude und wurde von Geheimpolizisten im Inneren des Gebäudes mit Gewehrsalven empfangen. Daraufhin holten die Arbeiter die Waffen aus den Sportklubs der Fabriken, zogen die Soldaten einer Kaserne auf ihre Seite und übernahmen kurz danach die Kontrolle über den Großteil der Stadt. In allen Städten des Lands legten ähnliche Bewegungen die faktische Macht in die Hände der Fabrikräte und Revolutionskomitees.

---

292 Eine umfassende Darstellung dieser Ereignisse findet sich in Kapitel 6 meines Buchs: *Class Struggles in Eastern Europe 1945–83*, London 1984.

Peter Fryer, der von der britischen Kommunistischen Partei als Berichterstatter für den *Daily Worker* nach Ungarn gesandt worden war, berichtete von der

> auffallenden Ähnlichkeit [dieser Komitees] in vielen Punkten mit den Sowjets oder Arbeiter-, Bauern- und Soldatenräten, die in Russland während der Revolution von 1905 und dann wieder im Februar 1917 entstanden. [...] Sie waren Organe des Aufstandes – eine Versammlung von Abgeordneten, die von Fabriken, Universitäten, Bergwerken und Armee-Einheiten gewählt worden waren – und gleichzeitig Organe einer volkstümlichen Selbstverwaltung, der das bewaffnete Volk vertraute.[293]

Ein Flügel des Regimes versuchte wie Gomułka in Polen die Kontrolle über die Bewegung zurückzugewinnen, indem sie einen ebenfalls in Ungnade gefallenen Kommunisten, Imre Nagy, zum Chef einer Regierungskoalition ernannten. Am 4. November, während Großbritannien, Frankreich und Israel Ägypten angriffen, rollten russische Panzer durch Budapest und besetzten die wichtigsten Gebäude. Die ungarische Bevölkerung leistete erbitterten Widerstand, der schließlich niedergeschlagen werden konnte, aber erst nachdem Tausende getötet, mehrere Stadtviertel in Schutt und Asche gelegt und über 200.000 Ungarn über die Grenze nach Österreich geflohen waren. Die Stadt wurde vierzehn Tage lang von einem Streik stillgelegt und der Zentrale Arbeiterrat von Groß-Budapest wurde faktisch zur Gegenregierung des russlandtreuen János Kádár. Auch die Arbeiterräte wurden schließlich zerschlagen und ihre Anführer landeten auf Jahre im Gefängnis. Dreihundertfünfzig Personen wurden hingerichtet, »fast drei Viertel von ihnen waren Arbeiter und Jugendliche um die zwanzig«.[294] Unter den Toten befanden sich Imre Nagy und vier weitere Mitglieder seiner kurzlebigen Regierung.

Nach offizieller kommunistischer Lesart hatte es sich bei der Revolution um eine von Westspionen geplante Eskapade zur Wiedereinführung des Kapi-

---

293 Fryer, Peter, *Ungarische Tragödie*, Köln 1957, S. 60.
294 Litván, György, und János M. Bak (Hg.), *Die Ungarische Revolution 1956, Reform – Aufstand – Vergeltung,* Wien 1994, S. 159.

talismus gehandelt. Wie so häufig während des Kalten Kriegs wurde die Revolution im Westen sehr ähnlich dargestellt. Dort hieß es, bei der Revolution sei es lediglich darum gegangen, eine »freie Gesellschaft« nach westlichem Vorbild zu schaffen. Die meisten Revolutionsführer wollten jedoch sehr viel mehr. Sie konnten sich an die Vorkriegsdiktatur erinnern, die in Ungarn im Namen der kapitalistischen »Freiheit« geherrscht hatte. Stattdessen setzten sie auf ein System, in dem den Arbeiterräten eine Schlüsselposition zukommen würde, selbst wenn der Ablauf der Ereignisse ihnen keine Zeit ließ, um zu klären, um welche Art System es sich handeln würde. Wer das bezweifelt, möge die verschiedenen ungarischen Dokumentensammlungen aus dem Jahr 1956 lesen, die seitdem veröffentlicht wurden.[295]

In einer neueren, maßgeblichen ungarischen Studie über die Revolution heißt es:

> Forderungen, die die Existenz, den Alltag und die Lebensbedingungen der Menschen betrafen, finden sich vornehmlich in den Manifesten der Betriebs- und Arbeiterräte. Wir erfahren [...] eine Fülle von Details über den menschenschinderischen Stücklohn, die ungerechten Arbeitsnormen und niedrigen Löhne, die mangelhaften sozialen Leistungen und die [...] schlechte Lebensmittelversorgung. [...] die aktivsten Kämpfer der Revolution [haben] über die prinzipielle Forderung nach Freiheit und Unabhängigkeit hinaus auch für ein menschlicheres Leben und für zeitgemäße Arbeits- und Lebensbedingungen gestritten [..]. Diese berechtigten Forderungen spiegelten sich auch in der programmatischen Forderung nach einer »wahrhaft sozialistischen Gesellschaft« wider. [...]
> Das Ziel war eine Wirtschaftsordnung, wo die Entscheidung über die Industrieproduktion (Bergbau und Verkehrswesen inbegriffen) in der Hand der Produzierenden (Arbeiter, Techniker und Betriebswirte) liegt [...].

---

295 Die umfassendste Sammlung findet sich in: Lomax, Bill, *Hungarian Worker's Councils in 1956*, New York 1990. Siehe auch die sehr viel frühere Sammlung, die zudem Mitschriften von Rundfunksendungen enthält, in: Lasky, Melvin J. (Hg.), *Die ungarische Revolution*, Berlin 1958; und Kopácsi, Sándor, *Die ungarische Tragödie*, Frankfurt am Main 1981. Über die Dynamik der Revolution siehe auch Kapitel 7 meines Buchs *Class Struggles in Eastern Europe*.

»Wir weisen jeden Restaurationsversuch zurück, der auf die Wiederherstellung der Herrschaft der Großgrundbesitzer, der Fabrikanten und Bankiers abzielt.« [Darüber] war man sich allerorts einig.[296]

Die ungarische Revolution stellte einen Angriff auf die herrschenden Ideologien beider Seiten des Kalten Kriegs dar. Wer den Mut aufbrachte, den Tatsachen ins Auge zu sehen, dem bewies sie, dass die UdSSR schon lange nicht mehr in der Tradition von Karl Marx, Friedrich Engels und Rosa Luxemburg stand. Sie zeigte auch, wie unrecht die Liberalen und Sozialdemokraten hatten, die behaupteten, der stalinistische Totalitarismus könne jede Bewegung für gesellschaftliche Veränderungen von vornherein ersticken, weshalb es nötig sei, sich auf die Seite des westlichen Imperialismus zu schlagen. Dieser Pessimismus hat die Köpfe unzähliger Intellektueller vernebelt, die einst weit links zu verorten gewesen waren: John Dos Passos, John Steinbeck, Max Shachtman, Stephen Spender, Albert Camus, James T. Farrell, John Strachey, George Orwell, Saul Bellow – die Liste ließe sich endlos fortsetzen. Sie hatten ein Bild wie aus George Orwells Roman *1984* vor Augen: von einer übermächtigen Diktatur, die ihre Gegner einer derartigen Gehirnwäsche unterziehen konnte, dass sie »2 + 2 = 5« sagten. Ungarn zeigte, wie schnell solch eine Diktatur einstürzen und aus den Trümmern Kräfte entstehen konnten, die nach echter Befreiung strebten. Wenn das in Ungarn möglich war, dann konnte es eines Tages auch im Kernland des stalinistischen Staatskapitalismus, in Russland selbst geschehen.

Die Machthaber beider Blöcke beeilten sich, die Erinnerung an die Revolution auszulöschen. Über ein Vierteljahrhundert lang war es nicht erlaubt, die Ereignisse in Ungarn anders denn als »Konterrevolution« zu bezeichnen. Noch Ende des Jahres 1986 prügelte die Polizei eine Studentendemonstration zur Erinnerung an die ungarische Revolution von der Straße. Im Westen war sie schon bald vergessen. Anfang der 1970er Jahre galt ihr Henker Kádár in den westlichen Medien als liberaler »Reformer«. Die beiderseitige Amnesie ermöglichte es ihnen zu vergessen, dass der Monolith Risse bekommen

---

296 Litván und Bak (Hg.), *Die Ungarische Revolution*, S. 111 f.

konnte. Als es im Jahr 1968 in der Tschechoslowakei dann wieder geschah, waren beide Seiten überrascht.

Die kubanische Revolution

Die Vereinigten Staaten hatten ihre eigenen über die Welt verteilten Satelliten. Ende der 1950er Jahre waren sie in Zentralamerika konzentriert, südlich der mexikanischen Grenze (Honduras, El Salvador, Nicaragua, Panama und Guatemala), in der Karibik (Kuba, die Dominikanische Republik und Haiti) und in Ostasien (die Philippinen, Südkorea, Südvietnam und Thailand). Die USA verfügten in der Panama durchschneidenden Kanalzone und in Südkorea über feste Militärstützpunkte. Sie hatten zu Anfang des Jahrhunderts in Haiti, Nicaragua und Kuba wiederholt Truppen an Land gesetzt, regierten bis zum Jahr 1946 die Philippinen als Kolonie und unterhielten dort wie in Guantánamo an der Küste Ostkubas riesige Stützpunkte.

Diese offiziell unabhängigen Staaten wurden in der Regel von einer kleinen und oft äußerst zersplitterten Gruppierung aus Militärs, Landoligarchen, Politikern und gelegentlich auch einheimischen Kapitalisten regiert. Sie genossen nur geringe Unterstützung in der Bevölkerung und versuchten diese Tatsache mit einer Mischung aus extremer Korruption und schlimmster Unterdrückung auszugleichen. Die Schwäche der Regime machten sich die USA zunutze, indem sie durch Hilfsleistungen und Militärberater Abhängigkeiten herstellten und so auch dafür sorgten, dass ihre Geschäftsinteressen nicht gefährdet wurden. Diese Regime konnten deshalb aber auch rasch in sich zusammenbrechen, wenn die Eingreiffähigkeit der USA nicht mehr gewährt war. Dass die USA zu solchen Interventionen bereit waren, hatten sie schon im Jahr 1954 bewiesen, als die CIA den Sturz einer recht gemäßigten Reformregierung in Guatemala organisierte.

Fünf Jahre später mussten sie eine Schlappe hinnehmen, die sie kaum verkraften konnten: Das korrupte und diktatorische Regime Fulgencio Batistas auf Kuba brach zusammen, die Macht lag plötzlich in den Händen von Guerillas unter der Führung Fidel Castros, seines Bruders Raúl und eines des Landes verwiesenen argentinischen Arztes, Ernesto »Che« Guevara.

Die Guerilleros waren nur zwei Jahre zuvor an einer verlassenen Küste der Insel gelandet. Nach ihrem Sieg entstand ein ganzer Revolutionsmythos, wonach sie ihren Erfolg der Unterstützung der Bauernmassen oder den Landarbeitern auf den Zuckerfeldern der Insel verdankten. Tatsächlich waren sie aufgrund ihres abgeschiedenen Guerilladaseins von den Bauern weitgehend und von der Arbeiterschaft völlig abgeschnitten. Ihren Sieg errangen sie aufgrund der ausgesprochenen politischen Isolation des Regimes Batistas. Er hatte sich die beiden wichtigsten Parteien der Mittelschicht zum Feind gemacht und die Kapitalisten wegen der grassierenden Korruption verprellt – Kuba war das Zentrum des Mafiatums (was Thema des Kinofilms »Der Pate« ist) und als »Bordell der Karibik« bekannt. Batista hatte auch die Masse der Bevölkerung gegen sich aufgebracht, weil er die sozialen und politischen Zugeständnisse der 1930er Jahre wieder zurückgenommen hatte. Selbst die USA stellten ihre Hilfe für den Diktator schließlich ein, als sein Sturz abzusehen war.

Unter diesen Umständen bedurfte es nur noch wenig, um ihn tatsächlich zu Fall zu bringen. Castros kleine Guerillatruppe (nur 22 der 82 Männer hatten die Landung Ende 1956 überlebt[297] und im Sommer 1958 waren es nur 200) war der Schneeball, der eine Lawine auslöst. Allein ihre Existenz war ein Beleg für die Schwäche des Regimes Batistas, und schon bald brachen seine Streitkräfte in sich zusammen.

Die Rebellenarmee, die in den ersten Januartagen 1959 in Havanna einzog, verfügte über Rückhalt bei allen gesellschaftlichen Schichten Kubas, hatte jedoch mit denselben Bedingungen zu kämpfen, die schon Batistas Gefolgschaft hatte schwinden lassen. Die kubanische Volkswirtschaft, die von den schwankenden Weltmarktpreisen für Zucker, ihr wichtigstes Exportgut, abhängig war und deren Pro-Kopf-Produkt immer noch nicht höher lag als in den 1920er Jahren, konnte die widersprüchlichen Anforderungen der verschiedenen Klassen nicht erfüllen. Die Kapitalisten und ihre Geschäftspartner in den USA wollten ihre Profite erhöhen und sie ungehindert ins Ausland transferieren können. Die Arbeiter erwarteten höhere Löhne und die Bauern die Hebung ihrer bescheidenen Einkünfte. Mitglie-

---

297 Nach Anderson, Jon Lee, *Che. Die Biographie,* München 2001, S. 172.

der der jungen, gebildeten Mittelschicht, aus der die Kader der Guerillabewegung stammten und die große Unterstützernetze in den Städten geschaffen hatten, strebten nach der Fortentwicklung der kubanische Volkswirtschaft, um dem Land Geltung zu verschaffen und selbst eine gut bezahlte Laufbahn einschlagen zu können.

Castro konnte nicht die Bedürfnisse der einen Klasse erfüllen, ohne sich die anderen zum Feind zu machen. Den Kapitalisten entgegenzukommen, hätte geheißen, den Weg Batistas in den Niedergang zu gehen, und dazu war Castro nicht bereit. Stattdessen setzte er auf eine Politik der Reformen einerseits, um die Arbeiterklasse und die Bauern für sich zu gewinnen (eine Landreform, die Schaffung eines Wohlfahrtsystems und eines Gesundheitswesens und eine Alphabetisierungskampagne), und andererseits auf den Einsatz der Staatsmacht zur Realisierung ehrgeiziger Industrialisierungsprogramme. Mit dieser Strategie verstieß er zwangsläufig gegen die Interessen des alteingesessenen Kapitals und des US-amerikanischen Großkapitals, weil »die kubanische Volkswirtschaft so sehr mit der US-amerikanischen verflochten war, dass das Land in vieler Hinsicht als eine Art Wurmfortsatz gelten konnte«.[298]

Achtzehn Monate nach Castros Machtübernahme weigerten sich die in US-amerikanischer Hand liegenden Ölraffinerien auf der Insel, billiges russisches Öl zu verarbeiten. Castro verstaatlichte sie. Die USA übten Vergeltung, indem sie das Abkommen über den Aufkauf des Großteils der kubanischen Zuckerrohrernte aufkündigten; Kuba verstaatlichte daraufhin die US-amerikanischen Zuckerraffinerien und Fabriken, Elektrizitäts- und Telefonmonopole und nahm Handelsbeziehungen mit Russland auf. Die Medien der USA entfesselten eine hysterische Kampagne gegen Castro und in Miami stimmten kubanische Exilgeschäftsleute ein anschwellendes Gezeter über Castros »Verrat« an der Revolution an.

Im April 1961 versuchte die CIA mit einer Armee Exilkubaner in der Schweinebucht zu landen, um Castro zu stürzen, gleichzeitig bombardierten nicht gekennzeichnete Kampfflugzeuge der USA kubanische Fluglandeplätze. Das Unternehmen scheiterte kläglich, weil sich die kubanische Bevölkerung hinter das Regime stellte.

---

298 Seers, Dudley, *The Economic and Social Revolution*, North Carolina 1964, S. 20.

Die Billigung der Landung hatte zu den ersten Amtshandlungen des frisch gewählten Präsidenten der USA, John F. Kennedy, gehört. Nach seiner Ermordung im Jahr 1963 wurde er für viele Liberale zur Kultfigur. Im Umgang mit Kuba zeigte er allerdings keinerlei Anzeichen von Liberalismus. Er und sein Bruder Robert entwickelten eine tiefe persönliche Abneigung gegen Castro und gaben der CIA grünes Licht, gemeinsam mit Mafiosi Anschläge auf das Leben des kubanischen Staatschefs auszuhecken – wozu sogar solche aberwitzigen Pläne gehörten, wie Castros Lieblingszigarren mit Sprengstoff zu präparieren! Sie erstellten auch ein Notstandsprogramm für eine Zivilregierung nach einer erfolgreichen Invasion. Im Jahr 1962 brachten ihre Manöver sie in direkte Konfrontation mit Russland.

Für viele Leute seinerzeit war die Woche vom 20. bis 27. Oktober 1962 die schlimmste ihres Lebens, als der Kalte Krieg kurz davor stand, in einen Atomkrieg umzuschlagen. Mit Kriegsschiffen hatten die USA um Kuba eine Seeblockade errichtet, um sowjetische Frachter mit Gewalt an der Landung zu hindern. Langstreckenraketen, U-Boot-gestützte Raketen und 1.400 Kampfflugzeuge waren gefechtsbereit. In der Luft kreisten ununterbrochen Dutzende Langstreckenbomber mit voller Atombombenlast, die jederzeit Ziele in der UdSSR anfliegen konnten. Und in Florida, nur rund einhundert Kilometer von Kuba entfernt, zogen die USA die größte Streitmacht seit dem Zweiten Weltkrieg zusammen: 100.000 Soldaten, 90 Kriegsschiffe, 68 Flugzeugstaffeln und 8 Flugzeugträger.

Kennedys Regierung hatte in Erfahrung gebracht, dass die UdSSR unter Führung Chruschtschows in aller Heimlichkeit Atomraketen auf Kuba installierte. Die USA konnten bereits von ihren Stützpunkten in Westeuropa und der Türkei aus russische Städte treffen. Die Raketen auf Kuba hätten Russland in die Lage versetzt, im Gegenzug Städte der USA anzugreifen. Castro und Che Guevara begrüßten die Stationierung der Raketen, weil sie darin ein Abschreckungsmittel gegen einen möglichen Angriff der USA sahen. Zweifellos irrten sie sich in dieser Hinsicht, denn es war wenig wahrscheinlich, dass Russland die Zerstörung der eigenen Städte in einem Schlagabtausch unter Einsatz von Atomwaffen riskieren würde, um den Kubanern einen Gefallen zu tun.

Die Regierung der USA war hingegen bereit, einen Atomkrieg zu riskieren, damit die Raketen wieder abgezogen wurden. Wie nahe die Welt an einem Atomkrieg vorbeischrammte, wurde später von Robert Kennedy, dem Bruder des Präsidenten, enthüllt: »In einer Frage waren wir uns einig: Sollten die Russen wegen Kuba einen Krieg anzetteln, dann waren sie auch bereit, einen Atomkrieg zu führen, und wir könnten es gleich, nicht erst sechs Monate später, zur Machtprobe kommen lassen.« Mitschriften von den Diskussionen im US-amerikanischen Präsidialamt belegen, dass die Regierung der größten Macht der Welt tatsächlich bereit war, einen Atomkrieg mit Russland einzugehen.[299] Ihnen lässt sich auch entnehmen, dass Kennedys Kubabesessenheit noch einen anderen Hintergrund hatte, nämlich die Furcht vor der Erosion der globalen Vormachtstellung der USA.

Der Krieg wurde nur deshalb abgewendet, weil Chruschtschow in letzter Sekunde einlenkte und sich zum Abzug der Raketen bereit erklärte. Im Politbüro erhielt er für diese Entscheidung nur eine knappe Mehrheit und es kam zu erheblichen Verstimmungen mit Kuba. Letztendlich hatte die russische Führung die Entscheidung getroffen, die Aufteilung der Welt zwischen der Sowjetunion und dem US-amerikanischen Imperialismus nicht anzutasten, ebenso wie die USA diesen Status quo zur Zeit der ungarischen Revolution nicht infrage stellten. In der Folge häuften beide Seiten riesige Mengen Atomwaffen an, allerdings auf der Grundlage einer »Détente«, wie sie es nannten – eines Abkommens, sich gegenseitig nicht zu sehr auf die Füße zu treten. Dieses Verhältnis setzte sich bis in die 1980er Jahre fort, trotz der großen Umbrüche, die sich in der Zwischenzeit in beiden Lagern vollzogen.

Die politischen Führer Kubas waren bestürzt über Russlands Entscheidung, die Raketen wieder abzuziehen. Sie waren als Faustpfand benutzt worden, aber wegen ihrer Abhängigkeit von der russischen Wirtschaftshilfe mussten sie sich damit abfinden. Infolge dieser Abhängigkeit waren sie auch gezwungen, etliche Industrialisierungspläne fallen zu lassen und wie vor der Revolution zu dem Export von Zucker zurückzukehren. Hatte in den Anfangsjahren der Revolution die Botschaft »Diversifikation der Landwirtschaft« gelautet, erscholl jetzt der Ruf nach einer Zuckerrohrrekordernte. Auf internationaler Bühne gab es einen kurzen Versuch, die Zwangsjacke der russischen Politik abzuschütteln. Die kubanischen Führer beriefen Konferenzen

---

299 May, Ernest R., und Philip D. Zelikow (Hg.), *The Kennedy Tapes: Inside the White House during the Cuban Missile Crisis,* Harvard University Press, 1998.

der Organisation für Lateinamerikanische Solidarität und der Trikontinentale (der drei Kontinente Asien, Afrika und Lateinamerika) ein, auf denen sie kaum verhohlene Kritik an der Politik übten, die Russland den kommunistischen Parteien der Dritten Welt und den Befreiungsbewegungen aufzwang. Che Guevara verließ Kuba, um diese Kritik in die Praxis des Guerillakampfs in Kongo und in Bolivien umzusetzen. Aber weder die Kritik an Russland noch Che Guevaras Praxis leiteten sich von einer konkreten Einschätzung der Klassenkräfte in einer spezifischen Situation ab. Stattdessen versuchte Guevara das Modell des revolutionären Kampfs, das unter den besonderen Bedingungen auf Kuba erfolgreich gewesen war, einfach zu übertragen. In Kongo erlitt er einen schmählichen Misserfolg und in Bolivien stolperte er von einer Katastrophe in die nächste, bis er schließlich von einem CIA-Agenten gefasst und erschossen wurde. Im Jahr 1968 unterstellten sich Castro und die kubanische Regierung wieder Russland.

Der Vietnamkrieg

Anfang der 1960er Jahre war Vietnam für die Regierung der USA nur ein Ort unter vielen, denen sie ihre »Berater« schickte, um mit militärischen Mitteln gegen feindselige Kräfte vorzugehen. »Vietnam ... wir haben hier jeden Tag dreißig Vietnams«, sagte Robert Kennedy damals einem Journalisten.[300] Oberflächlich betrachtet hatte er allen Grund, so selbstbewusst aufzutreten. Mit einem Regierungsprojekt der USA zur Stabilisierung Lateinamerikas, dem »Fortschrittsbündnis«, schien die Gefahr einer Wiederholung der kubanischen Revolution in anderen Ländern behoben und Guerillabewegungen in Venezuela, Guatemala, Bolivien und andernorts wurden vernichtend geschlagen. Mitte der 1960er Jahre war durch den rechtzeitigen Einsatz US-amerikanischer Truppen in Kongo das Vorrücken der dortigen Rebellen auf die Hauptstadt und den Sitz des Diktators Mobutu, eines Verbündeten der USA, verhindert worden, und in der Dominikanischen Republik hatten sie einen Volksaufstand niedergeschlagen. In Indonesien war es nicht einmal nötig gewesen, US-Truppen einzusetzen. Die CIA arbeitete mit General

---

300 Zitiert nach: Halberstam, David, *Die Elite*, Reinbek 1974, S. 76.

Suharto zusammen, der einen gescheiterten Staatsstreich linker Generale zum Vorwand nahm, eine halbe Million Menschen zu ermorden, die mächtigste Kommunistische Partei der Dritten Welt zu zerschlagen und den volksnahen Unabhängigkeitsführer Sukarno zu entmachten.

Robert Kennedys Angeberei mit Blick auf Vietnam war dennoch fehl am Platz. Das Land war kurz nach Beendigung des Koreakriegs im Jahr 1954 geteilt worden. Frankreich hatte versucht, Vietnam weiterhin als Kolonie zu behalten, erlitt aber einen schweren Schlag, als die Befreiungsbewegung der Vietminh der französischen Armee eine verheerende Niederlage in Dien Bien Phu beibrachte. Die Vietminh hatten auf Anraten Russlands und Chinas allerdings nur die nördliche Hälfte des Lands unter ihre Kontrolle gebracht, weshalb die mit Frankreich verbündeten vietnamesischen Organisationen im Süden die einzigen Vertreter für die gesamtvietnamesischen Wahlen gewesen wären. Die USA, die Frankreichs Krieg vor allem finanziert hatten, waren jetzt auch Hauptförderer der Regierung im Süden und sorgten dafür, dass die Wahlen gar nicht erst stattfanden.

Die Unterdrückung jeglicher Opposition wurde noch verschärft. Buddhistische Mönche protestierten mit Selbstverbrennung und ehemalige Vietminh-Kämpfer flohen auf das Land und nahmen zur Selbstverteidigung die Waffen auf. Schon bald entfaltete sich ein flächendeckender Guerilakrieg, in den Städten flackerten immer wieder Unruhen auf und die Regierung war in wachsendem Maße auf die Hilfe der USA angewiesen. Die vierhundert »Berater« zu Beginn der Präsidentschaft Kennedys waren bis zu seiner Ermordung auf 18.000 angestiegen. Im Jahr 1965 landeten Marinesoldaten auf dem Stützpunkt Danang, innerhalb eines Monats befanden sich 33.500 US-amerikanische Soldaten im Land, bis zum Ende des Jahres war die Zahl bereits auf 210.000 angestiegen. Die US-Luftwaffe führte den schwersten Bombenkrieg der Geschichte und nahm den Norden wie den Süden unter Beschuss – Tag für Tag, Woche für Woche, Jahr für Jahr in dem Glauben, sie könnte die Befreiungskräfte zur Aufgabe ihres Kampfs zwingen.

Der Koreakrieg war ein Kampf regulärer Streitkräfte gewesen, den die Machthaber im Norden jederzeit wieder einstellen konnten. Der Vietnamkrieg dagegen war Ergebnis spontaner Bewegungen gegen ein Unterdrückungsregime und die Machthaber Nordvietnams konnten ihnen nicht einfach den Rücken kehren, ohne ihrem Ansehen als Pioniere des Kampfs für nationale Unabhängigkeit erheblich zu schaden.

Die USA waren gefangen in einem Stellungskrieg, aus dem es keinen leichten Ausweg gab. Sie konnten einen Vorposten bei Khe San nahe der Teilungslinie zum Norden errichten und nur mit größter Mühe die Befreiungsbewegung an der Einnahme hindern. Es gelang ihnen nicht, mithilfe des Stützpunkts das umliegende Land zu befrieden, weshalb sie ihn schließlich wieder aufgeben mussten. Sie hatten die Städte in ihrer Hand, konnten aber nicht verhindern, dass sie von einer plötzlichen Offensive der Befreiungskräfte am vietnamesischen Neujahrstag Tet Anfang 1968 überrannt wurden. Sie konnten nicht verhindern, dass die Kosten des Vietnamkriegs täglich weiter in die Höhe schnellten, bis die Rüstungsausgaben um dreißig Prozent gestiegen waren und die Großunternehmen der USA Protest anmeldeten. Sie konnten auch nicht verhindern, dass der Krieg in der eigenen Gesellschaft zu großen Verwerfungen führte, als junge Leute gegen den Schrecken des Kriegs und ihre Einberufung zum Militärdienst in Vietnam protestierten.

China: Vom Großen Sprung nach vorn zur Marktwirtschaft

Das offizielle Bild Chinas in den 1950er und Anfang der 1960er Jahre war eins lächelnder Bauern und überglücklicher Arbeiter, es präsentierte sich als Führer der kommunistischen Welt an der Seite der UdSSR und als Land, das einem Sozialismus des Friedens und des Überflusses entgegenschritt. Dieses Bild wurde von Tausenden linker Zeitungen auf der ganzen Welt weiterverbreitet.

Die USA hatten ihr eigenes Bild von China. Für sie war es die »rote Gefahr« schlechthin, ein Land organisierten Hasses, eine Gesellschaft, in der Hunderte Millionen ohne zu denken auf Kommando ihrer Führer schufteten, ein Land, das der Albtraumwelt in George Orwells *1984* noch sehr viel näher kam als Russland. Dieses Bild spielte eine starke Rolle in ihrer Propaganda für den Vietnamkrieg. Die USA behaupteten, China wolle seinen Einfluss im Süden ausweiten und die Freiheit vernichten. Sollte es in Vietnam Erfolg haben, würden auch die übrigen Länder Südostasiens bald wie Dominosteine fallen, bis sich niemand in der »freien Welt« mehr sicher fühlen könnte.

Keines dieser Bilder hatte etwas mit der Realität der Menschen in China zu tun, in dem mindestens ein Fünftel der Weltbevölkerung lebte. In der Propaganda der USA war keine Rede von der seit Mitte der 1950er Jahre wachsenden Spaltung zwischen Russland und China. Anfang der 1960er Jahre hatte Russland seine Unterstützungsleistungen eingestellt und Tausende Berater aus China abgezogen. Beide Länder kritisierten jetzt auf internationalen Versammlungen die Politik des anderen.

In der offiziellen chinesischen Propaganda kamen die Klassenspaltungen auf dem Land und das äußerst harte Leben, das die meisten ertragen mussten, nicht vor. Die Führung der Volksbefreiungsarmee, die im Jahr 1949 die Macht in den großen Städten übernahm, hatte eine klassenübergreifende Politik unter Einbeziehung eines Kapitalflügels verfolgt und ein Programm zur wirtschaftlichen Erholung aufgestellt. Anfang der 1950er Jahre wurde daraus ein Industrialisierungsprogramm, das sich lose an Stalins Russland orientierte, um mit dem Kapitalismus im Westen gleichzuziehen. Viele Industrien waren schon unter der Kuomintangregierung staatseigen gewesen oder den japanischen Besitzern abgenommen worden. Der Staat übernahm jetzt auch die übrigen Unternehmen, zahlte den alten Eigentümern jedoch feste Dividenden, weshalb es selbst im »roten« China noch Millionäre gab. Der Staatsapparat wurde überwiegend mit Angehörigen der gebildeten Mittelschicht besetzt und die meisten Beamten aus der Kuomintangzeit behielten ihre Posten. In Regionen mit Großgrundbesitz wurden Landreformen durchgeführt, die wohlhabenderen Bauern aber nicht angetastet. Die Lebensbedingungen der Arbeiterklasse veränderten sich im Vergleich zu früher nur unwesentlich.

Auf dieser Grundlage verzeichnete China ein beträchtliches Wirtschaftswachstum – zwölf Prozent jährlich laut den offiziellen Zahlen für die Jahre 1954 bis 1957. Das reichte aber bei Weitem nicht zur Erreichung des verkündeten Ziels, die fortgeschrittenen Länder einzuholen, und ein Kreis um Mao Zedong in der chinesischen Führung befürchtete, dass China zu einem weiteren stagnierenden Dritte-Welt-Land verkommen könnte, wenn keine extremen Maßnahmen ergriffen würden. Im Jahr 1958 leiteten sie den »Großen Sprung nach vorn« ein, eine Kampagne zur Blitzindustrialisierung.

Die Schwerindustrie sollte sehr viel schneller ausgebaut werden, indem jeder Bezirk eigenes Eisen und eigenen Stahl herstellte. Um das Millionenheer der neuen Industriearbeiter zu ernähren, wurde den Bauern ihr Land genommen und sie wurden in riesige »Volkskommunen« gepresst. In den Jahren 1958 und 1959 schien der »Sprung« Erfolge zu zeitigen. Das offizielle Industriewachstum lag bei jährlich fast dreißig Prozent und überall auf der Welt feierten die begeisterten Anhänger des chinesischen Kommunismus die »Kommunen« als Zeichen für den Anbruch einer neuen Zeit. Im Jahr 1960 wurden sie von der Realität eingeholt. China verfügte nicht über die technische Ausstattung, um die Kommunen überlebensfähig zu gestalten, und durch Zusammenfassung der Bauern allein konnte die jahrhundertealte Tradition der Familienfehde nicht einfach überwunden werden. Die Getreideproduktion sank auf ein katastrophal niedriges Niveau und Millionen starben an Hunger. Die neuen lokalen Industrien waren technisch gesehen auf niedrigem Stand, äußerst ineffektiv und schadeten der Gesamtwirtschaft, weil sie zusätzliche Mittel verschlangen. Der Große Sprung nach vorn verwandelte sich in ein Desaster, für das die Mehrheit der Bevölkerung einen schrecklich hohen Preis bezahlen musste. Mit reiner Willenskraft waren Jahrhunderte der Stagnation und die vom Imperialismus erzeugte Entindustrialisierung nicht zu bezwingen.

Die Führung entmachtete Mao weitgehend und kehrte zu einem gemäßigteren Ansatz der Industrialisierung zurück. Auch diese Politik ließ sich kaum als Erfolg bezeichnen. Der Stand der industriellen Produktion war im Jahr 1965 niedriger als im Jahr 1960. Während die Zahl der Arbeitskräfte jährlich um 15 Millionen stieg, wurden nur eine halbe Million neue Arbeitsplätze geschaffen, und die 23 Millionen Hochschulabgänger konnten kaum eine sinnvolle Beschäftigung finden.[301]

Angesichts der wachsenden Probleme kam ein Kreis um Mao Zedong erneut zu dem Schluss, dass sofortiges Handeln geboten war, um aus der Sackgasse herauszukommen. Diesmal glaubten sie auch, eine Kraft ausgemacht zu haben, die das bewerkstelligen könnte: die riesige Zahl Jugendlicher, deren Hoffnungen bisher enttäuscht worden waren. Im Jahr 1966 riefen Mao und sein Anhang, wozu auch seine Ehefrau Jiang Qing und der Verteidigungsminister Lin Biao gehörten, die »proletarische Kulturrevolution« aus.

---

301 Zahlen nach: Deleyne, Jan, *Die chinesische Wirtschaftsrevolution,* Reinbek 1972, S. 20, 50–52.

China, erklärten sie, werde in seiner Entwicklung von der »Kultur« derer zurückgehalten, die die Strukturen der Partei und des Lands leiteten. Diese Leute seien zu weich und faul geworden. Solche Tendenzen hätten schon Russland auf den kapitalistischen Weg der Entstalinisierung gebracht und sie könnten auch China in die alte konfuzianische Zeit zurückwerfen. Aufgabe der Jugend sollte es sein, diesen Prozess durch massenhaft geäußerte Kritik an denen, die Maos Politik behinderten, aufzuhalten. Maos Gruppe ließ sechs Monate lang sämtliche Bildungseinrichtungen schließen und rief elf Millionen Schüler und Studenten dazu auf, ihre Kritik per Freifahrten mit der Eisenbahn in die verschiedenen Regionen zu tragen.

Die »proletarische Kulturrevolution« hatte allerdings weder etwas mit proletarisch noch mit Revolution zu tun. Von der Arbeiterschaft wurde erwartet, dass sie weiterarbeitete, während die Studenten Massenversammlungen abhielten und durch das Land reisten. Ein Teil der Botschaft der Kulturrevolution lautete im Gegenteil, die Arbeiter sollten aufhören, sich über »kapitalistische« Einrichtungen wie Akkordzulagen und Gesundheits- und Sicherheitsfragen Gedanken zu machen. Dies sei »ökonomistisch« und »Mao Zedongs Gedanken« müssten Motivation genug für alle sein. Zur selben Zeit wurden die Studenten instruiert, sich nicht in die Funktionsweise der Armee und des Polizeiapparats einzumischen. Es war eine »Revolution«, die den Staat keinesfalls auf den Kopf stellen sollte!

Die studentischen Roten Garden wurden ermutigt, ihre Enttäuschung nicht gegen die Einrichtungen des Staats, sondern gegen Einzelne zu richten, die angeblich nicht den nötigen revolutionären Eifer aufgebracht hatten. Das betraf an erster Stelle jene Mitglieder der Führung, die zur Zeit des Großen Sprungs nach vorn nicht auf der Seite Maos gestanden hatten: Liu Schao-chi, Deng Xiaoping und weitere wurden abgesetzt. Auf örtlicher Ebene wurden kleinere Beamte mit geringen Befugnissen verfolgt, die angeblich die »alten Denkweisen« verkörperten – Lehrer, Schriftsteller, Journalisten, Angestellte oder Schauspieler. Die Atmosphäre dieser irrationalen Hetzjagd wird in den Memoiren der ehemaligen Rotgardistin Jung Chang, *Wilde Schwäne*, sehr eindrücklich vermittelt, ebenso in Szenen des Spielfilms »Lebe wohl, meine Konkubine« über einen Sänger der Pekingoper, der der Kulturrevolution zum Opfer fällt, und auch in dem Roman *Die große Mauer* von Dai Houying über einen Intellektuellenzirkel.

Die Kulturrevolution war aber nicht einfach nur ein irrationaler Ausbruch gewesen. Die Enttäuschungen, die Mao ausspielte, waren sehr real. Deshalb konnte Mao am Ende die Bewegung, die er gerufen hatte, auch nicht zügeln. In vielen Städten und Institutionen begannen Rote Garden und Rote Rebellen miteinander zu wetteifern. Einige wurden von örtlichen Staats- und Parteiapparaten irregeleitet und benutzt. Andere begannen Jungarbeiter anzuziehen, Fragen bezüglich des Lebens der einfachen Bevölkerung aufzuwerfen und sogar wie in Schanghai sich an großen Streiks zu beteiligen.

Mao versuchte die Bewegung, die er nur wenige Monate zuvor ins Leben gerufen hatte, wieder in den Griff zu bekommen und rief Lin Biaos Armee zu Hilfe, um die Ordnung im Land wieder herzustellen. Dieser Schritt war Anlass für einige Studenten, das gesamte soziale Gefüge infrage zu stellen. Eine Gruppe in Hunan griff »die Herrschaft der neuen Beamtenbourgeoisie« an. Andere formulierten Kritik, die Ende der 1970er Jahre zur Grundlage der Bewegung »Mauer der Demokratie« wurde.[302] Das entschiedene Vorgehen der Armee gepaart mit dem Vertrauen, das die meisten Studenten nach wie vor in Mao setzten, machte der Rotgardistenbewegung den Garaus. Wer im Zuge der Bewegung seine noch so unklare Meinung geäußert hatte, musste jetzt einen hohen Preis dafür zahlen. Millionen wurden zwangsweise auf das Land geschickt und mussten in abgeschiedenen Gegenden Knochenarbeit verrichten – laut einer Schätzung musste ein Zehntel der Schanghaier Bevölkerung die Stadt verlassen.[303]

Damit waren die Unruhen in China aber noch nicht beendet. Im Jahr 1970 versuchte Lin Biao, der zum Nachfolger Maos bestimmt war, nach Russland zu fliehen, als Gerüchte über einen Putschversuch verbreitet wurden. Sein Flugzeug stürzte kurz vor der russischen Grenze ab. Anfang der 1970er Jahre war Tschu En Lai zentraler Machthaber und holte den in Ungnade gefallenen Deng Xiaoping als seinen künftigen Erben in die Regierung zurück. Maos Frau und drei Mitstreiter (die »Viererbande«) konnten im Jahr 1974 noch einmal kurz die Macht an sich reißen, setzten Deng erneut ab und versuchten die Sprache der Kulturrevolution neu zu beleben. Riesige Demonstrationen

---

302 Siehe das Manifest »Whither China?« des Revolutionskomitees von Hunan (Sheng Wu Lien) in: *International Socialism* 37 (erste Serie), London, Juni/Juli 1969.
303 Nach Deleyne, *Chinesische Wirtschaftsrevolution*, S. 59.

anlässlich Tschu En Lais Tod zeigten, wie gering ihr Rückhalt in der Bevölkerung war. Die »Viererbande« wurde gestürzt und nach Maos Tod im Jahr 1976 zu lebenslanger Haft verurteilt.

Viele Linke rund um den Globus hatten mit Begeisterung die Kulturrevolution verfolgt. In vielen Ländern hielten Gegner des amerikanischen Kriegs gegen Vietnam Porträts von Mao Zedong neben dem des vietnamesischen Politikers Ho Chi Minh hoch. Die banalen »Worte des Vorsitzenden Mao« aus dem »Kleinen Roten Buch« (auch Mao-Bibel genannt) wurden als Anleitung für Sozialisten präsentiert. Im Jahr 1972 aber, als mehr US-Kampfflugzeuge denn je zuvor ihre Bombenlast über Zielen in Vietnam abwarfen, begrüßte Mao den Präsidenten der USA, Richard Nixon, in Beijing, und im Jahr 1977 leitete China unter Deng Xiaoping Schritte Richtung Marktwirtschaft ein, die sehr viel weiter gingen als die von Stalins Nachfolgern.

Die westlichen Medien hielten diese Drehungen und Wendungen für eine Folge blanker Unberechenbarkeit. Ende der 1970er Jahre schlossen sich viele Linke, die sich in den 1960er Jahren mit dem Maoismus identifiziert hatten, dieser Sichtweise an und wandten sich vom Sozialismus ab. Eine ganze Schule ehemals maoistischer Neuer Philosophen entstand in Frankreich, die jetzt lehrten, dass die Revolution unvermeidlich zu Tyrannei führe und die revolutionäre Linke ebenso schlimm sei wie die faschistische Rechte. Und doch gibt es eine einfache, rationale Erklärung für den anscheinend irrationalen Verlauf der chinesischen Geschichte über ein Vierteljahrhundert: China verfügte nicht über die Ressourcen, um erfolgreich den Weg der stalinistischen Zwangsindustrialisierung zu gehen, wie sehr seine Machthaber auch die Bauernschaft aushungerten und die Arbeiter pressten. Nach einem Jahrhundert imperialistischer Ausplünderung gab es aus dieser Zwickmühle keinen einfachen Ausweg. Da sie keine rationale Lösung finden konnte, erlag die herrschende Klasse Chinas der Verlockung irrationaler Mittel.

10
Die neue Weltunordnung

Mitte der 1960er Jahre glaubten fast alle, das System habe die Probleme der Zwischenkriegszeit abgeschüttelt. Es schien nicht mehr von schweren Krisen, wirtschaftlicher Unsicherheit und politischer Polarisierung zwischen einer revolutionären Linken und einer faschistischen Rechten gebeutelt zu sein. Der US-amerikanische Soziologe Daniel Bell verkündete das »Ende der Ideologie«. Da jetzt die Mittel zur »Organisation der Produktion, Kontrolle der Inflation und Bewahrung der Vollbeschäftigung« vorhanden seien, erklärte er, »ist Politik keine Widerspiegelung innerer Klassenspaltungen mehr«.[304] Bell schrieb für das Magazin *Encounter*, das von der CIA finanziert wurde. Doch selbst wem die CIA verhasst war, konnte zu ähnlichen Schlussfolgerungen gelangen. Der deutsch-amerikanische Marxist Herbert Marcuse schrieb zum Beispiel: »Ein sich über alles hinwegsetzendes Interesse an der Erhaltung und Verbesserung des institutionellen Status quo vereinigt die früheren Antagonisten [Bourgeoisie und Proletariat] in den fortgeschrittensten Bereichen der gegenwärtigen Gesellschaft.«[305]

Geschichte, oder zumindest die Geschichte des Klassenkampfs, schien ihr Ende erreicht zu haben – außer vielleicht in der Dritten Welt. Diese Idee wurde, ohne direkt Bezug auf Bell oder Marcuse zu nehmen, drei Jahrzehnte später von Francis Fukuyama, einem Mitarbeiter des US-amerikanischen Außenministeriums, wieder aufgewärmt.

Tatsächlich aber war die Zeit von Mitte der 1960er bis Anfang der 1990er Jahre von sozialem Aufruhr, plötzlichen Wirtschaftskrisen, erbittert geführten

---

304 Bell, David, *The End of Ideology*, Illinois 1960, S. 84.
305 Marcuse, Herbert, *Der eindimensionale Mensch*, München 1998, S. 15.

Streiks und dem Zusammenbruch eines der größten Militärblöcke gekennzeichnet. Die Geschichte erreichte nicht ihr Ende, sondern sie beschleunigte sich.

In der zweiten Hälfte des 20. Jahrhunderts gab es drei wichtige Wendepunkte: im Jahr 1968, in den Jahren 1973 bis 1975 und im Jahr 1989. Die Ereignisse dieser Zeit brachten das politische, ideologische und wirtschaftliche Gefüge des Kalten Kriegs zum Einsturz.

1968: Der Klang der Freiheit

Das Jahr 1968 wird meist mit der Studentenbewegung in Verbindung gebracht. In der Tat gab es in diesem Jahr Studentenproteste, Demonstrationen und Universitätsbesetzungen überall auf der Welt – in Westberlin, New York und Harvard, in Warschau und Prag, in London und Paris, in Mexiko-Stadt und Rom. Aber es gab noch viel mehr in diesem Jahr: Der Aufstand der schwarzen Amerikaner erreichte seinen Höhepunkt; dem Ansehen der USA hinsichtlich ihrer militärischen Stärke wurde in Vietnam der bis dahin empfindlichste Schlag versetzt; in der Tschechoslowakei widersetzte sich die Bevölkerung dem Einmarsch der russischen Truppen; in Frankreich brach der größte Generalstreik der Geschichte aus; in Italien setzten Arbeitskämpfe ein, die die Gesellschaft sieben Jahre lang erschüttern sollten; und in Nordirland begannen die »Troubles«, die Unruhen. Die Studentenbewegung war ein Symptom für den Zusammenstoß größerer sozialer Kräfte, in die sie gleichzeitig zurückflossen und auf die sie einwirkten.

Der Ausbruch von 1968 war ein Schock, weil die davon betroffenen Gesellschaften so stabil gewirkt hatten. Mit der Politik des McCarthyismus war die in den 1930er Jahren entstandene Linke in den USA zerschlagen worden und die Gewerkschaftsführer dort waren notorisch bürokratisch und konservativ. Die Tschechoslowakei galt als wohlhabendstes osteuropäisches Land und war von den Unruhen des Jahres 1956 kaum berührt worden. Frankreich stand seit zehn Jahren unter der autokratischen Herrschaft de Gaulles, die Linke schnitt bei den Wahlen schlecht ab und die Gewerkschaften waren schwach. In Italien kamen und gingen die Regierungen, an ihrer Spitze standen aber immer Christdemokraten, denen die katholische Kirche die Wählerschaft zutrieb.

Hinter der Stabilität stand vor allem der ungebrochene Wirtschaftsaufschwung in all diesen Ländern. Eben dieses Wachstum erzeugte jedoch gleichzeitig der Stabilität entgegenwirkende Kräfte, die im Jahr 1968 auch die bestehenden politischen und ideologischen Strukturen aufbrachen.

In den USA lebte bei Einsetzen des langen Aufschwungs die Mehrheit der schwarzen Bevölkerung trotz Abschaffung der Sklaverei immer noch als Farmpächter im ländlichen Süden, wo der lokale Staat und weiße Rassisten sie mit Gewehr, Ochsenziemer und Strick in ihre untergeordnete Position zwangen. Der Wirtschaftsaufschwung beschleunigte die Landflucht von Schwarzen. Im Jahr 1960 lebten bereits drei Viertel in Städten, wo sie Arbeit in der Industrie suchten. Allein schon die Ballung dort verlieh ihnen größeres Selbstbewusstsein und sie begannen sich gegen die Rassisten und den Staat zu wehren. Im Jahr 1955 wurde die Weigerung einer einzelnen Frau, Rosa Parks, sich in den nach »Rassen« getrennten Bussen in die hintere Reihe zu setzen, zum Auslöser eines weit um sich greifenden Busboykotts, der die alten Machtstrukturen von Montgomery, Alabama, sichtlich erschütterte. In den Jahren 1965, 1966 und 1967 gab es Schwarzenunruhen in Städten wie Los Angeles, Newark und Detroit. Im Jahr 1968 ging nach der Ermordung des Schwarzenführers Martin Luther King fast jedes Ghetto des Lands in Flammen auf, und viele junge Schwarze begannen sich mit der Black Panther Party zu identifizieren, die zu bewaffneter Selbstverteidigung aufrief und die Revolution predigte.

Die Restauration der alten Ordnung in Frankreich und Italien Ende der 1940er Jahre – und ihre Aufrechterhaltung im faschistischen Spanien und Portugal – war möglich gewesen, weil ein großer Anteil der Bevölkerung dieser Länder immer noch Kleinstbauern waren, die bestochen oder eingeschüchtert werden konnten, den Status quo zu unterstützen. Ideologisch äußerte sich das in dem starken Einfluss, den die erzkonservative katholische Kirche in vielen Regionen ausübte. Das begann sich mit dem anhaltenden Wirtschaftsaufschwung zu verändern. Im Jahr 1968 gab es eine große Anzahl Männer wie Frauen aus bäuerlichen Verhältnissen, die jetzt in Fabriken und anderen Großbetrieben der südeuropäischen Länder zusammengefasst waren. Sie brachten ihre vom Landleben geprägten Vorurteile mit sich, lehnten anfänglich Gewerkschaften ganz ab oder unterstützten konservative katholische Gewerkschaften. Aber sie waren mit denselben Bedingungen konfrontiert wie ältere Arbeiterschichten, die sich noch an die Kämpfe der 1930er Jahre und an die großen Streiks am Ende des Kriegs erinnern konnten. Alle waren dem unablässigen Druck zu härterer Arbeit unterworfen, litten unter den Schikanen der Vorarbeiter und der Betriebsleitung und unter fallenden Reallöhnen aufgrund steigender Preise. In den Jahren 1968 und 1969 floss all das zusammen und mündete in einen neuen und scharfen Angriff auf das System.

Die Stabilität der Tschechoslowakei Mitte der 1950er Jahre war ebenfalls Ergebnis einer Ökonomie im Aufschwung. Ein jährliches Wirtschaftswachstum von rund sieben Prozent verlieh der herrschenden Bürokratie Selbstbewusstsein und erlaubte eine spürbare Erhöhung der Reallöhne. Anfang der 1960er Jahre begannen die Wachstumsraten allerdings zu fallen, in allen Schichten der Bevölkerung machte sich Enttäuschung breit und die herrschende Bürokratie begann sich zu spalten. Wichtige Führungspersonen der Partei zwangen den Staatspräsidenten und Parteichef Antonín Novotný zum Rücktritt. Intellektuelle und Studenten ergriffen die Gelegenheit und äußerten zum ersten Mal seit zwanzig Jahren frei ihre Ansichten. Der gesamte Zensurapparat fiel in sich zusammen und die Polizei schien plötzlich machtlos zu sein. Die Studenten gründeten einen unabhängigen Verband, Arbeiter wählten die vom Staat eingesetzten Gewerkschaftsführer ab, Minister wurden im Fernsehen wegen ihrer Politik in die Mangel genommen und es gab öffentliche Debatten über die Schrecken der Stalinzeit. Das alles ging den russischen Machthabern zu weit. Im August 1968 schickten sie ein riesiges Aufgebot an Truppen in das Land, schafften wichtige Regierungspolitiker nach Moskau und stellten sie dort unter Arrest.

Sie gingen davon aus, die Unruhen mit einem Schlag beenden zu können, stattdessen weiteten sie sich aus und gewannen an politischer Substanz. Der unmittelbare Widerstand gegen die russischen Panzer war eher schwach, die passive Opposition umso gewaltiger. Russland musste die tschechoslowakischen Regierungsmitglieder zurückkehren lassen, die sich im Gegenzug verpflichteten, die Opposition zur Raison zu bringen. Erst nach neun Monaten, in denen es immer wieder zu Demonstrationen und Streiks kam, konnte dieses Versprechen erfüllt werden. Am Ende gelang es Russland, eine Marionettenregierung einzusetzen, die die offene Opposition zum Schweigen brachte, indem Gegner des Regimes ihre Arbeit verloren und manche ins Gefängnis geschickt wurden. Die Tschechoslowakei blieb weitere zwanzig Jahre lang ein stalinistisches, staatskapitalistisches System.

Der ideologische Schaden für den Stalinismus war jedoch unermesslich. Auf internationaler Ebene wurden die Zweifel wiederbelebt, die die Linke bereits im Jahr 1956 verspürt hatte. Viele der kommunistischen Parteien in Westeuropa verurteilten die russische Besatzungspolitik, und sei es auch nur, weil dies die Zusammenarbeit mit Kräften der Sozialdemokratie und der Mittelschicht erleichterte. Unter der nach links rückenden Jugend wurde es üblich, den »Imperialismus Ost wie West« zu verurteilen. In Osteuropa einschließlich der Tschechoslowakei fühlten sich die Mitglieder der herrschenden Parteien immer weniger einer Ideologie verpflichtet, sie wurden Parteimitglied, um Karriere zu machen, nicht mehr und nicht weniger.

Selbst die Probleme, mit denen die USA in Vietnam zu kämpfen hatten, waren in gewisser Hinsicht ein Ergebnis des langanhaltenden Wirtschaftsaufschwungs. Durch die Tetoffensive war der Krieg im Jahr 1968 plötzlich in den Mittelpunkt der Aufmerksamkeit gerückt, gleichzeitig aber war es den Vietnamesen nicht gelungen, den USA eine umfassende militärische Niederlage beizubringen. Die USA verkündeten damals großspurig, sie hätten die Kontrolle über die Städte zurückgewonnen – selbst wenn das hieß, wie ein General zugab, »die Städte zu zerstören, um sie zu retten«. Die Tetoffensive stellte einen Wendepunkt in diesem Krieg dar, weil wichtige Flügel des Großkapitals der USA jetzt begriffen, dass der Preis für die Aufrechterhaltung der Kontrolle über das Land zu hoch war. Die USA gaben zwar nicht mehr Geld dafür aus als für den Koreakrieg. Aber in den Aufschwungjahren waren auch der japanische und der westdeutsche Kapitalismus zu Wirtschaftsmächten aufgestiegen und die USA konnten sich die Kosten des Landkriegs in Vietnam nicht leisten, wenn sie gleichzeitig die Konkurrenz mit ihnen aufnehmen wollten. Präsident Johnson, der im Rahmen seines Programms für eine »Große Gesellschaft« die Sozialleistungen erweitern wollte, um sein Ansehen zu heben und den USA zu langfristiger Stabilität zu verhelfen, wurde durch die Kriegsausgaben ein Strich durch die Rechnung gemacht.

Nicht zuletzt wegen des langen Booms in den fortgeschrittenen kapitalistischen Ländern war es zu einer deutlichen Erhöhung der Studierendenzahlen gekommen. In allen Ländern pumpte der Staat Gelder in den Ausbau der höheren Bildung, um auf diesem Weg die Konkurrenzfähigkeit seines heimischen Kapitalismus zu erhöhen. In Großbritannien hatte es bei Ausbruch des Zweiten Weltkriegs nur 69.000 Studierende gegeben, im Jahr 1964 waren es fast 300.000. Mit den steigenden Studierendenzahlen ging auch ein qualitativer Wandel in der Zusammensetzung der Studentenschaft einher. Während sie in der Vergangenheit überwiegend aus der herrschenden Klasse und deren Gefolge stammten, gingen jetzt hauptsächlich die Kinder der Mittelschicht an die Hochschulen und in geringerem Ausmaß Arbeiterkinder. Die Universitäten wurden zu immer größeren, gleichförmig gestalteten Konglomeraten, in denen die Studierenden ähnlich wie Arbeiter in ihren Betrieben konzentriert waren. Die protestierenden Studierenden der Universität Berkeley in Kalifornien klagten über die »Wissensfabriken«.

An diesen Orten kamen Studenten und Studentinnen für drei oder vier Jahre zusammen, ehe sie unterschiedliche Klassenpositionen in der Gesellschaft ansteuerten. Angesichts der Studienbedingungen konnte jedoch ein Gefühl gemeinsamer Interessen aufkommen, das sie auch in gemeinsames Handeln umsetzten. Ähnlich wirkten auch ideologische Spannungen in der Gesellschaft. Diese Spannungen verdichteten sich in einem Milieu, in dem von Tausenden junger Leute – als Studenten der Soziologie, Literatur, Geschichte oder Wirtschaftswissenschaften – erwartet wurde, die herrschenden Ideologien aufzunehmen und wiederzukäuen.

Gesamtgesellschaftliche Fragen konnten an den Universitäten Sprengkraft entfalten. Die Studentenproteste in Berlin brachen aus, als die Polizei einen Studenten tötete, der gegen den Besuch des Schahs von Persien und sein diktatorisches Regime demonstrierte. In den USA war es das Erschrecken über den Krieg gegen Vietnam und die Solidarität mit dem Kampf der Schwarzen. In Polen stand am Anfang der Protest gegen die Verhaftung von Oppositionellen. In der Tschechoslowakei waren Studentenproteste Teil der Opposition gegen die russische Besatzungspolitik.

Bewegungen, die mit studentischen Themen begannen, verallgemeinerten sich rasch zu einem Angriff auf das Wesen der Gesellschaft insgesamt. Das zeigte sich am dramatischsten bei den Ereignissen in Frankreich. Anlässlich eines kleineren Studentenprotests gegen die Studienbedingungen ließen die Behörden die gesamte Pariser Universität von der Polizei schließen.

Schockiert über die schweren Polizeiübergriffe strömten immer mehr Studentinnen und Studenten zu den Versammlungen und Kundgebungen und die Polizei wurde in der Nacht vom 10. auf den 11. Mai 1968, der »Nacht der Barrikaden«, zeitweilig ganz vom linken Seineufer vertrieben. Die Studentenbewegung wurde zum Symbol einer erfolgreichen Opposition gegen die gesamte gesellschaftliche Ordnung, über die de Gaulle mit seiner autoritären Politik und seiner Bereitschaft zum Einsatz bewaffneter Polizeieinheiten zur Niederschlagung von Streiks und Protesten herrschte. Auf Druck ihrer Basis riefen die Führungsspitzen der konkurrierenden Gewerkschaftsverbände zu einem eintägigen Generalstreik am 13. Mai auf – und waren verblüfft über die Folgen. Am nächsten Tag besetzten Jungarbeiter, ermutigt von dem breit befolgten Generalstreik, die Flugzeugfabrik Sud Aviation in Nantes. Andere Arbeiter folgten ihrem Beispiel und innerhalb von zwei Tagen entwickelte sich eine Besetzungsbewegung ähnlich der des Jahres 1936 – nur sehr viel größeren Ausmaßes. Vierzehn Tage lang war die Regierung wie gelähmt, und in den noch operierenden Medien war viel die Rede von der sich soeben vollziehenden »Revolution«. Verzweifelt floh de Gaulle unter größter Geheimhaltung nach Baden-Baden zum Oberkommando der französischen Streitkräfte in Deutschland, wo ihm erklärt wurde, es sei seine Aufgabe, die Unruhen sofort zu beenden. Ihm gelang das Manöver mit dem Versprechen auf Lohnerhöhungen und Neuwahlen. Die Gewerkschaften und vor allem die Kommunistische Partei gaben sich damit zufrieden und drängten auf Wiederaufnahme der Arbeit.

Bereits vor den Maiereignissen hatten die internationalen Studierendenkämpfe eine neue Begeisterung für die Sprache der Revolution geweckt. Bis zum Mai 1968 waren diese Diskussionen allerdings stark von den Ideen von Denkern wie Herbert Marcuse geprägt, die in der Arbeiterbewegung keine Kraft mehr sahen. Eine typische Parole lautete deshalb »Studentenmacht«. Das änderte sich mit den Ereignissen des Mai. Nun wurden zwischen den aktuellen Geschehnissen und denen der Jahre 1848, 1871, 1917 und 1936 – und in einigen Fällen auch denen des Jahres 1956 – Verbindungen gezogen. Marxistische Ideen, die im intellektuellen Leben des Westens zwei oder mehr Jahrzehnte lang nur ein Randdasein gefristet hatten, kamen plötzlich in Mode. Und dreißig Jahre später konnten alternde Intellektuelle überall im Westen immer noch von den Auswirkungen der »60er Jahre« schwärmen – oder sie beklagen.

Dabei ging es nicht nur um die Kultur im engeren intellektuellen Sinne, die durch 1968 verändert wurde, auch die Massen- und Jugendkultur wurde davon erfasst. Vorurteile, mit denen junge Leute aufgewachsen waren, wurden aufgebrochen. Kleidung und Haarschnitt veränderten sich radikal, Mode, die zuvor nur mit der Minderheit des kulturellen »Undergrounds« in Verbindung gebracht worden war, wurde zur Alltagserscheinung. Der Gebrauch von Drogen (vor allem Marihuana, Amphetaminen und LSD) verbreitete sich. Wichtiger noch war, dass auch immer mehr Hollywoodfilme den amerikanischen Traum infrage stellten, statt ihn zu propagieren, und in der Popmusik wurden jetzt andere Themen als sexuelles Verlangen und romantische Liebe aufgegriffen.

In den USA wurden die ersten Bewegungen – die Bürgerrechts- und Schwarzenbewegung, die Antikriegsbewegung und die Studentenbewegung – zu Geburtshelfern weiterer Bewegungen. Sie waren ein Impuls für amerikanische Ureinwohner, ihren eigenen Kampf gegen Unterdrückung aufzunehmen, und die Schwulen in New York begannen gegen die üblichen Razzien auf ihre Klubs zu kämpfen und gründeten die Gay Liberation Front, die Befreiungsfront der Schwulen. Aufgrund der Erfahrung mit diesen Bewegungen begannen auch Frauen die ihnen zugewiesene untergeordnete Rolle in der US-amerikanischen Gesellschaft – und nicht selten auch in der Bewegung selbst – infrage zu stellen. Sie gründeten die Women's Liberation Movement und stellten Forderungen zur Überwindung der Unterdrückung auf, die Frauen seit Entstehung der Klassengesellschaft erdulden mussten. Damit fanden sie wiederum bei vielen Frauen Anklang, die nicht in direkter Verbindung mit der Bewegung standen. Das war auch ein Ausdruck der Tatsache, dass die Mehrheit der Frauen ein ganzes Berufsleben lang zur beschäftigten Arbeiterklasse gehörten und die damit verbundene finanzielle Unabhängigkeit genossen.

Eine neue Sackgasse

Die Woge der Radikalisierung endete nicht mit dem Jahr 1968. Die größten Studentenproteste entwickelten sich in den USA zwei Jahre später. Nachdem die Nationalgarde Studentinnen und Studenten der Kent State University in Ohio erschossen hatte, wurden überall im Land Universitäten besetzt und Kundgebungen und Demonstrationen gegen Nixons Ausweitung des Vietnamkriegs auf Kambodscha abgehalten. In Griechenland brach die Studentenbewegung im Jahr 1973 mit der Besetzung des Polytechnikums im Stadtzentrum Athens aus. Sie brachte die Militärjunta, die das Land seit sechs Jahren regiert hatte, ins Wanken und trug zu ihrem endgültigen Sturz sieben Monate später bei. In Westdeutschland blieben die Universitäten noch mehrere Jahre lang ein Ghetto linker (vor allem maoistischer) Agitation in einem weitgehend unpolitischen Land.

In vielen Ländern kam es dennoch nach 1968 zu wichtigen Veränderungen. Die Studenten hörten auf, der Mittelpunkt der linken Opposition zu sein. In Italien betrat die Arbeiterbewegung mit dem »heißen Herbst« von 1969 die Bühne, als Metallarbeiter ihre Fabriken besetzten, um höhere Löhne zu erkämpfen. Auch in Spanien spielte die Arbeiterbewegung ab Ende 1970 eine wesentliche Rolle, sie schwächte das Regime Francos in seinen letzten Lebensjahren so sehr, dass seine Erben, kaum dass er unter der Erde lag, »demokratische« Reformen durchpeitschten. In Großbritannien war die konservative Regierung von Edward Heath durch Aktivitäten von Gewerkschaftern – die sich nicht selten über ihre Gewerkschaftsführung hinwegsetzten – schließlich so sehr angeschlagen, dass Heath für Anfang 1974 Neuwahlen unter dem Motto »Wer regiert das Land?« ausschrieb und diese verlor.

Studentinnen und Studenten hatten hier und da Kämpfe entfacht, an denen sich auch Arbeiter beteiligten – wie die Kämpfe ausgingen, hing jedoch von den Arbeiterorganisationen ab. Das zeigte sich sehr deutlich in Frankreich im Mai 1968, als es den Gewerkschaften und der Kommunistischen Partei gelang, den Generalstreik abzubrechen, obwohl die bekanntesten Studentenführer dagegen protestierten. Das zeigte sich auch wieder in Italien, Großbritannien und Spanien in den Jahren 1975/76. Die Christdemokraten in Italien, die Tories in Großbritannien und Franco in Spanien hätten die Arbeitskämpfe nicht einfach so abwürgen können. Das gelang den Regierungen nur, weil sie Abkommen mit Gewerkschaftsführern und Arbeiterparteien schlossen – »Historischer Kompromiss« in Italien genannt, »Sozialkontrakt« in Großbritannien und »Pakt von Moncloa« in Spanien.

Auf diese Weise wurden die Aktivitäten der Arbeiterklasse gerade in dem Moment zurückgedrängt, als der lange Aufschwung zu Ende ging – und ihre Verteidigungsmechanismen waren geschwächt, als ein K.-o.-Schlag gegen sie vorbereitet wurde.

Noch in einer anderen Gegend der Welt brachen im Gefolge einer radikalen Studentenbewegung Ende der 1960er Jahre Arbeitskämpfe in den 1970er Jahren aus: in der Südspitze Lateinamerikas. In Chile wurde Ende der 1960er Jahre der christdemokratische Präsident durch Landbesetzungen in Bedrängnis gebracht und im Mai 1969 kam es fast zu einem Aufstand in der argentinischen Stadt Córdoba.[306] In beiden Fällen wurde das Streben der Bevölkerung nach Veränderung in verfassungsmäßige Bahnen gelenkt.

In Argentinien rückte schnell der Ruf nach Rückkehr des Nachkriegsdiktators Perón aus dem Exil in den Mittelpunkt. Zu seiner Regierungszeit hatten die hohen Weltmarktpreise für Argentiniens landwirtschaftliche Exporte auch relativ hohe Löhne und Sozialleistungen ermöglicht. Die Bevölkerung glaubte, mit ihm kehrten auch die guten Zeiten zurück. Diese Botschaft wurde von linken wie rechten Anhängern Peróns verkündet – und selbst von einer mächtigen Stadtguerilla, den Montoneros. Als er schließlich zurückkehrte, kam er nicht als Wohltäter der Arbeiterklasse, sondern organisierte mit der Rechten und der Armee einen Angriff, auf den die Linke vollkommen unvorbereitet war. Nach Peróns Tod fühlte sich das Militär stark genug, die Macht selbst zu übernehmen. Eine ganze Generation linker Aktivisten wurde ausgerottet. Zehntausende wurden ermordet oder »verschwanden«.

In Chile war die parlamentarisch ausgerichtete Sozialistische Partei Nutznießer des neuen Kampfgeistes. Einer ihrer Politiker, Salvador Allende, wurde im Jahr 1970 mit den Stimmen der rechten Mehrheit im Parlament zum Präsidenten gewählt unter der Voraussetzung, dass er die Kommandostruktur der Armee nicht antastete. Wichtige US-amerikanische Unternehmen waren damit nicht sehr glücklich und zwei Jahre nach Amtsantritt Allendes erhielten sie die Unterstützung entscheidender Sektionen der chilenischen herrschenden Klasse. Im Herbst 1972 wurde der Versuch unternommen, Allende mit

---

306 Über den »Cordobazo« des Mai 1969 siehe: Munck, Ronaldo, Ricardo Falcón und Bernardo Galitelli, *Argentina: from Anarchism to Peronism*, London 1987, S. 171–174.

einem »Unternehmerstreik«, der von Lastwagenbesitzern organisiert war, aus dem Amt zu drängen. Sie scheiterten, weil Arbeiter ihre Fabriken besetzten und Cordones – eine Art Arbeiterräte wie die von 1917 und 1956 – als Verbindungskomitees zwischen den Fabriken bildeten. Ein Staatsstreich im Juni 1973 scheiterte aufgrund von Spaltungen in den Streitkräften und großen Straßenprotesten. Die Kommunistische Partei und große Teile der Sozialistischen Partei forderten die Cordones auf, sich aufzulösen und auf die »Verfassungstradition« der Armee zu vertrauen. Allende holte Generale wie Augusto Pinochet in seine Regierung in dem Glauben, er könne damit die Rechte beruhigen und die Ordnung wahren. Am 11. September 1973 putschte Pinochet, bombardierte den Präsidentenpalast, in dem Allende sich aufhielt, und brachte Tausende Arbeiteraktivisten um. Während die Arbeiterbewegung in Europa von ihrer eigenen Führung eingelullt wurde, wurde sie in Lateinamerika in Blut ertränkt.

Die im Jahr 1968 entzündete Flamme flackerte in Europa noch einmal auf. Portugal war seit Ende der 1920er Jahre eine Diktatur mit faschistischen Zügen gewesen. Mitte der 1970er Jahre zeichnete sich ab, dass sie ihren Krieg in den afrikanischen Kolonien verlieren würde. Im April 1974 wurde der Diktator Caetano durch einen Staatsstreich gestürzt und an seine Stelle trat ein konservativer General, der Diktator Spínola, der die Monopole des Lands hinter sich hatte und der zu einer Verhandlungslösung mit den Kolonien bereit war.

Nach dem Zusammenbruch der Diktatur brachen Kämpfe aus. Die großen Schiffswerften von Lisnave und Setnave wurden besetzt. Bäcker, Postarbeiter und Flughafenarbeiter traten in den Streik. Viele der Armeeoffiziere, die das Risiko der Organisation des Staatsstreichs auf sich genommen hatten, waren sehr viel radikaler als Spínola und erwarteten die sofortige Beendigung der Kolonialkriege, während Spínola sie so lange hinziehen wollte, bis die Befreiungsbewegungen Friedensbedingungen annähmen, die die portugiesischen Geschäftsinteressen schützten. Die einzige gut organisierte Untergrundpartei war die Kommunistische Partei. Ihre Führung kam mit Spínola überein, die Streiks zu beenden (womit sie sich das Misstrauen der mächtigsten Flügel der Arbeiterschaft im Lissaboner Gebiet zuzog) und der Regierung beizutreten. Sie versuchte, eigene Anhänger aus der Mittelschicht auf einflussreiche Posten in den Streitkräften und den Medien zu hieven. Die Absicht war, sich selbst in eine bessere Ausgangslage zu versetzen, indem sie zwischen den Arbeitern und den Generalen balancierte, bis sie nach Ende des Kriegs ein Regime nach dem Vorbild Osteuropas errichten konnte.

Dieses Manöver war zum Scheitern verurteilt. Die Kommunistische Partei konnte weder die Kampfbereitschaft der Lissaboner Arbeiter noch die Unzufriedenheit in den Streitkräften dämpfen, weshalb Kräfte links von ihr Zulauf erhielten. Gleichzeitig gerieten die herrschenden Klassen der westlichen kapitalistischen Länder angesichts einer drohenden Revolution vor ihrer Haustür in immer größere Panik.

Nach zwei erfolglosen Putschen der Rechten wurde Spínola seines Amts enthoben und es kam zu einer weiteren Radikalisierung der Arbeiterschaft und der Soldaten. Unterstützt von der CIA und den sozialdemokratischen Regierungen Westeuropas organisierte die Rechte eine Reihe aufstandsähnlicher Unruhen im ländlichen Nordportugal. Die Armeeoffiziere, die faktisch die Macht innehatten, schwankten zwischen den verschiedenen politischen Optionen. Im November 1975 gelang es einem hohen Offizier mit Unterstützung der Sozialdemokratie, einige linkere Offiziere zu einem halbherzigen Staatsstreich zu provozieren. Das benutzte er als Vorwand, um mit mehreren Hundert disziplinierten Soldaten in Lissabon einzumarschieren und die aufständischen Regimenter zu entwaffnen. Die Kommunistische Partei, die nur wenige Wochen zuvor, als ein ihr nahestehender Offizier den Posten des Ministerpräsidenten innehatte, so mächtig erschienen war, rührte keinen Finger zur Organisierung des Widerstands der Arbeiterklasse. Eine Revolution, die im Sommer 1975 die Spitzen des europäischen und amerikanischen Kapitalismus in tiefe Besorgnis gestürzt hatte, nahm im Herbst ihre Niederlage hin, ohne sich auch nur dagegen aufzubäumen.

Ein kalter Regen

Der lange Aufschwung kam im Herbst 1973 zu einem abrupten Ende, als die westlichen Volkswirtschaften zum ersten Mal seit den 1930er Jahren fast gleichzeitig in die Rezession stürzten und die Arbeitslosenzahlen sich verdoppelten. Das reichte, um erhebliche Beunruhigung in Regierungen und Unternehmerkreisen auszulösen. Die bürgerlichen Wirtschaftswissenschaftler hatten schon die Krise der 1930er Jahre nicht richtig erklären können, und keiner von ihnen hätte mit Sicherheit behaupten können, nicht erneut vor einer ähnlichen Krise zu stehen.

In den 1950er und 1960er Jahren hatten sie sich eingeredet, die Zeit der Krisen sei vorbei, weil sie die Rezepte von John Maynard Keynes anwenden könnten. Konjunkturzyklen gehörten der Vergangenheit an, hatte ihnen Paul Samuelson, Verfasser eines wirtschaftswissenschaftlichen Bestsellers und Nobelpreisträger, im Jahr 1970 versichert. Als sie jedoch die keynesianischen Heilmittel anzuwenden versuchten, zeigten diese keine Wirkung. Stattdessen stieg die Inflation noch weiter an und die Arbeitslosigkeit verharrte auf demselben Stand. Im Jahr 1976 gaben sie diese Methoden endgültig auf, weil sie eine aus dem Ruder laufende Inflation befürchteten. Wirtschaftswissenschaftler und Politikjournalisten befiel über Nacht der Glaube an den vollständig »freien« Markt, ohne jeden Staatseingriff. Diese Lehre war zuvor nur von einigen isolierten Propheten wie Friedrich Hayek und Milton Friedman verkündet worden. Eine solche Massenbekehrung von Intellektuellen hatte es seit den Tagen, als die Theologen ihren »Glauben« auf Anweisung ihrer Fürsten von heute auf morgen wechselten, nicht mehr gegeben.

Bei aller Beliebtheit der Propheten des freien Markts gelang es aber nicht, zu dem niedrigen Stand der Arbeitslosigkeit zur Zeit des langen Aufschwungs zurückzukehren. Auch eine weitere Rezession Anfang der 1980er Jahre konnte nicht abgewehrt werden, als sich die Arbeitslosenzahlen erneut verdoppelten und noch mehr Gegenden der Welt erfasst wurden als in den Jahren 1974 bis 1976.

Laut einer gängigen Erklärung waren der plötzliche Preisanstieg für Öl nach dem arabisch-israelischen Krieg vom Oktober 1973 und der Ausbruch des Kriegs zwischen Iran und Irak im Jahr 1980 für die Krisen von 1974 bis 1976 und 1980 bis 1982 verantwortlich. Dann aber brach erneut eine Wirtschaftskrise Anfang der 1990er Jahre aus, als die Ölpreise gerade fielen. Nach einer anderen Erklärung hatten steigende Löhne die Profite geschmälert und so die Krise von 1974 bis 1976 ausgelöst. Damit ließen sich aber nicht die späteren Krisen erklären, da die Löhne in der wichtigsten Volkswirtschaft der Welt, in den USA, seit Mitte der 1970er Jahre sanken.[307]

Tatsächlich hatte es tiefgreifende Veränderungen im System gegeben und das »goldene Zeitalter« war in ein »bleiernes Zeitalter« übergegangen. Die USA hatten sich zur Zeit des Koreakriegs hohe Rüstungsausgaben leisten können. Sie verschlangen zwanzig Prozent des Gesamtprodukts oder die Hälfte des für Investitionen verfügbaren Überschusses. Der Staat hatte auf diese Weise Märkte für die eigenen Industrien und für Exporte aus Ländern wie Japan mit einem nur geringfügigen Rüstungshaushalt geschaffen. Zur Zeit des Vietnamkriegs konnten sich die USA angesichts der Konkurrenz von Ländern wie Japan das alte Niveau von Rüstungsausgaben nicht mehr leisten. Sie stellten nach wie vor riesige Mengen an Waffen her, aber der Anteil des Rüstungshaushalts am Bruttonationalprodukt war auf ein Drittel im Vergleich zur Zeit des Koreakriegs gesunken. Das war nicht genug, um die wiederkehrenden und sich verschärfenden Weltwirtschaftskrisen abzuwenden, selbst wenn ein Tiefpunkt wie in den 1930er Jahren noch nicht erreicht war.[308]

Das heißt nicht, dass es überhaupt kein Wachstum mehr in den entwickelten Ländern gab, aber es verlangsamte sich deutlich und verlief ungleichmäßiger als früher, und der Zyklus von Aufschwung und Krise war mit voller Wucht zurückgekehrt. Im Vergleich zu Anfang der 1960er Jahre war die durchschnittliche jährliche Wachstumsrate der Arbeitsproduktivität pro Kopf in den 1980er Jahren nicht einmal mehr halb so hoch. Jahrelang lag die Arbeitslosenquote bei über zehn Prozent und erreichte in Ländern wie Irland und Spanien fast zwanzig Prozent. Niedrigere Arbeitslosenzahlen in den USA Ende der 1980er und Ende der 1990er Jahre kamen nur zustande, weil Sozialleistungen gekürzt wurden, was viele dazu zwang, Arbeit zu Hungerlöhnen anzunehmen – das Einkommen der ärmsten 10 Prozent lag um 25 Prozent unter dem der vergleichbaren Gruppe in Großbritannien.[309]

---

307 Ausführlicher sind diese Fragen in dem Anhang zu meinem Buch *Explaining the Crisis* dargestellt.
308 Dies ist nur eine sehr grobe Zusammenfassung einer sehr viel umfassenderen Auseinandersetzung. Eine populärwissenschaftliche Darstellung findet sich in meinem Buch *Der Irrsinn der Marktwirtschaft*, Frankfurt am Main 1999, eine mehr technische in: *Explaining the Crisis*.
309 Laut Hutton, Will, *The State We're In*, London 1994, S. 19.

Überall machte sich allgemeine Unsicherheit auf dem Arbeitsmarkt breit. In den 1990er Jahren verspotteten bürgerliche Politiker die Vorstellung, dass es noch eine »Anstellung auf Lebenszeit« geben könne. Das war für die meisten während der langen Aufschwungphase eine Selbstverständlichkeit gewesen. Natürlich wechselten sie ihre Beschäftigungsverhältnisse, wenn Industrien sich ausdehnten oder andere schrumpften. Aber abgesehen von den wenigen niedergehenden Industrien geschah das in der Regel freiwillig, weil sie bessere Arbeitsbedingungen erwarten konnten, nicht weil sie vor der Entlassung standen. Jetzt wurde Druck die Regel und die Meinungsumfragen belegten die Angst vor Arbeitslosigkeit, die auf der Hälfte der Arbeitsbevölkerung lastete.

Der Kapitalismus ist eine sehr viel dynamischere Klassengesellschaft als jede andere vor ihr. Ihre Dynamik, ihr sich ständig wandelnder Charakter beweist sich in der Wirtschaftskrise wie im Aufschwung. Einige Unternehmen gehen bankrott, während andere auf ihre Kosten gedeihen. Selbst in der schlimmsten Krise gab es Wachstumsbereiche – und seien es die Pfandleiher, die die Güter der Allerverzweifeltesten ankauften, und Sicherheitsdienste, die den Reichtum der Reichen beschützten.

Selbst die »bleierne Zeit« war noch eine dynamische, die aber nicht mehr wie während des Aufschwungs einen höheren Lebensstandard für die Bevölkerung mit sich brachte, sondern jetzt drohte der Verlust des in bis dahin Erreichten. Ganze Industrien verschwanden und Städte wurden zur Ödnis. Die Sozialleistungen wurden so weit gekürzt, dass sie um fünfzig Jahre zurückfielen – in einigen Staaten der USA wurden sie gleich ganz gestrichen. Unterdessen feierte eine neue Schule knallharter rechter Politiker, bekannt als Thatcheristen oder Neoliberale, die Entfesselung des »Unternehmergeists« und fand Zustimmung bei einer Schicht sozialdemokratischer Politiker, die die Rückkehr zu den Lehren des 19. Jahrhunderts als Ausweis der »Modernität« verkauften.

Die Rechtswende hinterließ ihre Spuren bei der radikalen Linken, die schon von den Niederlagen Mitte der 1970er Jahre gezeichnet war. Einige hatten inzwischen auch die Wahrheit über China und das blutige chinafreundliche Regime der Roten Khmer in Kambodscha erkannt. Manche glaubten jetzt, das gesamte revolutionäre Unterfangen sei ein Irrtum gewesen. Einige hielten im Rückblick ihre Kritik am parlamentarischen Reformismus für zu hart. Wieder andere befanden, der Klassenkampf gehöre endgültig der Vergangenheit an.

Dabei gab es in den 1980er Jahren einige große und teils auch gewalttätige Auseinandersetzungen, als Arbeiter den Abbau von Arbeitsplätzen in den alten Industrien abzuwehren suchten – den Kampf der Stahlarbeiter in Frankreich und Belgien, den ein Jahr lang dauernden Streik von über 150.000 Bergarbeitern in Großbritannien und den ähnlich langen Streik von 5.000 britischen Druckern, den fünftägigen Generalstreik in Dänemark, Streiks im öffentlichen Dienst der Niederlande und in Britisch-Kolumbien und den eintägigen Generalstreik in Spanien.

Im Großen und Ganzen mündeten diese Kämpfe jedoch in Niederlagen, und ein Vermächtnis der Niederlagen war der wachsende Glaube, »altmodische« Methoden des Klassenkampfs hätten keine Aussicht auf Erfolg mehr. Deshalb begann eine Schicht aktiver Arbeiter ihre Hoffnungen erneut in die Versprechungen der Parlamentspolitiker zu setzen. Linke Intellektuelle fühlten sich eher bestärkt, die Idee vom Klassenkampf infrage zu stellen. Sie schwenkten auf eine modische Philosophie namens »Postmodernismus« um, laut der jede Interpretation der Realität ihre Berechtigung habe. Sie behaupteten, es gebe keine objektive Grundlage für Vorstellungen von Klasse, und alle Versuche, die Funktionsweise der Gesellschaft zu verändern, müssten unweigerlich »totalitär« sein, denn das würde bedeuten, anderen seine Weltanschauung aufzuzwingen. Die Postmodernisten lehnten die Idee von der Veränderung der Gesellschaft durch Kampf gerade in dem Moment ab, als die gefährliche Instabilität der Gesellschaft immer offener zutage trat.

Die Krise des Staatskapitalismus

In den Jahren 1989/90 stürzten in Europa mehr Regime als in den Jahren 1917/18 oder im Jahr 1848. Plötzlich gab es den Ostblock nicht mehr, und im Jahr 1991 war die Sowjetunion, die Hauptsäule, die ihn getragen hatte, ebenfalls zusammengebrochen. Auch wenn Postmodernisten und »Postmarxisten« solche Ereignisse für ausgeschlossen erklärt hatten, waren diese Regime angesichts von Wirtschaftskrise und Klassenkampf zu Boden gegangen. Aufgrund eigener Illusionen in die Ostblockstaaten konnten einige Linke diese materielle Realität nicht erkennen. In all den Jahren seit 1968 hatte sich die Wirtschaftskrise jedoch verschärft und es war immer wieder zu Unruhen gekommen.

In der Tschechoslowakei hatte sich die Lage nach der Besetzung durch Russland wieder »normalisiert«. Aber Ereignisse im benachbarten Polen bewiesen schon kurz darauf, wie weit verbreitet die Unzufriedenheit war und wie tief sie saß. Das Regime hatte die Studentenbewegung von 1968 zerschlagen können und versuchte auf dieselbe Weise die Polizei gegen Tausende Arbeiter einzusetzen, die 1970/71 die riesigen Schiffswerften von Gdansk (Danzig) und Szczecin (Stettin) aus Protest gegen Preiserhöhungen besetzt hatten. Die Polizei tötete Dutzende Arbeiter. Nach Solidaritätsstreiks in anderen Städten musste der Staatschef Gomułka abdanken und sein Nachfolger Edward Gierek nahm die Preiserhöhungen zurück. Er nahm Kredite bei Westbanken auf, die Wirtschaft gedieh und die westlichen Journalisten sprachen von einem »polnischen Wunder«. Wegen der zunehmenden Integration in die Westmärkte wurde Polen Mitte der 1970er Jahre ebenfalls von der dort ausbrechenden Krise erfasst. Die Regierung versuchte es erneut mit Preiserhöhungen und setzte die Polizei gegen Demonstranten ein.

Diesmal gelang es dem Regime nicht, wie nach 1956/57 und 1970/71, die Erinnerungen an die Arbeiterbewegung wieder auszulöschen. Vor dem Hintergrund der sich verschärfenden Krise setzte sich eine Gruppe Intellektueller über die Schikanen hinweg und gründete ein Arbeiterverteidigungskomitee und eine Untergrundzeitung, *Robotnik* (Arbeiter), die rund 20.000 Leserinnen und Leser erreichte. Das alte Regime blieb an der Macht, war aber nicht mehr fähig, der Gesellschaft seinen Totalitarismus aufzuzwingen.

Wie schwach es war, zeigte sich im Sommer 1980. Erneut traten nach Preiserhöhungen Arbeiter in den Streik und besetzten die Schiffswerften von Gdansk. Aus der Besetzung ging eine Bewegung hervor, die an die Arbeiterräte in Ungarn 1956 erinnerte, deren Lebensspanne diesmal aber nicht nur drei oder vier Wochen, sondern gleich sechzehn Monate betrug.

Die Bewegung erklärte sich zur unabhängigen Gewerkschaft Solidarność, die aber in ihrer fünfzehnmonatigen legalen Existenz deutlich mehr war als eine Gewerkschaft. Gegründet auf einer Konferenz mit Delegierten aus 3.500 Fabriken hatte sie schon bald zehn Millionen Mitglieder. Sie stellte faktisch eine

Gegenmacht zur herrschenden Regierung dar und wurde zum Anziehungspunkt all derer, die die alte Gesellschaft satthatten. Schon ihre Existenz stellte einen Angriff auf das Regime dar. Und doch war die Führung von Solidarność nicht bereit, die Regierung zu stürzen. Sie übernahm die Vorstellung ihnen nahestehender Intellektueller von einer »sich selbst beschränkenden Revolution«. Sie glaubte ähnlich wie die Regierung Salvador Allendes in Chile, der Staat werde die Arbeiterbewegung dulden, wenn diese zusicherte, den Staat nicht anzutasten. In der Folge erlitt Solidarność ein ähnliches Schicksal wie die chilenische Bewegung. Mitte Dezember 1981 verhängte der Armeechef Wojciech Jaruzelski das Kriegsrecht, blockierte das Telekommunikationssystem des Lands, verhaftete die gesamte Führung der Solidarność und ließ Soldaten auf Arbeiter los, die sich widersetzten. Verwirrung und Entmutigung brachen aus und die Arbeiterorganisationen konnten zerschlagen werden.[310]

Damit waren die Grundtendenzen, die zur Entstehung der Arbeiterbewegung geführt hatten, aber nicht beseitigt. Die volkswirtschaftlichen Wachstumsraten erreichten jetzt nur den Stand der westlichen Ökonomien. Dazu läutete die US-amerikanische Regierung unter Ronald Reagan mit der Stationierung von Cruise-Missile-Marschflugkörpern und Pershing-Raketen in Europa eine neue Runde im Rüstungswettlauf ein, bei dem die russische Regierung um jeden Preis mithalten wollte. Es fehlten ihr jedoch schlicht die Mittel, um die Wirtschaft entsprechend auszurichten. Die staatskapitalistischen Regime mussten entweder ihr System reformieren oder mit einem Zusammenstoß der Klassen und dem inneren Zusammenbruch rechnen.

Juri Andropow, Russlands Staatschef Anfang der 1980er Jahre, wusste aus erster Hand, wie das aussehen konnte. Im Jahr 1956 war er Botschafter Russlands in Ungarn gewesen und bei dem Aufstieg von Solidarność in den Jahren 1980/81 Chef des russischen Geheimdienstes KGB. Er wollte verhindern, dass die UdSSR plötzlich vor ähnlichen Problemen stand, und begann Leute zu fördern, die er für reformwillig hielt. An vorderster Stelle war das Michail Gorbatschow.

Als Gorbatschow im Jahr 1985 schließlich Staatschef wurde, schien er allmächtig zu sein – und als er ab dem Jahr 1987 über die Notwendigkeit einer

---

310 Eine umfassende Darstellung dieser Ereignisse findet sich in Kapitel 9 meines Buchs *Class Struggles in Eastern Europe*.

neuen Offenheit (Glasnost) und des Umbaus der Gesellschaft (Perestroika) sprach, schien er sich auch noch allgemeiner Beliebtheit zu erfreuen. Als er im Jahr 1991 schließlich stürzte, waren seine Beliebtheitswerte auf nahezu null gefallen. Sein Ruf nach Reformen hatte im Polizeiapparat der UdSSR Verwirrung hervorgerufen, während die Bevölkerung Hoffnung schöpfte und sich gegen die sechzig Jahre lang erlittene Ausbeutung und Unterdrückung aufzulehnen begann. Weil er aber nur die Umstrukturierung der staatskapitalistischen Produktionsorganisation vor Augen hatte, sah er keine Möglichkeit, diese Hoffnungen zu erfüllen. Als sich das Jahrzehnt dem Ende zuneigte, hatte wirtschaftlicher Rückgang den wirtschaftlichen Stillstand der frühen 1980er Jahre abgelöst.

Im Frühjahr 1988 setzten die ersten Massenproteste seit den 1920er Jahren ein, die nicht sofort von der Polizei niedergeschlagen wurden – nationale Minderheiten forderten plötzlich zunächst in Armenien und dann in den baltischen Ländern mehr Rechte. Gorbatschow befand sich weder in einer ausreichend starken Position, die Bewegungen zu unterdrücken, noch verfügte er über die Mittel, sie zu beschwichtigen. Gewalttätige Repressionsversuche wechselten sich mit halbherzigen Zugeständnissen ab. Mit eben diesem Rezept hatten Regime immer wieder die Lunte an das Pulverfass des Aufstands gelegt.

Gorbatschow versuchte seine Position zu festigen, indem er sich im Sommer 1989 und im Frühjahr 1991 auf konservative Kräfte stützte. Jedes Mal machten ihm große Bergarbeiterstreiks, bei denen die gesamte Energiezufuhr des Lands beinahe unterbrochen wurde, einen Strich durch die Rechnung. Insbesondere der Streik vom Sommer 1989 wies deutliche Ähnlichkeiten mit den ersten großen Arbeiterprotesten in Polen auf. Gorbatschow musste den Oppositionsbewegungen entgegenkommen, wenn das gesamte Regime nicht in den Abgrund gerissen werden sollte. Mit jedem Zugeständnis entglitt ihm aber auch die Kontrolle über die Verhältnisse.

Die Auswirkungen auf die 45 Jahre zuvor installierten Regime Osteuropas waren verheerend. Die dortigen Machthaber hatten ihren Rettungsanker, die Drohung mit einem Einmarsch Russlands im Falle von Aufständen, verloren. General Jaruzelski hatte ein Jahr zuvor schon Bergarbeiterstreiks beenden können, weil er bereit gewesen war, mit der Führung von Solidarność zu verhandeln, obwohl ihre Untergrundorganisation nur noch ein Schatten dessen war, was sie in den Jahren 1980/81 dargestellt hatte. Im Sommer 1989 stimmte Kádárs Nachfolger in Ungarn ähnlichen Verhandlungen am »runden Tisch« mit erheblich schwächeren Dissidentengruppen zu.

Im September und Oktober wurde Ostdeutschland von Demonstrationen überrollt, die Regierung ließ sich schließlich auf Verhandlungen ein und begann als Zeichen für ihre ernsthaften Absichten Anfang November die Berliner Mauer einzureißen, die das Land von Westdeutschland trennte. Wenige Tage später ging es Gustáv Husák in der Tschechoslowakei an den Kragen, er stürzte unter dem Druck riesiger Demonstrationen und eines einstündigen Generalstreiks. Dann folgte Bulgarien. Der rumänische Diktator Nicolae Ceaușescu versuchte standzuhalten, indem er auf Demonstranten schießen ließ, woraufhin in der Hauptstadt Bukarest ein spontaner Aufstand ausbrach und er selbst auf Befehl seiner Generale von einem Erschießungskommando hingerichtet wurde. Innerhalb von sechs Monaten war die politische Landkarte halb Europas neu gezeichnet worden. Das einzig übrig gebliebene stalinistische Regime in Osteuropa war Albanien, und dieses brach Anfang 1991 nach einem Generalstreik ebenfalls zusammen.

Keine Imperialmacht konnte unversehrt solche Umbrüche überstehen. Die Nationalbewegungen in der UdSSR gewannen an Selbstbewusstsein, die Spaltungen in der herrschenden Clique vertieften sich und sie verloren immer mehr die Kontrolle über die Gesellschaft. Gorbatschow unternahm einen letzten Versuch, mit harter Hand gegen die Oppositionsströmungen vorzugehen, aber ein zweiter Bergarbeiterstreik im Frühjahr 1991 und eine riesige Demonstration in Moskau durchkreuzten seine Pläne erneut. Im Sommer versuchten konservative Kräfte unter Umgehung Gorbatschows eine kompromisslose Haltung einzunehmen: Sie putschten mithilfe der Armee und stellten Gorbatschow unter Hausarrest. Einige Armeeeinheiten weigerten sich, sich den Putschisten anzuschließen, es kam zu einer Pattsituation und am Ende fiel die Macht in die Hände von Reformern um Boris Jelzin, den Präsidenten der Russischen Republik und ehemaligen Parteichef in der Industriestadt Swerdlowsk. Jelzin erklärte die Auflösung der Sowjetunion und ihre Umwandlung in eine Föderation unabhängiger Staaten – das war das Ende der UdSSR.

Die Umbrüche der Jahre 1989 bis 1991 waren sehr viel weitreichender als jene, die Osteuropa in den Jahren 1953, 1956, 1968 und 1980/81 erschüttert hatten. Und doch waren diese Veränderungen in gewisser Hinsicht nicht so tiefgreifend wie die der Ereignisse von 1956 und 1980/81 – denn an der Spitze der Bewegungen in der Wendezeit von 1989 bis 1991 standen Leute, die unter allen Umständen verhindern wollten, dass die Arbeiterklasse auch nur einen Zipfel Macht zu fassen bekam. In entscheidenden Momenten verbündeten sich im alten System aufgestiegene Funktionäre mit oppositionellen Intellektuellen auf der Grundlage eines Programms begrenzter Reformen, um einer echten Revolution zuvorzukommen. Sie verfolgten eine Strategie, die der italienische Marxist Antonio Gramsci »passive Revolution« genannt hatte: Veränderungen von oben durchzuführen, um zu verhindern, dass sie von unten erzwungen wurden.

Immer beinhalteten die Programme eine größere Öffnung für den Weltmarkt, die Aufgabe der alten Kommandowirtschaft, Einführung relativ freier Parlamentswahlen und die Betonung eines neuen Nationalismus. Diese Botschaft wurde von Teilen der alten Staatsmedien und ehemaligen Dissidenten unermüdlich wiederholt, und die Arbeiterklasse begann zu glauben, dass Markt und Demokratie fest zusammengehörten und ihre Bedürfnisse erfüllen könnten. In der Atmosphäre der Jahre 1989 bis 1991 war es kaum möglich, eine andere Meinung zu Gehör zu bringen, weil die vorbeugende Politik von oben größeren Bewegungen der Arbeiterklasse zuvorkam.

Die großen politischen Veränderungen waren das Ergebnis von Klassenkämpfen, die jedoch *umgelenkt* wurden und ihren Ausdruck nicht in der Entstehung demokratischer Massenorganisationen der ausgebeuteten Klassen nach dem Vorbild von Arbeiterräten fanden. Dies waren politische Revolutionen, die eher den Ereignissen in Frankreich im Jahr 1830 ähnelten als den großen sozialen Umwälzungen der Vergangenheit. Das zeigte sich vor allem daran, dass die alten Manager der Großindustrie und der Banken auch die neuen waren.

Erschütterungen nach dem Zusammenbruch

Die Krise des Ostblocks war Teil einer sehr viel umfassenderen Krise all der Länder, die nach dem staatskapitalistischen Modell gewirtschaftet hatten. Nirgendwo schien es mehr die hohen Wachstumsraten früherer Jahre erzielen zu können. Gleichzeitig waren Staatsindustrien abgeschnitten von Neuerungen – insbesondere jenen, die mit Mikrochiptechnik und Computersoftware verbunden und deren Pioniere die Industriegiganten USA und Japan waren, die immense Summen in diesen Bereich pumpten.

In Asien, Afrika und Lateinamerika schwenkten Bürokraten und Politiker, die in staatskapitalistischen Systemen aufgestiegen waren, jetzt um, sangen das Hohelied vom »freien« Markt und schlossen Verträge mit multinationalen Westkonzernen ab. Ob es die von der indischen Kongresspartei gestellten Regierungen, die ehemalige maoistische Bewegung, die den Bürgerkrieg in Äthiopien gewonnen hatte, das algerische Regime oder die Nachfolger Nassers in Ägypten waren, sie alle schlugen mehr oder weniger energisch diesen Weg ein. Vorreiter dieses neuen Ansatzes war China unter Deng Xiaoping, wo die Anbetung des Markts und profitorientierte Politik Hand in Hand gingen mit der Beibehaltung des offiziellen Maokults.

Die meisten Regierungen der Dritten Welt bewiesen ihren Einsatz für die neue Wirtschaftspolitik, indem sie »Strukturanpassungsprogramme« der Weltbank und des Internationalen Währungsfonds (IWF) unterschrieben. Es gibt allerdings kaum einen Beleg dafür, dass sie so die Probleme niedriger Wachstumsraten und der Armut bewältigen konnten. Rund 76 Länder setzten in den 1980er Jahren die vom IWF zur Schaffung eines »freien Markts« entwickelten Strukturanpassungsprogramme um. Nur eine Handvoll Länder verzeichneten höhere Wachstums- oder niedrigere Inflationsraten als in den früheren Jahrzehnten. Von 19 Ländern, die »intensive Anpassungsmaßnahmen« durchführten, konnten nur vier »ihre Leistung in den 1980er Jahren stetig erhöhen«.[311] Im Jahr 1990 lebten laut der Wirtschaftskommission der UNO für diese Region gut 44 Prozent der lateinamerikanischen Bevölkerung unterhalb der Armutsgrenze. Die Kommission kam zu dem Ergebnis, dass »die lateinamerikanische und karibische Bevölkerung bezüglich ihres materiellen Lebensstandards in den 1980er Jahren einen gewaltigen Rückschritt hinnehmen musste«.[312] In Afrika galten im Jahr 1987 über 55 Prozent der Landbevölkerung als absolut arm.[313]

---

311 Zahlen in: Sobhan, Rehman, »Rethinking the Market Reform Paradigm«, in: *Economic and Political Weekly*, Bombai, 25. Juli 1992.
312 Zitiert nach: Petras, James, und Morris Morley, *Latin America in the Time of Cholera*, New York 1992, S. 14.
313 Food and Agriculture Organization of the United Nation, *The State of Food and Agriculture*, 1991.

Die Entwicklungen in Osteuropa und der ehemaligen UdSSR in den 1990er Jahren waren ebenfalls verheerend. Das »Wirtschaftswunder«, das die Reformer versprochen hatten, blieb aus. Im Jahr 1999 war nur in Polen und Slowenien die Wirtschaftsleistung im Vergleich zu 1989 gesteigert worden. In der Tschechischen Republik und in Ungarn lag sie etwas niedriger als zehn Jahre zuvor. Die Volkswirtschaften Bulgariens, Litauens und Russlands waren um vierzig Prozent oder mehr geschrumpft.[314]

Die seelenlosen Statistiken sind Ausdruck der Zerstörung der Hoffnungen von Millionen Menschen. In den russischen Großstädten wie Moskau und Sankt Petersburg waren die meisten Einwohner von dem Wenigen abhängig, das sie als Ergänzung zu der mageren Versorgung mit Brot und Kartoffeln auf kleinen Parzellen anbauen und einkochen konnten. Ganze Gemeinden in arktischen Regionen lebten im Winter in beständiger Furcht vor Stromausfällen. Berg- und Stahlarbeiter erhielten oft monatelang keinen Lohn, das Gesundheitssystem brach zusammen, Krankheiten wie Tuberkulose breiteten sich aus und die Lebenserwartung sank.

Die Lebensumstände waren im nördlichen Streifen Osteuropas etwas besser. Aber selbst in der Tschechischen Republik und in Ungarn war der Lebensstandard niedriger als Ende der 1980er Jahre: Es lagen mehr Waren in den Geschäften, aber es gab weniger Menschen, die sie sich leisten konnten. In Ostdeutschland, das in die Bundesrepublik integriert wurde, lag die Arbeitslosenquote immer noch bei zwanzig Prozent und mehr. In Südosteuropa, in Bulgarien, Rumänien und Albanien, waren die Verhältnisse ebenso schlimm wie in Russland. Im Südgürtel der ehemaligen UdSSR sah es noch finsterer aus. Kein Wunder, dass der Optimismus der Intellektuellen des Jahres 1989 Ende der 1990er Jahre in Verzweiflung umgeschlagen war. Der berühmte tschechische Poet Miroslav Holub ging sogar so weit zu sagen: »Hätten wir vorher den Preis gekannt, den wir zahlen mussten, dann wären wir glücklich gewesen, unsere Werke nicht gedruckt und unsere Gemälde nicht verkauft zu sehen.«[315] Am meisten hatte das osteuropäische Land zu leiden, das sich während des gesamten Kalten Kriegs seine Unabhängigkeit von der UdSSR bewahrt hatte: Jugoslawien. Für die Westmächte lohnte es sich nicht mehr,

---

314 Siehe zum Beispiel die Zahlen in: *The Observer*, 6. Dezember 1998.
315 Miroslav Holub, zitiert nach: *Guardian*, 12. März 1999.

das Land als Gegengewicht zu Russlands Einfluss in der Region mit günstigen Krediten zu versorgen. Der IWF zwang Jugoslawien ein Schuldentilgungsprogramm auf, das innerhalb von zwei Jahren die Halbierung des Lebensstandards und astronomische Arbeitslosenquoten in den ärmeren Gegenden des Lands mit sich brachte. Es brachen mehrere blutige Bürgerkriege aus, als die verschiedenen politischen Akteure ihre eigene Position zu retten suchten, indem sie Bevölkerungsgruppen auf nationaler Grundlage gegeneinander ausspielten, während die Westmächte denen zu Hilfe kamen, die ihnen besonders wohlgesinnt waren.

Auf ein Gebiet der Welt waren die begeisterten Anhänger des Markts besonders stolz: Ostasien. In ihrem Weltentwicklungsbericht von 1991 sprach die Weltbank von »bemerkenswerten Erfolgen der ostasiatischen Volkswirtschaften« und stellte »unterschiedlich intensive Reformen« in China, Indien, Indonesien und Korea fest, gefolgt von einer »Verbesserung der Wirtschaftsleistung«.[316] Samuel Brittan von der *Financial Times* in Großbritannien versicherte seinen Lesern: »Wer etwas zum Feiern haben möchte, sollte nicht zurück auf die Weltwirtschaftskrise blicken, sondern auf die Entwicklungsländer Ostasiens, die aus dem wirtschaftlichen Rückgang ausgeschert sind.«[317]

Wie hohl dieser Optimismus war, zeigte sich im Jahr 1997, als eine in Thailand einsetzende Wirtschaftskrise die gesamte Region mit sich riss, Indonesien in eine Krise des Ausmaßes der 1930er Jahre stürzte und Südkorea, Malaysia und Hongkong in eine tiefe Rezession trieb. Im Verlauf des Jahres 1998 wurde dann Russland von einer plötzlichen Wirtschaftskrise erfasst und Brasilien als größte Volkswirtschaft Lateinamerikas destabilisiert. Krisenbekämpfungsprogramme des IWF wurden selbst von seinen ehemals glühenden Verfechtern wie dem Wirtschaftswissenschaftler Jeffrey Sachs heftig angegriffen, weil sie die Lage zu verschärfen drohten.

Die chinesische Volkswirtschaft verzeichnete fast die gesamten 1980er und 1990er Jahre lang ein rasches Wachstum, nachdem das Preissystem für Landwirtschaftsgüter Ende der 1970er Jahre reformiert worden war, wozu ein

---

316 Weltentwicklungsbericht 1991, *Entwicklung als Herausforderung*, Frankfurt am Main 1991, S. 5.
317 Brittan, Samuel, *Financial Times*, 10. Dezember 1992.

einmaliger riesiger Mitteltransfer vom Staat zu den Bauern gehörte. Mehrere Jahre lang stieg die Nahrungsmittelproduktion, was wiederum zur Grundlage der Entwicklung einer Reihe von Leichtindustrien wurde, die sowohl den Inlands- wie den Weltmarkt versorgten. Nach offiziellen Statistiken verdreifachte sich die industrielle Gesamtleistung.

Das Wachstum war jedoch außerordentlich ungleich verteilt. In einigen Küstenregionen fand eine ausgedehnte Industrialisierung und Verstädterung statt, während riesige Inlandsgebiete stagnierten oder sogar zurückfielen. Dutzende Millionen neuer Arbeitsplätze wurden in der Industrie geschaffen, aber zweihundert Millionen Menschen strömten vom Land in die Städte in der Hoffnung, einen davon zu ergattern. Mit der Rationalisierung der alten Schwerindustrien gingen der Abbau der Stammbelegschaft und die Abschaffung grundlegender Wohlfahrtsleistungen einher. Die Wachstumsraten schwankten wild hin und her, wobei sich starke Aufschwünge begleitet von rasch steigenden Preisen mit Zeiten der Stagnation ablösten. Versuche, die zyklischen Abschwünge durch den Export von noch mehr Gütern zu durchbrechen, drohten jedes Mal in eine klassische Überproduktionskrise umzuschlagen, wenn die Weltwirtschaft sich abkühlte oder in die Rezession abglitt.

Diese Gemengelage barg das Potenzial für große gesellschaftliche Erschütterungen in sich, wie sie im Jahr 1989 schließlich mit aller Wucht ausbrachen. Nur wenige Monate vor dem politischen Kollaps Osteuropas war auch der chinesische Staat dem Zusammenbruch sehr nahe gekommen. Studentinnen und Studenten wurden mit ihren Forderungen nach mehr Demokratie zum Anziehungspunkt für die Beschwernisse weiter Teile der Bevölkerung, was sich in der berühmt gewordenen Besetzung des Tiananmenplatzes (Platz des Himmlischen Friedens) in Beijing und Demonstrationen in Dutzenden anderer Städte und Industriezentren ausdrückte. Mehrere Tage lang war das Regime wie gelähmt und konnte kaum Soldaten finden, die bereit waren, gegen die Demonstranten vorzugehen. Am Ende schlug die Regierung die Proteste unter Einsatz von Panzern nieder.

Dies war nicht das erste Mal, dass ein Regime, das staatskapitalistische Instrumente mit Marktorientierung verband, vor gesellschaftlichen Explosionen stand. In Ägypten war es Anfang des Jahres 1977 zu etlichen Streiks, Demonstrationen und Aufruhr in den dreizehn wichtigsten Städten gekommen – es handelte sich um die größten Unruhen seit der nationalistischen Revolte gegen Großbritannien im Jahr 1919. In Algerien verwandelte sich eine Streikwelle im Jahr 1988 fast in einen Aufstand, als Jugendliche mit der Polizei um die Kontrolle über die Straße kämpften und das Regime dazu zwangen, Pressefreiheit einzuführen und den politischen Gegnern die Rückkehr aus dem Exil zu erlauben. In Südkorea wurde das Militärregime im Jahr 1987 von riesigen, kämpferischen Demonstrationen der Studenten und Teilen der Mittelschicht erschüttert, woraufhin es zu einer politischen Lockerung kam. Im folgenden Jahr brachen große Streikbewegungen aus, die nur durch eine Lohnerhöhung im zweistelligen Bereich beendet werden konnten.

All diese sozialen Unruhen wiesen bestimmte Ähnlichkeiten mit den Ereignissen von 1989/90 in Osteuropa auf. Sie waren ein Beleg dafür, dass weder der Staatskapitalismus noch der Übergang vom Staatskapitalismus zu einem irgendwie gearteten Marktsystem die im Zuge des Ausbaus der Industrie entstandene Arbeiterschaft daran hindern konnte, zu rebellieren und dabei viele andere Schichten der Gesellschaft mitzureißen.

Islam, Reform und Revolution

In den 1990er Jahren gehörte es eine Zeit lang zu den journalistischen Klischees zu behaupten, dass an die Stelle des Zusammenstoßes zwischen »Kommunismus und Kapitalismus« der zwischen »Islam und dem Westen« getreten sei. In der Tat hatten zwei große Erhebungen der vorangegangenen Jahre unter der Fahne des Islams stattgefunden: die iranische Revolution von 1979 und der afghanische Widerstand gegen die russische Besetzung in den 1980er Jahren. Sie waren auch der Anstoß für die Entstehung von Oppositionsbewegungen in Ägypten, Algerien, dem besetzten Palästina und andernorts. Nicht in diesem klischeehaften Bild kam vor, dass der Islam wie so oft schon in der Geschichte Ausdrucksmittel sehr unterschiedlicher gesellschaftlicher Interessen sein konnte, die unter Umständen in blutigen Widerstreit miteinander gerieten.

Mit der iranischen Revolution brach sich die Erbitterung über das despotische Regime des Schahs und die hinter ihm stehenden USA Bahn. Mit seiner Politik hatte er die traditionalistischen Kleriker, die nationalistischen

Intellektuellen, Kreise des mit den Basaren verbundenen Kapitals, die neue Arbeiterklasse in den expandierenden Industrien, die Studenten, das verarmte Kleinbürgertum, die Arbeitslosen und Teilbeschäftigten in den städtischen Elendsvierteln, die nationalen Minderheiten und Flügel der Bauernschaft gegen sich aufgebracht. Hinter der islamischen, aufrührerischen Propaganda gegen Unterdrückung konnten Menschen aus all diesen Schichten gesammelt werden, um gegen einen gemeinsamen Feind vorzugehen. Als der Schah jedoch durch einen klassischen Aufstand mit Massenstreiks, bewaffnetem Aufstand und Meutereien in der Armee gestürzt war, begann jede dieser Gruppierungen die islamischen Texte sehr unterschiedlich auszulegen und unterschiedliche praktische Schlussfolgerungen daraus zu ziehen. In den ersten Jahren nach der Erhebung kam es nicht nur zu Zusammenstößen zwischen bestimmten islamischen und säkularen Gruppen, sondern auch zu einem blutigen Bürgerkrieg zwischen verschiedenen islamischen Fraktionen. Die Fraktion um Ajatollah Chomeini ging daraus als Sieger hervor und rechtfertigte ihre Terrorherrschaft über die geschlagenen Gegner in religiösen Begriffen. Daraus leiteten viele Liberale ab, dass diese barbarischen Methoden spezifisch »islamisch« seien, Auswuchs einer Mentalität, der die Menschlichkeit der »jüdisch-christlichen Tradition« fehle. Die Unterdrückungsmaßnahmen Chomeinis unterschieden sich allerdings kaum von denen, über die die französische römisch-katholische Kirche bei der Niederschlagung der Pariser Kommune jubelte. Ähnlich unterstützte das preußische Lutheranertum in den Jahren 1919/20 die Niederringung der Arbeiterbewegung oder begrüßten die US-amerikanischen christlichen Fundamentalisten und jüdischen Rabbinern es, als die israelische Armee bei dem Gemetzel der christlichen Falangisten an Palästinensern im Libanon Anfang der 1980er Jahre tatenlos zusah. Das Blutbad im Iran war das Ergebnis einer Konterrevolution, nicht einer Religion.

Auch das von den Russen gedeckte Regime in Afghanistan rief den Widerstand unterschiedlichster gesellschaftlicher Gruppen hervor, als es das Land einer raschen »Modernisierung« nach stalinistischem Vorbild unterziehen wollte. Als russische Truppen das Land besetzten, einen russlandfreundlichen Herrscher töteten und einen anderen an seine Stelle setzten, schien der Islam erneut einen Sammelpunkt für Widerstand zu bieten. Gruppierungen mit widersprüchlichen Interessen kämpften schließlich nicht nur gegen die

Russen, sondern auch gegeneinander. Dem Abzug der Russen folgte ein Bürgerkrieg zwischen islamischen Gruppen, bis die mit dem islamischen Regime im benachbarten Iran schwer verfeindeten Taliban mit Unterstützung Saudi-Arabiens den Großteil des Lands eroberten. Unterdessen nahmen viele Islamisten des Nahen und Mittleren Ostens, die von der amerikanischen CIA in Afghanistan für den Krieg gegen die Russen benutzt worden waren, jetzt den Kampf gegen die US-nahen Herrscher auf und wurden von den USA dafür zu »Terroristen« gestempelt.

Statt eine geschlossene Kraft darzustellen, die den Westen bekämpfte, fand der größte und blutigste Krieg in den 1980er Jahren zwischen den islamischen Herrschern des Iraks und der Islamischen Republik Iran statt. In diesem Krieg standen das konservative Saudi-Arabien und das islamistische Regime von Hassan al-Turabi im Sudan an der Seite Iraks, ebenso in entscheidenden Momenten die USA.

Der Zulauf für islamische politische Bewegungen war Folge der Entfremdung von Zigmillionen Menschen – insbesondere der Jugend und der Gebildeten – von einer Weltordnung, die wenig Hoffnung auf einen sicheren Arbeitsplatz bot, da auch ihre Gesellschaften im globalen System gefangen waren. Die im Koran niedergeschriebene vage Verurteilung von Unterdrückung und die Verkündigung einer gerechten Gesellschaft boten ein Begriffsinstrumentarium, mit dem der starken Enttäuschung über die Verhältnisse Ausdruck verliehen werden konnte. Je näher die Islamisten der Macht rückten, desto mehr verwässerten sie allerdings ihre radikale Zielsetzung. Islamische Regierungen arbeiteten Hand in Hand mit islamischen Kapitalisten, die wiederum Bündnisse mit Mächten in anderen Gegenden des Weltsystems eingingen, einschließlich dem »großen Satan« USA. Bei jedem Zusammenstoß zwischen Nationalstaaten im Nahen Osten befanden sich islamische Regierungen auf gegnerischen Seiten.

Der neue Imperialismus

Der alte Imperialismus der direkten Kolonialherrschaft ging im letzten Viertel des 20. Jahrhunderts unter. Portugals herrschende Klasse musste seine Kolonien aufgeben, das weiße Siedlerregime in Rhodesien wurde der Staat Simbabwe, das rassistische Regime in Südafrika führte das Mehrheitsprinzip ein und Großbritannien gab Hongkong an China zurück. Selbst die »Halbkolonien« – Länder mit schwachen Regierungen, die vom Westen abhängig waren – konnten einen Grad von Unabhängigkeit erringen. Die Marionette wurde zum »Klienten« und der Klient wandte sich manchmal gegen seinen ehemaligen Herrn – wie der irakische Staatschef Saddam Hussein, als er im Jahr 1990 in Kuwait einmarschierte. Das war jedoch nicht das Ende des Imperialismus, des Versuchs der großen kapitalistischen Staaten also, sich kleinere Staaten gefügig zu machen.

Mitte der 1990er Jahre behaupteten etliche Journalisten, Wissenschaftler und Politiker, die Zeit der Nationalstaaten sei in der »neuen globalen Ökonomie« vorbei. Aus der Perspektive der Chefs multinationaler Konzerne oder der mit ihnen zusammenarbeitenden Regierungen stellte sich das allerdings anders dar. Untersuchungen zeigten, dass die Eigentümer und Direktoren solcher Unternehmen in bestimmten Nationalstaaten besonders stark verankert waren und diese als Stützpunkt zur Förderung ihrer Interessen in anderen Gegenden der Welt benutzten. In einer Studie hieß es:

> Die Konkurrenz zwischen Staaten und die Konkurrenz zwischen Unternehmen um einen sicheren Ort in der Weltwirtschaft ist sehr viel schärfer, sehr viel intensiver geworden. Dementsprechend haben sich Unternehmen stärker in die Regierungsführung eingemischt und Regierungen haben erkannt, dass sie heute abhängiger von den Konzernen sind, weil diese die knappen Ressourcen kontrollieren.[318]

Die multinationalen, in den USA beheimateten Giganten brauchten den US-amerikanischen Staat, wenn sie ihre Politik der übrigen Welt aufzwingen wollten. Kein Wunder, dass die beiden wichtigsten Programme zur Bekämpfung der Verschuldung der Dritten Welt nach Mitgliedern der US-amerikanischen Regierung benannt wurden: Baker-Plan und Brady-Plan.[319] Hinter dem

---

318 Stopford, John, und Susan Strange, *Rival States, Rival Firms*, Cambridge 1991, S. 1.
319 Einzelheiten zu den Verhandlungen siehe: Mohanty, Mritiunjoy, »Strategies for Solution of Debt Crisis: an Overview«, in: *Economic and Political Weekly*, Mumbai, 29. Februar 1992.

Gerede von IWF und Weltbank von einem »neuen Entwicklungsparadigma« stand die Realität, dafür zu sorgen, dass die Banken hohe Tilgungszinsen bekamen. Ähnlich ging es auch bei den Verhandlungen über den Welthandel um den Versuch der USA, ihre Freihandelshegemonie über Regierungen zu errichten, die ihrerseits die manchmal abweichenden Interessen der einheimischen Kapitalisten zu schützen suchten.

Diplomatisch-finanzieller Druck reichte den herrschenden Klassen der mächtigsten Länder aber nicht immer, um ihren Willen durchzusetzen. Bisweilen gingen sie davon aus, ihre weltweite Vorherrschaft nur mit militärischer Gewalt behaupten zu können.

Das galt zum Beispiel für die beiden Golfkriege. Der Irak führte in den 1980er Jahren einen langen und blutigen Krieg gegen den Iran, um die USA und die wohlhabenden Golfstaaten auf seine Seite zu ziehen und seine Beziehungen zu wichtigen multinationalen Konzernen zu festigen. Als der Irak geringere Geldmittel als erhofft erhielt, marschierte er im Jahr 1990 in Kuwait ein, weil er darauf setzte, dass die Großmächte und insbesondere die USA stillhalten würden. Stattdessen zogen die USA, Großbritannien und andere Staaten ihre Streitkräfte zusammen, bombardierten den Irak in Grund und Boden, schickten ihre Truppen in das Land und massakrierten 100.000 Iraker, als diese über die Straße von Kuwait nach Basra zurückströmten. Anschließend verhängten sie ein Jahrzehnt lang Wirtschaftssanktionen, denen nach Schätzungen der Vereinten Nationen Jahr für Jahr 50.000 Iraker zum Opfer fielen.

Diese Operation sollte nicht allein der Disziplinierung Iraks oder der Warnung anderer nationalistischer Regierungen und Bewegungen im Nahen und Mittleren Osten dienen, die vielleicht die Interessen der US-amerikanischen Ölkonzerne bedrohen könnten. Die USA wollten auch den anderen Weltmächten zeigen, dass sie sich ihren Zielen unterzuordnen hatten, denn nur die USA waren mächtig genug, den Weltpolizisten zu spielen.

Schon in den 1980er Jahren hatten republikanische Regierungen den Versuch unternommen, die Nachwirkungen der Niederlage in Vietnam, das Vietnamsyndrom, zu überwinden, indem sie demonstrierten, dass sie die westliche Hemisphäre immer noch beherrschten. Dieser Gedanke stand hinter dem Überfall auf Grenada im Jahr 1983, auf Panama 1989 und in Nicaragua ebenfalls in den 1980er Jahren dem Aufbau der Contras, einer rechtsgerichteten Guerilla, die das Land mit Gewalt und Zerstörung überzog. Die Regierung Bush demonstrierte in der Folge, dass die USA ähnliche Polizeioperationen sehr viel größeren Maßstabs im Nahen Osten durchführen konnten. Unter seinem Nachfolger Bill Clinton, einem Demokraten, folgte in den 1990er Jahren eine Militäroperation auf die andere: die Landung der Marines in Somalia, die wiederholte Bombardierung des Iraks, die Bombardierung serbischer Kräfte im bosnischen Bürgerkrieg, die Bombardierung eines angeblichen Guerillalagers in Afghanistan und einer Arzneimittelfabrik im Sudan und ein ausgewachsener Krieg gegen Serbien.

Nicht nur die USA übten sich in der neuen imperialistischen Politik. Russland versuchte seine Vorherrschaft in weiten Teilen der ehemaligen UdSSR zu sichern und griff militärisch in die in Georgien und Tadschikistan tobenden Bürgerkriege ein. Frankreich behielt in Afrika eine große Einflusssphäre und rangelte mit den USA um die Dominanz in Regionen wie Ruanda-Burundi. Großbritannien versuchte Einfluss auf Ereignisse in Sierra Leone und Nigeria zu nehmen, während Nigeria sich unter dem Vorwand der »Friedenserhaltung« in andere westafrikanische Staaten einmischte. Griechenland und die Türkei drohten sich gegenseitig regelmäßig mit Krieg, während sie um Einfluss im nordöstlichen Mittelmeergebiet und in Gegenden des Balkans rangen.

Die Welt der 1990er Jahre war eine komplizierte Hierarchie aus Staaten und miteinander verflochtenen Geschäftsinteressen, die um einflussreiche Positionen kämpften. Sie waren jedoch nicht von gleichem Gewicht und alle wussten, dass ihre Position in der Hierarchie letztendlich abhängig war von der Größe der ihnen zur Verfügung stehenden Streitkräfte. An der Spitze standen die Vereinigten Staaten, die sehr darauf bedacht waren, ihre eigene Stellung abzusichern. Im letzten Jahr des Jahrtausends zeigte sich in aller Deutlichkeit, was das hieß, als die Nato unter Führung der USA damit begann, die Infrastruktur Serbiens systematisch zu zerstören, weil der Staatschef Slobodan Milošević nicht um Erlaubnis gefragt hatte, als er mit gleicher Gewalttätigkeit wie ein Dutzend US-Klienten auf der Welt die albanische Minderheit des Lands angriff.

Schlussfolgerungen

Die Illusion einer Epoche

Zu Beginn des 20. Jahrhunderts wurde mit großem Getöse die Unvermeidlichkeit des Fortschritts verkündet, beispielhaft dafür sind Eduard Bernsteins Prophezeiungen von der unaufhaltsamen Demokratisierung, von schwindender Ungleichheit und wachsendem allgemeinem Wohlstand. Dieses Thema beherrschte erneut Mitte der 1950er und Anfang der 1960er Jahre die Schriften von Politikern wie Anthony Crosland, Politikwissenschaftlern wie Daniel Bell und Wirtschaftswissenschaftlern wie Paul Samuelson. Es kam im Jahr 1990 wieder auf, als Francis Fukuyama das »Ende der Geschichte« verkündete, und hielt sich bis in die späten 1990er Jahre, als Anthony Giddens die Kategorien »links« und »rechts« als geschichtlich überholt bezeichnete. Wenn wir auch noch nicht endgültig in der besten aller Welten lebten, so seien nur noch ein paar Stellschrauben zu justieren, und dann sei es endlich so weit, lautete der Tenor.

Aber wie schon früher in der Geschichte durchlebte auch in diesem Jahrhundert ein großer Teil der Menschheit immer wieder schreckliche Zeiten. Der unaufhaltsame Fortschritt ging über in das Blutvergießen des Ersten Weltkriegs; in die Massenverarmung Anfang der 1930er Jahre; die Ausbreitung des Nationalsozialismus und Faschismus fast überall in Europa; den stalinistischen Gulag; den japanischen Angriff auf Schanghai und Nanjing; die Zerstörung fast ganz Europas im Zweiten Weltkrieg; die Hungersnot in Bengalen; die Auslöschung Hiroschimas und Nagasakis; den dreißig Jahre währenden Krieg gegen Vietnam und den neunjährigen Krieg gegen Algerien; er war begleitet von einer Million Toten in dem einen Golfkrieg und 200.000 weiteren in dem folgenden; von Zehntausenden Opfern der Todesschwadronen in El Salvador, Guatemala und Argentinien und Hunderttausenden Toten in den blutigen Bürgerkriegen Kroatiens, Bosniens, Tadschikistans, Angolas,

Äthiopiens, Liberias, Sierra Leones und Afghanistans. Der industrielle Fortschritt verwandelte sich nur zu oft in die Mechanisierung des Kriegs – oder als Höhepunkt des Grauens die Mechanisierung des Massenmords: in den Holocaust. Zum Ende des Jahrhunderts ergab sich immer noch kein hoffnungsfroheres Bild. Viele Länder außerhalb Westeuropas und Nordamerikas, die im Laufe des Jahrhunderts immer wieder geglaubt hatten, sie könnten »aufholen« und den Lebensstandard der »Ersten Welt« erreichen, mussten erleben, wie ihre Träume sich in Luft auflösten. Das galt für Argentinien, Mexiko, Venezuela, Brasilien und Russland. Der gesamte afrikanische Kontinent wurde wieder einmal abgeschrieben, als das Pro-Kopf-Einkommen im Verlauf von dreißig Jahren ständig weiter sank. Angola, Sierra Leone, Liberia, Tadschikistan, Afghanistan, Kongo-Zaire wurden von Bürgerkriegen verwüstet. Das Wort Völkermord oder Genozid, das mit dem Nationalsozialismus verbunden ist, der in den 1930er Jahren aufkam, erhielt den Begriff »ethnische Säuberung« zur Seite, der in den Bürgerkriegen der 1990er Jahre geprägt wurde.

Selbst in den entwickelten Industrieländern erwies sich das Versprechen auf grenzenlosen Wohlstand, endlose Freizeit und das Verschwinden von Klassenspaltungen, das in den 1890er und erneut in den 1950er Jahren so sehr in Mode war, als Chimäre. Die Wirtschaftsleistung stieg in den meisten Jahren und in fast allen Volkswirtschaften, aber nur halb so schnell wie in der langen Aufschwungzeit der 1950er und Anfang der 1960er Jahre. Und dieser Anstieg brachte den meisten keine höhere Lebensqualität.

In den USA fielen die Reallöhne fast das ganze letzte Vierteljahrhundert. In Europa verzeichneten die Statistiken steigende Reallöhne, aber vieles deutet darauf hin, dass dieser Anstieg aufgezehrt wurde von steigenden indirekten Kosten verbunden mit der veränderten Arbeitsstruktur wie einer längeren Anfahrt zur Arbeit, steigenden Beförderungskosten, höherer Abhängigkeit von Fastfood und Tiefkühlkost oder erhöhten Kinderbetreuungskosten. Laut einem »Index für nachhaltigen Wohlstand« stiegen die Reallöhne von 1950 bis Mitte der 1970er Jahre fast ununterbrochen, begannen dann aber wieder zu sinken.[320] Ganz sicher gab es keine qualitativen Verbesserungen für das Leben der Menschen wie in den 1950er und Anfang der 1960er Jahre. Gleich-

---

320 Jackson, Tim, und Nic Marks, *Sustainable Economic Welfare: A Pilot Index 1950–1990*, Stockholm Economic Institute, 1994.

zeitig nahm der Druck auf jene zu, die noch in Lohn und Brot standen, länger und härter zu arbeiten. Der durchschnittliche Beschäftigte in den USA arbeitete im Jahr 1996 jährlich 164 Stunden mehr als noch im Jahr 1976 – also einen ganzen Monat,[321] und in den Umfragen berichteten immer mehr Menschen von steigendem Arbeitsdruck. Angesichts wiederholter Rezessionen und ebenso wiederholten »Gesundschrumpfens« mit Personalabbau selbst in Zeiten der »Erholung« griff Angst vor der Zukunft wie seit den 1930er Jahren nicht mehr um sich. Bürgerliche politische Parteien, die in den 1970er Jahren behauptet hatten, soziale Unsicherheit sei eine Sache der Vergangenheit, betonten in den 1990er Jahren, dies sei eine unvermeidliche Begleiterscheinung der »neuen Globalwirtschaft« (womit sie uneingestanden die alte Parole der Linken vom internationalen Kapitalismus aufgriffen).

Der wachsenden Armut in vielen Gegenden der Dritten und ehemaligen kommunistischen Welt und der zunehmenden Unsicherheit im Westen stand die Konzentration von Wohlstand in den Händen der herrschenden Klasse gegenüber. Ende der 1990er Jahre verfügten 348 Milliardäre zusammengenommen über ein Vermögen, das dem Einkommen der halben Weltbevölkerung entsprach. Im Jahr 1999 hieß es in einem Bericht der Vereinten Nationen, dass die zweihundert begütertesten Personen der Welt ihren Reichtum innerhalb von vier Jahren verdoppelt hatten.[322] Ende der 1960er Jahre betrug die Kluft zwischen dem reichsten und ärmsten Fünftel der Weltbevölkerung 30:1, im Jahr 1990 60:1 und im Jahr 1998 74:1. Die meisten der Superreichen lebten in entwickelten Ländern. Im Jahr 1980 erhielten die Spitzenmanager der dreihundert größten US-Konzerne ein 29-mal höheres Einkommen als ein durchschnittlicher Fabrikarbeiter, im Jahr 1990 war es 93-mal höher. Dasselbe Phänomen zeigte sich auch in anderen Gegenden der Welt, wo selbst in den ärmsten Ländern eine dünne Oberschicht erwartete, den Lebensstil der Reichsten der Welt führen zu können, und Depots von zig Millionen Dollar in Westbanken als Versicherung gegen soziale Unruhen im eigenen Land anlegte. Überall bestand ihre Reaktion auf gesellschaftliche Krisen darin, Reichtum anzuhäufen, um sich selbst vor den Auswirkungen zu schützen, wobei sie sich nicht allzu viele Gedanken darüber machten, wenn in die-

---

321 Zahlen nach Schor, Juliet, *The Overworked American*, New York 1992.
322 *Human Development Report*, Oxford 1999, S. 3.

sem Prozess die Grundlagen der Gesellschaft selbst geschwächt wurden. Die Fremdvergabe der Steuererhebung an wohlhabende Individuen (Steuerpacht) war ein die Krise vorkapitalistischer Klassengesellschaften kennzeichnendes, wiederkehrendes Muster, das zur Intensivierung einer langfristigen Krisentendenz beitrug. Die Fremdvergabe von Staatsdiensten wurde zu einem Muster der kapitalistischen Klassengesellschaft im letzten Jahrzehnt des 20. Jahrhunderts mit ähnlich unvermeidlichen langfristigen Folgen.

Gemeinsam mit der neuen Unsicherheit und den immer wieder auftretenden Krisen stieg ein Geist aus der Unterwelt auf, der seit dem Zweiten Weltkrieg gebannt schien: Faschismus und Nationalsozialismus. Selbst in Zeiten »wirtschaftlicher Erholung« wurde es fast zur Normalität, dass rechte Figuren wie Jean-Marie Le Pen in Frankreich und Jörg Haider in Österreich fünfzehn Prozent der Wählerstimmen erhielten – und ihre Hoffnung auf noch bessere Wahlergebnisse mit Einsetzen der nächsten großen Rezession schien nicht unbegründet. Auch bürgerlich-konservative Parteien begannen sich ganz selbstverständlich der Sprache des Rassismus und der ethnischen Spaltung zu bedienen, um Wähler zu gewinnen, und sozialdemokratische Parteien machten in ihren Reden ebenfalls Zugeständnisse an diese Ideologie, weil sie meinten, sich auf diese Weise bei den Wahlen besser behaupten zu können.

Sozialismus, Barbarei und das 21. Jahrhundert

Unter Berufung auf Friedrich Engels schrieb Rosa Luxemburg während des Ersten Weltkriegs im Jahr 1915: »Die bürgerliche Gesellschaft steht vor einem Dilemma, entweder Übergang zum Sozialismus oder Rückfall in die Barbarei.« »Wir haben wohl alle die Worte bis jetzt gedankenlos gelesen und wiederholt, ohne ihren furchtbaren Ernst zu ahnen«, schreibt sie weiter:

> Wir stehen also heute, genau wie Friedrich Engels vor einem Menschenalter, vor vierzig Jahren, voraussagte, vor der Wahl: entweder Triumph des Imperialismus und Untergang jeglicher Kultur, wie im alten Rom, Entvölkerung, Verödung, Degeneration, ein großer Friedhof. Oder Sieg des Sozialismus, das heißt der bewussten Kampfaktion des internationalen Proletariats gegen den Imperialismus [...]. Dies ist ein

Dilemma der Weltgeschichte, ein Entweder-oder, dessen Waagschalen zitternd schwanken [...]. Die Zukunft der Kultur und der Menschheit hängt davon ab [...].[323]

Mit dieser Passage griff sie höchst eindrucksvoll die Illusion vom unvermeidlichen Fortschritt im Kapitalismus an. Sie wiederholte, was Marx und Engels bereits im *Kommunistischen Manifest* betont hatten: Die historische Alternative zur Transformation der Gesellschaft durch eine neu entstandene Klasse war der »gemeinsame Untergang der kämpfenden Klassen«. Wie wir sehen konnten, galt dies nicht nur für das Römische Reich im Westen, das schließlich zusammenbrach, sondern auch für das erste »dunkle Zeitalter« der frühen Bronzekulturen Eurasiens, den Zusammenbruch der Zivilisation von Teotihuacán und der Mayas in Mesoamerika und die Krise in Mesopotamien unter den Abbasiden im 11. Jahrhundert. Im zweiten Jahrtausend v. u. Z. stand Ägypten kurz vor dem Untergang, im 12. Jahrhundert u. Z. China und im 14. Jahrhundert u. Z. Europa. Rosa Luxemburg sah in dem Weltkrieg die Gefahr der Wiederholung einer solchen Katastrophe: »In diesem Kriege hat der Imperialismus gesiegt. Sein blutiges Schwert des Völkermordes hat mit brutalem Übergewicht die Waagschale in den Abgrund des Jammers und der Schmach hinabgezogen.«[324]

Auch Leo Trotzki erklärte im Jahr 1921:

Auf diese Weise bewegt sich die menschliche Gesellschaft nicht immer von unten nach oben in aufsteigender Linie. Nein, es gab lange Perioden der Stagnation, Rückfälle in die Barbarei kamen vor. Gesellschaften stiegen empor, erreichten ein gewisses Niveau, aber konnten sich auf dieser Höhe nicht halten ... Die Menschheit verharrt nicht auf einem Fleck, ihr Gleichgewicht ist [...] labil; wenn die Aufwärtsentwicklung unmöglich wird, stürzt die Gesellschaft abwärts; wenn keine Klasse vorhanden ist, die imstande wäre, sie höher zu treiben, fällt sie auseinander und öffnet Tür und Tor der Barbarei.[325]

---

323 Luxemburg, Rosa, »Die Krise der Sozialdemokratie« (»Juniusbroschüre«), *Gesammelte Werke*, Band 4, Berlin 1990, S. 62.
324 Luxemburg, »Die Krise der Sozialdemokratie«, S. 62.
325 Rede vom 12. Juli 1921, gehalten in Moskau auf dem Dritten Kongress der Kommunistischen Internationale, zitiert nach: Broué, Pierre, *Trotzki: Eine*

In dem Gründungsdokument der von Trotzki ins Leben gerufenen Vierten Internationale, das am Vorabend eines neuen Weltkriegs verfasst wurde, hieß es düster: »Ohne sozialistische Revolution, und zwar in der nächsten geschichtlichen Periode, droht der gesamten menschlichen Kultur eine Katastrophe.«[326]

Luxemburg und Trotzki erkannten wie nur wenige andere Denker die verrückte Logik der kapitalistischen Gesellschaft des 20. Jahrhunderts: wie die Produktivkräfte sich in Zerstörungskräfte verwandelten und menschliche Kreativität in die Schaffung unmenschlichen Schreckens umschlug. Dieses Jahrhundert war eines unvorstellbarer Barbarei, wie sie zumindest Europa seit dem 17. oder gar 14. Jahrhundert nicht mehr gekannt hatte. Wenn auch nicht die schlimmsten Prophezeiungen Luxemburgs und Trotzkis im Sinne eines vollständigen Zusammenbruchs der Kultur und Zivilisation in Erfüllung gingen, gab es doch wiederholte Ausschläge in Richtung einer Barbarei in dem strikten Sinne des Worts, wie Engels und Luxemburg es verwendet hatten: Herrscher waren geneigt, die Gesellschaft um sich eher niederzureißen, statt ihre Macht aufzugeben – siehe das Vorgehen der Weißen Armeen während des russischen Bürgerkriegs, das Bestreben der Nazis im Zweiten Weltkrieg, noch auf dem Rückzug den Holocaust zu vollenden, und die Bereitschaft der USA und der Sowjetunion im Kalten Krieg, Atomwaffen einzusetzen, die die ganze Welt in eine radioaktive Wüste verwandelt hätten. Im letzten Jahrzehnt des Jahrhunderts schienen weite Bereiche Afrikas, des Kaukasus und Zentralasiens in derselben Logik gefangen zu sein. Armeen konkurrierender Kriegsherren massakrierten sich gegenseitig und wüteten unter der Zivilbevölkerung, als sie sich angesichts des wirtschaftlichen und gesellschaftlichen Niedergangs um die Krümel des Wohlstands balgten. In diesem Jahrzehnt wurden auch schreckliche neue Bedrohungen neben den alten des Kriegs und des wirtschaftlichen Abschwungs sichtbar.

Die dramatischste ist eine ökologische Katastrophe. Klassengesellschaften haben immer dazu geneigt, ihre Umwelt, die für das Überleben der Bevölkerung so wichtig ist, überzustrapazieren und auszulaugen. Von einem bestimmten Moment an ist die Geschichte vorkapitalistischer Gesellschaften

---

politische Biographie, Band 1, Köln 1998, S. 386.
326 Trotzki, Leo, *Das Übergangsprogramm*, Essen 1997, S. 84.

von Hungersnöten und demografischem Zusammenbruch geprägt, weil eine gierige herrschende Klasse mit ihrem teuren Überbau zu einer übergroßen Belastung wurde. Gerade die den Kapitalismus kennzeichnende hohe Wirtschaftsdynamik lässt die Folgen immer schneller sichtbar und spürbar werden. Die Beschreibung der Gewalt, die der Kapitalismus den Gemeinden der Arbeiterklasse antat, angefangen mit Charles Dickens und Friedrich Engels, handelt immer auch von vergifteter Luft, von Seuchen, beengten Wohnverhältnissen und verunreinigten Lebensmitteln in Elendsvierteln. Zu einer Zeit, als höchstens zehn Millionen Menschen weltweit in einer kapitalistischen Industrie arbeiteten, war die Umweltzerstörung noch lokal begrenzt – der über Manchester liegende Qualm wirkte sich nicht auf ganz England und schon gar nicht die gesamte Welt aus. Mit der weltweiten Verbreitung des Kapitalismus im 20. Jahrhundert und einer Bevölkerung von sechs Milliarden oder mehr zur Jahrhundertwende verwandelte sich die Umweltzerstörung in ein globales Problem. Das Jahr 1998, heißt es im Weltkatastrophenbericht des Roten Kreuzes, »war das bisher schlimmste seit Beginn der Aufzeichnung und die Schäden waren größer als je zuvor«, 25 Millionen Menschen mussten als »Umweltflüchtlinge« ihren Grund und Boden verlassen, »damit wurde zum ersten Mal die Zahl durch Krieg entwurzelter Menschen übertroffen«.[327] Eine Milliarde Menschen müssen in wildwüchsigen Slums leben und vierzig der fünfzig am schnellsten wachsenden Städte liegen in Erdbebengebieten. Wir müssen also mit dem Schlimmsten rechnen. Das ist aber noch nicht alles: Die Produktion immer größerer Mengen Kohlendioxids verursacht den Treibhauseffekt und damit die Erderwärmung mit unvorhersehbaren Wetterereignissen wie Monsterstürmen. Und der ansteigende Meeresspiegel wird die Überflutung der Küstenregionen zur Folge haben. Das FCKW in Kühlschränken reißt Löcher in die Ozonschicht, was wiederum vermehrt zu Hautkrebs führt. Der Gebrauch von Antibiotika in Tierfutter schwächt die Wirkung dieses Mittels bei Menschen. Der unbeschränkte Einsatz genetisch veränderter Saaten könnte die gesamte Nahrungskette auf verheerende Weise durcheinanderbringen. Solcherart Katastrophen zerstörten im 12. Jahrhundert die Nahrungsgrundlage in Mesopotamien und führten im 14. Jahrhundert in Europa

---

327 Weltkatastrophenbericht 1999, Rotes Kreuz, Zusammenfassung in: *Guardian*, 24. Juni 1999.

zu einer schweren Hungersnot. Sie sind Folge der spezifischen Art und Weise menschlichen Einwirkens auf die Umwelt im Weltmaßstab.

Im Kapitalismus geschieht dies vor dem Hintergrund der Konkurrenz zwischen den Kapitalien – kleinen Unternehmen Anfang des 19. Jahrhunderts und riesigen multinationalen Konzernen und staatseigenen Betrieben Ende des 20. Jahrhunderts. Die Konkurrenz führt zu der unaufhörlichen Suche nach neuen, produktiveren und profitableren Formen des Einwirkens auf die Umwelt, ohne Rücksicht auf die Folgen. Manchmal versuchen Staaten den Gesamtprozess zu regulieren. Aber sie selbst werden in diesen Prozess hineingezogen, weil sie die Interessen der in ihren Ländern beheimateten Unternehmen fördern wollen. Eine Regulierung, heißt es meistens, sei nicht möglich, denn sie gefährde die Konkurrenzfähigkeit der einheimischen Unternehmen im Vergleich zu ausländischen Gegenspielern. Und selbst wenn der Staat eingreift, ist es meist zu spät und der Schaden schon angerichtet, weil Beamte nur schwerlich jede Neuerung auf dem Feld der Industrie einschätzen und ihre Auswirkungen erkennen können.

Am Ende des 20. Jahrhunderts waren die Auswirkungen so bedrohlich, dass viele sich von jeder Wissenschaft und Technologie abwandten. Doch ohne die Technologien des letzten Jahrhunderts wäre es nicht möglich, die Weltbevölkerung zu ernähren, geschweige denn sie von dem Wüten des Hungers und der Arbeitsüberlastung zu befreien, dem Los der meisten Menschen seit Entstehung der Klassengesellschaft. Gleichzeitig wurde das Argument des alten Reaktionärs Thomas Malthus wieder aus der Mottenkiste geholt, dass es schon viel zu viele Menschen gebe. Spätestens in etwa dreißig bis vierzig Jahren, wenn sich die Weltbevölkerung verdoppelt habe, werde es ernsthaft kritisch. Dem achtfachen Bevölkerungswachstum seit Malthus' Zeiten stand allerdings ein über achtfacher Zuwachs an Nahrungsmitteln gegenüber. Wenn Menschen in bestimmten Gegenden Afrikas, Asiens und Lateinamerikas hungern mussten, dann nicht wegen eines Mangels an Nahrungsmitteln, sondern weil sie der falschen Klasse angehörten.

Das Problem der Menschheit ist nicht die Technologie oder die Anzahl der Menschen, sondern die Art und Weise des Einsatzes der Technik in der bestehenden Gesellschaft. Vereinfacht gesagt, kann die Welt auch die doppelte Anzahl Menschen verkraften. Was sie nicht verkraften kann, ist die ständig wachsende Zahl von Verbrennungsmotoren, die im Interesse der Rentabilität riesiger Öl- und Autokonzerne alle mehrere Kilogramm Kohlendioxid am Tag ausstoßen. Wenn die Menschheit den Globus in so großer Zahl besiedelt, ist die Voraussetzung für ihr Überleben ein geplanter Einsatz der Technologie, um die menschlichen Bedürfnisse zu erfüllen, statt sie der blinden Akkumulation konkurrierender Kapitalien zu unterwerfen.

Der Einsatz von Technik zum Zweck der konkurrierenden Akkumulation zeigt sich auch an ihrem Einsatz in Kriegen. Rückblickend betrachtet, wirkte in den 1990er Jahren die Militärtechnologie, die uns das Massensterben an der Westfront im Ersten Weltkrieg und die Barbarei an der Ostfront sowie Hiroschima und Nagasaki im Zweiten Weltkrieg einbrachte, mehr als primitiv.

Einerseits wurden für zig Milliarden Dollar neue Waffensysteme entwickelt. Die USA investierten in absoluten Zahlen (nicht aber im Verhältnis zu ihrem Bruttoinlandsprodukt) noch mehr in Rüstungstechnologie als zum Höhepunkt des Kalten Kriegs Anfang der 1950er Jahre. Gestützt auf die im Verlauf eines halben Jahrhunderts gemachten Fortschritte in der Computertechnik waren sie in der Lage, Kriege gegen Irak und Serbien zu führen, die sie nicht einen einzigen Soldaten kosteten, während sie selbst Tausende oder sogar Hunderttausende töteten. Sie entwickelten auch die Kriegsführung mit Fernlenkwaffen von ihrem eigenen Kontinent aus und riefen erneut die Initiative für ein »Star Wars«-Programm mit Raketenabwehrsystemen ins Leben, um sich vor Gegenschlägen zu schützen.

Hinzu kam die Entwicklung tödlicher Mikrosysteme. Kleine Staaten wie Israel und arme wie Pakistan verfügten über genügend versierte Ingenieure und hinreichend Zugang zu moderner Computertechnologie, um ihre eignen Atomwaffen zu bauen – Kleinstwaffen nach US-Standard, aber wirksam genug, um im Bedarfsfall Hunderttausende Menschen in Hauptstädten benachbarter Länder bei lebendigem Leib zu rösten. Wiktor Tschernomyrdin, ehemaliger russischer Ministerpräsident, zog wie einige andere die Lehre aus der im Golf und auf dem Balkan gezeigten militärischen Stärke der USA: »Selbst die kleinsten unabhängigen Staaten werden versuchen, Atomwaffen samt den Transportfahrzeugen in die Hand zu bekommen, um sich zu verteidigen.«[328] Für jene, die nicht die Möglichkeit hatten, diese Technologien zu entwickeln, gab es gröbere und billigere Techniken: die Kriegsführung mit chemischen und biologischen Waffen, die die Großmächte in den ersten drei Vierteln des Jahrhunderts entwickelt hatten.

In der zweiten Hälfte des 20. Jahrhunderts erklärten die Anhänger eines Großmacht-Atomwaffenprogramms, sie könnten den Frieden durch die Logik des »Gleichgewichts des Schreckens« sichern. Keine Macht werde, so behaupteten sie, als erste Atomwaffen einsetzen, weil das in jedem Fall einen zerstörerischen Gegenschlag nach sich ziehen würde. Die Kubakrise des Jahres 1963 ist ein Beweis dafür, wie leicht diese Logik in sich hätte zusammenfallen können. Und in den 1980er Jahren drohten die USA diese Logik völlig auszuhebeln, indem sie die Fähigkeit zum Erstschlag entwickelten, Cruise-Missiles in Europa stationierten und einen ersten Versuch unternahmen, ein Raketenabwehrsystem aufzubauen. Es kam nur deswegen nicht dazu, weil die immer höheren Rüstungsausgaben der sowjetischen Volkswirtschaft das Genick brachen, während die USA feststellen mussten, dass sie noch nicht über die Technologie für ein funktionsfähiges Raketenabwehrsystem verfügten – und weil Massenproteste den politischen Preis der Stationierung von Cruise-Missiles auf europäischem Boden für die betreffenden Regierungen in die Höhe trieben. Aber die Weiterverbreitung von Atomwaffen und der erneute Aufbau eines Abwehrsystems hat diese Bedrohung akut wieder auf die Tagesordnung gesetzt. Die größte Macht der Welt und viele kleinere Mächte waren erneut angezogen von der Logik des »Erstschlags«, also des Einsatzes von Atomwaffen bei einer plötzlichen Zuspitzung internationaler Spannungen in der Erwartung, dass es keinen Gegenschlag geben werde. Das wiederum erhöhte die Wahrscheinlichkeit eines vorwegnehmenden Militärschlags sowohl mit konventionellen als auch Atomwaffen, um die konkurrierenden und die kleineren Mächte unter Kontrolle zu halten. Die Barbarei, zu der es in der zweiten Hälfte des 20. Jahrhunderts noch nicht kam, könnte im 21. Jahrhundert bittere Realität werden. Jeder Blick in die Zukunft, wobei nicht ein paar Jahre, sondern einige Jahrzehnte gemeint sind, muss die Möglichkeit eines atomaren Konflikts und die damit verbundene Barbarei für weite Gebiete der Welt in Betracht ziehen.

328 *Independent on Sunday*, 6. Juni 1999.

Hinzu kommt noch die wachsende wirtschaftliche Instabilität. Eine Wirtschaftskrise wie in den 1930er Jahren könnte sich politisch verheerend auswirken und Bedingungen wie in den Zwischenkriegsjahren schaffen, als sehr schnell Parteien zur Macht aufstiegen, die mithilfe militärischer Abenteuer ihre inländischen Probleme zu lösen versuchten. Dafür gibt es schon Anzeichen, rechte Parteien haben bereits in wichtigen Ländern Wahlerfolge errungen. Wenn wir, wie gesagt, in Jahrzehnten rechnen, besteht durchaus die Möglichkeit, dass solche Parteien Zugriff auf Atomwaffen erhalten, wenn nicht eine Alternative zu diesem Klassensystem entsteht, die die gesamte Gesellschaft auf einer völlig anderen Grundlage organisiert.

Eine universelle Klasse?

Das 20. Jahrhundert war nicht nur eins des Schreckens, sondern auch eins großer Bewegungen und Aufstände unter Führung der Arbeiterklasse gegen die Kräfte, die für diesen Schrecken verantwortlich waren. Dazu gehörten die syndikalistischen Streiks vor dem Ersten Weltkrieg; die Russische Revolution und die Revolten in Europa und in der kolonisierten Welt nach dem Krieg; die Wogen des Aufruhrs in Österreich, Frankreich und Spanien in den Jahren 1934 bis 1936 und in Frankreich, Italien und Griechenland in den Jahren 1943 bis 1945; die ungarische Revolution von 1956, die Ereignisse von 1968 und danach; und die großen Streiks und Besetzungen in Polen im Jahr 1980. Nur eine dieser großen Erhebungen, die in Russland, entwickelte sich zu einer erfolgreichen Revolution, die aber am Ende isoliert blieb und der die Luft zum Atmen genommen wurde. Diese Kämpfe gehörten dennoch zu den großen bestimmenden Faktoren der Geschichte dieses Jahrhunderts, und nicht anders ist es jetzt, an seinem Ausgang. Ein umgelenkter Klassenkampf hatte den Ostblock zum Einsturz gebracht. In Westeuropa brach in den 1990er Jahren die Regierung des rechten Politikers Silvio Berlusconi nach Massenstreiks zusammen; Frankreich erlebte mit einem einmonatigen Streik des öffentlichen Diensts und Demonstrationen im November und Dezember 1995 einen plötzlichen Aufschwung an Klassenkämpfen, was den Niedergang der Rechtsregierung von Alain Juppé einleitete; in Deutschland gab es Streiks und Proteste; in Kolumbien und Ecuador einen Generalstreik; und in Indonesien stürzte nach massiven spontanen Demonstrationen und Unruhen nach 32 Jahren die Diktatur General Suhartos.

Trotz dieser großen sozialen und politischen Erhebungen hörten die bürgerlichen Kommentatoren nicht auf, den oberflächlichen und modischen Unfug vom Ende der Klassenpolitik zu verbreiten. Selbst Eric Hobsbawm, der lange als einer der bekanntesten britischen Marxisten galt, behauptete, Marx habe zwar recht gehabt, als er von der Instabilität des Kapitalismus schrieb, sich aber bezüglich der Arbeiterklasse und ihrer unvermeidlichen Opposition zum System geirrt. Die Vertreter solcher Ideen führten dafür zwei Belege an: den sinkenden Anteil der in der Fertigung beschäftigten Arbeiterinnen und Arbeiter in den entwickelten Industrieländern und die relativ kleine Zahl von Leuten, die in diesen Ländern auf einen revolutionären Sturz der kapitalistischen Gesellschaft setzten. Keine dieser Tatsachen kann aber als Argument für ihre Schlussfolgerungen herhalten.

Die alten Hochburgen der Arbeiterklasse – die Bergwerke, Stahlwerke und Frachthäfen – waren in Ländern wie Großbritannien, wo selbst die Anzahl der Automobilarbeiter Ende der 1990er Jahre nur noch etwa halb oder ein Drittel so groß war wie dreißig Jahre zuvor, schon weitgehend geschleift. Dafür gab es Veränderungen, die diese Entwicklungen mehr als ausglichen. In den fortgeschrittenen Ländern traten an ihre Stelle immer mehr Angestellte im »Dienstleistungsbereich«, und viele Arbeitsplätze, die bisher dem Mittelschichtbereich zugerechnet wurden, ähnelten in ihrer Tätigkeitsstruktur immer mehr der alten Fabrikarbeit. Überall begannen Vorgesetzte dieselbe Rolle wie traditionelle Vorarbeiter in der Fließbandproduktion zu spielen; überall stieg der Druck, härter zu arbeiten und mehr »Einsatz« durch Ableistung unbezahlter Überstunden zu zeigen. Fast überall wurden Bewertungsverfahren eingeführt verbunden mit dem Versuch der »ergebnisorientierten« Entlohnung selbst in Bereichen wie dem Schulunterricht.

Statt zu verschwinden, breitete sich jetzt das Fließbandsystem auf neue Bereiche aus. Die Unterscheidung zwischen »Dienstleistung« und »Fertigung« ergab in vielen Bereichen kaum noch Sinn: Wer an einer Maschine zur Herstellung eines Computers arbeitete, galt als »Fertiger«, und wer sie täglich mit der entsprechenden Software versah, als »Dienstleister«. Jemand, der Hamburger in Dosen packte, war in der »Fertigung«, jemand, der sie am Imbiss zwischen zwei Brötchenhälften legte, im »Dienstleistungssektor«. In beiden Fällen wurden Waren hergestellt, die gegen einen Profit verkauft wurden, und beide Beschäftigte unterlagen dem ständigen Druck, den größtmöglichen Profit zu erwirtschaften.

Auf die gesamte Welt bezogen, zeigte sich ein noch klareres Bild. In der zweiten Hälfte des 20. Jahrhunderts wurden wir Zeugen einer enormen Ausbreitung von Lohnarbeit. Textilfabriken, Stahlfabriken, Ölraffinerien und Automontagewerke entstanden in fast jedem entwickelteren Land eines jeden Kontinents. Begleitend wurden Häfen, Flughäfen, Umschlagplätze und Bahnhöfe, moderne Bankensysteme und Bürohochhäuser gebaut. In der Folge expandierten die Städte. Im Jahr 1945 gab es Debatten darüber, ob London oder New York die größte Stadt der Welt sei. Am Ende des Jahrhunderts standen zur Auswahl Mexiko-Stadt, Mumbai und Tokio. Mit den neuen Industrien und Städten entstand auch eine neue Arbeiterklasse. In den 1980er Jahren gab es allein in Südkorea mehr Industriearbeiter als zur Zeit der Abfassung des *Kommunistischen Manifests* – hinzu kamen noch Millionen Lohnarbeiterinnen und Lohnarbeiter, die nicht in der Industrie beschäftigt waren.

Natürlich gab es nicht nur Lohnarbeiter auf der Welt. Es gab auch Hunderte von Millionen Bauern auf kleinen Landparzellen in Asien, Afrika, bestimmten Gegenden Lateinamerikas und selbst Osteuropa. In den Städten der Dritten Welt lebten Massen verarmter Kleinbürger, die darauf angewiesen waren, irgendwelche Waren und Dienste – und seien sie noch so gering – zu verkaufen, für die sich ein Markt fand, und die immer mehr mit den noch größeren Massen der Gelegenheitsarbeiter in den wuchernden Elendsvierteln am Rande der Städte verschmolzen. Die Psychologie dieser Schicht konnte sich deutlich von der der Industriearbeiter unterscheiden. Aber auch ihr Leben war im Gegensatz zur Mittelschicht und der Bauernschaft ein Jahrhundert zuvor unlösbar mit dem Markt verbunden und von der Kapitallogik abhängig.

Karl Marx traf einmal die Unterscheidung zwischen einer »Klasse an sich«, die eine bestimmte objektive Position in einer Gesellschaft einnimmt, und einer »Klasse für sich«, die bewusst für ihre eigenen Ziele kämpft. Noch nie war die Arbeiterklasse *an sich* so groß wie am Ende des 20. Jahrhunderts mit einem Kern von vielleicht zwei Milliarden Menschen und um sie herum weitere zwei Milliarden oder mehr, deren Leben in vieler Hinsicht derselben

Logik unterworfen war wie das der Kernarbeiterschaft. Die wirkliche Auseinandersetzung muss also über die Frage geführt werden, ob und wie die Arbeiterklasse eine Klasse *für sich* werden kann.

Bei der von Marx getroffenen Unterscheidung geht es darum, dass es in der Geschichte noch keine Klasse gab, die von vornherein als Klasse *für sich* entstand. Sie entwickelt sich innerhalb einer älteren Gesellschaftsordnung und ihre Mitglieder haben keine Vorstellung und keine Erfahrung mit einer anderen Gesellschaft. Sie nehmen die Werte dieser Gesellschaft als gegeben hin. Die Vorurteile der alten Gesellschaft sind deswegen anfangs auch die der Mitglieder einer neuen Klasse. Das ändert sich erst, wenn sie – meistens durch Umstände, die außerhalb ihrer Kontrolle liegen – gezwungen sind, innerhalb der alten Gesellschaft zur Durchsetzung ihrer eigenen Interessen zu kämpfen. In solchen Kämpfen entstehen neue Bindungen, Loyalitäten und Werte. Und auf diesem neu geschaffenen Terrain entwickeln sich neue Ideen von einer anderen gesellschaftlichen Organisationsweise, die wiederum in das Verständnis folgender Generationen von der Welt mit einfließen.

Der Wandel der Ideen verläuft allerdings nicht linear. So wie der Kampf einer neuen Klasse von kleinen Erfolgen und Teilniederlagen gekennzeichnet ist, von dramatischen Fortschritten und plötzlichen, manchmal verheerenden Rückschlägen, ebenso gibt es auch Ebbe und Flut bei der Transformation von Ideen in den Köpfen der Menschen und der Verbreitung von Ideen. Die Geschichte der Entstehung einer kapitalistischen Klasse birgt unzählige Beispiele für diese Art Ebbe und Flut. In jedem Entwicklungsstadium der feudalen Gesellschaft begannen sich bestimmte Gruppen abweichend von denen der alten Feudalordnung zu definieren. Dann jedoch versuchten sie sich mit dieser Gesellschaft wieder auszusöhnen, schlossen ihren Frieden mit den vorkapitalistischen herrschenden Klassen, akzeptierten ihre Werte und trugen zum Erhalt der Gesellschaft bei, und die folgenden Generationen mussten erneut den Kampf für eine andere Gesellschaft aufnehmen. Viele müssen in den Kriegen Norditaliens zum Ende des 15. Jahrhunderts, in den Religionskriegen Frankreichs ein Jahrhundert später oder während der Schrecken des Dreißigjährigen Kriegs in Böhmen und Deutschland den Eindruck gewonnen haben, dass die Bourgeoisie niemals in der Lage sein werde, die Gesellschaft nach ihrem eigenen Bild zu formen. Im 19. Jahrhundert jedoch hatte sie aufgrund der wirtschaftlichen Entwicklung ein solches Gewicht als Klasse erlangt, dass selbst die Rückschläge des Jahres 1848 einen anscheinend unaufhaltsamen Aufstieg zur Macht nicht mehr stoppen konnten.

Was die Arbeiter im Kapitalismus betrifft, ist es nicht Magie, die sie dazu befähigt, den Königsweg zum Klassenbewusstsein zu beschreiten. Die Gesellschaft um sie herum ist durchdrungen von kapitalistischen Werten und sie nehmen diese Werte als gegeben hin. Selbst ihre Ausbeutung wird vermittels eines Arbeits*markts* organisiert, auf dem sie bei der Arbeitssuche miteinander konkurrieren. Der Druck drängt sie immer wieder dazu, sich gegen die Unterwerfung ihres Lebens unter die unmenschliche Logik der Kapitalakkumulation zusammenzuschließen, aber gleichzeitig gibt es Faktoren, die diese Einheit auch schnell wieder gefährden können: Arbeitslosigkeit, die den Einzelnen verzweifelt nach einer Erwerbsmöglichkeit suchen lässt, selbst auf Kosten anderer, oder Niederlagen der Arbeiterorganisationen, die die Solidarität zerschellen lassen und ihnen das Gefühl vermitteln, dass keine noch so große Einheit und kein noch so entschlossen geführter Kampf etwas ändern können. Die Entfaltung neuer Werte in Zeiten erfolgreicher Kämpfe – wie sie in der Vorstellung von Solidarität über nationale, ethnische und Geschlechtertrennungen hinweg verkörpert sind – kann plötzlich unterbrochen, verzerrt oder gar zerstört werden. Diese Werte können in Zeiten kapitalistischer »Prosperität« auch unter erheblichen Druck geraten, wenn Flügel der Arbeiterklasse den Eindruck gewinnen, die Identifikation mit dem System sei nützlich für sie: Das gilt zum Beispiel für jene, denen es gelingt, zu Vorarbeitern, Abteilungsleitern oder Managern aufzusteigen; oder jene, die es schaffen, sich in einer Nische als kleine Geschäftsleute einzurichten; oder die als Gewerkschaftsfunktionäre und sozialdemokratische Politiker berufsmäßig den Ausgleich mit dem Kapital organisieren. Solche Leute können in ihren Stadtvierteln oder Betrieben sehr beredte und dynamische Persönlichkeiten sein, und ihre Anbindung an das System trägt dazu bei, das Klassenbewusstsein anderer Arbeiterinnen und Arbeiter abzustumpfen.

Nicht zuletzt wird der Prozess der Transformation der Klasse *an sich* zu einer Klasse *für sich* ständig durch die Umstrukturierung und Erweiterung der Arbeiterklasse im Verlauf der Entwicklung des Kapitalismus selbst unterbrochen. Neue Beschäftigtengruppen entstehen und müssen auf jeder Entwicklungsstufe des Systems einen neuen Lernprozess durchmachen. In Großbritannien bestand zum Beispiel der Kern der Arbeiterklasse in den 1840er Jahren zur Zeit des Chartismus aus Textilarbeitern; in den Jahren vor dem Ersten Weltkrieg aus Arbeitern der Schwerindustrie wie Schiffswerften, Bergwerken und Stahlwerken; in den Jahren kurz nach dem Zweiten Weltkrieg aus Metallarbeitern. Sie alle mussten wieder Vorstellungen entwickeln, die sich bis zu einem gewissen Grad schon in das Bewusstsein früherer Gruppen gesenkt hatten. Der Unterschied zwischen alten und neuen Arbeitern kann sich, wie in vielen Ländern fast das gesamte 20. Jahrhundert hindurch, bei einer ausgedehnten und raschen Industrialisierung noch deutlicher zeigen. Die revolutionäre Arbeiterklasse des Jahres 1917 in Russland ging Ende der 1930er Jahre in einem Meer neuer Arbeiter und Arbeiterinnen unter; die italienische Arbeiterschaft, die das Regime Mussolinis im Jahr 1943 erschütterte, bildete in den 1960er Jahren nur noch einen kleinen Teil einer sehr viel größeren Zahl von Arbeitern, die gerade frisch vom Land in die Fabriken gekommen waren; nur wenige der zig Millionen chinesischen Arbeiterinnen und Arbeiter in den 1980er Jahren waren direkte Nachkommen derer, die in den 1920er Jahren im Generalstreik standen. Und doch entwickelten sich in jedem einzelnen Fall nach mehr oder weniger kurzer Zeit neue Traditionen, die Ähnlichkeiten mit den alten aufwiesen, wie in den italienischen Streiks von 1969 und danach; bei den Protesten auf dem Tiananmenplatz im Jahr 1989, die von Arbeitern unterstützt wurden; in den russischen Bergarbeiterstreiks von 1989 und 1991. In all diesen Bewegungen bewiesen diese Arbeiter kein voll entwickeltes revolutionäres Bewusstsein, aber sie begannen jedes Mal mit den Werten und Voraussetzungen der alten Gesellschaft zu brechen. Sie gingen Schritte auf dem Weg zur Klasse für sich, auch wenn sie die Reise nicht vollendeten.

Was wir im letzten Viertel des 20. Jahrhunderts beobachten konnten, war nicht der Untergang der Arbeiterklasse oder das Ende der Entwicklung von Klassenbewusstsein. Stattdessen erlebten wir die massive Ausdehnung der Arbeiterklasse, was ihr mehr Macht denn je verleiht, die Gesellschaft zu gestalten, sie aber auch in weiten Teilen dazu zwingt, erneut zu lernen, was kleinere Segmente der Arbeiterklasse in früheren Jahrzehnten schon gelernt hatten. Zu diesem Lernprozess gehörte auch die Umlenkung des Kampfs kurz vor der Wende zum 21. Jahrhundert. Zurück blieb eine Masse konfuser und widersprüchlicher Ideen in den Köpfen von Abermillionen. Sie waren keinesfalls als Klasse an sich zu bezeichnen, die in umfassendem Sinne zur Klasse für sich geworden wäre. Aber es war auch nicht das Verschwinden einer Arbeiterklasse als aktive, in die Geschichte eingreifende Kraft.

Der spätere Führer der Russischen Revolution, Wladimir Iljitsch Lenin, schrieb zu Beginn des 20. Jahrhunderts, aus dem ökonomischen Kampf der Arbeiterklasse ergebe sich keineswegs automatisch revolutionäres Bewusstsein, denn »die spontane Entwicklung der Arbeiterbewegung führt eben zu ihrer Unterordnung unter die bürgerliche Ideologie«, und zwar, »weil die bürgerliche Ideologie ihrer Herkunft nach viel älter ist als die sozialistische, weil sie vielseitiger entwickelt ist, weil sie über unvergleichlich mehr Mittel der Verbreitung verfügt«.[329] Seine berühmte Schlussfolgerung lautete: »Das politische Klassenbewusstsein kann dem Arbeiter nur von außen gebracht werden [...].«[330] Diese Schlussfolgerung kritisierte unter anderem Rosa Luxemburg, und Lenin selbst gab später zu, dass er die Fähigkeit der Arbeiterschaft, sozialistische Ideen zu entwickeln, unterschätzt habe.[331] Aber er machte richtigerweise auf etwas aufmerksam, das ein Vierteljahrhundert später von dem häufig missverstandenen italienischen Revolutionär Antonio Gramsci wieder aufgegriffen und weiterentwickelt wurde.

Gramsci wies darauf hin, dass die Mitglieder einer Klasse widersprüchlichen Ansichten über die Welt ausgesetzt sind – denen, die aus der Alltagspraxis der bestehenden Gesellschaft entstehen, und anderen, die sich entwickeln, wenn die Klasse (oder ein Teil von ihr) Erfahrungen im Kampf zur Umgestaltung dieser Gesellschaft gesammelt hat. In der Folge ist die eigene Persönlichkeit »auf bizarre Weise zusammengesetzt: es finden sich in ihr Elemente des Höhlenmenschen und Prinzipien der modernsten und fortgeschrittensten Wissenschaft, Vorurteile aller vergangenen, lokal borniert en geschichtlichen Phasen und Intuitionen einer künftigen Philosophie, wie sie einem weltweit

---

329 Lenin, Wladimir Iljitsch, »Was tun«, *Werke*, Band 5, Berlin 1985, S. 396 f.
330 Lenin, »Was tun?«, S. 434.
331 Eine gründlichere Auseinandersetzung mit dieser Frage findet sich in meinem Aufsatz: »Party and Class«, nachgedruckt in Cliff, Tony, u. a., *Party and Class*, London 1996. Harmans Aufsatz auf Deutsch: *Partei und Klasse*, Broschüre, Frankfurt am Main 1989; d. Übers.

vereinigten Menschengeschlecht zu eigen sein wird«.[332] Diese widersprüchlichen Elemente finden sich in unterschiedlichsten Verbindungen je nach Mensch und Gruppe. Einige sind fast vollständig in den wesentlichen Ideen der bestehenden Gesellschaft gefangen, und andere sind einen weiten Weg gegangen, um mit ihnen zu brechen, die meisten stehen irgendwo in der Mitte und werden unter dem Einfluss derer, die homogenere Ansichten des einen oder anderen Extrems herausgebildet haben, mal hierhin und mal dorthin gezogen. Die konkrete Aktion einer Klasse in der Geschichte hängt immer davon ab, welche der »Extreme« erfolgreicher die mittlere Gruppe für sich gewinnen kann, wenn gesellschaftliche Unruhen (Kriege, Wirtschaftskrisen, Streiks und Bürgerkriege) neue Ideen aufwerfen. Inwieweit eine Klasse an sich zu einer Klasse für sich wird, ist nicht nur eine Frage der materiellen Veränderungen um uns herum, sondern auch der Herausbildung konkurrierender Parteien in dieser Welt.

Das hat sich bei dem Aufstieg des Kapitalismus gezeigt. Der »große Wandel« war nicht nur das Ergebnis objektiver Wirtschaftsfaktoren. Neue Bürger oder bürgerliche Klassen nahmen immer wieder Anlauf, sich auf der Grundlage von Weltanschauungen, die sich erheblich von denen der alten Ordnung unterschieden, zu organisieren, während andere Flügel mit Vertretern der alten Ordnung zusammenarbeiteten, um diese Art der Selbstorganisation gar nicht erst hochkommen zu lassen oder sie zu behindern. Das ist die Geschichte von Aufständen oder Reformbewegungen im 8. Jahrhundert im islamischen Reich und im 11. Jahrhundert im chinesischen Reich – und ihrer Unterdrückung; der Renaissance- und Reformationsbewegungen – und ihrer Unterwerfung in Italien, Deutschland und Frankreich unter die alte Ordnung; der Siege der holländischen und englischen Revolution – und der schrecklichen Auswegslosigkeit des Dreißigjährigen Kriegs; der Aufklärung und der obskurantistischen Gegenaufklärung; des Kampfs der französischen Nationalversammlung gegen den König und der Jakobiner gegen die Girondisten. Der Wandel wurde nicht mit einem großen Sprung erreicht, er war auch nicht das Ergebnis sich langsam und friedlich vollziehender Veränderungen. Er beruhte auf der Herausbildung, Niederlage und Neuformierung von Parteien, die im

---

332 Gramsci, Antonio, *Gefängnishefte*, Heft 11, § 12, Anmerkung I (1932), Band 6, Hamburg 1994, S. 1376.

Verlauf mehrerer Jahrhunderte auf Grundlage einer sich entfaltenden neuen Weltanschauung entstanden.

Die Eroberung der Welt durch den Kapitalismus hat diesen historischen Prozess dramatisch beschleunigt. In der kurzen Zeitspanne des 20. Jahrhunderts gab es sehr viel mehr und größere Veränderungen als in den fünftausend vorangegangenen Jahren. Das hieß auch, dass die Menschen sich ständig neuen Situationen stellen mussten, wobei ihre Ideen meist die sehr unterschiedlichen, erst kürzlich gemachten Erfahrungen widerspiegelten. Ihnen blieben für die Transformation ihrer Ideen nur Jahrzehnte, während die Bourgeoisie in Europa sechshundert Jahre lang Zeit dafür hatte. Dass am Ende des Jahrhunderts der Prozess nicht abgeschlossen war, kann nicht als Beweis dafür dienen, dass er abgebrochen sei. Die Geschichte des 20. Jahrhunderts war die von immer neuen Generationen, die sich der Unterwerfung unter die Logik der auf Konkurrenz beruhenden Kapitalakkumulation widersetzten, und mit jedem Mal waren es mehr, die aufbegehrten. Einmal hatten sie für kurze Zeit gesiegt – in Russland. Manchmal gaben sie sich mit dem halben Erfolg zufrieden – wie in Deutschland in den Jahren 1918/19, in Frankreich im Jahr 1936 oder in Polen in den 1980er Jahren –, nur um anschließend geschlagen zu werden. Manchmal erlitten sie eine besonders schwere Niederlage, wie in Deutschland im Januar 1933, ohne auch nur den Kampf aufgenommen zu haben. All das ist aber keinesfalls ein Beleg für das Ende aller Klassenkämpfe. Die Schlachten, die eine kleine Arbeiterklasse im 19. Jahrhundert, eine größere in der ersten Hälfte des 20. Jahrhunderts und eine erheblich größere im letzten Viertel des Jahrhunderts schlug, werden von Teilen der nach Milliarden zählenden Arbeiterklasse im neuen Millennium wieder aufgenommen werden.

Aus diesen Kämpfen heraus wird es erneut Ansätze geben, die Gesellschaft auf der Grundlage der Werte von Solidarität, gegenseitiger Hilfe, Gleichheit, Kooperation und einer demokratisch geplanten Verwendung der Ressourcen aufzubauen. Die herrschenden Klassen der Welt werden wie ihre Vorgänger seit fünftausend Jahren ihre Möglichstes tun, solche Versuche zu durchkreuzen, und sie werden auch vor den barbarischsten Mitteln nicht zurückschrecken, um ihr geheiligtes Recht auf Macht und Eigentum und die bestehende kapitalistische Ordnung zu verteidigen, selbst wenn das den Untergang des organisierten menschlichen Lebens bedeutet.

Wir können nicht sagen, wie solche großen Zusammenstöße ausgehen werden. Das wird nicht nur von den objektiven Klassenkräften abhängen – von der Entstehung der Klasse *an sich* –, sondern auch davon, ob sich innerhalb der erweiterten »universellen« Arbeiterklasse ein Kern von Menschen herausbildet, die wissen, wie sie kämpfen müssen und wie sie Mitstreiterinnen und Mitstreiter gewinnen können. Es wird jede Menge Gruppen und Bewegungen geben, die gerade wegen seiner Barbarei und Irrationalität erbittert gegen den ein oder anderen Aspekt des Systems angehen werden, so wie schon in der Vergangenheit. Aber die Geschichte des 20. Jahrhunderts zeigt, dass diese Einzelgruppen und Bewegungen nur dann wirklich gewinnen können, wenn sie sich zu einer revolutionären Organisation zusammenfügen, die bereit ist, das System in all seinen Aspekten zu bekämpfen. Die Bourgeoisie bedurfte der Herausbildung der New Model Army im 17. Jahrhundert und der Jakobinerklubs im 18. Jahrhundert. Die russische Arbeiterklasse brauchte die bolschewistische Partei im Jahr 1917. Auch die massiv erweiterte Arbeiterklasse wird im 21. Jahrhundert immer wieder auf die Entstehung einer solchen Organisation angewiesen sein, wenn die Menschheit nicht dem Untergang geweiht sein soll. Dazu muss es Menschen geben, die sich dieser Aufgabe widmen. Der irische revolutionäre Sozialist James Connolly sagte einst: »Nur wer die Zukunft aufbaut, ist ein wahrer Prophet.«

Die Vergangenheit zu verstehen, wird bei dieser Aufgabe helfen. Deshalb habe ich dieses Buch geschrieben.

Abkürzungsverzeichnis

AFL – American Federation of Labor, Gewerkschaftsbund, USA
CEDA – Confederación Española de Derechas Autónomas, Spanische Konföderation der Autonomen Rechten
CGT – Confédération général du travail, Allgemeiner Gewerkschaftsbund, Frankreich
CIA – Central Intelligence Agency, Auslandsgeheimdienst, USA
CIO – Congress of Industrial Organizations, Gewerkschaftsbund, USA
CNT – Confederación Nacional del Trabajo, Konföderation anarchosyndikalistischer Gewerkschaften in Spanien
EAM – Ethnikó Apelevtherotikó Métopo, Nationale Befreiungsfront Griechenlands
ELAS – Ethnikós Laikós Apelevtherotikós Stratós, Griechische Volksbefreiungsarmee
FCKW – Fluorchlorkohlenwasserstoff
FFI – Forces françaises de l'intérieur, Französische Streitkräfte im Inneren
FTP – Francs-tireurs et partisans, Freischärler und Partisanen, Frankreich
IRA – Irisch-Republikanische Armee
ITGWU – Irish Transport and General Workers Union, Irische Transport- und Allgemeine Arbeitergewerkschaft
IWF – Internationaler Währungsfonds
IWW – Industrial Workers of the World, Gewerkschaft, USA
KGB – Komitee für Staatssicherheit beim Ministerrat der UdSSR
Komintern – Kommunistische Internationale
KPdSU – Kommunistische Partei der Sowjetunion
NATO – North Atlantic Treaty Organization, Nordatlantikpakt
NÖP – Neue Ökonomische Politik, Russland
NSDAP – Nationalsozialistische Deutsche Arbeiterpartei
OAS – Organisation armée secrète, Bewaffnete Geheimorganisation, Frankreich

POUM – Partido Obrero de Unificación Marxista, Arbeiterpartei der Marxistischen Einheit, Spanien
PSOE – Partido Socialista Obrero Español, Sozialistische Arbeiterpartei Spaniens
SA – Sturmabteilung
SFIO – Section française de l'internationale ouvrière (Französische Sektion der Arbeiter-Internationale), Sozialistische Partei Frankreichs, Vorläufer der heutigen Parti socialiste
SS – Schutzstaffel
TUC – Trade Union Congress, Gewerkschaftsbund, Großbritannien
UdSSR – Union der Sozialistischen Sowjetrepubliken
UGT – Unión General de Trabajadores, Allgemeiner Arbeiterbund, Spanien
UNO – United Nations Organization, Organisation der Vereinten Nationen

Glossar

Personen

Allende, Salvador: Gemäßigtes Mitglied der Sozialistischen Partei Chiles, Staatspräsident von 1970 bis 1973, gestürzt durch einen Militärputsch, bei dem Tausende getötet wurden. Beging Selbstmord, nachdem er noch die bewaffnete Verteidigung des Präsidentenpalasts organisiert hatte.

Beaverbrook, Lord (Max Aitken): In Kanada geborener britischer Zeitungsmillionär, Regierungsminister 1916 und 1940 bis 1942.

Bernstein, Eduard: Früherer Mitarbeiter Engels', Hauptvertreter des Reformismus in der deutschen Sozialdemokratie Ende des 19. Jahrhunderts. Gegner des Ersten Weltkriegs, aber auch der Revolution.

Bismarck, Otto von: Adeliger, 1862 bis 1890 Ministerpräsident Preußens und anschließend Reichskanzler Deutschlands, führte Kriege zur Schaffung eines kapitalistischen deutschen Reichs.

Blum, Léon: Führer der Sozialistischen Partei Frankreichs (SFIO), Ministerpräsident der Volksfrontregierungen 1936/37. Im Zweiten Weltkrieg in Deutschland in Haft.

Bonaparte, Louis (Napoleon III.): Neffe Napoleon Bonapartes (Napoleon I.), 1848 zum Präsidenten gewählt, Kaiser 1852 bis 1870.

Brecht, Bertolt: Führender Dramatiker (und Dichter) Deutschlands im 20. Jahrhundert, ab Ende der 1920er Jahre Kommunist.

Breschnew, Leonid: Staatschef der Sowjetunion 1964 bis 1982, einer Zeit der Stärkung des zentralen Unterdrückungsapparats, aber auch lang anhaltender Stagnation.

Brüning, Heinrich: Führer der deutschen katholischen Zentrumspartei und Kanzler von 1930 bis 1932.

Bucharin, Nikolai: Russischer bolschewistischer Führer und Theoretiker. Mitte der 1920er Jahre mit Stalin verbündet, von Stalin 1937 hingerichtet.

Burke, Edmund: Ende des 18. Jahrhunderts Mitglied der Whig-Fraktion im britischen Parlament und Gegner des britischen Kolonialismus in Amerika und der Unterdrückung Irlands, wurde zum führenden Propagandisten der Tories gegen die Französische Revolution.

Caballero, Largo: Führer der Sozialistischen Partei Spaniens (PSOE), Arbeitsminister 1931 bis 1933, verhaftet nach dem asturischen Aufstand von 1934, Ministerpräsident 1936/37, musste im Mai 1937 zurücktreten.

Calvin, Johannes: In Frankreich geborener Führer einer Reformationsströmung Anfang/Mitte des 16. Jahrhunderts, predigte, dass alles von Gott vorherbestimmt sei, faktischer Machthaber in Genf.

Castro, Fidel: Sohn eines Grundbesitzers, führte 1956 bis 1958 auf Kuba eine Guerillatruppe an, die am 31. Dezember 1958 die Macht übernahm. Seitdem faktischer Machthaber des Lands.

Chaplin, Charlie: Berühmtester Filmkomiker der USA, machte selbst Filme mit linker Ausrichtung wie »Moderne Zeiten« und »Der große Diktator«. Durfte die USA Ende der 1940er bis in die 1950er Jahre nicht betreten.

Chruschtschow, Nikita: Unter Stalin zunächst erster Parteisekretär der Ukraine, kurz nach Stalins Tod im Jahr 1953 Staatschef der UdSSR. Kritisierte Stalin 1956 und erneut 1958. Schlug die ungarische Revolution von 1956 nieder. Von Breschnew 1964 als Staats- und Parteichef abgesetzt.

Churchill, Winston: Englischer Politiker in der ersten Hälfte des 20. Jahrhunderts. Begeisterter Anhänger des britischen Imperialismus in Afrika und Indien, Minister der liberalen Vorkriegsregierung und der Tory-Regierung in den 1920er Jahren. Gehörte in den 1930er Jahren dem rechten Flügel der Tories an, glaubte, Hitler bedrohe das britische Reich. Ministerpräsident im Zweiten Weltkrieg und erneut Anfang der 1950er Jahre.

Collins, Michael: Militärischer Führer der irischen Guerillakräfte, die nach dem Ersten Weltkrieg gegen Großbritannien kämpften. Schloss im Jahr 1921 den anglo-irischen Teilungsvertrag mit Großbritannien ab. Getötet 1922 von Gegnern des Vertrags.

Connolly, James: Im Jahr 1870 in Schottland geborener irischer Sozialist. Organisator der IWW in den USA, anschließend der Irischen Transport-

und Allgemeinen Arbeitergewerkschaft in Belfast. Chef der Gewerkschaft in den ersten beiden Jahren des Ersten Weltkriegs, den er ablehnte. Baute die Irische Bürgerarmee aus Arbeitern auf und war führend an dem Osteraufstand von 1916 beteiligt. Erschossen von der britischen Regierung.

Daladier, Éduard: Führer der Radikalen Partei Frankreichs, Ministerpräsident in den Jahren 1933, 1934, 1938 bis 1940.

De Gaulle, Charles: Der einzige hohe Offizier in der französischen Armee, der nach Juni 1940 Gegner einer Zusammenarbeit mit Deutschland war. Galionsfigur des Widerstands von London aus. Ministerpräsident Frankreichs 1944 bis 1946. Rückkehr ins Amt nach einem Putschversuch 1958, regierte bis 1969.

De Valera, Éamon: Teilnehmer am Osteraufstand von 1916 in Dublin, wurde 1919 zum Präsidenten der (nicht anerkannten) Republik Irland erklärt, Gegner des Vertrags mit Großbritannien von 1921, gewählter Ministerpräsident des »Freistaats« aus 26 Countys im Jahr 1932. Mit kurzer Unterbrechung beherrschender Einfluss in der Regierung bis zu seinem Tod 1959.

Deng Xiaoping: Altgedienter Führer der chinesischen Kommunisten, in der Kulturrevolution von 1966/1967 verbannt. Nach dem Tod Maos 1976 Rückkehr an die Macht, führte Marktmechanismen ein. Verantwortlich für die Niederschlagung der Bewegung vom Platz des Himmlischen Friedens (Tiananmenplatz) im Jahr 1989.

Dollfuß, Engelbert: Österreichischer Kanzler im Jahr 1932, erklärte sich im Mai 1933 zum Diktator, schlug den Sozialistenaufstand im Februar 1934 nieder, ermordet von einer konkurrierenden Naziorganisation im Juli 1934.

Dreiser, Theodore: Großer amerikanischer Vertreter des realistischen Romans im ersten Drittel des 20. Jahrhunderts.

Durruti, Buenaventura: Berühmtester spanischer Anarchosyndikalist. Ermordete den Erzbischof von Saragossa Anfang der 1920er Jahre, verübte Banküberfälle in Lateinamerika Ende der 1920er Jahre; in Haft, weil er in der zweiten spanischen Republik von 1931 bis 1934 Aufstände anführte. Half bei der Organisation eines Aufstands gegen einen versuchten Militärputsch in Barcelona im Juli 1936, führte eine Kolonne von

Widerstandskämpfern nach Aragón, Ende 1936 an der Madrider Front getötet.

Eisner, Kurt: Deutscher Sozialdemokrat in München, war Anhänger des Bernstein'schen Sozialreformismus, aber Gegner des Ersten Weltkriegs. Revolutionäre Arbeiter und Soldaten erklärten ihn im November 1918 in Bayern zum Ministerpräsidenten. Im Februar 1919 ermordet von einem rechten Offizier.

Ford, Henry: Gründer der Automobilfabrik Ford Motor Company, setzte als Erster das Fließband ein, großer Gewerkschaftsfeind, hegte in den 1930er Jahren Sympathien für Hitler.

Franco, Francisco: Spanischer General, schlug den Asturienaufstand von 1934 nieder, Anführer des Putsches von Juli 1936 und der faschistischen Kräfte im Bürgerkrieg. Diktator von 1939 bis 1975.

Friedman, Milton: Verfechter der freien Marktwirtschaft und des »monetaristischen« Glaubens, dass bei regierungsseitiger Kontrolle der Geldmenge keine echten Krisen auftreten können.

Galileo Galilei: Astronom und Physiker Ende des 16. bis Anfang des 17. Jahrhunderts, schuf die Grundlagen der modernen Physik.

Gandhi, Mahatma: In London ausgebildeter Rechtsanwalt, legte Bauernkleidung an und führte nach dem Ersten Weltkrieg die indische Nationalbewegung an. Gegner gewaltsamer Methoden und von Streiks, die den indischen Kapitalisten schaden könnten, im Jahr 1948 ermordet von Hinduchauvinisten. Nicht verwandt mit Indira Gandhi.

Giolitti, Giovanni: Bürgerlicher Politiker, Chef der italienischen Regierung vor, während und unmittelbar nach dem Ersten Weltkrieg.

Gladstone, William: Im 19. Jahrhundert beherrschende Figur der britischen Liberal Party als wichtigster Partei des Industriekapitals.

Gomułka, Władysław: Führender polnischer Kommunist in den Nachkriegsjahren. Verhaftet in den letzten Lebensjahren Stalins. Kehrte unter öffentlichem Beifall 1956 an die Macht zurück. Ergriff selbst Unterdrückungsmaßnahmen. In den Jahren 1969/70 wegen Streiks abgesetzt.

Gordon, Charles George: Britischer Offizier, half bei der Zerstörung des Sommerpalasts in Beijing, schlug in den 1860er Jahren den Taipingaufstand nieder, getötet bei der Belagerung von Khartum 1885.

Gracchus, Gaius: Reformer, in den 120er Jahren v. u. Z. Held der römischen Bauernschaft. Wie sein Bruder Tiberius von den Reichen ermordet.

Gracchus, Tiberius: Reformer, in den 130er Jahren v. u. Z. Held der römischen Bauernschaft. Von den Reichen ermordet.

Gramsci, Antonio: Italienischer revolutionärer Marxist. In den Jahren 1919/20 führende Figur in der Bewegung zur Gründung von Arbeiterräten in Turin. Gründungsmitglied der Kommunistischen Partei Italiens im Jahr 1921. Übernahm 1924 bis 1926 die Führung. Von Mussolini eingekerkert, erst kurz vor seinem Tod im Jahr 1937 freigelassen. Vom Gefängnis aus griff er Stalins Theorie von der »dritten Periode« an.

Guesde, Jules: Französischer Sozialist, nach der Pariser Kommune im Exil, führte den marxistischen Flügel der sozialistischen Bewegung an, bis er 1914 in das Kriegskabinett eintrat.

Guevara, Che: Junger argentinischer Arzt, gehörte zur ersten Guerillatruppe Fidel Castros, die 1956 auf Kuba landete. Zuständig für Industrialisierung in der 1959 geschaffenen Revolutionsregierung. Überwarf sich Mitte der 1960er Jahre mit der Sowjetunion, verließ Kuba, um die Revolution zu verbreiten. Im Jahr 1967 in Bolivien von der CIA ermordet.

Harmsworth, Alfred: Später Lord Northcliffe. Britischer Zeitungsverleger, der Ende des 19. Jahrhunderts als Erster eine rechte Massenzeitung herausbrachte.

Hayek, Friedrich von: Harter Vertreter der freien Marktwirtschaft, von dem sich Margaret Thatcher beeinflussen ließ.

Healey, Denis: Führender Politiker der britischen Labour Party in den 1950er bis 1980er Jahren. Minister von 1964 bis 1970 und 1974 bis 1979.

Hilferding, Rudolf: Österreichischer marxistischer Ökonom, aktiv in der deutschen sozialistischen Bewegung. Suchte in den Jahren 1919/20 einen Mittelweg zwischen Bolschewismus und der rechten Sozialdemokratie. Sozialdemokratischer Finanzminister in Koalitionsregierungen im Herbst 1923 und 1928. Trat 1929 zurück, hilflos angesichts der Wirtschaftskrise. Von den Nazis im Exil im Jahr 1940 ermordet.

Hindenburg, Paul von: Befehligte im Ersten Weltkrieg die deutschen Streitkräfte mit nahezu diktatorischer Macht. Reichspräsident von 1925 bis 1934. Ernannte im Januar 1933 Hitler zum Kanzler.

Ho Chi Minh: Führender Politiker der vietnamesischen Kommunisten ab den 1920er Jahren. Leitete den Widerstand der Vietminh gegen die Kolonialherrschaft Japans und Frankreichs. Nach 1954 Staatschef Nordvietnams, Symbol des Widerstands gegen die USA in den 1960er und Anfang der 1970er Jahre, herrschte ab Kriegsende im Mai 1975 über ganz Vietnam.

Hobsbawm, Eric: Britischer Historiker, ein halbes Jahrhundert lang Mitglied der Kommunistischen Partei, Verfasser eines vierbändigen Werks über die Geschichte von den 1780er Jahren bis heute.

Hugenberg, Alfred: Deutscher Zeitungs- und Filmmagnat, Führer der konservativen Deutschnationalen Volkspartei, Mitglied in Hitlers Kabinett von Januar bis Juni 1933.

Iglesias, Pablo: Gründete 1879 die Sozialistische Partei Spaniens (PSOE), Parteichef bis 1925.

Johnson, Lyndon Baines: Präsident der USA von 1963 bis 1968.

Kautsky, Karl: Bekanntester Intellektueller der deutschen Sozialistenbewegung nach dem Tod Friedrich Engels'. Auch »Papst des Marxismus« genannt, verabscheute den Ersten Weltkrieg, lehnte aber revolutionäre Maßnahmen gegen den Krieg ab. Gegner der bolschewistischen Revolution.

Kennedy, Robert: Bruder von John F. Kennedy, US-amerikanischer Generalstaatsanwalt in dessen Regierung von 1960 bis 1963. Unterstützer des Vietnamkriegs, bis die allgemeine Ablehnung des Kriegs im Jahr 1968 in eine Massenbewegung umschlug. Ermordet während des Präsidentschaftswahlkampfs 1968.

Kerenski, Alexander: Chef der russischen provisorischen Regierung im Sommer/Herbst 1917.

Keynes, John Maynard: Englischer Liberaler und Vertreter der freien Marktwirtschaft, erkannte in den 1930er Jahren die Notwendigkeit staatlicher Eingriffe.

Kipling, Rudyard: Britischer Schriftsteller Ende des 19. bis Anfang des 20. Jahrhunderts, geboren in Indien.

Kissinger, Henry: Verantwortlich für die Außenpolitik der republikanischen Regierungen in den USA 1968 bis 1976. Kriegsverbrecher, erhielt den Friedensnobelpreis.

Kitchener, Lord: Britischer General, verantwortlich für das Massaker von Omdurman im Sudan 1898 und die Konzentrationslager im Burenkrieg in Südafrika. Armeechef im Ersten Weltkrieg bis zu seinem Tod 1916.

Lafargue, Paul: Schwiegersohn Karl Marx', führte die französische sozialistische Bewegung an, bis er im Jahr 1911 den Freitod suchte.

Lenin, Wladimir Iljitsch: Frühes Mitglied der marxistischen Organisation in Russland, Führer des bolschewistischen Flügels nach 1903. Führer der Sowjetregierung nach 1917, arbeitsunfähig ab Anfang 1923, gestorben 1924.

Lewis, John L.: Chef der US-amerikanischen Bergarbeitergewerkschaft, Gründer des Gewerkschaftsbunds CIO Mitte der 1930er Jahre.

Liebknecht, Karl: Deutscher sozialdemokratischer Abgeordneter, Gegner des Ersten Weltkriegs, Gründungsmitglied des revolutionären Spartakusbunds, verhaftet. Rief im November 1918 die sozialistische Republik aus, ermordet im Januar 1919.

Liu Schao-chi: Führender chinesischer Kommunist Ende der 1920er Jahre. Präsident nach 1962. Abgesetzt und in Ungnade gefallen in der Kulturrevolution 1966/67.

Lloyd George, David: 1900 bis 1940 führender britischer Politiker der Liberalen. Setzte vor dem Ersten Weltkrieg ein radikales Sozialprogramm durch, bildete 1916 mit den Tories eine Koalitionsregierung, die bis 1922 in Amt war. Verantwortlich für die Teilung Irlands.

Ludendorff, Erich: Deutscher General, neben Hindenburg im Ersten Weltkrieg mit fast diktatorischer Macht ausgestattet. Verbündet mit Hitler 1923, überwarf sich später mit ihm.

Luxemburg, Rosa: 1871 in eine jüdische Familie im von Russland besetzten Polen geboren. Ab Ende der 1880er Jahre im Exil. Führte die revolutionäre Linke in der deutschen wie polnischen sozialistischen Bewegung. Im Ersten Weltkrieg im Gefängnis, ermordet im Januar 1919.

MacDonald, Ramsay: Gründungsmitglied der Independent Labour Party in Großbritannien Mitte der 1890er Jahre, Chef der Labour Party vor dem Ersten Weltkrieg. 1914 Gegner des Kriegs von einem nicht revolutionären Standpunkt aus. Ministerpräsident in Labour-Minderheitsregierungen 1924 und 1929 bis 1931. Wechselte die Seiten, um 1931 bis 1935 der »nationalen« Regierung der Tories vorzustehen.

Mahdi von Khartum (Muhammad Ahmad): In den 1880er Jahren Anführer des Aufstands gegen die anglo-ägyptische Herrschaft in den Sudanprovinzen.

Malraux, André: Linker französischer Schriftsteller Ende der 1920er bis Anfang der 1930er Jahre. Half bei der Organisierung der republikanischen Luftwaffe im spanischen Bürgerkrieg. Anhänger de Gaulles nach dem Zweiten Weltkrieg. Nach 1958 Minister in gaullistischen Regierungen.

Malthus, Thomas: Englischer Geistlicher Ende des 18. bis Anfang des 19. Jahrhunderts. In seiner Theorie behauptet er, dass die Armen ärmer würden, wenn man versuche, ihren Lebensstandard zu heben.

Mann, Tom: Fabrikarbeiter, führend im Hafenarbeiterstreik von 1889, der Großen Unruhe 1910 bis 1914, trat 1921 der Kommunistischen Partei bei.

Mao Zedong (Mao Tse-tung): Führer der Kommunistischen Partei Chinas ab Anfang der 1930er Jahre und Regierungschef nach 1949. Von 1962 bis 1966 nur repräsentative Funktion. Kehrte mit der »Kulturrevolution« wieder an die Macht zurück. Starb 1975.

Marat, Jean-Paul: Arzt der Oberschicht, der in der Französischen Revolution von 1789 zum Helden der Armen wurde. Arbeitete mit Robespierre und Danton zusammen und bildete die Jakobinerregierung im Jahr 1793, verhasst bei den »Gemäßigten«, ermordet im Juli 1793.

Marcuse, Herbert: Deutscher marxistischer Philosoph, lebte nach Hitlers Machtergreifung in den USA. Beeinflusste die Ideen der 68er Linken.

Molotow, Wjatscheslaw: Bolschewistischer Aktivist 1917, Anhänger Stalins ab Anfang der 1920er Jahre, führende Figur im russischen Regime, bis er 1958 von Chruschtschow fallen gelassen wurde.

Mussolini, Benito: Führender Politiker des italienischen Faschismus. Begann als Linkssozialist, wurde im Ersten Weltkrieg begeisterter Nationalist. Übernahm 1922 die Macht, marschierte in Äthiopien ein, trat auf der Seite Deutschlands 1940 in den Zweiten Weltkrieg ein, 1943 gestürzt, Chef der von den Deutschen eingesetzten Marionettenregierung in Norditalien, 1945 von Partisanen kopfüber aufgehängt.

Nasser, Gamal Abdel: Armeeoffizier, führte die Revolution gegen die ägyptische Monarchie 1952 an, Präsident 1956 bis zu seinem Tod 1970. Inspirierte Nationalbewegungen in der gesamten arabischen Welt.

Nehru, Jawaharlal: Im britischen Harrow ausgebildeter führender Politiker des Indischen Nationalkongresses ab den 1920er Jahren. Während des Zweiten Weltkriegs im Gefängnis, Ministerpräsident 1947 bis 1964.

Nixon, Richard: Präsident der USA und Kriegsverbrecher, verlor wegen der Watergate-Abhöraffäre 1975 sein Amt.

Orwell, George: Englischer Schriftsteller, Sozialist in den 1930er Jahren, kämpfte in Spanien auf der Seite der radikal linken Partei POUM, vertrat in seinem Buch *Mein Katalonien* einen revolutionären Standpunkt, verfasste mit *Farm der Tiere* und *1984* eine Satire auf den Stalinismus.

Paine, Thomas: In Großbritannien geborener Handwerker, Verfasser einflussreicher Schriften für die amerikanische Revolution, kehrte als Anwalt der Französischen Revolution nach Großbritannien zurück, zur Flucht gezwungen und von den Jakobinern in Frankreich ins Gefängnis geworfen.

Papen, Franz von: Deutscher Reichskanzler Mai bis November 1932, Vizekanzler in Hitlers Regierung 1933 bis 1934, anschließend Botschafter für das Naziregime.

Perón, Juan: Oberst, 1946 Präsident Argentiniens mit Massenanhängerschaft und diktatorischer Machtfülle. 1955 gestürzt. Rückkehr an die Macht Mitte 1973, nach seinem Tod von seiner Ehefrau »Isabelita« gefolgt, die bei dem Staatsstreich von 1976 gestürzt wird.

Radek, Karl: Polnischer Revolutionär, schloss sich 1917 den Bolschewiki an, führend in der frühen Kommunistischen Internationale, unterstützte 1924 bis 1928 Trotzki, schlug sich dann auf Stalins Seite. Starb nach den Moskauer Prozessen im Arbeitslager.

Robespierre, Maximilien: Rechtsanwalt aus Arras in Nordfrankreich, 1789 bis 1794 Anführer der Jakobiner, des revolutionärsten Flügels der Bourgeoisie, hingerichtet 1794.

Roosevelt, Franklin D.: Präsident der USA 1933 bis 1945.

Rothermere, Lord: Bruder Alfred Harmsworths (Lord Northcliffe), verfügte über ein eigenes Presseimperium, im Ersten Weltkrieg Minister der britischen Regierung. Unterstützte die faschistischen Schwarzhemden Mitte der 1930er Jahre.

Russell, Bertrand: Einflussreicher britischer Empiriker und Philosoph sowie Polemiker ab den 1890er Jahren bis 1970. Reformistischer Sozialist, Gegner des Ersten Weltkriegs und des Vietnamkriegs.

Schljapnikow, Alexander: Metallarbeiter, bolschewistischer Organisator vor und während des Ersten Weltkriegs, Kommissar für Arbeit in der Revolutionsregierung von 1918, Führer der Arbeiteropposition 1920/21, söhnte sich mit Stalin Mitte der 1920er aus, verschwand Mitte der 1930er.

Serge, Victor: In Belgien in eine russische Familie geboren, vor dem Ersten Weltkrieg in Frankreich wegen seiner anarchistischen Sympathien im Gefängnis, nach Spanien ausgewiesen, ging 1919 nach Russland, um sich den Bolschewiki anzuschließen, arbeitete für die Kommunistische Internationale, unterstützte Trotzkis Opposition gegen Stalin, kurz vor den Moskauer Prozessen aus der Verbannung freigelassen, geht nach Frankreich, 1940 Flucht vor den vorrückenden deutschen Truppen nach Mexiko. Verfasser mehrerer Romane, insbesondere *Der Fall Tulajew, Erinnerungen eines Revolutionärs*, und des Geschichtswerks *L'An 1 de la révolution russe* (Das Jahr eins der Russischen Revolution).

Shaw, George Bernard: Berühmter Dramatiker und Satiriker in der ersten Hälfte des 20. Jahrhunderts. In Dublin geboren, lebte in England. Gründer der Gesellschaft der Fabier.

Smith, Adam: Schottischer Wirtschaftstheoretiker des 18. Jahrhunderts, gehörte zur schottischen Aufklärung, beeinflusste die bürgerliche moderne Wirtschaftswissenschaft und Karl Marx.

Spartakus: Anführer des berühmtesten Sklavenaufstands im alten Rom.

Sun Yat-sen: Gründer und Führer der chinesischen Nationalbewegung und der Kuomintang bis zu seinem Tod 1925.

Thorez, Maurice: Führender Politiker der Kommunistischen Partei Frankreichs ab Ende der 1920er Jahre, stellvertretender Ministerpräsident Frankreichs 1945 bis 1947.

Tito, Josip: Kommunistischer Führer Jugoslawiens 1945 bis 1980. Brach 1948 mit Stalin.

Tressell, Robert (Robert Noonan): Anstreicher und Sozialist, verfasste einen frühen Arbeiterroman, starb 1911 völlig verarmt im Alter von vierzig Jahren.

Trotzki, Leo: Russischer Revolutionär ab Ende der 1890er Jahre, Vorsitzender des Petersburger Sowjets 1905, Gegner Lenins, bis er sich 1917 den Bolschewiki anschloss, Organisator des Oktoberaufstands, Gründer der

Roten Armee, Gegner des Stalinismus, 1929 aus Russland ausgebürgert, 1940 von Stalins Agent ermordet.

Tschiang Kai Schek: General und Führer der chinesisch-nationalistischen Kuomintang nach 1925. Machthaber Chinas 1927 bis 1949 und Taiwans in den 1950er und 1960er Jahren.

Tschu En Lai (Zhou Enlai): Führender chinesischer Kommunist ab Mitte der 1920er Jahre, Ministerpräsident in den 1950er, 1960er und Anfang der 1970er Jahre.

Vargas, Getúlio: Brasilianischer Diktator 1937 bis 1945, Präsident 1950 bis 1954.

Webb, Beatrice und Sydney: In den 1880er Jahren Gründer der Strömung der Fabier für die schrittweise Einführung des Sozialismus in Großbritannien. Gegner der bolschewistischen Revolution, priesen in den 1930er Jahren Stalins Russland.

Wells, H. G.: Beliebter englischer Romanschriftsteller 1890er bis 1940er Jahre, Pionier der Science-Fiction-Literatur, verfasste leicht zugängliche Bücher über Wissenschaft und Geschichte.

Wilson, Woodrow: 1913 bis 1921 Präsident der USA.

Zola, Émile: In der zweiten Hälfte des 19. Jahrhunderts einflussreicher französischer Schriftsteller des realistischen Stils, zu Gefängnis verurteilt, weil er den Offizier Alfred Dreyfus verteidigte.

Orte

Aragón: Nordöstliche Inlandsregion des modernen spanischen Staats. Königreich, zu dem seit dem Spätmittelalter bis in die Neuzeit auch Katalonien gehörte.

Armenien: Region östlich von Kleinasien zwischen Schwarzem und Kaspischem Meer. Heute Name der ehemaligen Sowjetrepublik.

Böhmen: Nordwestliche Hälfte der heutigen Tschechischen Republik mit der Hauptstadt Prag. Ab dem 13. bis zum 17. Jahrhundert Zentrum des (überwiegend deutschsprachigen) Heiligen Römischen Reichs.

Dritte Welt: Ab den 1960er Jahren für die ehemaligen kolonialen und halbkolonialen Länder verwendeter Begriff.

Elsass-Lothringen: Gebiet im Nordosten Frankreichs, von 1871 bis 1919 und erneut 1940 bis 1944 von Deutschland annektiert.

Flandern: Mittelalterlicher Name für Westbelgien um Gent und Brügge und den nordfranzösischen Streifen zwischen Lille und Dünkirchen. Heutiger Name für die Hälfte Belgiens, in der Flämisch, ein niederländischer Dialekt, gesprochen wird.

Heiliges Römisches Reich: Ursprünglich von Karl dem Großen im 9. Jahrhundert gegründet. Bestand bis zum 19. Jahrhundert aus losen Gebieten in Deutschland, Osteuropa und Italien, dann als Österreich und schließlich Österreich-Ungarn bekannt

Indochina: Umfasst Vietnam, Kambodscha und Laos.

Katalonien: Provinz im Nordosten des spanischen Staats mit eigener Sprache, erstreckt sich südlich der französischen Grenze. Im Mittelalter eigenständige Einheit, die auch Gegenden in Südfrankreich einbegriff. Im 20. Jahrhundert entstand hier eine starke nationalistische Bewegung, hat heute ein eigenes Parlament innerhalb des spanischen Staats.

Maghreb: Nordafrikanische Region mit Marokko, Algerien und Tunesien.

Mazedonien: Region auf dem Balkan nördlich von Griechenland.

Mekka: Handelsstadt im Westen der Arabischen Halbinsel. Geburtsort Mohammeds und wichtigste heilige Stadt des Islams. Heute im Staat Saudi-Arabien gelegen.

Mesoamerika: Region, die Mexiko und Guatemala einschließt.

Mesopotamien: Alte Bezeichnung für den heutigen Irak. Heißt wörtlich »zwischen zwei Flüssen« – Euphrat und Tigris.

Nanjing (Nanking): Chinesische Stadt am Jangtsekiang, stromaufwärts von Schanghai gelegen.

Preußen: Königtum in Ostdeutschland mit der Hauptstadt Berlin, dessen Herrscher im Jahr 1871 Kaiser von Deutschland wurde. Bis 1945 größter Staat in Deutschland.

Ruhrgebiet: Zentrum der industriellen Revolution Deutschlands.

Schlesien: Gebiet im heutigen Polen, bis zum Ende des Zweiten Weltkriegs von Polen wie Deutschland beansprucht.

Teotihuacán: Stadt und Name einer Zivilisation, die in den ersten Jahrhunderten u. Z. entstand, nahe dem heutigen Mexiko-Stadt.

Ulster: Bezeichnung für die nördlichen neun Provinzen Irlands, von den Großbritannien nahestehenden Loyalisten als Bezeichnung für den im Jahr 1921 gegründeten Kleinstaat aus sechs Provinzen verwendet.

Versailles: Ort in der Nähe von Paris, wo Ludwig XIV. einen Palast erbauen ließ. Zentrum der Kräfte, die gegen die Pariser Kommune von 1871 vorgingen. Ort der Konferenz, auf der nach dem Ersten Weltkrieg die Welt auf Geheiß Großbritanniens und Frankreichs aufgeteilt wurde.

Begriffe

Abbasiden: Beherrschten als Dynastie das islamische Reich im Nahen Osten Mitte des 8. bis 13. Jahrhundert, ab dem 10. Jahrhundert weitgehend machtlos.

Absolutismus/absolutistische Monarchie (Alleinherrschaft): Mächtige Regime, wie es sie in Ländern wie Frankreich, Spanien, Preußen, Österreich und Russland ab Mitte des 17. Jahrhunderts gab.

Anarchosyndikalismus: Bewegung, die gewerkschaftliche Kampfmethoden mit anarchistischen Ideen verbindet.

Arier: Volk mit indoeuropäischer Sprache, eroberte Nordindien um 1500 v. u. Z.

Aufklärung: Intellektuelle Strömung im 18. Jahrhundert. Ihre Anhänger versuchten den Aberglauben durch wissenschaftlich begründete Vernunft zu ersetzen – bekannteste Vertreter waren Voltaire, Diderot, Rousseau, Hume, Gibbon.

Bourgeoisie: Ursprünglich französische Bezeichnung für die Stadtbürger, bezeichnet seit Anfang des 19. Jahrhunderts die Angehörigen der Kapitalistenklasse.

Buren: Niederländisch sprechende weiße Siedler in Südafrika, auch Afrikaander genannt.

Burenkrieg 1899–1902: Krieg um das von Großbritannien annektierte, an Mineralien reiche Burengebiet in Südafrika.

CGT: Wichtigster französischer Gewerkschaftsbund, vor dem Ersten Weltkrieg von Syndikalisten gegründet, seit dem Zweiten Weltkrieg unter der Führung der Kommunistischen Partei.

CNT: Anarchosyndikalistische Gewerkschaft in Spanien.

Dritte Periode: Den kommunistischen Parteien von Stalin aufgedrängte Politik der Verurteilung sozialdemokratischer Parteien und Gewerkschaften als »Sozialfaschisten«.

Duma: Parlament im vorrevolutionären Russland, undemokratisch zusammengesetzt.

Einheitsfront: In der Defensive Taktik der Bildung eines Bündnisses zwischen revolutionären und nicht revolutionären Arbeiterparteien und Gewerkschaften, von Lenin und Trotzki 1920/21 formuliert.

Falange: Name für Bewegungen in Spanien und im Libanon, die sich an den italienischen Faschismus anlehnen (abgeleitet von dem lateinischen Wort *phalanx* = Stoßtrupp).

FBI: Bundespolizei der USA und Geheimpolizei.

Freikorps: Rechtsgerichtete Söldner, wurden 1919/1920 gegen die deutsche Arbeiterklasse eingesetzt.

Girondisten: Weniger revolutionärer Flügel des Jakobinerklubs in der Französischen Revolution 1791/92, erbitterte Feinde Robespierres.

Gründerkrise: Wirtschaftskrise Ende der 1870er bis in die 1880er Jahre.

Home Rule: Maßnahme der Briten, dem Parlament des vereinten Irlands begrenzte Regierungsgewalt zu übertragen.

Independent Labour Party: Vorläufer der britischen Labour Party in den 1890ern. Flügel der Labour Party von 1906 bis Anfang der 1930er.

Inquisition: Einrichtung der katholischen Kirche im Spätmittelalter und Anfang der Neuzeit zur Ausrottung von Ketzerei.

Iswestija: Von den Arbeiterräten 1917 in Russland gegründete Zeitung. Ab den 1920ern bis Ende der 1980er Sprachrohr der russischen Regierung.

Jakobiner: 1789–1794 Mitglieder des wichtigsten revolutionären Klubs in Paris, anfangs zusammengesetzt aus »Moderaten« wie den Girondisten und revolutionäreren Anhängern. Später Bezeichnung für den entschlossensten Flügel unter Robespierre. Außerhalb Frankreichs auch Bezeichnung für alle Anhänger der Revolution.

Journée: Begriff zur Beschreibung der Mobilisierung der Pariser Massen in der Französischen Revolution.

Kadetten: Konstitutionelle Demokratische Partei im vorrevolutionären Russland, lehnte den zaristischen Absolutismus ab, stellte sich auch gegen die Arbeiterbewegung.

Karlisten: Anhänger einer ehemaligen spanischen Partei (seit 1833), die in den sogenannten Karlistenkriegen die Thronansprüche der drei Prätendenten mit Namen Carlos gegen die spanische Monarchie verfochten. Erbitterte Feinde auch nur geringster Modernisierung oder Liberalisierung; existierten bis zum Sieg der Faschisten 1939.

Kleinbürgertum *(petite bourgeoisie)*: Wörtlich »kleine Bourgeoisie«. Bezog sich anfangs auf Krämer, Händler und kleinkapitalistische Bauern. Später ausgedehnt auf gehobene Berufe und die mittlere Betriebsleitung im Angestelltenbereich.

Kommune: Häufig Bezeichnung für Mittelalterstädte oder ihren Stadtrat. Bezeichnung des Pariser Stadtrats in der Revolution von 1789 bis 1795. Bezeichnung des gewählten Revolutionskomitees, das die Stadt 1871 im Namen der Arbeiter regierte. Bezeichnung für die (staatlich organisierte) »kollektivistische« Landwirtschaft Chinas Ende der 1950er und 1960er Jahre.

Kommunistische Internationale (Komintern): Zentralisierte internationale Organisation revolutionärer Parteien, gegründet 1919, ab Mitte der 1920er Jahre von Stalin beherrscht, aufgelöst im Zweiten Weltkrieg.

Konzessionen: Europäische oder japanische Enklaven in chinesischen Städten.

Kronprinz: Thronanwärter.

Kulaken: Russische Bezeichnung für die kapitalistisch wirtschaftenden oder reichen Bauern.

Kuomintang: Chinesische nationalistische Partei, Regierung in China 1927 bis 1949, seitdem Regierung in Taiwan.

Mayas: Bewohner Südmexikos und Guatemalas, begründeten um 700 u. Z. eine Zivilisation.

Menschewiki: Nach 1903 Flügel der sozialistischen Bewegung in Russland, der die Zusammenarbeit mit der Bourgeoisie suchte.

Narodniki: Wörtlich Volkstümler. Russische Revolutionäre vor 1917, die sich eher auf die Bauern als auf die Arbeiterklasse bezogen.

Nationalgarden: Aus der Mittelschicht zusammengestellte Freiwilligeneinheiten in Frankreich Anfang der 1790er Jahre und in Europa im 19. Jahrhundert, während der Belagerung von Paris 1870/71 zu einer Kraft der Arbeiterklasse umgebaut.

Nationalliberale: In Deutschland vom Großkapital unterstützter Flügel der ehemaligen deutschen Liberalen, stellten sich nach 1871 hinter das imperialistische Regime. Nach der Revolution von 1918 Deutsche Volkspartei.

New Model Army: Reorganisierte Parlamentsarmee, schlug die Royalisten im englischen Bürgerkrieg und führte anschließend die englische Revolution von 1649 durch.

NÖP (Neue Ökonomische Politik): Einführung von Marktmechanismen in Russland 1921 bis 1928.

Oranier: Ursprünglich ein Familienname holländischer Fürsten, seit dem 18. Jahrhundert zur Bezeichnung der protestantischen Katholikenhasser und Anhänger der britischen Herrschaft in Irland verwendet.

Phonograph: Vorläufer des Grammophons und des Schallplattenspielers.

Plebejer: Einfache Bürger der frührömischen Republik mit geringfügigem Landbesitz. Später verwendet zur Beschreibung ärmerer Sektionen der Stadtbevölkerung oder jener niedrigeren Stands.

Proletarier: Ursprünglich eigentumslose Einwohner des alten Roms. Später von Marx als Bezeichnung für Lohnarbeiter eingeführt.

Provisorische Regierung: Nicht gewählte Regierung in Russland von Februar bis Oktober 1917.

Radikale Partei: Wichtigste Partei der französischen Mittelschicht vor dem Zweiten Weltkrieg.

Restauration: In Großbritannien 1660 und in Europa 1814/15 Begriff zur Beschreibung der Wiedererrichtung der Monarchie nach einer revolutionären Phase.

Schiiten: Anhänger der größten Minderheitsströmung im Islam, heute Mehrheit in Iran, Südirak und Gegenden Libanons.

Schutzstaffel (SS): Ursprünglich Hitlers persönlicher Saalschutz, ausgebaut zum militärischen Kern des Naziregimes, war zuständig für die Todeslager.

Sowjet: Russisches Wort für »Rat«. 1905 und 1917 Bezeichnung für Arbeiter- und Soldatenräte.

Sowjetunion: Bezeichnung der Republiken des ehemaligen russischen Reichs ab 1924 und später des stalinistischen Reichs, aufgelöst 1991.

Sozialrevolutionäre Partei: Russische Partei im ersten Viertel des Jahrhunderts, die sich nach eigenem Bekunden auf die Bauern stützte, geleitet von Rechtsanwälten.

Spartakusbund: Deutsche revolutionäre Gruppierung im Ersten Weltkrieg.

Stalinismus: Unterstützung der Lehren und Methoden Stalins. Allgemeiner gefasst ein Begriff für staatskapitalistische Organisationsformen in Russland und anderen Ostblockstaaten bis zum Zusammenbruch in den Jahren 1989 bis 1991.

Sturmabteilung (SA): Deutsche paramilitärische Naziorganisation.

Sunniten: Mehrheitsströmung im Islam.

Tories: Ursprünglich Ende des 17. und Anfang des 18. Jahrhunderts in Großbritannien Anhänger der Stuart-Monarchie, dann eine der zwei Parteien der herrschenden Klasse. Heute Anhänger der konservativen Partei.

Unabhängige Sozialdemokratische Partei Deutschlands (USPD): Linke parlamentarische Abspaltung der Sozialdemokratischen Partei Deutschlands (SPD) im Ersten Weltkrieg. Eine Hälfte trat 1920 den Kommunisten bei, die andere schloss sich wieder der SPD an.

Vietnamsyndrom: Nach der Niederlage in Vietnam Mitte der 1970er Furcht der herrschenden Klasse der USA vor aktiver Kriegsführung.

Volksfront: Stalinistisch beeinflusster Versuch Russlands, ab den 1930er Jahren Bündnisse zwischen Arbeiterparteien und der »fortschrittlichen Bourgeoisie« zu schmieden.

Whig: Vorläufer der Liberalen Partei in Großbritannien. Ursprünglich verbunden mit dem parlamentarischen Regierungssystem seit 1688. Anfang des 19. Jahrhunderts identifiziert mit dem Industriebürgertum im Gegensatz zu den Grundbesitzern. Steht auch für eine Auffassung, nach der die Geschichte bis zur heutigen Gegenwart einen perfekten liberalen Verlauf nahm.

Zamindars: Klasse ortsansässiger Notabeln, die in Indien unter den Moguln einen Teil der Landpachten abschöpften, verwandelten sich nach der britischen Eroberung in eine moderne Grundbesitzerklasse.

Literaturverzeichnis

Acerete, Julio C., *Durruti*, Barcelona 1975
Akbar, Mobashar Jawed, *Nehru*, London 1989
Allen, William Sheridan, *Das haben wir nicht gewollt. Die nationalsozialistische Machtergreifung in einer Kleinstadt 1930–1935*, Gütersloh 1966
Allison, William, und John Fairley, *The Monocled Mutineer*, London 1986
Anderson, Jon Lee, *Che. Die Biographie*, München 2001
Anderson, Terry H., *The United States, Great Britain and the Cold War. 1944–1947*, Missouri 1981
Avrich, Paul, *Kronstadt 1921*, New Jersey 1991
Beetham, David, *Marxists in Face of Fascism*, Manchester 1983
Bell, David, *The End of Ideology*, Illinois 1960
Berkson, William, *Fields of Force*, London 1974
Bernstein, Eduard, *Die Voraussetzungen des Sozialismus und die Aufgaben der Sozialdemokratie*, Stuttgart 1899
Birchall, Ian, *Arbeiterbewegung und Parteiherrschaft*, Gießen 1977
Blackbourn, David, *The Fontana History of Germany 1780–1918*, London 1997
Braunthal, Julius, *In Search of the Millennium*, London 1945
Braunthal, Julius, *Auf der Suche nach dem Millennium*, Band 1 und 2, Nürnberg 1948
Braunthal, Julius, *Geschichte der Internationale*, Band 2, Bonn 1978
Brenan, Gerald, *Spanische Revolution*, Berlin 1978
Brittan, Samuel, *Financial Times*, 10. Dezember 1992
Broué, Pierre, und Emile Témime, *Revolution und Krieg in Spanien*, Band 1, Frankfurt am Main 1975
Broué, Pierre, *Trotzki: Eine politische Biographie*, Band 1, Köln 1998
Cammett, John McKay, *Antonio Gramsci and the Origins of Italian Communism*, Stanford 1967

Canning, John (Hg.), *Living History: 1914*, London 1967
Carocci, Gampiero, *Italian Fascism*, Harmondsworth 1975
Carr, Edward Hallett, *The Bolshevik Revolution*, Band 3, Harmondsworth 1966
Carr, Edward Hallett, und Robert William Davies, *Foundations of a Planned Economy*, Band 1, London 1969
Carr, Edward Hallett, *Die Russische Revolution. Lenin und Stalin 1917–1929*, Stuttgart 1980
Carr, Edward Hallett, *The Interregnum*, London 1984
Carsten, Francis Ludwig, *Revolution in Mitteleuropa: 1918–1919*, München 1973
Carsten, Francis Ludwig, *Britain and the Weimar Republic*, London 1984
Chesneaux, Jean, *The Chinese Labor Movement 1919–27*, Stanford 1968
Cliff, Tony, *Russia: A Marxist Analysis*, London 1964
Cliff, Tony, *Lenin 1893–1914. Building the Party*, London 1975
Cliff, Tony, *Staatskapitalismus in Russland*, Frankfurt am Main 1975
Cliff, Tony, *Lenin 1914–1917. All Power to the Soviets*, London 1976
Cliff, Tony, u. a., *Party and Class*, London 1996
Colley, Linda, *Britons*, London 1994
Corey, Lewis, *The Decline of American Capitalism*, London 1938
Cowling, Maurice, »1867. Disraeli, Gladstone and Revolution«, in: Miliband, Ralph, *Capitalist Democracy in Britain*, Oxford 1982
Crosland, Anthony, *The Future for Socialism*, London 1956
Danos, Jacques, und Marcel Gibelin, *Die Volksfront in Frankreich, Generalstreik und Linksregierung im Juni '36*, Hamburg 1982
Davies, Robert William, »Forced Labour Under Stalin: The Archive Revelations«, in: *New Left Review* 214, November/Dezember 1995
Day, Richard B., *The »Crisis« and the »Crash«*, London 1981
Deleyne, Jan, *Die chinesische Wirtschaftsrevolution*, Reinbek 1972
Derfler, Leslie, *Paul Lafargue and the Flowering of French Socialism*, Harvard 1998
Deutscher, Isaac, *Stalin. Eine politische Biographie*, Augsburg 1997
Dobbs, Farrell, *Teamster Rebellion*, New York 1986
Ellison, Ralph, *Der unsichtbare Mann*, Zürich 1995
Eudes, Dominique, *The Kapetanios*, London 1972

Farrell, James T., *Selected Essays*, New York 1964
Food and Agriculture Organization of the United Nation, *The State of Food and Agriculture*, 1991
Foot, Paul, *The Politics of Harold Wilson*, Harmondsworth 1968
Fox, Ralph, *Smoky Crusade*, London 1938
Frank, Pierre, *Geschichte der Kommunistischen Internationale (1928-1933)*, Band 2, Frankfurt am Main 1979
Fraser, Ronald, *Blood of Spain*, Harmondsworth 1981
Freud, Sigmund, *Das Unbehagen in der Kultur. Und andere kulturtheoretische Schriften*, Frankfurt am Main 1994
Fryer, Peter, *Ungarische Tragödie*, Köln 1957
Galbraith, John Kenneth, *Der große Crash 1929*, München 2005
Gay, Peter, *Das Dilemma des demokratischen Sozialismus: Eduard Bernsteins Auseinandersetzung mit Marx*, Nürnberg 1954
Getzler, Israel, *Martov*, Melbourne 1967
Gilly, Adolfo, *The Mexican Revolution*, London 1983
Ginsborg, Paul, *A History of Contemporary Italy*, London 1990
Gluckstein, Donny, *The Nazis, Capitalism and the Working Class*, London 1999
Gramsci, Antonio, *Gefängnishefte*, Band 6, Hamburg 1994
Grass, Günter, *Hundejahre*, Neuwied 1963
Guérin, Daniel, *Front populaire, révolution manquée*, Paris 1997
Halberstam, David, *Die Elite*, Reinbek 1974
Hansen, Alvin, *Economic Stabilisation*, New York 1971
Harman, Chris, *Class Struggles in Eastern Europe 1945-83*, London 1984
Harman, Chris, *Partei und Klasse*, Broschüre, Frankfurt am Main 1989
Harman, Chris, *Die verlorene Revolution, Deutschland 1918-1923*, Frankfurt am Main 1998
Harman, Chris, *Der Irrsinn der Marktwirtschaft*, Frankfurt am Main 1999
Harman, Chris, *Explaining the Crisis. A Marxist Reappraisal*, London 1999
Harrison, Royden, *Before the Socialists*, London 1965
Harvey, Arnold D., *Collision of Empires*, Phoenix 1994
Haynes, Mike, und Peter Binns, »Eastern European Class Societies«, in: *International Socialism* 7, London, Winter 1979

Haynes, Mike, »Was there a Parliamentary Alternative in 1917?«, in: *International Socialism* 76, London, Herbst 1997

Heidegger, Martin, »Brief an Herbert Marcuse vom 20. Januar 1948«, in: *Politik und Ästhetik am Ende der Industriegesellschaft. Zur Aktualität von Herbert Marcuse*, Briefwechsel zwischen Marcuse und Heidegger 1947–1948, Tüte, Stadtmagazin Tübingen, Sonderheft 1989

Hilferding, Rudolf, »Zwischen den Entscheidungen«, in: *Die Gesellschaft. Internationale Revue für Sozialismus und Politik*, Band 10, Nr. 1, Januar 1933, Berlin

Hilferding, Rudolf, »Staatskapitalismus oder totalitäre Staatswirtschaft« (1940), in: Stephan, Cora (Hg.), *Zwischen den Stühlen*, Berlin und Bonn 1982

Hobsbawm, Eric, *Industrie und Empire II. Britische Wirtschaftsgeschichte seit 1750*, Frankfurt am Main 1974

Hobsbawm, Eric, *Das Zeitalter der Extreme*, München, Wien 1995

Hochschild, Adam, *Schatten über dem Kongo*, Stuttgart 2000

Horne, Alistair, *A Savage War of Peace: Algeria 1954–62*, Harmondsworth 1979

Horowitz, David, *Kalter Krieg, Hintergründe der US-Außenpolitik von Jalta bis Vietnam*, Berlin 1983

Human Development Report, Oxford 1999

Hutton, Will, *The State We're In*, London 1994

Isaacs, Harold, *The Tragedy of the Chinese Revolution*, Stanford 1961

Jackson, Julian, *The Popular Front in France, Defending Democracy 1934–38*, Cambridge 1990

Jackson, Tim, und Nic Marks, *Sustainable Economic Welfare: A Pilot Index 1950–1990*, Stockholm Economic Institute, 1994

Jänicke, Martin, *Die antistalinistische Opposition gegen Ulbricht seit 1953*, Köln 1964

Joll, James, *Europe Since 1870*, London 1990

Jones, Gareth Stedman, *Outcast London*, Harmondsworth 1976

Jones, Thomas, *Whitehall Diaries, Ireland 1918–25* (Band 3), London 1971

Kaser, Michael Charles, *The Economic History of Eastern Europe, 1919–1975*, London 1986

Kautsky, Karl, *Die materialistische Geschichtsauffassung*, Band 2, Berlin 1927

Kele, Max H., *Nazis and Workers*, North Carolina 1972

Kershaw, Ian (Hg.), *Why Did Weimar Fail?*, London 1990
Kidron, Michael, »Imperialism – Highest Stage but One«, in: *International Socialism* 9 (erste Serie), London, Sommer 1962
Kindleberger, Charles P., *Die Weltwirtschaftskrise. 1929–1939*, München 2010
Kocka, Jürgen, *Klassengesellschaft im Krieg. Deutsche Sozialgeschichte 1914–1918*, Frankfurt am Main 1988
Kolko, Gabriel, *The Politics of War*, New York 1970
Kolko, Gabriel, *Century of War*, New York 1994
Kolko, Gabriel, *Das Jahrhundert der Kriege*, Frankfurt am Main 1999 (gekürzte Fassung der englischen Ausgabe)
Kopácsi, Sándor, *Die ungarische Tragödie*, Frankfurt am Main 1981
Lapping, Brian, *End of Empire*, London 1985
Lasky, Melvin J. (Hg.), *Die ungarische Revolution*, Berlin 1958
Lenin, Wladimir Iljitsch, »Was tun«, *Werke*, Band 5, Berlin 1985
Lenin, Wladimir Iljitsch, »Zwei Taktiken der Sozialdemokratie in der demokratischen Revolution«, *Werke*, Band 9, Berlin 1982
Lenin, Wladimir Iljitsch, »Ein Vortrag über die Revolution von 1905«, *Werke*, Band 23, Berlin 1987
Lenin, Wladimir Iljitsch, »Zur Geschichte der Frage eines unglückseligen Friedens«, *Werke*, Band 26, Berlin 1980
Lenin, Wladimir Iljitsch, »Rede auf der Konferenz der Vorsitzenden der Exekutivkomitees der Kreis-, Amtsbezirks- und Dorfsowjets des Moskauer Gouvernements« (15. Oktober 1920), *Werke*, Band 31, Berlin 1983
Lenin, Wladimir Iljitsch, »Die Krise der Partei« (19. Januar 1921), *Werke*, Band 32, Berlin 1988
Lenin, Wladimir Iljitsch, »An Genossen Molotow« (26. März 1922), *Werke*, Band 33, Berlin 1982
Lenin, Wladimir Iljitsch, »Politischer Bericht des Zentralkomitees der KPR(B) 27. März«, *Werke*, Band 33, Berlin 1982
Lenin, Wladimir Iljitsch, »Zur Frage der Nationalitäten oder der ›Autonomisierung‹«, *Werke*, Band 36, Berlin 1983
Litván, György, und János M. Bak (Hg.), *Die Ungarische Revolution 1956, Reform – Aufstand – Vergeltung*, Wien 1994

Lomax, Bill, *Hungarian Worker's Councils in 1956*, New York 1990
Lucas, Erhard, *Märzrevolution 1920*, 3 Bände, Frankfurt am Mai 1974
Lukács, Georg, »Der historische Roman (Probleme des Realismus III)«, *Werke*, Band 3, Neuwied, Berlin 1965
Lukács, Georg, »Probleme des Realismus I (1) – Essays über Realismus«, *Werke*, Band 4, Neuwied 1971
Luxemburg, Rosa, *Gesammelte Briefe*, Band 5, Berlin 1984
Luxemburg, Rosa, »Sozialreform oder Revolution?«, *Gesammelte Werke*, Band 1, Berlin 1987
Luxemburg, Rosa, »Die Krise der Sozialdemokratie« *(Juniusbroschüre)*, *Gesammelte Werke*, Band 4, Berlin 1990
Luxemburg, Rosa, »Massenstreik, Partei und Gewerkschaften«, *Gesammelte Werke*, Band 2, Berlin 1990
MacIntyre, Duncan, *The Great War. Causes and Consequences*, Glasgow 1979
Malraux, André, *Die Eroberer*, München 1988
Malraux, André, *So lebt der Mensch. La Condition Humaine*, München 1999
Manifest »Whither China?« des Revolutionskomitees von Hunan (Sheng Wu Lien) in: *International Socialism* 37 (erste Serie), London, Juni/Juli 1969
Mann, Michael, »As the Twentieth Century Ages«, in: *New Left Review* 214, November/Dezember 1995
Marcuse, Herbert, *Der eindimensionale Mensch*, München 1998
Marx, Karl, »Zweiter Entwurf zum ›Bürgerkrieg in Frankreich‹«, *MEW*, Band 17, Berlin 1983
Mason, Timothy, *Nazism, Fascism and the Working Class*, Cambridge 1995
Masson, Jeffrey, *Was hat man dir, du armes Kind, getan? Sigmund Freuds Unterdrückung der Verführungstheorie*, Reinbek bei Hamburg 1984
May, Ernest R., und Philip D. Zelikow (Hg.), *The Kennedy Tapes: Inside the White House during the Cuban Missile Crisis*, Harvard University Press, 1998
McKenzie, Robert Trelford, *Britische Parteien in England*, Köln und Opladen, 1961
Meaker, Gerald H., *The Revolutionary Left in Spain 1914–1923*, Stanford 1974
Meinecke, Friedrich, *Straßburg–Freiburg–Berlin 1901–1919*, Stuttgart 1949
Merson, Allan, *Kommunistischer Widerstand in Nazideutschland*, Bonn 1999
Meyer-Leviné, Rosa, *Leviné, Leben und Tod eines Revolutionärs*, München 1972
Miliband, Ralph, *Parliamentary Socialism*, London 1975

Miliband, Ralph, *Capitalist Democracy in Britain*, Oxford 1982
Mohanty, Mritiunjoy, »Strategies for Solution of Debt Crisis: an Overview«, in: *Economic and Political Weekly*, Mumbai, 29. Februar 1992
Moynihan, Michael (Hg.), *People at War 1914–1918*, London 1988
Mühlberger, Detlef, *Hitler's Followers*, London 1991
Müller, Richard, *Eine Geschichte der Novemberrevolution*, Berlin 2011
Munck, Ronaldo, Ricardo Falcón und Bernardo Galitelli, *Argentina: from Anarchism to Peronism*, London 1987
Nettl, Peter, *Rosa Luxemburg*, Band 2, Köln, Berlin 1968
Noakes, Jeremy, und Geoffrey Pridham, *Nazism 1919–45*, Band 1, The Rise to Power 1919–34, Exeter 1983
Orwell, George, *Mein Katalonien*, Zürich 1975
Pages, Pelai, *Andreu Nin, Su Evolución Política*, Madrid 1975
Pakenham, Thomas, *The Scramble for Africa*, London 1992
Palme Dutt, Rajani, *Guide to the Problem of India*, London 1942
Petras, James, und Morris Morley, *Latin America in the Time of Cholera*, New York 1992
Preis, Art, *Labor's Giant Step*, New York 1982
Reiman, Michal, *Die Geburt des Stalinismus*, Frankfurt am Main 1979
Rist, Walter, »Die innere Krise der KPD«, in: *Neue Blätter für den Sozialismus*, 3. Jahrgang, 2. Heft, 1932
Rosenhaft, Eve, *Beating the Fascists? The German Communists and Political Violence*, 1929–33, Cambridge 1983
Ruiz, Ramon E., *The Great Rebellion: Mexico 1905–24*, New York 1982
Salvadori, Massimo L., *Sozialismus und Demokratie: Karl Kautsky 1880–1938*, Stuttgart 1982
Sayers, Andrew, »The Failure of Italian Socialism«, in: *International Socialism* 37 (erste Serie), London, Juni/Juli 1969
Schor, Juliet, *The Overworked American*, New York 1992
Schurmann, Franz, und Orville Schell, *Republican China*, Harmondsworth 1977
Schweitzer, Arthur, *Big Business in the Third Reich*, Bloomington 1963
Seers, Dudley, *The Economic and Social Revolution*, North Carolina 1964
Serge, Victor, *Erinnerungen eines Revolutionärs 1901–1941*, Hamburg 1977

Serge, Victor, *Year One of the Russian Revolution*, London 1992
Shlyapnikov, Alexander, *On the Eve of 1917*, London 1982
Silone, Ignazio, *Der Fascismus* (1934), Frankfurt am Main 1984
Smith, Steve A., *Red Petrograd: Revolution in the Factories, 1917–1918*, Cambridge 1983
Smith, Steve A., »Petrograd in 1917: the View from Below«, in: Kaiser, Daniel H. (Hg.), *The Workers' Revolution in Russia of 1917*, Cambridge 1987
Sobhan, Rehman, »Rethinking the Market Reform Paradigm«, in: *Economic and Political Weekly*, Bombai, 25. Juli 1992
Sombart, Werner, *Das Wirtschaftsleben im Zeitalter des Hochkapitalismus*, Band 3, 2. Halbband, München und Leipzig 1927
Spriano, Paolo, *The Occupation of the Factories: Italy 1920*, London 1975
Stachura, Peter D., *The Nazi Machtergreifung*, London 1983
Stalin, Josef, *Lenin und der Leninismus*, Wien 1924
Stein, Burton, *A History of India*, Oxford 1998
Sternberg, Fritz, *The Coming Crisis*, London 1947
Stone, Norman, *The Eastern Front 1914–1917*, London 1975
Stopford, John, und Susan Strange, *Rival States, Rival Firms*, Cambridge 1991
Sturmthal, Adolf, *The Tragedy of European Labour 1918–39*, London 1944
Suchanow, Nikolaj N., *1917. Tagebuch der russischen Revolution*, München 1967
Sukhanov, Nikolai N., *The Russian Revolution 1917*, Princeton 1984
Tasca, Angelo, *Glauben, gehorchen, kämpfen. Aufstieg des Faschismus in Italien*, Wien o. J. (1986)
Taylor, Alan John Percivale, *The Second World War*, Harmondsworth 1976
Thompson, Edward Palmer, *Die Entstehung der englischen Arbeiterklasse*, Frankfurt am Main 1987
Trotzki, Leo, *Geschichte der russischen Revolution*, Berlin 1960
Trotzki, Leo, »Was nun?«, *Schriften über Deutschland*, Frankfurt am Main 1971
Trotzki, Leo, *Die Russische Revolution 1905*, Berlin 1972 (Nachdruck von 1923)
Trotzki, Leo, *Mein Leben*, Frankfurt am Main 1990
Trotzki, Leo, *Die Dritte Internationale nach Lenin*, Essen 1993
Trotzki, Leo, *Die permanente Revolution. Ergebnisse und Perspektiven*, Essen 1993

Trotzki, Leo, *Das Übergangsprogramm*, Essen 1997
Turner, Henry Ashby, *Die Großunternehmer und der Aufstieg Hitlers*, Berlin 1985
Turner, Ian, *Industrial Labour and Politics*, London 1965
Vandervort, Bruce, *Wars of Imperial Conquest in Africa 1830–1914*, London 1998
Weltentwicklungsbericht 1991, *Entwicklung als Herausforderung*, Frankfurt am Main 1991
Weltkatastrophenbericht 1999, Rotes Kreuz, Zusammenfassung in: *Guardian*, 24. Juni 1999
Widick, Branko J., *Detroit, City of Race and Class Violence*, Chicago 1972
Wigham, Eric, *Strikes and the Government 1893–1981*, London 1982
Wolin, Richard, *The Heidegger Controversy: A Critical Reader*, London 1993

Index

A

Abbasiden 317, 347
Absolutismus 347, 349
Aden 253
Adwa 35 f.
Afghanistan 12, 34, 305 f., 309, 314
Afrika 9, 29, 34–40, 109, 111, 115, 127, 130 f., 148, 206, 215, 244 f., 252–254, 271, 289, 300, 309, 314, 318, 320, 325, 336, 346
Ägypten 9, 11, 38, 109, 111, 115, 124, 127, 229, 231, 255 f., 259 f., 263, 300, 303 f., 317, 342
Ahimsa 117
Ahmedabad 118
Aitken, Max 28, 335
Akbar, Großmogul von Indien 257
Akron, Ohio 199
Albanien 95, 208, 298, 301
Alexander, Harold 229
Algerien 11, 13, 35, 232, 252–254, 259, 304, 313, 346
Alianza Obrera 181
Alleanza del lavoro 103
Allende, Salvador 12, 288 f., 296, 335
Allen, William Sheridan 159
Allrussischer Sowjetkongress 70
Allrussisches Zentrales Exekutivkomitee (WZIK) 80
Alphabetisierung 20, 268
Amazonas 15
American Federation of Labor (AFL) 42, 131
Amerikanische Revolution *siehe* Revolution in Amerika
Amritsar 9, 116, 118, 248
Anarchosyndikalismus 180–182, 185–187, 337, 347 f.
Ancona 45, 95, 103
Andhra 246
Andropow, Juri 296
Angola 253, 314
Antarktis 15
Anthrazitstreik, Pennsylvania 40
Antisemitismus 27 f., 67, 81, 88, 105, 156, 171, 196, 218, 220 f.
Apostel 15
Appalachen 131
Araber 35, 232, 254 f.
Arabische Halbinsel 346
Aragón 185, 338, 345
Arbeiteraristokratie 41
Arbeiteropposition 106, 141, 344
Archangelsk 91
Arditi del popolo 102 f.
Argentinien 12, 38, 206, 259, 288, 313 f.
Arier 218, 347
Armengesetz 18, 243
Armenien 297, 345
Arras 343
Arsenal, Fußballverein 18
Ascaso, Francisco 92
Aschanti 35
Asien 13, 111, 208, 212, 254, 266, 271, 300, 302, 325
Astronomen 338

Asturien 10, 181, 338
Athen 229, 287
Äthiopien 34, 208 f., 224, 300, 314, 342
Atlantik 124, 252
Atombombe 11, 215, 236, 239, 269
Atomkrieg 269 f.
Atomraketen 269
Atomwaffen 239, 269 f., 318, 321–323
Atomwaffenprogramm 239, 322
Attlee, Clement 214
Auden, W. H. 140
Aufklärung 22, 119, 176, 241, 330, 344, 347
Augustinus von Hippo 23
Aussperrung 40, 94, 112, 178
  siehe auch Dublin Lockout
Australien 16, 39, 43, 93
Autolite, Toledo 199
Avantgardismus 136
Aventin 104 f.
Axelrod, Pawel 67

B

Baathpartei 256
Babi Jar 219
Baden-Baden 285
Badoglio, Pietro 224, 226, 228
Bagdad 39, 252
Bagdadbahn 39, 55
Baker-Plan 307
Baku 79
Balkan 40, 46, 84, 206, 210, 215, 309, 321, 346
Balkankriege 9
Banchelli, Umberto 102
Bangladesch 249
Barbarei 51, 139, 149, 195 f., 216, 222, 316–318, 321 f., 332

Barbusse, Henri 58
Barcelona 92, 139, 179 f., 183–186, 190, 193, 337
Bari 224
Barrio, Diego Martínez 183
Baruch, Bernhard 130
Basra 308
Batista, Fulgencio 266–268
Bauernaufstände 80
Bauer, Otto 169
Bayerische Räterepublik 88, 90
Bayern 85, 338
Beaverbrook, Lord (Max Aitken) 28, 211
Befreiungsarmee, indische 215
Beijing 11, 13, 250, 278, 303, 338
Belfast 43, 91, 114, 337
Belgien 29, 34, 39, 47, 53, 55, 84 f., 208, 210, 294, 344, 346
Bell, Daniel 279, 313
Bellow, Saul 265
Bengalen 10, 110, 116, 215, 248, 313
Bergarbeiterstreik
  in der Sowjetunion 13, 298
  in Großbritannien 12
Bergson, Henri 51
Beria, Lawrenti 260
Berkeley 284
Berlin 49 f., 52, 56 f., 76, 85 f., 88, 93 f., 139, 153, 163 f., 170, 194, 212, 238, 284, 346 siehe auch Westberlin
Berliner Luftbrücke 11
Berliner Mauer 257, 298
Berlusconi, Silvio 323
Bernstein, Eduard 32–34, 40–42, 87, 97, 133, 175, 241, 313, 335, 338
Besetzungsstreik, General Motors 10, 200

Bevin, Ernest 214
Bibel 15
Biennio rosso 94
Bihar 118
Bilbao 189
Billancourt 173, 243
Birkenhead 139
Birmingham 19
Bischöfe 22, 181
Bismarck, Otto von 25, 27 f., 335
Black and Tans 113
Blackbourn, David 50
Black Panther Party 11, 281
Blum, Léon 173 f., 176 f., 335
Böhmen 326, 345
Bolivien 271, 339
Bologna 224
Bolschewiki 45, 52, 63, 65 f., 68–72, 77 f., 91, 96, 105–107, 142, 148, 212, 343 f.
Bolschewismus 66, 79, 89, 106 f., 142, 339
Bombaiprogramm 259
Bonaparte, Louis (Napoleon III.) 25, 335
Bordeaux 231
Bordiga, Amadeo 103
Borneo 208
Bose, Subhas Chandra 246
Bosnien 47, 313
Boulogne 58
Bourgeoisie 22, 32, 44, 62 f., 78, 91, 104, 122, 126, 143, 184, 188, 277, 279, 326, 331 f., 343, 347, 349, 351
Bourneville 19
Boxeraufstand 109
Bradford 41
Brady-Plan 307
Brasilien 206, 259, 302, 314

Bratislava 84
Braunthal, Julius 163, 169
Brecht, Bertolt 135, 140, 335
Bremen 85, 88
Breschnew, Leonid 257, 335 f.
Breslau 76
Brest-Litowsk 77, 79, 83
Britisch-Kolumbien 294
Britisch-Malaya 208, 252 f.
Brittan, Samuel 302
Brno 84
Bronzekultur 317
Brooke, Rupert 51
Brügge 346
Brüning, Heinrich 158, 171, 335
Buchanan, George William 50
Bucharin, Nikolai 34, 77, 133 f., 141–143, 145, 150 f., 335
Buckinghampalast 50
Budapest 56, 84, 90, 262 f.
Buddhismus 272
Bukarest 298
Bukarester Frieden 47
Bulgarien 46, 90, 232, 238, 298, 301
Buren 38, 347
Burenkrieg 9, 19, 28, 341, 347
Bürgerkrieg
  im Iran 305
  im Libanon 256
  in Afghanistan 306, 313 f.
  in Amerika 231, 262
  in Angola 12, 313 f.
  in Äthiopien 300, 313
  in China 109, 251
  in Chins 251
  in den USA 12, 262
  in Deutschland 9, 89, 93
  in El Salvador 12
  in England 350
  in Georgien 309

365

(Fortsetzung Bürgerkrieg)
  in Griechenland 229, 231
  in Irland 114
  in Italien 104
  in Jugoslawien 13, 302, 309, 313
  in Kongo-Zaire 314
  in Liberia 313 f.
  in Österreich 170
  in Russland 80, 105 f., 140, 144, 147, 190, 318
  in Sierra Leone 313 f.
  in Somalia 13
  in Spanien siehe Spanischer Bürgerkrieg
  in Tadschikistan 13, 309, 313 f.
Burgfrieden 55
Burke, Edmund 24, 336
Busboykott, USA 11, 281
Bush, George 309

C

Caballero, Largo 180–182, 186 f., 189, 336
Cadbury 19
Cádiz 183
Caetano, Marcelo 289
Calvin, Johannes 23, 336
Camus, Albert 265
Carranza, Venustiano 125
Casas Viejas 180
Casement, Roger 36 f.
Castro, Fidel 11, 266–269, 271, 336, 339
Castro, Raúl 266
Ceauşescu, Nikolae 298
Chaplin, Charlie 203, 214, 239, 336
Chartismus 21, 328
Chauri Chaura 118
Chesneaux, Jean 116
Chicago 131, 139, 202, 244

Chile 12, 288, 296, 335
China 9, 11 f., 34 f., 39 f., 109 f., 115, 118–121, 124 f., 127, 139, 149, 151, 208 f., 213, 235, 250–252, 259 f., 272–278, 293, 300, 302, 307, 317, 342, 345, 349
Chomeini (Ajatollah) 305
Chruschtschow, Nikita 11, 257, 260–262, 269 f., 336, 342
Chrysler 200
Churchill, Winston 105, 132, 210–215, 226–231, 236 f., 247, 336
CIA 11 f., 266, 268 f., 271, 279, 290, 306, 333, 339
Clemenceau, Georges 89
Clinton, Bill 309
Collins, Michael 113 f., 336
Companys, Luís 184–187
Comte, Auguste 23
Confederación Española de Derechas Autónomas (CEDA) 180–182, 333
Confederación Nacional del Trabajo (CNT) 43, 92, 99, 182–188, 333, 348
Confédération générale du travail (CGT) 43, 172, 177 f., 333, 347
Confederazione Generale del Lavoro (CGdL) 102, 104
Congress of Industrial Organizations (CIO) 10, 199, 201–203, 333, 341
Connaught Ranger 114
Connolly, James 112, 115, 332, 336
Contras 12, 309
Coolidge, Calvin 136
Copland, Aaron 203

Córdoba, Argentinien 12, 288
Cordones 289
Cork 113
Courbevoie 173
Coventry 243
Cromwell, Oliver 96
Crosland, Anthony 241, 313
Cruise-Missiles 12, 296, 322
Cuno, Wilhelm 100
Curragh 112

D

Dagenham 243
Dai Houying 276
Dáil Éireann 113
Daily Herald 211
Daily Mirror 211
Daladier, Édouard 171 f., 176–178, 337
Damaskus 252
Dampfschiffe 16, 35
Danang 272
Dänemark 294
Dan, Fjodor 67
Dardanellen 65
Darwin, Charles 22 f.
Dawes-Plan 131, 154
Decazeville 41
De Gaulle, Charles 11, 226–228, 254, 280, 285
Deir Jassin 255
Delhi 245, 249
Demokratische Partei, USA 197, 201, 348
Deng Xiaoping 276–278, 300, 337
Département Nord-Pas-de-Calais 227
Detroit 12, 42, 131, 201, 243 f., 281, 361
Deutschkonservative Partei 87

Deutschland 9 f., 17, 25, 27–31, 34, 39 f., 46 f., 50, 52–56, 59, 63 f., 73, 75–78, 84 f., 87–89, 93, 97, 99, 109, 112, 117, 126, 129, 131–133, 137, 140, 153–155, 158, 160, 164, 167–171, 188 f., 193 f., 207, 209 f., 212, 215–218, 220 f., 224–226, 230–232, 235, 238, 241, 246, 258, 261, 285, 323, 326, 330 f., 335, 337, 342, 346, 350 f.
Ostdeutschland 232, 261, 298, 301, 346
Süddeutschland 96
Westdeutschland 10, 242, 287, 298
De Valera, Éamon 113 f., 337
Díaz, Porfirio 124
Dickens, Charles 319
Diderot, Denis 347
Dien Bien Phu 272
Dobbs, Farrell 131
Dollarblock 206
Dollfuß, Engelbert 168–170, 181, 191, 337
Dominikanische Republik 11, 266, 271
Dos Passos, John 92, 135, 139, 203, 265
Dreiser, Theodore 23, 140, 337
Dreißigjähriger Krieg 326, 330
Dresden 85, 216
Dreyfus, Alfred 28, 345
Dritte Periode 151, 172, 175, 339, 348
Dritte Welt 126 f., 138 f., 149, 196, 240, 271 f., 279, 300, 307, 325, 345
Dschinnah, Mohammed Ali 247 f.
Dublin 9, 45, 75, 109, 112–114, 139, 337, 344

Dublin Lockout 45 *siehe auch* Aussperrung
Duma 61–63, 68–70, 348
Dunkles Zeitalter 317
Durruti, Buenaventura 92, 185, 337
Dyer, General Reginald 116
Dynamit 181
Dynamo Moskau, Fußballverein 18

E

EAM-ELAS 223, 229 f., 237
Eban, Abba 254
Ebert, Friedrich 76, 85, 97
Ecuador 323
Eden, Anthony 210, 213, 229
Ehrenburg, Ilja 216
Einhegung 148
Einheitsfront 164, 348
Einstein, Albert 9
Eisenbahn 16, 38, 40 f., 44 f., 49, 60, 66, 78, 91, 119 f., 124, 169, 220, 227, 236, 238, 247, 276
Eisenbahnerstreik 91
Eiserner Vorhang 239
Eisner, Kurt 85, 97, 338
Eliot, T. S. 135
Ellison, Ralph 203, 205
El Salvador 12, 266, 313
Elsass-Lothringen 55, 208, 346
Encounter 279
Engels, Friedrich 16, 31 f., 265, 316–319, 335, 340
England 27, 73, 140, 149, 319, 344
Eritrea 36, 208
Erster Weltkrieg 9, 110, 124, 135, 139, 193, 206 f., 244, 254, 258, 313, 316, 321, 323, 328, 335–344, 347, 351

Erzbischöfe 253, 337
Étaples 58
Eugenik 24
Euphrat 346
Evening Standard 211

F

Fabier 23, 149, 344 f.
Fabrikbesetzungen 10, 67, 95 f., 98, 101
Falange
  im Libanon 305, 348
  in Spanien 182, 190, 348
Falklandkrieg 12
Faraday, Michael 22
Farrell, James T. 140, 204, 265
Faschismus 67, 100, 104, 136, 155 f., 158, 169 f., 175 f., 179, 188, 190 f., 194, 196 f., 211, 213, 224, 313, 316, 342, 348
Fasci di combattimento 101
FBI 131, 348
Federal Reserve 197
Fenier 111
Ferner Osten 213
Feudalismus 97
Fiat Mirafiori 225
Fife 139
Financial Times 302
Finnland 65, 80
Finsbury Park 51
Firestone 199
Flandern 134, 346
Flint, Michigan 200
Florenz 224 f.
Florida 269
Flynn, Elizabeth Gurley 45
Foot, Michael 211

Forces françaises de l'intérieur
  (FFI) 228, 333
Ford, Henry 9, 42, 129, 243, 338
Fordismus 243
Fourmies 41
Fox, Ralph 51
France, Anatole 51
Franco, Francisco 180 f., 184,
  188–191, 193, 209, 287, 338
Francs-tireurs et partisans (FTP)
  226, 333
Frankreich 10 f., 17, 27, 31, 34,
  38–41, 43, 46 f., 52 f., 55, 57 f.,
  78, 83 f., 96, 99 f., 109, 119,
  132, 140, 156, 167, 171, 173,
  175 f., 182, 188 f., 193 f., 202,
  206–211, 215, 217, 226 f., 229,
  231 f., 235 f., 238 f., 242, 251,
  253 f., 263, 272, 278, 280 f.,
  284, 287, 294, 299, 309, 316,
  323, 326, 330 f., 333–337, 340,
  343 f., 346–349
Franz Ferdinand, Erzherzog 47
Französische Religionskriege 326
Französische Revolution 44, 61,
  175, 336, 342 f., 348 f.
Frauenarbeit 19 f., 244
Frauenbefreiung 245
Frauenwahlrecht 30
Freikorps 88, 156, 348
Freud, Sigmund 23, 135
Friedman, Milton 291, 338
Fukuyama, Francis 279, 313
Fulton, Missouri 236
Fünfjahresplan 10
Futuristen 136

G

Gagarin, Juri 257

Galileo Galilei 22, 338
Gallipoli 115
Gandhi, Mahatma 110, 117 f.,
  246, 248, 338
Gapon, Vater 43
Garvey, Marcus 131
Gastarbeiter 244
Gatling-Repetiergeschütz 35
Gaulle, Charles de 11, 226–228,
  254, 280, 285, 337, 342
Gay Liberation Front 286
Gay, Peter 133
Gdansk (Danzig) 295
Gegenaufklärung 330
Geheimgesellschaften 111
General Motors 10, 131, 152, 200
Generalstreik 10, 30, 88, 91–94,
  100, 103, 119–122, 132, 150,
  170, 172, 178, 181, 183, 280,
  285, 287, 294, 298, 323, 328
Genf 11, 235 f.
Gent 346
Genua 103, 224 f.
Georgien 309
Gestapo 166, 193 f., 212, 217
Gewerkschaften 31, 41, 43, 56, 92,
  94 f., 97, 99, 103, 122 f., 131,
  139, 147, 149, 151 f., 160,
  165, 172 f., 178, 180–183,
  186, 198–201, 203, 211,
  238 f., 243, 280 f., 285, 287,
  295, 333, 337, 348
Ghana 11
Gibbon, Edward 347
Gibbon, Lewis Grassic 140
Giddens, Anthony 313
Gide, André 140
Gijón 189
Gillespie, Dizzy 203
Gil-Robles, José Maria 181

Ginsborg, Paul 230
Giolitti, Giovanni 95, 101–103, 338
Girondisten 330, 348
Gladio 237
Gladstone, William 26, 31, 338
Glasgow 56, 91, 139
Glasnost 13, 297
Goebbels, Joseph 160
Goldblock 206
Goldene Zwanziger 129, 136, 138
Goldstein, Moisei *siehe* W. Wolodarski
Golfkrieg 308, 313
Gomułka, Władysław 12, 238, 262 f., 295, 338
Goodyear 199
Gorbatschow, Michail 296–298
Gordon, Charles George (China-Gordon) 35, 338
Gracchus, Brüder 86, 339
Gramsci, Antonio 94, 158, 299, 329, 339
Grandi Motori 225
Grenada 12, 308
Griechenland 12, 46, 53, 90, 222, 226 f., 229–231, 237, 287, 309, 323, 333, 346
Griechische Volksbefreiungsarmee (ELAS) 223, 229 f., 237, 333
Groener, General Wilhelm 85
Großbritannien 9–12, 15, 17–20, 23 f., 26 f., 29–31, 34, 36–43, 45, 47, 49, 52 f., 55 f., 75, 78, 84, 91, 96, 99 f., 109–111, 113 f., 119, 124, 127, 129, 132 f., 137–139, 145, 148, 151, 153–155, 189, 194, 206–211, 213, 224, 226, 229 f., 233, 235–239, 242–247, 250, 252–256, 263, 284, 287, 292, 294, 302, 304, 307–309, 324, 328, 334, 336 f., 341, 343, 345, 347, 350 f.
Großer Sprung nach vorn, China 11, 273–276
Große Unruhe (Great Unrest), Großbritannien 9, 45, 342
Grossman, Wassili 214
Gründerkrise 37, 40, 348
Guantánamo 266
Guatemala 266, 271, 313, 346
Guérin, Daniel 132
Guesde, Jules 31, 52, 339
Guevara, Ernesto »Che« 266, 269, 271, 339
Guinea-Bissau 253
Gulag 80, 144, 148, 193 f., 313
Guthrie, Woody 203

H

Haase, Hugo 52
Hafenarbeiterstreik in Großbritannien 41, 43, 45, 342
Haider, Jörg 316
Haiti 266
Hakenkreuz 88
Hamburg 85, 88, 216
Hammett, Dashiell 140, 203, 239
Hankou 120
Hannover 85
Hansen, Alvin H. 130, 133, 206 f.
Hardie, Keir 52
Harlem 205
Harlem-Renaissance 131
Harmsworth, Alfred 17, 28
Harmsworth, Alfred (Lord Northcliffe) 17, 28, 339, 343

Harrow 117, 342
Harvard 41, 270, 280
Harzburg 161
Hassan al-Turabi 306
Havanna 11, 139, 267
Hayek, Friedrich von 291, 339
Haywood, Big Bill 45
Healey, Denis 222, 339
Heath, Edward 12, 287
Heiliges Römisches Reich 84, 345 f.
Heisenberg, Werner 10, 134
Hemingway, Ernest 58
Hexensabbath 76
Hexenverfolgung 11, 205
Hilferding, Rudolf 87, 98, 134, 154, 158, 258, 339
Hindenburg, Paul von 54, 85, 158 f., 162, 339, 341
Hinduismus 110
Hindus 110, 117 f., 246–248
Hiroschima 11, 215 f., 313, 321
Historischer Kompromiss 12, 287
Hitler, Adolf 10, 100, 105, 132, 154–156, 158–168, 170 f., 177, 181, 191, 193, 196, 203, 207, 209 f., 212, 214–217, 219, 221, 223, 226, 261, 336, 338–343, 350
Hitler-Stalin-Pakt 203, 209, 226
Hobsbawm, Eric 86, 132, 179, 190, 211, 230, 324, 340
Hobson, John Atkinson 34
Ho Chi Minh 278, 340
Hogg, Quintin (Lord Hailsham) 214
Holland 39, 85, 208, 210
Hollywood 203 f., 214, 238, 286
Holocaust 10, 220, 314, 318
Holub, Miroslav 301

Home Rule 26, 111, 348
Homestead-Streik 40
Homosexualität 20
Honduras 266
Hongkong 120–122, 250, 302, 307
Hoover, Herbert 137
Hoover, J. Edgar 131
Horthy, Miklós 90
House, Edward 89
Hubei 122
Huerta, General Victoriano 125
Hugenberg, Alfred 160 f., 340
Hugo, Victor 176
Hull 41
Hume, David 347
Hunan 122, 277
Hungersnot 10, 13, 212, 215, 313, 319 f.
Hungerwinter 56
Husák, Gustáv 298
Hu Schi 119
Hussein ibn Ali, Scherif von Mekka 254
Huxley, Thomas Henry 22

I

IG Farben 222
Iglesias, Pablo 31, 91, 340
Imperialismus 34, 38, 40–42, 46, 48, 55, 84, 115, 117, 127, 210 f., 250, 252, 254, 256, 265, 270, 275, 283, 306 f., 316 f., 336
Independent Labour Party 99, 341, 348
Indien 9–11, 36, 38 f., 109–111, 114–116, 118, 122, 124, 127, 139, 148, 210 f., 215, 246–250, 252, 257, 259 f., 302, 336, 340, 351

Indischer Nationalkongress 110, 343
Indischer Ozean 34
Indochina 29, 34, 208, 213, 251, 346
Indonesien 11, 13, 39, 252, 271, 302, 323
Industrial Workers of the World (IWW) 9, 42, 112, 333
Inquisition 190, 348
Internationaler Frauentag 59
Internationaler Währungsfonds (IWF) 333
Irak 11-13, 211, 255 f., 259, 291, 306, 308 f., 321, 346
Iran 12, 233, 256, 291, 305 f., 308, 350
Iranische Revolution *siehe* Revolution im Iran
Irische Republikanische Bruderschaft 111
Irisch-Republikanische Armee (IRA) 113 f., 333
Irish Transport and General Workers Union (ITGWU) 43, 333
Irland 9 f., 43, 109, 111-115, 122, 124, 127, 148, 292, 336 f., 341, 347 f., 350
Isherwood, Christopher 140
Islam 304 f., 350 f.
Israel 11 f., 68, 256, 263, 321
Istanbul 46, 55, 64
Iswestija 164, 348
Italien 10, 12, 31, 34, 45, 52, 58, 73, 90, 93 f., 96-101, 103, 105, 156, 158, 164, 168, 171, 176, 189, 206, 208 f., 215, 223-231, 236 f., 239, 242, 244, 280 f., 287, 323, 330, 339, 346

J

Jackson, Julian 178
Jakobiner 78, 96, 330, 343, 348
Jallianwala Bagh 116
Jalta 211, 228, 230
Jangtsekiang 346
Japan 9 f., 17, 34, 46, 111, 118 f., 208 f., 213, 215 f., 232, 235 f., 240, 242, 250-252, 257 f., 292, 300, 340
Jaruzelski, Wojciech 296 f.
Jelzin, Boris 298
Jemen 38
Jiang Qing 275
Johnson, Lyndon Baines 283, 340
Johnstown, USA 202
Jordanien 255
Jouhaux, Léon 52
Journée 44, 348
Juden 156, 194, 196, 216, 218 f., 221 f., 231, 255
Jugoslawien 11, 13, 90, 208, 227, 233, 238, 244, 258, 301 f., 344
Jung Chang 276
Junker 27
Juppé, Alain 323

K

Kádár, János 238, 263, 265, 298
Kadetten 61, 348
Kafka, Franz 135
Kairo 139, 252
Kalifornien 139, 243, 284
Kalkutta 115 f., 139
Kalter Krieg 11 f., 235, 238, 240 f., 257, 264 f., 269, 280, 301, 318, 321
Kambodscha 12, 287, 293, 346

Kamenew, Lew 72, 141
Kanada 93, 335
Kannibalismus 105
Kanton (Guangzhou) 115, 120–124, 150 f.
Kap der Guten Hoffnung 38
Kapp-Putsch 10, 96
Kapp, Wolfgang 93
Karatschi 250
Karibik 148, 244, 252 f., 266 f.
Karl der Große 346
Karlisten 190, 349
Karolyi, Michael 84
Kasachstan 10, 150, 212
Kaspisches Meer 345
Katalonien 92, 181, 184, 187, 343, 345 f.
Katholizismus 114, 171
Kaukasus 65, 318
Kautsky, Karl 32 f., 52, 87, 100, 158, 340
Kautsky, Luise 76
Kazan, Nicholas Elia 203
Kenia 11, 253
Kennedy, John F. 269 f., 272, 340
Kennedy, Robert 270–272, 340
Kent State University 12, 287
Kerenski, Alexander 62, 65 f., 72, 174, 340
Ketzerei 348
Keynes, John Maynard 24, 291, 340
Kheda 118
Khe San 273
Kiangsi 250
Kiel 84
Kim Il Sung 233, 240 f.
Kindleberger, Charles P. 198
King, Martin Luther 281
Kipling, Rudyard 34, 340
Kitchener, Lord Herbert 36, 341

Kleinasien 345
Kleinbürgertum 55, 161, 167, 171, 181, 188, 191, 195, 305, 349
Kohle 16, 77, 208
Kohlrübenwinter 54
Kolko, Gabriel 218, 230
Kollektivierung 10, 146–148
Kollontai, Alexandra 148
Köln 85, 216, 243
Kolumbien 323
Kommune 16, 275, 349 *siehe auch* Pariser Kommune
Kommunismus 139 f., 162, 185, 204, 251, 275, 304
Kommunistische Internationale (Komintern) 9, 99, 193, 333, 343 f., 349
Kommunistische Partei 99 f., 140, 150–153, 236, 271, 283
 in Britisch-Malaya 252
 in Chile 289
 in China 120, 342
 in den USA 131, 153, 202, 204 f.
 in der Sowjetunion 80, 133, 148, 238, 260, 348
 in der Tschechoslowakei 153
 in Deutschland 87, 153, 164 f., 261
 in Frankreich 153, 172–174, 176, 202, 226–228, 236, 285, 287, 344, 347
 in Griechenland 223
 in Großbritannien 153, 236, 247, 263, 340, 342
 in Indonesien 272
 in Italien 103, 226, 236, 339
 in Japan 240
 in Portugal 289 f.
 in Spanien 182, 186, 188, 190, 202

Kongo 36 f., 271, 314
Kongo-Zaire 314
Konservative Partei, Großbritannien 27
Konzentrationslager 9, 144, 165 f., 194, 232, 253, 341
Konzessionen 111, 118, 189, 208, 250, 349
Koran 306
Korea 11, 34, 46, 208, 233, 240, 302
 Nordkorea 240, 251, 259
 Südkorea 13, 241, 259, 266, 302, 304, 325
Koreakrieg 11, 251, 272, 283, 292
Kornilow, General Lawr 67, 71
Kostoff, Traitscho 238
Kreolen 124
Krimtataren 212
Kroatien 217, 313
Kronstadt 10, 105 f.
Kropotkin, Pjotr A. 52
Krupp 222
Kuba 11, 152, 266–271, 336, 339
Kubanische Revolution *siehe* Revolution auf Kuba
Kulaken 79, 140, 147, 349
Kulturrevolution, China 275–278, 337, 341 f.
Kuomintang 119 f., 235, 251, 259, 274, 344 f., 349
Kuwait 307 f.

L

Labour Party 52, 75, 99, 154 f., 214, 222, 257, 339, 341, 348
La Canadiense, Fabrik 92
Lafargue, Paul 31, 341
Lahore 248
L'Ami du Peuple 70

Lancashire 30
Lancia 225
Lange Depression 37
Larkin, James »Big Jim« 43
Laval, Pierre 175
Lawrence 45
Leeds 75
Legien, Carl 93
Leipzig 85
Lena (Fluss) 46
Leninismus 143, 148
Lenin, Wladimir Iljitsch 34, 44 f., 59, 64, 66–75, 77, 79, 106, 112, 140 f., 143, 148, 182, 186, 235, 329, 341, 344, 348
Le Pen, Jean-Marie 316
Lever, Brüder 19
Leviné, Eugen 98
Lewis, John L. 199, 201, 341
Libanon 256, 305, 348, 350
Liberal Party, Großbritannien 31, 338
Liberia 314
Libyen 208
Liebknecht, Karl 85–87, 341
Lin Biao 275, 277
Linke Opposition 142, 164
Linke Sozialrevolutionäre 68, 70, 77, 79
Linz 169
Lisnave 289
Lissabon 289 f.
Litauen 301
Litwinow, Maxim 228
Liu Schao-chi 250, 276, 341
Liverpool 91
Livingstone, David 35
Lloyd, George 118
Lloyd George, David 89, 114, 341
Loach, Ken 113

Lokomotive 38
London 18, 37, 39, 50–52, 91, 117, 139, 228, 252, 254, 280, 325, 337 f.
Londoner Frieden 47
Los Angeles 244, 281
Losey, Joseph 203
Lucknow 249
Ludendorff, Erich 54, 83, 341
Ludwig XIV., der Sonnenkönig 347
Lugard, Lord Frederick 36
Lukács, Georg 135
Luxemburg, Rosa 9, 33 f., 45, 49, 76, 86 f., 98, 221 f., 265, 316–318, 329, 341
Lwow, Fürst Georgi 62 f.

M

MacArthur, General Douglas 197, 233
Macaulay, Thomas 24
MacDonald, Ramsay 75, 100, 154, 341
Madagaskar 253
Madero, Francisco 125
Madras 116
Madrid 31, 92, 180 f., 184, 186 f., 189 f., 338
Mafeking (Mahikeng) 28
Mafia 267
Maghreb 39, 346
Mahdis 35 f.
Mahdi von Khartum 35, 342
Mailand 94, 103 f., 224 f., 244
Makarios, Erzbischof 253
Malaiische Halbinsel 39
Malaya siehe Britisch-Malaya
Malaysia 302
Malraux, André 193, 342

Malta 38
Malthus, Thomas 320, 342
Manchester 319
Mandschu 110, 208 f., 216
Mann, Michael 157
Mann, Tom 43, 342
Mansion-House-Komitee 19
Maoismus 278
Mao Zedong (Mao Tse-tung) 12, 250–252, 274–278, 342
Marat, Jean Paul 70, 176, 342
Marcuse, Herbert 195, 279, 285, 342
Markblock 206
Marokko 39, 46, 181, 183, 189, 346
Marseille 139
Marshallplan 11, 237
Martow, Juri 67, 68
Marxismus 44, 52, 120, 182, 279, 285, 299, 324, 339 f., 354 f.
Marx, Karl 20, 25, 32, 45, 107, 126, 221, 265, 317, 324–326, 341, 344, 350
Maschinenfabrik »Ludwig Nobel« 60
Massachusetts 45
Matteotti, Giacomo 104
Mauer der Demokratie, China 277
Mau-Mau-Aufstand 11
Maxwell, James Clerk 22 f.
Mayas 317, 349
Mazedonien 46, 346
McCarthyismus 280
McCarthy, Joseph 11
Meinecke, Friedrich 51, 88
Mekka 254, 346
Mendel, Gregor 9
Menschewiki 63, 68 f., 72, 78, 349

Mersey 19
Mesoamerika 317, 346
Mesopotamien 39, 53, 115, 317, 319, 346
Mestizen 124
Meuterei 9, 43, 57 f., 67, 75, 84, 90 f., 112, 155, 229 f., 247 f., 305
Mexiko 124–126, 194, 314, 344, 346, 349
Mexiko-Stadt 125, 280, 325, 346
Miami 268
Mietenstreik 56
Miliband, Ralph 26
Miljukow, Pawel 62
Milošević, Slobodan 13, 309
Minneapolis 199
Mittelmeer 64, 215, 309
Mobutu, Diktator 271
Model T (Tin Lizzy) 42, 129
Moguln 351
Molotow-Ribbentrop-Pakt 209
Molotow, Wjatscheslaw 63, 209, 342
Mönche 272
Mond, Alfred 133
Mond-Turner-Gespräche 133
Montenegro 46
Montgomery, Alabama 11, 281
Montoneros 288
Mosambik 253
Moskau 18, 43, 60, 70, 80, 107, 126, 164, 175, 186, 194, 219, 226–228, 237, 261, 282, 298, 301, 317
Moskauer Prozesse 343 f.
Mosley, Oswald 155
Mountbatten, Lord Louis 232
Müller, Hermann 132, 154
Mumbai 15, 115 f., 118, 247, 325
München 85, 88, 105, 156, 338
Münchener Abkommen 10

Murmansk 79
Muslime 110, 117 f., 246–248
Muslimliga 246–248
Mussolini, Benito 53, 100–105, 156, 168, 170, 181, 191, 206, 208–211, 223–225, 328, 339, 342
Muste, Abraham J. 199
Myrvilis, Stratis 58

N

Nacht der langen Messer 166
Nagasaki 11, 215 f., 313, 321
Nagy, Imre 263
Naher Osten 12, 40, 55, 206, 210, 253 f., 256, 306, 309, 347
Nanjing (Nanking) 313, 346
Napoleon I. (Napoleon Bonaparte) 335
Narodniki 44, 349
Nasser, Gamal Abdel 11, 256, 300, 342
Nationale Befreiungsfront Griechenlands (EAM) 223, 333
Nationalgarden 201 f., 287, 349
Nationalliberale 87, 161, 350
Nationalsozialismus 10, 88, 100, 132, 154–168, 170, 179, 190, 194–196, 207, 209, 215–222, 229, 231, 258, 313 f., 316, 318, 339
Nationalsozialistische Deutsche Arbeiterpartei (NSDAP) 155, 157, 333
Nato 237, 239, 309
Neapel 224
Nehru, Jawaharlal 117, 245 f., 248, 342
Nelkenrevolution *siehe* Revolution in Portugal

Nenni, Pietro 99
Neue Ökonomische Politik (NÖP) 140 f., 333, 350
Neue Philosophen 278
Neuguinea 15
Neuseeland 39
Newark 281
New Deal 198 f., 201, 203 f.
New Model Army 96, 332, 350
News Chronicle 211
Newton, Isaac 22
New York 4, 131, 139, 280, 286, 325
Nicaragua 12, 266, 308
Niederlande 11, 252, 294
Niederländisch-Ostindien 252
Nigeria 11, 36, 309
Nin, Andrés 188, 193
Nixon, Richard 278, 287, 343
Nkrumah, Kwame 252
Nordafrika 29, 40, 115, 215, 244, 346
Nordamerika 15, 21, 41, 45, 148, 211, 242 f., 314
Normandie 10
Norman, Montagu 154
Northeim 156, 159 f.
Norwegen 99, 194
Noske, Gustav 88, 97
Novemberrevolution 83, 88 *siehe auch* Revolution in Deutschland
Novotný, Antonín 282

O

OAS, terroristische Organisation 254, 333
Obregon, Álvaro 125
Odessa 91
Ohio 199, 202, 287

Oktoberrevolution 9, 66, 72-74, 92, 143, 340, 345 *siehe auch* Russische Revolution
Oliver, Garcia 92
Omdurman 36, 211, 341
Oranier 9, 27, 112, 115, 350
Ordine Nuovo 94
Organisation für Lateinamerikanische Solidarität 271
Orwell, George 179, 184, 265, 273, 343
Osmanisches Reich 28, 34, 40
Ostberlin 261
Ostblock 239 f., 294, 299, 323, 351
Osteraufstand, Dublin 9, 75, 113, 337
Österreich 10, 47, 52 f., 63, 66, 84, 89 f., 101, 137, 167-170, 176 f., 181, 188, 207-209, 263, 316, 323, 337, 339, 346 f.
Österreich-Ungarn 9, 28, 40, 47, 49, 53, 58, 76, 78, 84, 90, 346
Ostpreußen 53, 157
Oviedo 183, 189
Owen, Wilfred 57

P

Paine, Thomas 70, 343
Pakistan 249, 321
Pakt von Moncloa 287
Palästina 11, 254 f., 304
Palästinenser 255, 305
Palmer, A. Mitchell 131
Panama 13, 266, 308
Pandschab 244, 248 f.
Pankhurst, Emmeline, Christabel, Sylvia 30
Papen, Franz von 158-160, 162, 343
Papon, Maurice 231

Papsttum 22
Paris 10, 34, 52 f., 57, 73, 89, 139, 171, 173, 175 f., 194, 210, 227 f., 232, 237, 254, 280, 284, 347–350
Pariser Kommune 25, 32, 44, 173, 305, 339, 347
Park Chung Hee, General 259
Park, Mungo 35
Parks, Rosa 281
Parma 103
Partido Obrero de Unificación Marxista (POUM) 186, 188, 193, 334, 343
Partido Socialista Obrero Español (PSOE) 31, 334, 336, 340
Pazifischer Ozean 35, 46, 85
Pearl Harbor 213
Pearse, Pádraic 112
Pennsylvania 40, 202
Perestroika 297
Perón, Juan 206, 259, 288, 343
Pershing-Raketen 296
Persischer Golf 39, 252
Pest 172
Pétain, Philippe 179, 226
Petrograd 60–64, 67–74, 77–79, 105, 142, 144 siehe auch Sankt Petersburg
Pfadfinder 29, 166
Philippinen 34, 208, 213, 266
Phonograph 9, 17, 350
Physical Deterioration Committee 19
Picasso, Pablo 135
Picture Post 211
Pinkerton 40
Pinochet, Augusto 289
Pirelli 225
Plebejer 105, 350

Plechanow, Georgi 52
Pogrom 73, 248 siehe auch Reichspogromnacht
Polen 10, 12 f., 65, 84, 136, 206–210, 212, 216, 218 f., 222, 232, 238, 263, 284, 295, 297, 301, 323, 331, 341, 346
Port Sunlight 19
Portugal 12, 253 f., 281, 289 f., 306
Posen 262
Positivismus 23 f., 33
Postmodernismus 294
Potemkin, Schlachtschiff 43
Potsdam 228
Prag 11, 84, 280, 345
Prawda 68, 164
Preußen 25, 49, 159, 164, 335, 346 f.
Proletariat 45, 59, 73, 75, 78 f., 143, 279, 316, 350
Pronunciamento 190 f.
Protestantismus 43, 91
Provisorische Regierung 61, 63–66, 68–73, 340, 350
Puerto Rico 34
Pullman-Streik 40
Putilowwerke 69

Q

Quantenmechanik 135
Quiroga, Santiago Casares 183

R

Rabassaires, spanische Bauernorganisation 186
Radcliffe, Cyril 248
Radek, Karl 112, 164, 343
Radikale Partei, Frankreich 171, 173, 176 f., 337, 350

Radio Free Europe 262
Rajk, László 238
Raskob, John J. 131
Rasputin, Grigori 61
Rassismus 37, 139, 200, 244, 281, 316
Räte 85, 98
 Arbeiterräte 85, 90, 93, 263 f., 289, 295
 Stadträte 349
Räterepublik 9, 88, 90
Ravenna 103
Ravenna, Renzo 156
Reagan, Ronald 296
Rechte Sozialrevolutionäre 78 f.
Reichsbanner Schwarz-Rot-Gold 159
Reichspogromnacht 220
Reiman, Michal 144 f.
Relativitätstheorie 9, 134
Remarque, Erich Maria 58
Renaissance 330
Republikanischer Schutzbund, Österreich 168, 170
Republik von Salò 224
Résistance, Frankreich 227
Restauration 28, 43, 132, 229 f., 281, 350
Revolution 44 f., 47, 71, 74–76, 85, 87, 89 f., 95–97, 100, 105, 107, 126, 134–136, 139, 142, 150, 176, 187 f., 190, 214, 217, 228, 262, 276, 278, 281, 285, 290, 296, 299, 304, 323, 335, 348
 auf Kuba 266, 268, 270 f., 339
 im Irak 11
 im Iran 12, 304
 in Ägypten 124, 342
 in Amerika 61, 343
 in China 118

(Fortsetzung Revolution)
 in Deutschland 9, 75, 86–88, 131, 157, 184, 350 siehe auch Novemberrevolution
 industrielle 15, 18, 20 f., 42, 115, 148 f., 244, 259, 346
 in England 44, 61, 330, 350
 in Frankreich siehe Französische Revolution
 in Griechenland 231
 in Holland 330
 in Italien 94, 98 f.
 in Mexiko 9, 124–126
 in Österreich-Ungarn 9, 84
 in Osteuropa 13
 in Portugal 12, 254, 290
 in Russland siehe Russische Revolution
 in Spanien 10, 179, 182, 190 f.
 in Ungarn 11, 262–265, 270, 323, 336
 soziale 33, 187 f.
 sozialistische 33, 75, 131, 197, 222, 318
Rheinland 55
Rhodes, Cecil 37
Rhodesien 12, 253 f., 306
Rio de Janeiro 139
Rivera, Primo de 180
Robeson, Paul 203, 239
Robespierre, Maximilien 96, 176, 342 f., 348
Robotnik 295
Rodsjanko, Michail 61 f.
Rom 103 f., 156, 224, 280, 316, 344
Römisches Reich 317
Roosevelt, Eleanor 214
Roosevelt, Franklin D. 197–199, 201–205, 211–213, 215, 228 f., 343

Rosenberg, Ethel und Julius 239
Rostow, Walt Whitman 237
Rote Armee 78, 96, 182
Rote Garden, China 276 f.
Rote Khmer 293
Rote Rebellen, China 277
Rote Ruhrarmee 93, 95
Rote Woche von Ancona 45
Rothermere, Familie 155, 343
Rousseau, Jean-Jacques 347
Ruanda-Burundi 39, 309
Ruhrgebiet 10, 46, 50, 88, 93, 100, 156, 346
Rumänien 46, 55, 89 f., 208, 227, 232, 301
Russell, Bertrand 23, 343
Russische Revolution 9, 34, 43 f., 46, 59–64, 66–69, 71, 74–78, 90, 96, 99, 106 f., 120, 127, 136, 140–142, 145, 149, 184, 194 f., 212, 257, 263, 323, 329, 344, 349 siehe auch Oktoberrevolution
Russland 9–13, 28, 34, 39 f., 43–47, 50, 52, 55, 59, 61, 63 f., 66 f., 71, 73, 75–78, 83 f., 89–92, 94, 96, 105, 123, 126 f., 133, 139 f., 142–145, 149, 151, 174 f., 190, 193, 196, 209–212, 215 f., 218 f., 222, 226, 233, 235–239, 251, 255, 257 f., 260 f., 263, 265, 268–274, 276 f., 282, 295–297, 301 f., 309, 314, 323, 328, 331, 341, 344 f., 347–351

S

Sachsen 100
Sachs, Jeffrey 302

Saddam Hussein 256, 307
Saigon 232
Samuelson, Paul 291, 313
Sandinisten 12
San Francisco 199, 235 f.
Sankt Petersburg 43 f., 46, 50, 105, 142, 301 siehe auch Petrograd
Sansculotten 70
San Sebastián 188
Santander 189
Santillán, Abad de 185
Saragossa 183, 185, 189, 337
Sarajevo 47 f., 84
Saratow 78
Sarzana 102
Satiru 36
Saudi-Arabien 208, 215, 306, 346
Schacht, Hjalmar 154, 160, 162
Schah von Persien 256, 284, 304 f.
Schanghai 10, 116, 119, 121–123, 139, 150, 277, 313, 346
Scheidemann, Philipp 76, 85, 97
Schiiten 249, 350
Schlacht von Tannenberg 53
Schleicher, Kurt von 158, 160, 162
Schlesien 66, 90, 218, 346
Schljapnikow, Alexander 50, 344
Schottland 27, 140, 155, 336
Schutzstaffel (SS) 166, 219, 221, 334, 350
Schwarzer Donnerstag 137
Schwarzes Meer 64, 91
Schweden 148
Schweinebucht 268
Science-Fiction 23, 345
Scobie, Ronald 229
Seattle 243
Sechstagekrieg 12
Senegal 35
Serbien 13, 46 f., 309, 321

Serge, Victor 50, 79, 193 f., 344
Serrati, Giacinto 98
Setif 232
Setnave 289
Sevilla 183, 189
Shachtman, Max 265
Shaw, George Bernard 23, 344
Sheffield 56
Sierra Leone 309, 314
Silone, Ignazio 223
Simbabwe 12, 253 f., 306
Sinatra, Frank 203
Singapur 39, 208
Sinn Féin 113
Sinowjew, Grigori 72, 141 f.
Sizilien 224
Skandinavien 242
Sklavenaufstand 344
Sklaverei 36 f., 148, 281
Slánský, Rudolf 238
Slowakei 217
Slowenien 301
Smith, Adam 201, 344
Snowden, Philip 154
Social Democratic Federation, Großbritannien 31
Solidarność 12, 295-297
Solschenizyn, Alexander 80
Somalia 13, 309
Somaliland 208 siehe auch Somalia
Sombart, Werner 133
Somme 53
Sowjet 44, 61-63, 69, 71-73, 77-80, 85, 94, 98, 142, 175, 185, 263, 344, 350
Sowjetunion (UdSSR) 11, 13, 64, 120, 133, 140, 144, 148, 214, 232, 270, 294, 298, 318, 333, 335, 339, 350

Sozialdarwinismus 23
Sozialdemokratische Arbeiterpartei (SDAP), Österreich 167-169
Sozialdemokratische Partei Deutschlands (SPD) 31-33, 75-77, 85, 87 f., 160, 163, 351
Sozialismus 33, 41, 44, 75, 78, 87, 112, 133 f., 142 f., 205, 222, 251, 258, 273, 278, 316, 345
»im Schneckentempo« 143, 151
»in einem Land« 134, 142, 150 f.
Sozialistengesetze 31
Sozialistische Partei 33, 42
in Chile 288 f., 335
in den USA 99
in Deutschland 40
in Frankreich 100, 171 f., 177 f., 182, 334 f.
in Italien 94 f., 98 f., 102, 223, 226
in Russland 65, 67
in Spanien 31, 91, 181 f., 186, 336, 340
Sozialistischer Realismus 147
Sozialrevolutionäre Partei, Russland 44, 79, 351
Spanien 10, 12, 31, 34, 39, 43, 91, 99, 167, 176, 179-181, 183-185, 187-191, 193 f., 202, 238, 281, 287, 292, 294, 323, 333 f., 336, 340, 343 f., 347 f.
Spanischer Bürgerkrieg 179 f., 188, 209, 338, 342
Spartakus 86, 344
Spartakusbund 98, 351
Spender, Stephen 265
Spínola, António de 289 f.

Sputnik 257
Srinagar 249
Staatskapitalismus 195, 207, 258–260, 265, 294, 304
Stahl 16, 35, 38, 40, 42, 93 f., 198, 201 f., 208, 243, 274, 294, 301, 324 f., 328
Stahlarbeiterstreik, USA 130, 199, 201
Stalingrad 10, 214 f., 219, 226
Stalinismus 105, 107, 148–150, 193–195, 257 f., 283, 343, 345, 351
Stalin, Josef 10 f., 63, 80, 107, 133 f., 141–152, 154, 158, 164, 175, 186, 193–196, 203, 209, 211–213, 215, 226–230, 232 f., 236–238, 240, 251, 257, 260–262, 274, 278, 336, 338 f., 342–345, 348 f., 351
Stanley, Henry Morton 35
Steinbeck, John 139, 203, 265
Sterling-Club 206
Stettin (Szczecin) 236, 295
Stone, Norman 66
Strachey, John 265
Strasser, Otto 161
Sturmabteilung (SA) 155, 157, 159, 165 f., 220 f., 334, 351
Sturmthal, Adolf 169
Suchanow, Nikolaj 62
Südafrika 12 f., 38, 43, 110, 139, 246, 254, 307, 341, 347
Südamerika 254
Sudan 35 f., 306, 309, 341 f.
Sud Aviation, Flugzeugfabrik 285
Sudetenland 207
Suezkanal 11, 38, 210, 215, 254, 256

Suffragettenbewegung 30
Suharto, General 13, 272, 324
Suhrawardi, Hussein 248
Sukarno, Ahmed 252, 272
Sunniten 249, 351
Sun Yat-sen 111, 119 f., 344
Swerdlowsk 298
Syndikalismus 43
Syngman Rhee 233, 240
Syrien 259
Szientismus 23 f., 33

T

Tadschikistan 13, 309, 313 f.
Taff-Vale-Gesellschaft 41
Taft-Hartley-Gesetz 238
Taipingaufstand 35, 338
Taiwan 9, 34, 208, 235, 250 f., 259, 345, 349
Taliban 306
Tanganjika 39
Tasca, Angelo 99
Taurisches Palais 61
Taylor, Frederick 20
Teheran 228
Telefon 9, 15 f., 129, 188, 247, 268
Telegraf 15, 116
Tennessee Valley Authority 197
Teotihuacán 317, 346
Tetoffensive 12, 283
Textilarbeiterinnenstreik, USA 45
Textilarbeiterstreik, Mumbai 116
Textilindustrie 15, 244
Thailand 34, 266, 302
Thatcher 12, 339
Thatcherismus 293
Thompson, Edward Palmer 29
Thomson, William (Lord Kelvin) 22
Thorez, Maurice 174–176, 228, 237, 344

Thrakien 46
Thüringen 100
Thyssen, Fritz 160, 162, 207
Tiananmenplatz (Platz des Himmlischen Friedens), Beijing 13, 303, 328, 337
Tigray 36
Tigris 346
Tilak, Bal Gangadhar 110
Tin Pan Alley 204
Tit-Bits 17
Tito, Josip Broz 233, 238, 344
Togliatti, Palmiro 228, 237
Tokio 208, 325
Toledo, USA 199
Toller, Ernst 58
Tories 214, 230, 287, 336, 341, 351
Toulouse 173
Trade Union Congress (TUC) 52, 133, 150, 334
Transsibirische Eisenbahn 78
Transvaal 38
Travancore 246
Treibhauseffekt 13, 319
Tressell, Robert (Robert Noonan) 41, 344
Tribut 189
Trienio Bolchevista 91
Triest 230, 236
Trotzki, Leo 10, 44 f., 49, 51, 63, 67, 69, 71–73, 77 f., 126, 142, 144, 148, 190, 194 f., 317 f., 343 f., 348
Truman, Harry 237, 240
Trusts 39, 54
Tschechien 208
Tschechische Republik 301, 345
Tschechoslowakei 89 f., 209, 232, 238 f., 255, 266, 280, 282–284, 298

Tschernomyrdin, Wiktor 321
Tschetniks 233
Tschetschenen 212
Tschiang Kai Schek 121–124, 150 f., 213, 235, 250 f., 345
Tschu En Lai 277 f., 345
Tunesien 346
Turati, Filippo 98, 100, 102 f.
Turin 10, 45, 75, 94, 99, 223, 225, 243 f., 339
Türkei 12, 39, 46, 53, 55, 90, 194, 244, 254, 269, 309
Turner, Ben 133

U

Ukraine 10, 65, 77 f., 150, 212, 218, 232, 336
Ulster 113, 347
Umweltzerstörung 319
Unabhängige Sozialdemokratische Partei Deutschlands (USPD) 75, 87 f., 97 f., 351
Ungarischer Volksaufstand *siehe* Revolution in Ungarn
Ungarn 84, 89 f., 217, 232, 238, 262–265, 295 f., 298, 301
Unicef 235
Unión General de Trabajadores (UGT) 43, 181–183, 186, 334
Universitäten 263, 284, 287
UNO 300, 334
Unschärferelation 134
Unternehmen Barbarossa 218
Ursprüngliche Akkumulation 148 f., 195, 262
Ustascha 233

V

Valencia 92

383

Vandervort, Bruce 35
Vansittart, Robert 216
Vargas, Getúlio 206, 259, 345
Venetien 224
Venezuela 271, 314
Verdun 53
Vereinigte Staaten von Amerika
 (USA) 9–13, 17, 27, 34,
 38, 40, 42, 45, 83, 89, 93, 99,
 112, 114, 119, 124 f., 129,
 131–133, 136–138, 140,
 152 f., 155, 177, 197 f., 200,
 205–208, 213–216, 224, 226,
 228, 230 f., 233, 235–243,
 251, 255–257, 259, 262,
 266–274, 278, 280–284, 286,
 292 f., 300, 304, 306–309,
 314 f., 318, 321 f., 333, 336,
 340, 342 f., 345, 348, 351
Vereinte Nationen (UN) 11, 235,
 255, 308, 315, 334
Versailler Vertrag 9
Versailles 118, 207, 347
Vichy-Regime 231
Viererbande, China 277 f.
Vierte Internationale 318
Vietminh 232, 272, 340
Vietnam 11 f., 232, 237, 252 f.,
 271–273, 278, 280, 283 f.,
 308, 313, 340, 346, 351
Vietnamkrieg 271–273
Vietnamsyndrom 308, 351
Villa, Francisco (Pancho) 125
Viramgam 118
Virginia 237
Völkerbund 235
Volkschina 250
Volksfront 10, 152, 171, 173,
 175–179, 182 f., 186, 189,
 203, 335, 351

Volkskommunen 275
Volkstümler 44, 68, 349
Voltaire 176, 347
Vorwärts 163

W

Wafd 124
Wales 139, 155
Wall Street 10, 137, 140, 154, 203
Wannseekonferenz 220
Warschau 45, 96, 215, 280
Warschauer Ghettoaufstand 10
Warschauer Pakt 239
Wasserstoffbombe 11, 239
Wavell, Archibald 247
Webb, Beatrice und Sydney 23,
 149, 345
Weimarer Republik 133, 161, 221,
 261
Welles, Orson 203
Wells, H. G. 23, 52, 345
Weltbank 300, 302, 308
Weltgesundheitsorganisation
 (WHO) 235
Weltwirtschaftskrise 138, 156,
 161, 171, 177, 180, 206, 208,
 246, 292, 302
Westberlin 238, 280 *siehe auch*
 Berlin
Western Union 200
Westeuropa 15, 21, 35, 41, 43, 45,
 47, 93, 95, 138, 216, 242,
 254, 269, 283, 290, 314, 323
Westjordanland 12
Whampoa 122
Whig 24, 336, 351
Wien 10, 49, 56, 76, 84, 167–170
Wilhelm von Preußen 49
Williams, Eric 252
Wilson, Harold 257

Wilson, Woodrow 118, 345
Winnipeg 93
Wladiwostok 39, 79
Wolgadeutsche 212
Wolodarski, W., Deckname für
 Moisei Goldstein 79
Woodhouse, C. M. 230
Workuta 261
Wyborg 69 f.

Zweite Internationale 9, 31
Zweiter Weltkrieg 10, 178, 195,
 203, 235, 269, 284, 313, 316,
 318, 321, 328, 335 f., 342 f.,
 346 f., 349 f.
Zypern 38, 253

Y

Yannan 250
Youngstown, Ohio 202

Z

Zagreb 84
Zamindars 117, 351
Zapata, Emiliano 125 f.
Zaren 28, 39 f., 43–45, 59–65, 67,
 212
Zarismus 43 f., 61, 63 f., 69, 96,
 106
Zensuswahlrecht 24, 26
Zentralamerika 266
Zentraler Arbeiterrat von Groß-
 Budapest 263
Zentristen 97 f.
Zetkin, Clara 59
Zhu De 250
Zigeuner 196, 219, 222
Zivilisationen 24, 51, 119, 150,
 317 f., 346, 349
Zola, Émile 23, 345
Zulus 35
Zürich 59
Zwangsarbeit 144, 217, 225, 262
Zwangsindustrialisierung 146 f.,
 151, 278
Zwangskollektivierung 212

Ausgewählte Titel der Reihe LAIKAtheorie

Rainer Just, Gabriel Ramin Schor (Hrsg.): **Vorboten der Barbarei – Zum Massaker von Utøya**
144 Seiten, Preis 17,90 EUR, erschienen 2011 · ISBN 978-3-942281-19-5
Ist das Massaker von Utøya ein Akt der Gewalt, der sich jeder Nachvollziehbarkeit widersetzt? Wie ist es möglich, dass jemand neunundsechzig Menschen, hauptsächlich Kinder und Jugendliche, ermordet, sie Auge in Auge kaltblütig erschießt, um sich anschließend zu rechtfertigen, diese Tat wäre zwar grausam gewesen, aber politisch notwendig? Hat dieser Wahnwitz eine Logik? Es wäre eine Form von Abwehr, nicht nach den Gesetzen aktueller Gewalt zu forschen; es käme einer Verdrängung gleich, zu postulieren, bei diesem Terroristen handle es sich bloß um einen Verrückten, um ein Monstrum, dessen Tat »mit uns nichts zu tun« hätte. Das Monströse demonstriert etwas: es offenbart, in seiner *ver-rückten* Dimension, auch etwas von der systemischen Gewalt, die in der Ordnung unserer Gesellschaft gründet.

Das Massaker von Utøya fordert heraus, über die Monströsität der Normalität nachzudenken. In diesem Band finden sich sechs Versuche, die sich einer solchen Aufgabe stellen.

Mit Texten von Isolde Charim, Klaus Ganglbauer, Rainer Just, Gabriel Ramin Schor, Georg Seeßlen und Slavoj Žižek.

Slavoj Žižek: **Abgrund der Freiheit/Die Weltalter – Ein Essay von Slavoj Žižek mit dem Text von Friedrich Wilhelm J. von Schelling** *Die Weltalter*
160 Seiten, Preis 38 EUR, erschienen 2013 · ISBN 978-3-942281-57-7
Schellings Philosophie der Freiheit und seine Entwürfe der *Weltalter* blieben unvollendet, sind aber für ein grundsätzliches Verständnis der Freiheitslehre unverzichtbar und öffnen eine Kritik an Hegels Idealismus. Nach Slavoj Žižek sind in Schellings Analyse bereits die wichtigsten Ausrichtungen der nachhegelschen Gedanken, was Kierkegaard und Marx, Heidegger und die heutigen Dekonstruktivisten betrifft, vorgezeichnet.

Der zweite Entwurf von Schellings Werk *Die Weltalter* (1813) ist für Žižek die sprachmächtigste und umfassendste Version. In *Abgrund der Freiheit* versucht Žižek Schellings Position zur Freiheitslehre weiter voranzutreiben. Die analytische Basis, von der Žižek dabei ausgeht, ist Lacans psychoanalytische Theorie.

Christoph Jünke: **Streifzüge durch das rote 20. Jahrhundert**
319 Seiten, Preis 21 EUR, erschienen 2014 · ISBN 978-3-944233-00-0

Das 20. Jahrhundert war ein Jahrhundert von Revolution und Konterrevolution, ein Jahrhundert blutiger Leidenschaften, großer Hoffnungen und schwerer Enttäuschungen – ein Jahrhundert nicht zuletzt der sozialistischen Arbeiterbewegung mit ihren sozialdemokratischen und gewerkschaftlichen Massenorganisationen auf der einen, ihren kommunistischen Massenparteien auf der anderen Seite. Die Beiträge dieses Bandes nähern sich dieser Problem und Entwicklungsgeschichte aber nicht von ihren beiden Hauptströmungen aus, sondern behandeln jene Strömungen und Individuen, die an ihren Rändern eine Antwort auf die Blockaden und Sackgassen suchten, in die die sozialdemokratischen und kommunistischen Parteien die Arbeiter- und Emanzipationsbewegungen gebracht haben.

Es handelt sich um Streifzüge durch eine nicht selten vergessene und verdrängte Geschichte, um Geschichten vom Scheitern und Neu-Beginnen. Sie schlagen einen Bogen von der sozialistischen Klassik zu Beginn des 20. Jahrhunderts bis zum Eopchenbruch am Ende desselben – von Karl Liebknecht bis Pierre Bourdieu, von den Linkssozialisten, Linkskommunisten und Trotzkisten über die heimatlose und die Neue Linke bis zur neuen zynischen Intelligenz der 1990er-Jahre. Stärken und Schwächen dieser Strömungen und Individuen exemplarisch herausarbeitend, begibt sich der AUtor auf Spurensuche nach fortwirkenden politischen Mustern und einem unabgegoltenen Erbe, das auf dem Weg in eine mögliche Zukunft nicht vergessen werden sollte.

Daniel Bensaïd: **Walter Benjamin – Links des Möglichen**
273 Seiten, Preis 24 EUR, erschienen 2015 · ISBN 978-3-944233-18-5

Dieses kurz nach dem Fall der Mauer erschienene Buch des Philosophen und Aktivisten Daniel Bensaïd (1946–2010) markierte einen Wendepunkt im theoretischen und politischen Werdegang des Autors. Walter Benjamin lieferte notwendige Ansatzpunkte zur Reformulierung eines revolutionären und strategischen Denkens in einer Periode der Niederlage, als der Neoliberalismus zu triumphieren schien.

Im Dialog mit Walter Benjamin fordert Bensaïd, sich dem jüdischen Messianismus und dem unerwartet eintreffenden Ereignis zu öffnen. Er plädiert dafür, sich an die Besiegten der Geschichte zu wenden, um sie in die Kräfte der zukünftigen Revolution zu integrieren. Bensaid rehabilitiert einen politischen Walter Benjamin gegenüber einer dominanten literatur- und kunstwissenschaftlichen Rezeption.

Herausgegeben von Katharina Schlieper

DAS DEUTSCHE VOLK KLAGT AN

Hitlers Krieg gegen die Friedenskämpfer in Deutschland. Ein Tatsachenbericht
Erweiterter Reprint der Originalausgabe von 1936 aus dem Pariser Exil

»Bereits 1933 wußte man alles...«, so schreibt der französische Historiker Lionel Richard im Vorwort zur Neuauflage dieses bedeutenden Buches der deutschen Exilpresse. 1936 in Paris anonym veröffentlicht, berichtet dieses Buch detailliert von der nationalsozialistischen Unterdrückung, Gewalt und Zerstörung. Die »Gefahr millionenfachen Todes in einem neuen Krieg« steht den Autoren bereits klar vor Augen, der Massenmord an den Juden ist in der antisemitischen Hetze bereits als Generalbefehl angekündigt.

Zusammengetragen wurden diese Berichte von Maximilian Schlieper, einem Journalisten der deutschen Arbeiterpresse, der 1933 ins Exil nach Frankreich emigrierte und dort zum Schutz seiner deutschen Familie den Namen Maximilian Scheer annahm.

Seit langem verschollen, wird dieses Buch nun zum ersten Mal wieder in deutscher Übersetzung und mit dem ursprünglichen Vorwort von Romain Rolland vorgelegt. Ergänzt wird die Ausgabe durch ein einleitendes Vorwort des französischen Historikers Lionel Richard und einen Text von Katharina Schlieper, Tochter von Maximilian Scheer und Herausgeberin der Neuauflage. Dem Band ist zudem ein Reprint der Übersichtskarte über die Konzentrationslager, Zuchthäuser und Gefängnisse in Deutschland von 1936 beigelegt, die auch schon in der Originalausgabe enthalten war. Schließlich gibt es einen ergänzenden Beitrag zu Willi Münzenberg, der 1936 im Pariser Verlag Editions du Carrefour die Herausgabe dieses Buches organisierte.

410 Seiten / € 24,90 / ISBN 978-3-942281-20-1

Gabriele Heinecke, Christiane Kohl und Maren Westermann (Hrsg.)
DAS MASSAKER VON SANT'ANNA DI STAZZEMA
Mit den Erinnerungen von Enio Mancini

Am 12. August 2014 jährt sich zum 70. Mal der Tag des Massakers im toskanischen Sant'Anna di Stazzema, bei dem Soldaten der SS mindestens 560 Menschen, größtenteils Frauen, Kinder und Alte, ermordeten. Zu diesem Anlass erscheinen erstmals in deutscher Sprache die Erinnerungen von Enio Mancini, in denen er das Leben in dem kleinen Dorf während des Krieges, die Aufnahme der vielen Flüchtlingsfamilien und schließlich die Ereignisse des 12. August 1944 beschreibt. Mancini überlebte als Sechsjähriger mit seiner Familie das Massaker, weil ein deutscher Soldat in die Luft geschossen hatte.

Viele Historiker und Journalisten haben inzwischen über Sant'Anna di Stazzema geschrieben, aber Mancinis Bericht erzählt erstmals die Geschichte aus der Perspektive eines Augenzeugen.

Mit Beiträgen von Christiane Kohl und Maren Westermann, der juristischen Einordnung von Gabriele Heinecke sowie einer Untersuchung des Historikers Carlo Gentile.

144 Seiten / € 19 / ISBN 978-3-944233-27-7

Aus der Reihe *Bibliothek des Widerstands*

VERDECKTER BÜRGERKRIEG UND KLASSENKAMPF IN ITALIEN

BAND I – DIE SECHZIGER JAHRE:
DIE ENTSTEHUNG DES NEUEN ANTIFASCHISMUS

Die weltweite Teilung in zwei große Blöcke spiegelte sich in Italien in der inneren Aufstellung der politischen Klasse wider und hegemonisierte Inhalt und Form des Klassenkampfes. Eine Revolte, die sich von keiner der bestehenden Parteien und Gewerkschaften führen lassen wollte, stieß auch auf den Widerspruch der PCI (Kommunistische Partei Italiens).
Die Geschichte des Operaismus beginnt bereits zu Anfang der 1960er-Jahre mit den Linien einer klaren Rebellion gegen die traditionelle Linke. Der Bezugsverlust der PCI zur marxistischen Theorie, zur Arbeiterklasse und der Welt der Fabrik war eine der Voraussetzungen, unter denen sich die neue Verbindung zwischen Arbeitern und Studenten entwickeln konnte. Auf diese neue Kraft zielte die staatliche und neofaschistische Gewalt, die ihren vorläufigen brutalen Höhepunkt im Bombenattentat auf der Piazza Fontana am 12. Dezember 1969 fand, bei dem 17 Menschen starben und 88 verletzt wurden. Damit begann die sogenannte »Strategie der Spannung«, die zu einer autoritären Lösung der sozialen Konflikte in Italien führen sollte. Zum Netzwerk dieser staatsterroristischen Gewalt gehörten Neofaschisten, italienische und amerikanische Geheimdienste und Seilschaften aus Politik und Wirtschaft.
Auf Seiten der Linken und der Arbeiterklasse entstand eine radikale Verbindung mit einer beschleunigten Politisierung und Militanz, die insbesondere Studenten, Jugendliche und Jungarbeiter erfasste und die politische Situation im Italien der folgenden Jahre erheblich prägte.
Band I zur neuesten Geschichte in Italien versammelt die prägnanten Untersuchungen der Historiker Cesare Bermani und Sergio Bologna zu dieser Zeit sowie einen Beitrag von Jacopo Chessa und Annamaria Licciardello über das militante italienische Kino der 1960er-Jahre. Mit einer Einführung von Karl Heinz Roth.

224 Seiten + DVDs / € 29,90 / ISBN 978-3-944233-17-8

BAND II – DIE SECHZIGER JAHRE:
REVOLTE UND STRATEGIE DER SPANNUNG

Band II zur politischen Nachkriegsgeschichte Italiens legt den Schwerpunkt auf die Jahre 1967, 1968 und 1969. In Italien entwickeln sich in den sechziger Jahren starke Verbindungen zwischen der aufbrechenden Studentenbewegung und der sich politisch radikalisierenden Arbeiterbewegung. Dabei gerät die Kommunistische Partei Italiens (PCI), die selber gleichzeitig auf der Suche nach einer neuen Identität jenseits der Zuordnung zum östlichen Staatssozialismus ist, wegen ihres verwalteten Klassenkampfes in starke Kritik.
Gegen diese neue Revolte verbinden sich Teile des Staatsapparates mit neofaschistischen Gruppen und eröffnen selbst einen verdeckten bewaffneten Kampf gegen die Linke. Ein mörderischer Höhepunkt dieser Strategie der Spannung ist der am 12. Dezember 1969 von Neofaschisten verübte Bombenanschlag auf der Mailänder Piazza Fontana, bei dem 17 Menschen getötet und 88 verletzt werden. Teile des Staatsapparates versuchen, diesen Anschlag den Linken in die Schuhe zu schieben, aus dem Kalkül, damit eine autoritäre Lösung der sozialen Konflikte herbeiführen zu können.
Mit Analysen der Historiker Diego Giachetti und Mimmo Franzinelli und der Einführung der kollektiv vorgenommenen »Gegenermittlung« der außerparlamentarischen Linken zum Fall Piazza Fontana.
Dem Band liegen acht Filme bei, darunter der vom LAIKA Verlag gemeinsam mit der Stiftung Cineteca di Bologna restaurierte Film 12 dicembre von Pier Paolo Pasolini und Lotta Continua, der ein Jahr nach dem Attentat auf der Piazza Fontana entstand und wie kaum ein anderes Zeitdokument die Stimmung nach dem Beginn der Strategie der Spannung zeigt.

424 Seiten + DVDs / € 29,90 / ISBN 978-3-944233-31-4